『钞』越千年

1024-2024

一部关于中国纸币演变的文明史

王纪洁 孟祥伟 方晓 著

中国工人出版社

推荐序一

纸币是由一个国家（或地区）行政管理部门制造并发行，具有法定地位的货币，在社会经济活动中扮演着重要角色。

在中国，纸币起源于距今一千年前北宋时期的“交子”，也是世界上最早发行的纸币。公元1024年1月12日（北宋天圣元年十一月二十八日），北宋朝廷在成都地区设立了“益州交子务”，正式印发“官交子”。至此，一种全新的、完全脱离金属本位的货币形态开始登上历史舞台。宋室南渡后，又发行名为“会子”“关子”等的纸币，行用地区从四川扩大到江淮、两浙一带。

金朝建立后，基于两宋发行纸币的经验，在海陵王贞元二年（1154年）正式开始发行交钞。

元朝实行的纸钞制度，是宋、金纸钞制度的继续和发展，从成吉思汗到元朝灭亡，先后发行了几十种纸钞，以“中统元宝交钞”和“至元通行宝钞”流通时间最长，区域最广。

明朝建立后，发行统一货币，终明一朝只使用“大明通行宝钞”一种纸币。

清朝建立初期，亦曾短暂地发行过纸币。到咸丰朝，清廷发行了“户部官票”和“大清宝钞”。清末，官私银钱局和私营银钱号也印发钱票，在本地区流通使用。鸦片战争以后，外国资本主义纷纷在我国通商大埠设立银行，发行纸币。为挽回发钞权利，整理金融币制，光绪二十三年

（1897 年），清廷核准在上海设立商办的“中国通商银行”，并于光绪二十四年（1898 年）发行兑换券。这是我国近代银行第一次发行钞票。此后，四明、兴业、信成等银行相继成立并发行兑换券。光绪三十一年（1905 年）由政府设立的大清户部银行（后改称大清银行），行使国家银行职能，正式发行银两、银元兑换券。光绪三十三年（1907 年），邮传部又设立了“交通银行”，也有发行钞票的特权。

民国初期，军阀混战，金融混乱，纸币（或兑换券）复杂多样。1935年，国民政府实施法币改革，规定自 1935 年 11 月 4 日起，以中央、中国、交通三银行（次年 2 月又增加了中国农民银行）发行之钞票为法币。民国后期，法币迅速贬值，关金券、金圆券、银元券先后进入流通领域。

中国共产党领导的革命政权在革命初期就开始发行纸币。尽管战争年代印刷条件很差，但由于我党领导群众努力利用货币发展生产，保护人民利益，因而深得人民信任。正是因为有了这样长期的磨炼与探索，才有了今天的人民币。

人民币是中华人民共和国的国家名片，其设计与印制的水平体现着我国社会经济发展的综合实力，是民族文化、人文历史底蕴的重要载体。人民币自发行以来，历时 70 余年，已发行五套，形成纸币与金属币、普通纪念币与贵金属纪念币等多个品种、多系列的货币体系。

2002 年，由黄锡全先生推荐，我们共同商量，把王纪洁从北京市古代钱币展览馆引进到中国钱币博物馆，二十多年来，她先后发表了学术论文40余篇，其中《压胜钱及相关问题略论》一文曾获中国钱币学会优秀学术成果——金泉奖，出版专著两部，现在已经成为中国钱币博物馆的主要业务骨干之一。

王纪洁和孟祥伟、方晓合作编著的《“钞”越千年：1024—2024　一部关于中国纸币演变的文明史》，深怀着对中国千年纸币的纪念之情，对中国千年纸币历史做了简要回顾。中国千年纸币斑斓如画，其深厚的历史底蕴和文化的多样性，让我们越发感受到中华民族的伟大与强盛！

祝贺王纪洁、孟祥伟、方晓著作出版，祝贺中国纸币千年辉煌。

中国钱币博物馆首任馆长、

国家文物鉴定委员会委员　戴志强

推荐序二

当人们谈论起拥有五千年文明史的中国对世界文明的贡献时，最被人们津津乐道的莫过于“四大发明”了，其中除造纸术出现在东汉外，其余三大发明——指南针、印刷术和火药都出现在宋朝。可见，宋朝是中国历史上科技十分发达的朝代。为了印证这一点，我们还要说，在宋朝还有一项发明，它对人类文明的影响绝不亚于“四大发明”，那就是世界上最早的纸币“交子”。

人民群众是历史的创造者。纸币最早出现在四川的民间，由少数私商发行并逐步推广开来。宋仁宗天圣元年十一月二十八日（1024年1月12日），北宋朝廷设立了“益州交子务”，次年二月二十日（1024年4月1日）发行“官交子”，于是北宋的纸币发展进入了新阶段，即国家发行的纸币由此开始。“官交子”的发行与流通管理逐渐形成一套完整的办法和制度，在使用期限、发行限额、准备金、面额等方面都建立了规章制度。宋朝一直是铜本位，与西方金本位相比，中国根本的货币思想是轻重论。中国人更早认识了货币的性质，在社会经济发展中进化了自己的经济思维。纸币发展呈现出民间—收归政府的循环性。

交子的产生，堪称中国古代的“第五大发明”，体现了古代劳动人民的智慧。它的出现和推广就货币物质形态来说，是具有深远的历史意义的。随着交子的发行，纸币理论由此产生和发展，管理制度和措施也不断完善，这些理论、政策都为后来发行管理纸币提供了借鉴经验。

自北宋交子以来，经历南宋、元朝至明朝中期以前，是纸币流通时期，纸币作为国家发行货币，在社会经济生活中起着十分重要的作用，如纳税、大额买卖、一般商品交易、货币信贷等，都离不开它。纸币的兴盛，甚至一度排挤了铜钱。

从15世纪中叶到19世纪后期，国家发行的纸币几乎全部退出流通，银、铜成为明朝中后期及清朝的主要货币，这种情况直到晚清才得以改变，纸币才最终确立了主币地位。

毫无疑问，中国宋代的纸币在古代世界是首屈一指的，比起西方国家最早的纸币英格兰银行券要早六七百年。交子的诞生是世界金融史上一次划时代的革命事件，它既是中华文明的见证之一，又是世界文明的一大创举。这一发明和普及，对中国封建社会经济的发展，特别是商业的繁荣，起到了促进作用。纸币的轻便，有利于国内各地区之间的贸易往来和物产的交流，为统一的封建国家的稳定打下了坚实的经济基础。纸币的出现很快就产生了世界性影响。特别是一些亚洲国家，如波斯、印度、朝鲜、日本，后来都效仿、实行过中国的钞法。纸币在世界范围内的流行，为经济的发展提供了资金的便利，为塑造现代的金融体系打下了基础。可以说，一纸交子在千年历史长河中，缓缓铺开了中国连接世界的金融之路。

一千年前，北宋交子的发明，掀起了一场交换媒介载体的革命，开辟了我国乃至世界货币史的新纪元。往事越千年，目前我国的人民币已经初步具备国际使用的网络效应，人民币是全球第四位支付货币，第三位贸易融资货币和第五位外汇交易货币。

尽管今天的中国科学技术飞速发展，大家随身携带纸币的习惯已经从我们的社会生活中逐渐消失，然而纸币在历史上的作用和意义是需要永远铭记的。

首先体现在人类历史上，中国人发明的纸币影响了世界经济发展的进程，进一步体现了人类发明货币的实际价值，即交易成本的极大缩小。没有纸币，就没有货币制度的演进，就没有人们对货币本质更加深刻的认识，更不会有中央银行和货币政策的出现。正如哲人所说，研究货币会让人“发疯”。其根本在于货币经常会穿上黄金、白银等金属外衣，华丽的外衣迷惑了人们。而纸币极大地推进了人们探索货币本质的进程。

其次，从钱币学的意义上来讲，纸币是突破中国传统钱币学研究的一大部类，它极大地扩展了钱币学家的视角。而中国的钱币特别是纸币，所存留的部类和数量是世界上任何一个国家都难以比拟的。纸币是中国文化的承载，一个时代的纸币完整地体现了一个时代的文化，更体现了近代中国人的创新精神，从银行到社会组织乃至意识形态都和纸币有着极密切的关系。可以说纸币是经济史、社会史、文化史，甚至是历史本身研究的独特视角。见微知著，价值连城。

值此纸币诞生一千年之际，王纪洁、孟祥伟和方晓三位泉界同人，携手撰文著书，纪念这一盛事，可喜可贺。该书以唐代的“飞钱”为起点，跨越北宋交子的诞生，直至当前流通的第五套人民币，串联起了一部跨越千年的中国纸币史，充分展示了纸币的传承与发展脉络。书中传递出诸多关于我国古代纸币的相关历史信息，更能让我们感受到中国货币文化的源远流长及历史价值。

中国史学会副会长、河北师范大学教授　戴建兵

目录

第一章　唐代，纸币的滥觞时期

第二章　两宋，纸币正式面世

第三章　金代，继续发行纸币

第四章　元代，纸币制度影响深远

唐朝国家长期统一，社会相对安定，生产力有了较大提高，农业、手工业发展迅猛，城镇商品经济活跃，封建社会发展呈现高度繁荣的局面。唐宪宗时期（806—820 年），为解决铜钱转运困难问题，方便异地取钱，商人们发明了“飞钱”。

“飞钱”是我国古代早期的一种汇兑业务形式，又叫作“便换”，是一种带有汇兑性质的票据，尽管已经初步具备纸币的雏形，但还只是一种信用凭证。“飞钱”盛行于都城长安与扬州、广州、成都等大城市之间，反映了唐朝商业繁荣的一个侧面，同时促使货币经济及货币流通手段进入一个新的发展阶段。作为商品经济发展过程中的新事物，“飞钱”伴随着唐后期百余年的历史，对唐社会财政、货币及商品经济的发展均产生了深远影响。

第一章

唐代，纸币的滥觞时期

大唐雄风：
“飞钱”产生的社会背景

无论何时提起唐代的辉煌繁荣，它永远像一颗璀璨的明珠，让我们感慨万千、浮想联翩，它是中华文明史上永不磨灭的灿烂星辰。大唐盛世，有指点江山的天子，铁骨铮铮的文官，光芒万丈的诗人，占地面积最大、雄伟辉煌的大明宫，载入史册的“贞观之治”“开元盛世”，“万国衣冠拜冕旒”的大国地位……此外，在唐代，还诞生了我们今天使用的纸币的雏形——“飞钱”。“飞钱”的出现，为北宋交子——世界第一张纸币的产生，提供了理论基础和实践经验。

“飞钱”产生于唐代中期，随着商品交换的日益活跃，社会上出现了我国古代早期的汇兑业务。当时开展汇兑的形式称为“飞钱”或“便换”，性质类似于今天的汇票。据《新唐书·食货志》记载：“（宪宗）时商贾至京师，委钱诸道进奏院及诸军诸使富家，以轻装趋四方，合券乃取之，号飞钱。”人们凭借纸券来取钱，而不必随身携带，寓意钱无翅膀而飞，故称“飞钱”。所以，它虽然叫“飞钱”，但却不会飞。

唐宪宗时期（806—820年），为解决高速发展的商品经济与铜钱运输困难之间存在的社会和财政问题，方便异地取钱，唐代商人敢为天下先，设计并创造出了“飞钱”，也称“便换”。“飞钱”盛行于长安、扬州、广州以及成都之间，反映了商业繁荣的一个侧面，同时促使唐代的货币经济及货币流通手段进入一个新的发展阶段。“飞钱”是一种带有汇兑性质的票据，已经初步具备纸币性质。作为商品经济发展过程中的新生事物，“飞钱”伴随着唐朝后期百余年的历史，对唐代财政、货币及商品经济的发展产生了深远影响。

任何一件历史事物都是在特定的、具体的时间和空间条件下出现的，“飞钱”的产生也不例外。在这里，我们详细梳理一下“飞钱”产生的原因，仔细思考一下是什么社会因素促使“飞钱”在唐代中期开始出现。

我们都知道，货币流通与商业有着极为密切的关系，一个社会只有商业经济高度繁荣和高速运转，才能促使支付方式和支付手段发生根本性变化。“飞钱”的产生，无疑是唐代中期以后商业及货币经济迅速发展的产物。

唐朝时国家长期统一，社会相对安定，生产力有了较大提高，农业、手工业发展迅猛，商品经济活跃，封建经济呈高度繁荣的发展趋势。尤其是商业异常繁荣，国内南北方的商品交换日益增多。当时，商人遍布全国各地，商船往来频繁便利。首都长安，以及扬州、洛阳、成都等都是国际型大都市。尤其是长安，城市管理非常规范，有商业区和生活区之分，专门的商品贸易区称为“市”；专门的居民居住区称为“坊”。市场活跃，商店林立，商贾云集，百货杂陈，行业众多，交易之兴盛前所未有，这些充分说明长安的商业已经进入了鼎盛时期。

为加强管理，唐朝廷规定，在各州县治所设置一处或几处市场，从京都到地方均有各级市场管理机构，这种措施在一定程度上也促进了商业活动的发展。由于商业的繁荣，在一些大城市出现了夜市。诗人王建的《夜看扬州市》：“夜市千灯照碧云，高楼红袖客纷纷。如今不似时平日，犹自笙歌彻晓闻。”这首诗描写出了扬州夜市的繁盛景况，千灯万火映照碧云，城市内的酒店、餐饮服务业生意兴隆，宾客络绎不绝。画面既富有生活气息，又充满时代感。诗人杜牧在讲述扬州的繁华与奢靡气息时，也曾写道：“十年一觉扬州梦，赢得青楼薄幸名。”

唐代中期，各项手工业得到快速发展，这加速了唐朝社会的经济发展，促进了唐代经济的繁荣。手工业有官营和私营之分，尤其是官府手工业，机构极其庞大，分工很细，遍布全国各地。

大诗人王维曾作《和贾舍人早朝大明宫之作》，诗中写道：“九天阊阖开宫殿，万国衣冠拜冕旒。”这句诗描写的是唐朝的国际地位与大国气象，周边的国家或政权向唐朝称臣，处处歌舞升平。唐朝社会经济的繁荣，国势强盛、国家开放，“丝绸之路”的畅通和贸易往来的兴盛，促使唐朝国内和国际的商

“开元通宝”铜钱

品经济日益高涨。当时的城市经济非常发达，奢侈品消费空前旺盛，由此而来的国际贸易和服务业等都极其兴隆。

随着商品经济的发展，日用品的交换逐渐加入长途贩运的行列，唐代早期偶然性的长途贩运到中期时已成为一种正常的经济现象，大宗商品的远距离贸易日益频繁。当时社会上流通的货币是“开元通宝”铜钱，每枚铜钱直径约 2.5 厘米，重 4 克左右。1000 枚铜钱串在一起，称为 1 贯，约合今 4000 克，8 斤重。作为主要流通手段的“开元通宝”铜钱，必定随着商品的大量周转而大量支付。也就是说，此时就要求它的流通量和速度必须与商品流通的速度保持同等水平。

发生大宗买卖或大额交易时需要的铜钱量巨大，但铜钱本身的单位价值很低，主要用来支付小额交易，大量铜钱本身又很沉重，如果用作大额贸易或长途贩运商业的支付手段，不仅不便于随身携带，而且朝廷对铜钱的运输又采取了严格的限制。唐代中期以后，藩镇割据，社会治安管理状况很差，有的地方盗匪横行，铜钱运输没有保障，存在极大的安全隐患。唐朝诗人刘驾在《贾客词》中就曾描述：“寇盗伏其路，猛兽来相追，金玉四散去，空囊委路岐。”一方面，远距离间铜钱输送量增大；另一方面，数量巨大、体积超重的铜钱缺点得以显现，客观上就迫切需要出现一种新型、携带方便的代用币，取代铜钱参与交换。为解决货币远程流通的困难，唐代商人在日常商品交换过程中，基于彼此之间的信用，发明了一种新型汇兑办法。所以说，“飞钱”是唐朝社会商品经济高速发展的产物。

另外，说到铜钱的流通问题，我们不得不提到唐代社会一直处于铜钱相对短缺的尴尬局面。因为商品交换和对外贸易的迅速扩大，唐代铜钱的使用极为普遍，铜钱的流通区域进一步扩大，封建经济得到较大发展，这是一种好现象。但与之相违背的是，由于受到铜矿资源开采和铸钱成本的制约，朝廷始终奉行一种稳健的货币铸造和发行政策，没有随着货币流通区域的扩大相应提高铜钱的铸造流通量，导致市场供给严重不足。唐代中期以来，市场上出现了物轻钱重、钱币供不应求的情况，学术界称为“钱荒”，这种现象对唐朝中央政府的财政状况产生了重大影响，迫使朝廷采取措施缓解该财政危机。

唐德宗建中元年（780 年），宰相杨炎推行“两税法”，规定以钱纳税，对铜钱的需求骤然加大，进一步加大了“钱荒”问题的严重性。此外，富商大贾大量贮藏铜钱、民间销毁铜钱牟利、自然损耗等因素，最终在“两税法”实行后酿成了以钱荒为表现形式的货币危机。唐德宗贞元时期（785—805年），出现了钱重物轻的局面，货币十分短缺。朝廷下令严禁销铸铜钱，禁止铜钱出境。而禁止铜钱出境，自然又导致商品贸易往来不够顺畅，因此朝廷又被迫恢复铜钱往来。贞元二十年（804 年），朝廷下令以绫、罗、绢布、杂货与铜钱兼用。在铜钱短缺的情况下，一方面要保持京城流通领域的货币总量，另一方面又要保障正常的商业交易，为此，朝廷采取了种种解决办法，但是效果并不十分理想。在此背景下，“飞钱”随即孕育而生。这既可以避免大批铜钱出境，又可以把货币的流通量掌握在朝廷手中，同时还能使商业贸易、商品交换正常地进行。

在这里，我们还想说，“飞钱”最后的结账方式是“合券乃取之”。“券”，纸也，故纸张的印制很重要。所以，唐代造纸业和印刷业的发达是“飞钱”产生的间接因素。

唐代造纸工艺发展迅猛，在中国造纸技术史上是一个重要的发展阶段，纸制品在民间日常生活中开始普遍起来。这一时期，随着造纸原料品种的进一步扩大，纸浆性能、造纸设备等得到提高和改善，产纸区域遍布南北各地以及少数民族地区，造纸坊遍布全国。而且在一些造纸发达的地区，造纸工坊的规模十分宏大。唐代文人皇甫枚曾著《三水小牍》传奇小说集，里面讲了一个故事。巨鹿郡南和县北边，有家造纸坊，每每晴天便晾晒纸张。一日，突然狂风大作，晾晒的片片白纸在天空上下飞舞，好似漫天大雪。可见，这家造纸工坊的规模之大，产量之多。这从一个侧面说明当时社会对纸张的需求量巨大。

雕版印刷肇始于隋唐之际，在唐代得到初步发展。唐代中期，印刷业渐渐兴盛，已有私人印刷刻印书籍卖出以求利，如唐文宗大和九年（835 年）十二月，东川节度使冯宿奏请唐文宗下令禁止民间私印日历，他说："剑南、两川及淮南道，皆以版印历日鬻于市。每岁司天台未奏颁下新历，其印历已满天下。"这说明市场上已有印制日历出售，而且当时日历的印刷已形成一定规模，并已成为一种经常性的行为。1944 年，成都市东门外望江楼附近的唐墓出土了一份印刷品——《陀罗尼经咒》，约一尺见方，上刻古梵文经咒，四

唐　"成都府成都县龙池坊卞家印卖咒本"《陀罗尼经咒》，中国国家博物馆藏

周和中央印有小佛像，边上有一列汉字依稀可辨，为“成都府成都县龙池坊卞家印卖咒本”。这是国内现存最早的唐代印刷品实物，说明在8世纪末，中国已出现了私家经营的印书铺。

唐代造纸业和印刷业的发展，以及造纸数量的增加，为“飞钱”的产生提供了物质载体，使“飞钱”的出现和大量使用成为可能。可以说，唐朝造纸工艺的进步对于“飞钱”的产生起到了推动的作用。

所以正是在诸多原因的促使下，唐代中期出现了中国汇兑业务性质的“飞钱”，它的出现可以避免长途携带钱币的不便和可能出现的危险，对商业交换的发展起到了促进作用。“飞钱”是纸币的先驱，用以代替金属货币，是经济进步的标志。

我们常说，唐代的繁华犹如万道霞光，洋溢四射；唐代的盛世威仪犹如大江大河，海纳百川；唐代的万千气象犹如织彩锦缎，无限风华。每每畅想，都让人无比自豪，而“飞钱”就是其中之一。

（王纪洁）

盛世荣光：

“飞钱”的使用方法与历史作用

“飞钱”作为一种新出现的支付方式，在唐朝主要大型城市用于茶叶等商品贸易的往来结算，使用“飞钱”可以提供支付保证，为交易双方提供一定的信用。作为金属货币的替代品，“飞钱”是如何使用的，政府对它又是如何进行管理的呢？作为纸币的雏形，“飞钱”在历史上尤其是货币史上的地位、作用、影响又如何呢？

据《新唐书·食货志》记载：（宪宗）时“商贾至京师，委钱诸道进奏院及诸军诸使富家，以轻装趋四方，合券乃取之”。这段文字较为清晰地指出了“飞钱”使用的完整流程。

我们先解读一下“道”和“进奏院”这两个词的概念。文献中“诸道”的“道”，是指唐代地方行政管理机构。唐代实行道、州、县三级地方行政管理体制，这一制度始于唐太宗统治时期。贞观元年（627 年），当时全国分为十个监察区域，称为道，负责监督各地官员的违法违纪行为。唐玄宗时期，形成了十五道的格局，道下设州、府，州、府下设县。至唐代中晚期，道从唐代初期简单的监察区域划分转变为具有实际管理功能的地方行政区划单位，大致相当于今天的省级建制。

进奏院是什么机构、基本职能又有哪些？唐代初期，运河以及驿道连接了首都长安（今西安）与偏远省份，为了加强地方与中央的联系，便于解决外省官员到京城办事、住宿所需，使得地方政府能按照中央指令进行运转，京外一些道就在长安设立府邸。唐代中期之后，由于藩镇势力大增，为了保持中央与地方的随时沟通联系，各藩镇大多在长安设立办事机构，为来访的地方官员和相关人员提供必要的接待和服务事宜，称作上都留后院或上都邸务留后院。唐代宗大历十二年（777 年）以后，又改称上都进奏院，简称进奏院。进奏院的负责人最初叫上都邸务留后使，后改名叫上都知进奏院官，简称进奏官，主要工作职责是呈交奏章、传递文书、交纳赋税等，另外还兼顾为本道谋取福利。

如果从性质上来讲，“飞钱”有官办和私办两种形式。官办，就是由官府负责运作，这类“飞钱”的使用方法和流程大致是这样的：商人到了京城长安，把在京城做买卖、做生意挣到的数量巨大的利润（铜钱）交给本道设在长安的进奏院。进奏院收到钱后，开具一式两联发票式样的票券，称作“文牒”或“公据”。票券上清楚地写明交钱人的姓名、钱款数额，以及取钱机构的名称、地点等。票券的一份交给商人，另一份由进奏院收回后，派专人传送回本道的取钱机构。商人带上自己那份票券，便可以轻装上路，待返回本道，至取钱机构出示票券，经办人核对两份票券相符后，商人就可以把存的钱如数取出来。

还有一种是私办，顾名思义是由私人负责运作。这主要由一些大商人利用总店与设在各地分店之间的联系，向不便携款远行的商人发放票据，商人可凭此票据在私商开设的联号取兑货款。最初，私商办理“飞钱”都不收取任何手续费，但由于路途和交通不畅等因素的影响，一般情况下合券取钱要在一两个月后方能实现，商人可以利用这个时间差赚取一定的利息收益。

无论是官办还是私办，按照现今汇兑的理解，就是在甲地存入现金，换成票据，然后凭票在乙地取款。商人就是汇票的付款人，诸道进奏院是发行汇票的银行。二者之间必须达成协议，包括支取地点和存储、支取数目。“飞钱”是兑换货币的凭证，借用这一金融工具，商人到长安进行贸易，就可以免除携带大量笨重铜钱之苦，有利于长途贸易、大宗商品交换的发展。从文献记载中“飞钱”的使用方法，我们可以一窥盛世大唐之万千气象。

进奏院接受商人的钱，并非全数押运回本道供商人提取，而是充入本道向朝廷交纳的赋税中，如此一来本道应交的赋税就不用全数运往京城。这样不仅安全，还免去了地方的诸多麻烦与劳顿。诚如《国史旧闻》所云：“商人纳钱京师，可少慢藏之患；地方纳钱中央，可省转搬之劳。”这种简单的汇兑

《唐人宫乐图》（局部），该画作于晚唐，正饮茶之风昌盛之时。后宫女子或团扇轻摇，或吹乐助兴，或品茗听乐。台北故宫博物院藏

方式，对政府和商人而言，可谓双赢，故“飞钱”面世之后很受欢迎。有时候商人因存钱的数额巨大，致使京师铜钱寄存数量很大，有些人便趁机谋利，政府曾一度禁止便换铜钱。

任何一件新生事物刚刚出现时，必然有反对的声音，尤其是影响范围广的。“飞钱”最初是在民间商人中使用，政府持禁止态度，如京兆尹裴武就曾奏请朝廷，一方面禁止进奏院、富家向商贾提供此种汇兑方式；另一方面“廋索诸坊”，在京师查禁“飞钱”。后来，由于“钱荒”之风愈演愈烈，“飞钱”屡禁不止，而且朝廷也看到了“飞钱”既安全又便捷的特点，唐宪宗元和七年（812年），主管财政的官员提议，“许商人于户部、度支、盐铁三司‘飞钱’，每千钱增给百钱”。唐宪宗同意，下令由三司统一经营“飞钱”业务，收取手续费，规定每“飞钱”1贯（一贯等于1000文）付费100文，即由三司办理汇兑业务，收10%的手续费。

据史料记载，“飞钱”的使用者首先是以南方茶商为主的商人，使用的区域主要在江淮、两浙一带，依次为蜀中地区和北方地区。据陆羽所著《茶经》描述，唐代后期有40多个州产茶，遍及江汉流域和东南、西南地区。又据唐《郡县志》记载，唐玄宗天宝元年（742年），浮梁（今属江西）每年茶叶产量达700万驮，税收15万多贯。一县数量就如此巨大，全国更是可想而知。尤其是私人茶商，他们资本雄厚，经营活跃，形成了各自的采购销售区和流通贩运路线。因为“飞钱”简单易行，凡是交易量大的茶商均参与了这项业务。根据现存的资料，我们可以看到使用“飞钱”的商人一般都是从事茶、酒之类的官榷商人，并没有普通商人使用“飞钱”的记载。

从现代金融学的角度探讨“飞钱”，我们不难发现它有两个缺点，一是结算地点单一。本道驻京城的进奏院只能办理汇往本道的“飞钱”，如果要汇钱到他道，只能在他道驻京城的进奏院办理。二是存在延期支付的风险隐患。进奏院在京城获得大笔存款之后，就等于拥有了这笔巨款的使用权，一旦挪作他用，只能拖延支付，商人返乡之后第一时间无法取出。

“飞钱”行用不久，就因社会局势动荡，导致信用危机加深。唐穆宗长庆元年（821年），朝廷下令“公私便换钱物，先已禁断，宜委京兆府及御史台，切加觉察”，至此不论公私经营的便换业务，一律都被禁止。

作为异地汇兑的信用凭证，虽然“飞钱”本质上是一种钱币汇兑的工具，不具备货币的职能，但是却标志着货币流通价值和货币实体价值分离进程的开始，货币开始由实物制向本位制下的价值符号转变，现今学者多认为“飞钱”是我国现代汇票的起源，它在货币史上占有重要地位。第一，有唐一代，始终被“钱荒”困扰，“飞钱”的出现降低了百姓和官府对铜钱铸造量的需求，缓解了货币流通领域中铜钱铸量不足的矛盾。尤其是对于京城来讲，商人留下的数额巨大的铜钱增加了货币供应量，正好可以满足京城市场流通的需求。第二，作为汇兑信用的载体，“飞钱”的出现使得货币流通方式变得简便易行。有了“飞钱”，商旅就不用在长途行进时携带大量铜钱，也不用再交运输税钱，节省了交易成本，为商人们在全国各地进行贸易活动时带来了极大的方便。所以，这是一个皆大欢喜、省时省力的举措。第三，免除了商人一路运输铜钱所要承担的风险，如劫匪抢劫、丢失等。第四，促使各地商业间的贸易往来更加频繁，促进了商业的更加繁荣。第五，为北宋纸币的产生奠定了基础。

回顾中国纸币的发展历程，“飞钱”所具有的汇兑信用影响深远，其汇兑形式，诸如一式二份票券、填写项目、甲地交款乙地取款、交款与取款手续等，这种汇兑方式最终被北宋沿用，“交子、会子之法，盖有取于唐之飞钱”。宋开宝三年（970 年），官府在首都开封设置官营汇兑的机构“便钱务”，专门接受商人存钱，为其直接办理异地汇款，“即日辇致左藏库，给以券，仍敕诸州俟商人赍券至，即如其数给之，自是无复留滞”。如此，保证了社会上的大宗交易与长途交易的顺利进行。故，有学者认为“飞钱”是交子产生的历史渊源之一。

但是在这里，我们也应该清楚地认识到，“飞钱”本身不能进入流通领域，不能行使货币的职能，它只是一种汇兑业务，并不是真正意义上的纸币，而北宋时期诞生于四川成都地区的“交子”才是真正的纸币。

（王纪洁）

两宋时期，我国封建社会生产力高度发展，以大中城镇为中心的商品经济非常繁荣发达。从我国货币制度演变的历史来看，北宋时期产生了世界最早的、具有划时代意义的纸币——“交子”，并在南宋时期发展成为与金属铸币并行的广泛行用的法定货币。

北宋时期由于益州（今成都）商品经济发达，为适应交易之需，交子最初由16家商户共同经营，后改由官府经营。南宋由于国土面积缩小，铜、锡等铸钱所需金属原料匮乏，而这一时期商品经济又十分发达，货币需求量极大，因此发行纸币便成为政府主要货币政策的执行手段。南宋纸币种类繁多，名称多样，流通地区不尽相同，流通时间长短也不一样，其中会子是发行量最大的纸币。

第二章

两宋，纸币正式面世

裂纸为币：
交子孕育而生

交子是中国最早由政府正式发行的纸币，被认为是世界上最早使用的纸币。“交子”是四川民间方言，就是票证、票券的意思，字面上有交合、相交之意，也就是“合券取钱”，券即是交接对照的凭证。交子的产生和发展，经历了一个从民间“私交子”到官府“官交子”演变的过程。

北宋时期，四川地区物阜民丰，经济非常发达，商品交易量巨大。政府规定当地使用铁钱进行交换，铁钱携带不便、体积大。所以，成都的民间商人开始寻找一种更加方便的流通手段，遂“裂纸以为币”（苏轼《关陇游民私铸钱与江淮漕卒为盗之由策》，“今秦蜀之中，又裂纸以为币”），发明创造出了一种轻便的交换媒介，这就是世界上第一张纸币——交子。所以，我们说，交子是始于民间的金融创新，便利了商业往来，弥补了流通领域现钱的不足，开启了人类货币史的新纪元。

《宋史·食货志》记载：“交子之法，盖有取于唐之飞钱。”交子最初是由成都富商私自印制，仅限于商铺内部使用。存款人先把一定的现钱即铁钱交付给相关铺户，铺户把收到的铁钱数量写在楮纸券上，将楮纸券作为票据交由存款人保管。当存款人提取存入的铁钱时，需要提供楮纸券，铺户收取 3% 的保管费，即每贯收取 30 文钱的手续费，时称“纸墨钱”。这种写有存款数额的楮纸券就是交子的雏形。楮纸券上一般盖有商号的印记并有密押等，没有统一的形制，和现今的普通收据类似。虽然“私交子”本身没有任何价值，但是当商户有足够的财力支撑时，也可以得到别人的信任，所以最早的交子是商家交易时代替金属铸币的一种信用凭证。

随着商品交换的迅猛发展，因为交子形式简单、便于携带，所以这种流通手段受到越来越多富商的欢迎，使用范围越来越广泛。为此，一些铺户联合开设交子铺，专门为外地商人保管铁钱，但要收取一定的保管费，并在各地设分铺，专营发行和兑换交子，并且在印制交子时加入了一定的防伪措施。交子铺是我国历史上最早的存款性金融机构，经营现金保管业务。

由于交子铺恪守信用，保证商家随时随地取走现钱，且没有拖欠，交子便逐渐赢得了很高的信誉。慢慢地，随着交子信用的确立，商家为了避免携带大量铁钱，进行大额交易之时往往直接用交子代替铁钱来支付货款。交子进行交易的生意范围扩大，使其逐渐具备了信用货币的性质和职能，使本来只是存款凭证的交子，逐渐演变成了可以直接流通的纸币。后来，交子铺户在经营中发现，只动用部分存款，并不会影响到交子的信誉，于是他们便开始印制格式统一的交子，每张交子的面额临时填写，“书填贯，不限多少”。至此，交子在逐步的发展过程中渐渐具备了信用货币的特性，慢慢地走向市场，行使货币的支付功能，从而使得民众生活更加便捷。但因为当时尚未得到政府认可，所以称为“私交子”，也就是史书记载的“私为券，谓之交子，以便贸易”。

随着交子影响的逐步扩大，交子的使用范围越来越广，交子铺设立得也越来越多。“天下熙熙，皆为利来；天下攘攘，皆为利往。”随着交子业务的广范推广，一系列的金融风险问题也随之产生。因为看到自己交子铺里存入的现钱越来越多，而且有的现钱存储的时间还很长，少数贪得无厌、唯利是图的铺主便开始动歪脑筋，打上了这笔现钱的主意。利用兑付的时间差，他们就将保存的现钱私自挪作他用，比如投资到别的领域，这就使得到期后，交子铺里面的现钱不足，无法如数兑现，给广大存款者造成了经济损失。更有少数奸诈的商人，恶意进行金融欺诈，在滥发交子之后就立刻停止营业或伪造交子牟利，使其发出的交子根本无法兑现。上述情况致使存款者凭借手中的交子却无法取出自己的现钱，他们往往激起事端，引发诉讼，甚至引起社会秩序短暂的混乱，故对交子进行规范化管理的需求日益突出。宋真宗景德年间（1004—1007 年），为有效遏制金融欺诈的现象，保障商品交换的正常运转，益州知州张咏对分散的交子铺户进行整顿，实行有序管理，剔除不法之徒，考察挑选出资本实力雄厚、有责任担当、信誉良好的铺户，指定以王昌懿为首的 16 家商户特许经营，连保发行交子，共同承担兑换责任，不得随意发放，取消其余交子铺户发行交子的资格。张咏要求这 16 家商户必须严格监督管理“私交子”的印制、发行、运营，保证现钱的自由交换和随时兑现。至此，交子的发行不再是地下操作、民间行为，而是取得了政府认可，正式被烙上了官方认证的印记。所以，南宋李焘在其撰写的编年体史书《续资治通鉴长编》中写道：“初，蜀民以铁钱重，私为券，谓之交子，以便贸易，富民十六户主之。”张咏是一位有担当、有远见、有使命感的地方官员，他慧眼识珠，充分认识到作为铁钱代用品的交子的价值，为交子的规范运作作出了贡献。

由于官方的加持，此时交子的发行量与日俱增，流通范围越来越广泛，特别是每年收获丝、蚕、米、麦等作物之时，因需要较多的交子作为支付手段，所以这时交子的发行量最多，“每岁丝、蚕、米、麦将熟，又印交子一两番，捷如铸钱”。这 16 家商户对朝廷负有一定的义务，每年要向官府交纳一定的费用。但他们之中也有违规经营的，赚钱之后，有的就“收买蓄积，广置邸店、屋宇、园田、宝货”。这样就等于把钱用于别处，导致他们的存款减少，资金呆滞，不能兑现，这自然对交子的信用产生了很大的影响，由此产生的社会纠纷屡禁不止。

此种情况下，官府不得不出手整治。宋真宗天禧四年（1020 年），因不堪交子引发的频繁官司，成都知州寇瑊令交子铺归还存款人现钱，诱劝最大的交子铺户王昌懿关闭交子铺，停止一切交子业务。寇瑊采取这种简单粗暴的打压式措施，导致“市肆经营买卖寥索”，那些早已习惯使用交子的商家和百姓对此也是怨声载道。

宋仁宗天圣元年（1023 年），益州知州薛田向朝廷建议设立“交子务”，得到批准，交子由民办改为官办，其性质也由“私交子”演变成“官交子”。天圣元年十一月二十八日（1024 年 1 月 12 日），益州交子务正式成立，指派官员担任监官主持交子发行，并“置抄纸院，以革伪造之弊”，严格监督交子的印制过程。益州交子务以本钱 36 万贯为准备金，用以保证百姓可随时兑取现钱，这就有现代国家银行的概念了。

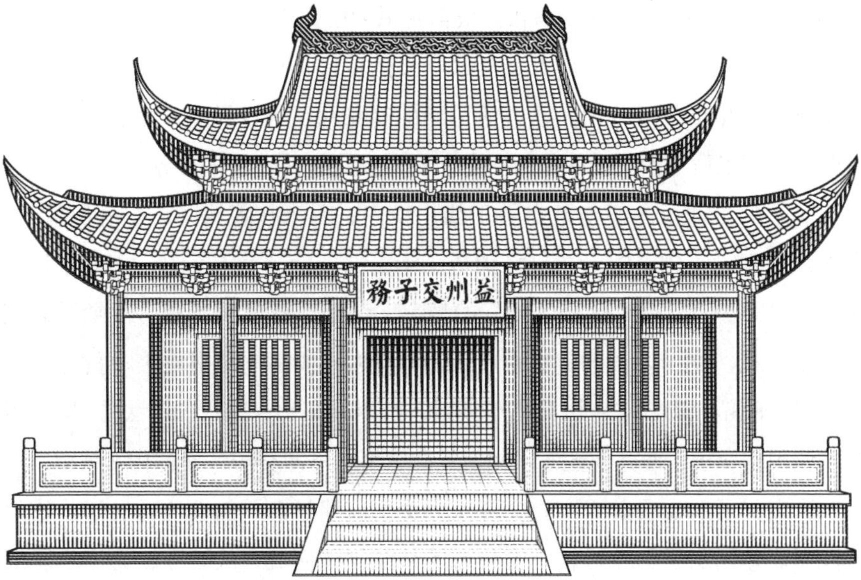

益州交子务（创作图），出自纸币诞生 1000 年纪念券

宋仁宗天圣二年二月十日（1024 年 4 月 1 日），这是一个值得铭记的时刻，首界“官交子”正式发行，世界上第一种由官方发行的信用纸币正式诞生，首界官交子发行 1256340 贯。从此，交子成为宋朝川陕四路的法定货币，与铁钱具有同等信用，相权而行。官交子是分界发行的，基本上是两年一界。“界”指的是交子的流通期限和兑换期限，到期后收回交子或者以旧换新。从天圣元年到大观三年（1109 年）的 87 年间，交子共发行 43 界。从商业信用凭证到官方法定货币，交子在短短数十年间就发生了脱胎换骨的变化，具备了现代纸币的各种基本要素。

可以想到，无论是张咏还是薛田，他们为维护金融秩序的稳定、保证交子的顺利发行而采取的种种措施，对之后金融史、货币史影响巨大，大概当时二人谁也没有想到，这是一个开天辟地的历史性创举。

北宋朝廷规定“益州交子务”的主要职责是管理交子的印刷和发行，相当于今天的一个国营印钞厂。据史书记载，交子务设有监官 2 人、掌典 10 人、贴书 69 人、印匠 80 人、雕匠 6 人、铸匠 2 人、杂役 12 人，共计 181 人。有学者考证，“益州交子务”大致设在城西净众寺。净众寺位于今成都西门金花桥侧，又称竹林寺，始建于唐代。成都东风大桥旁曾有椒子街，据说“椒子”乃“交子”之讹，是宋代成都钱庄最密集的地区，也是交子的印制地点。为防止钞纸及生产技术外泄，印钞所用到的纸张和工人都受到严格管控。这些措施为两宋之后各朝纸币的印制探索出较为成熟的反假防假策略。

交子的流通范围最初基本限于四川境内，后来在陕西、河东有所流行。为加强管理，宋神宗熙宁初年将伪造交子等同于伪造官方文书。宋徽宗崇宁四年（1105 年），为改变交子滥发的情况，北宋朝廷又实行了一次纸币制度的改革，把“交子”改为“钱引”，后来也称“钞引”。《宋史 · 食货志》记载：崇宁四年，朝廷“令诸路更用钱引，准新样印制，四川如旧法”。即四川依旧使用官交子，而其他地方印制新式样纸币，不叫交子，而称作“钱引”。

纵观交子的发展过程，有学者认为交子前期是汇票的性质，后期是货币的性质。印制交子的原材料是由桑树的纸浆制作而成，故至今，为了纪念纸币的起源，伦敦的英格兰银行后花园里种着四棵在英国少见的中国桑树。

不过，很可惜，因为年代久远，目前交子没有实物存世。据文献描述，交子大致的形式是这样的：“（蜀地）诸豪以时聚首，同用一色纸印造，印文用屋木人物，铺户押字，各自隐密题号，朱墨间错，以为私记，书填贯，不限多少。”有交子铺户画押、暗记、手写面额等，目的是提高交子的防伪技术，严防假冒，这维护了交子作为法定纸币的流通秩序，减少了商户损失的风险，进而使社会金融秩序平稳运行。

据传，现今日本藏有一块宋代纸币印版，其拓片最早发表在《东亚杂志》上，呈长方形，无名称，长约 17 厘米，宽约 10 厘米，因右侧印有“千斯仓”三字，故名“千斯仓版”。它最初被认定为交子钞版，现对其性质、真伪还存在一定的争议，但可以确定这块钞版并不是交子版，这张拓片也肯定不是交子。但在这里，我们不能不思考一个问题，那就是交子是以信用做保证的，为保持纸币的声誉，防伪的重要性当然是不言而喻的。它的票式一般应该由两部分组成，主票和存根。存根的目的是两两相对，一旦引起民间纠纷以备核验。参考金代宝券的式样，在存根连接处还应有骑缝印。

北宋交子的诞生，标志着以信用为基础的金融交易模式的产生，在当今国际金融史上的地位无与伦比。有学者考证，交子的诞生，比英国英格兰银行发行纸币的时间早了700年，比瑞典斯德哥尔摩银行发行信用纸币早了600多年，启发了后世纸币的发展。

因为纸币作为一种支付手段的便利性很容易被人认识，所以它一旦被发明，便被民间和朝廷迅速推广。交子，打破了传统金属货币的限制，不仅承载了货币价值，而且承载了文化价值，更彰显了中国先民的创新智慧和商贸精神。从“私交子”到“官交子”，经过不断创新和完善，为人类社会金融商务发展筑起一座雄伟的里程碑，堪称一个人类历史奇迹，有“中国第五大发明”的美誉。

如今，时光流转，一眼千年，回望交子，尽管没有实物遗存，但是却无法阻挡我们对它的赞美和膜拜、喜欢和热爱。同时，后世的人们也更加感知先贤创意绽芳长，华夏文明世代传！

（王纪洁）

敢为天下先：交子为什么在成都诞生

在我国城市发展史上，北宋是一个非常重要的时期，尤其是在城市经济方面发展迅猛，城市商业的发达与繁荣带动了许多大型城市纷纷涌现，其中最繁华的四座城市分别是都城汴梁（今开封）、西京河南府（今洛阳）、临安（今杭州）和益州（今成都），堪称千年前的“北上广深”。作为最早的金属货币符号、最早的纸质交换媒介，交子为什么会在成都诞生，而没有在京城开封或者同样繁华的杭州、洛阳二地出现呢？

交子是我国封建社会经济发展史与货币发展史中的一个特殊产物。它在北宋时期的益州横空出世并不是偶然的，有其自身特殊的条件，产生原因也是多方面的，与城市商品经济发展、货币交易模式、货币形态、商业信用等有着很大的关系。因为生产力的发展，北宋的社会经济呈现出一片繁荣茂盛之景，而成都因为地理、物产等方面的诸多优势，商品经济高度发达。交子首先在成都出现，是与北宋时期成都地区繁华的经济贸易状况紧密相连的。

成都作为历史文化名城，自古以来就是文人墨客赞美的对象，留下了许多描绘其繁华景象的诗句。“一年而所居成聚，二年成邑，三年成都。”成都从建城之初，就是一座了不起的商业之都。秦汉以来，成都地区的农业一直非常发达，土地肥沃，百姓辛勤劳作，是全国重要的水稻产区。唐朝就有“扬一益二”的说法。北宋建立后，成都平原仍是当时的经济发达地区之一。五代十国时期，中原人士为躲避战乱，纷纷南迁，有一部分就迁至蜀地。北宋太平兴国年间（976—984 年），四川人口就达到 114 万户，占当时宋朝总户数的 17%。由于成都平原土地肥沃，水利灌溉便利，粮食产量很高，经济作物如茶叶、桑树等种植也非常广泛。北宋“益、利路所在有茶，其间邛、蜀、彭、汉、绵、雅、洋等州，兴元府三泉县人户，以种茶为生”。在宋代，四川地区有 8 处产茶之地，其中 7 处分布在成都和成都平原周围。茶叶产量占全国总产量的一半以上，茶叶的生产和销售是蜀地商人重要的经济活动，同时也是朝廷的赋税来源。宋太宗淳化年间（990—994 年）爆发的王小波和李顺起义就是不满朝廷对茶叶的专卖，给茶农带来的困苦导致的。如此巨大的茶叶交易量，要求交易方式一定要简单、快捷、安全。所以，有学者撰文说茶叶在交子的产生过程中发挥了巨大的作用。巴蜀地区纺织技术也获得较大的发展，纺织品如锦、绸、绫、缎的产量和质量均超过历史水平，闻名天下。在农业发达的基础上，手工业发展迅速，蜀锦、丝绸、造纸、盐业开采等居全国前列。例如，丝绸业规模扩大，品种增多，蜀锦花样由唐时的十多种发展到宋朝时期的四十多种，每年成都上交的丝绸制品，占全国各地上交总数的 70% 以上。这些都为商业的发展和繁荣提供了前提条件。在此背景下，成都地区的商品经济得到了蓬勃发展。成都土特产品市场比唐代更加繁荣，当时有着历史上最超前的商品交易博览会——十二月市。赵抃在《成都古今记》中记载：“正月灯市，二月花市，三月蚕市，四月锦市，五月扇市，六月香市，七月七宝市，八月桂市，九月药市，十月酒市，十一月梅市，十二月桃符市。”每月一次的大市集，是成都及周围百姓交换商品的场所。由于十二月市的名气巨大，也吸引了全国各地商人前来进行贸易活动。政府设立专门化市场在当时利于货物的集中贸易，对于商业发展有很重要的意义。如蚕市由正月到三月，时间长，市集多达 15 处，而且规模较大，并由此发展成为聚集百货的交易市场。药市每年在二月、三月、九月举行 3 次，上市的药材不仅来自四川盆地内部，还来自川西高原等少数民族地区。众多来自全国各地且携带巨款的远方商人，从事着大宗的茶叶、药材以及蜀锦等贸易。这些商人包括辽人、西夏人、金人等，均进入四川境内前来交易购物。

所以，宋代的成都是一个经济与文化皆高度发达的城市，由于其政治、经济、文化、地理等因素的重要性，成都已经发展成为名动全国的“西南大都会”。就经济特点而言，四川历来具有相对的独立性。北宋时期的四川不仅在地理环境上自成一体，在社会经济上也是自立门户，虽然与其他地区的商

宋代成都三月蚕市复原微缩模型，出自成都博物馆“喧然名都会：隋唐五代宋元时期的成都”展览

业往来很频繁，但依然拥有自身的独立区域市场。成都地区虽然商品经济异常发达，但该地区使用的货币却是铁钱。四川地区是北宋朝廷实行特殊货币管理政策的铁钱专用区，铁钱单位价值低廉，但却十分沉重，进行大宗商品买卖交换时，需要数量众多的铁钱，携带不甚方便，故而民间才出现“私为券，谓之交子，以便贸易”。铁是一种贱金属，价值比铜低。按照北宋朝廷规定，四川铁钱十当铜钱一行用。大型铁钱每千钱 25 斤，中型的（应系折二钱）13 斤，这对于商旅而言是一个很大的负担。此外，小平铁钱虽然每枚重一钱，可是购买力却极低，1 匹罗要 2 万枚铁钱，折合今重 130 斤。当时成都地区 1 斗米 20 文到 40 文，丰收时大米 1 斗 10 文，绢一匹 300 文到 400 文，棉花 1 斤 200 文到 280 文，茶叶 1 斤 30 文到 60 文。当时铜钱与铁钱的比值基本是：小平铁钱为 1：（6 ~ 10）（即 1 枚铜钱可值 6 到 10 枚铁钱）；折二钱为 10：（12 ~ 15）（即 10 枚铜钱可值 12 到 15 枚铁钱）。所以，购买 1 斗米要使用小平铁钱 180 ~ 300 枚，1 石米则用 1800 ~ 3000 枚，重 6.91 ~ 11.52 公斤；10 公斤茶叶则用铁钱 300 ~ 600 枚，重 11.52 ~ 23 公斤。购买这些生活必需

品尚且需要如此众多的铁钱，购买其他物品更是需求量巨大，一个人携带这么多铁钱去交易的难度可想而知。

此外，众所周知的蜀道难，自古就令人望而生畏。唐代诗人李白就曾写道：“噫吁嚱，危乎高哉！蜀道之难，难于上青天！”这种交通不便的状况，给铁钱的长途运输造成极大的困难。类似的困难情况在南宋时期也有文献记载，如绍兴六年（1136 年）十月任江南西路安抚制置大使兼知洪州的李纲曾说：“四川山路峻险，铁钱脚重，难于赍挈。故以交子为便。当时设法者措置得宜，常预桩留本钱百万贯，以权三百万贯交子，公私物一，流通无阻，故蜀人便之。”数量众多的铁钱体积大、重量沉，携带不便，搬运起来更是困难。宋人唐士耻编撰的《益州交子务记》中对此就有描述：“益州之壤，镇抚全蜀，直国坤维，虽车书混一，初无彼此之间，然去都国几万里，了不与中原谋壤。地西接蛮戎，虑其溢泄，赋币以铁，人病懋迁而质剂兴焉，主以十六户。”书中所说的“懋迁”就是使用铁钱导致的“迟重难迁之患”。为了贸易方便、不受蜀险之阻，因此客观上需要一种轻便的货币，在此情况下，简单、方便携带的交子便应运而生。现代史学家也持有这种观点，汪圣铎在《两宋货币史》中指出：“显然，交子在当时四川产生，铁钱沉重不便贸易是最重要、最直接的原因，这是无可怀疑的。”

“天圣元宝”铁钱

促使交子诞生还有一个主要原因就是铁钱铸造量减少，造成“钱荒”加剧，流通领域筹码减少，为弥补货币不足，才印制交子。四川古代铁矿资源丰富，从汉代就开始铸有铁五铢钱，自此以后，四川地区基本上历朝都有铁钱。北宋初期，四川爆发了王小波、李顺领导的农民起义。这次起义发展迅猛，控制了四川大部分地区，在成都建立了大蜀政权，后被朝廷派军镇压。起义导致政府停止铸造铁钱，社会上现钱减少，人们交易不便，故而成都的一些大商户为了安全和方便，出于共同的目的，自行发明、设计、印刷交子作为代用货币。据史料记载：“先是益、邛、嘉、眉等州岁铸钱五十余万贯，自李顺作乱，铁钱罢铸，民间钱易少，故私以交子为币。”以王小波、李顺为首的农民起义，发生在北宋淳化四年（993 年）二月，由此可以界定民间“私交子”最早出现是在 993—994 年。

按照现今金融学理论，纸币是由国家发行的强制使用的货币符号。也就是说，纸币只是金属货币的代表，其本质是价值符号，它是以国家信用为基础的信用货币。那么，在一千年前的北宋社会，交子的诞生同样需要一定的信用保证。

北宋时期，成都地区的商业信用非常发达。由于商品经济的发达，为了加快商品流通速度，就需要及时解决现钱兑换问题。为此，借贷、质、押、典当、赊买赊卖、预付款等商业信用方式在民间开始兴起并快速发展。在商业信贷关系的基础上，宋代商品买卖中已存在“赊”的现象。买主可以先行拿到货物，将货物出售后，再反过来给卖主支付现钱。“赊卖”的兴起，是商品交换发展的一个突出方面，标志着商品经济发展的进步。为了保护债权人的最大利益，朝廷颁布相关法律，限制债务人的权限，让其诚信守约，减少债权人的信用风险。对赊买，立法比现钱交易严格，不仅要立契，而且要抵押、担保。如宋真宗乾兴元年（1022 年）六月敕令：“在京都商税院并南河北市，告示客旅等，自今后如将行货物色，并须只以此一色见钱买货，交相分付。如有大段行货，须至赊卖与人者，即买主量行货多少，召有家活物力人户三五人以上，递相委保，写立期限文字交还。如违限，别无抵当，只委保人同共填还。若或客旅不切依禀，只令赊买人写立欠钱文字，别无有家业人委保，官中今后更不行理会。若是内有连保人，别无家活，虚作有物力，与店户、牙人等通同蒙昧客旅，诳赚保买物色，不还价钱，并乞严行决配。”这条敕令实际上就是一个有关“赊卖”的立法，即赊买人、担保者必须是“家活物力人户”，且须三至五人联保。这样，一旦出现赊买人因故偿债不能的情况，担保者在履行代偿债务时，保证其有能力代替主债务人“填还”债务。买主所写的“期限文字”就是一张保证如期偿还的期票。通过这样的一个赊买过程，卖主与买主之间就形成了债务关系，而买者赊购商品所欠的款项在约定时间内必须用货币支付。这样一来，北宋时期的货币职能进一步扩大，不但具有等价尺度、流通手段和贮藏手段的职能，而且具有支付手段的职能，由此证明当时的商品经济进入了一个新的发展阶段。

朝廷的禁榷制度、货币供给的有限性、货币割据是宋代商品经济发展的主要障碍，而交子等大量创新信用票据和信用货币的发行，在一定程度上化解了这些不利因素。宋代信用的繁荣在当时产生了很好的社会效果，宋代的信用也为之后历朝历代和其他区域金融的发展提供了实践经验，发挥了积极作用，产生了深远影响。

最后，交子的诞生还有一个原因，那就是造纸和雕版印刷技术发达。交子的产生与当时四川地区造纸印刷技术的水平有很大的关系。早在唐代，成都麻纸就已被确定为皇家用纸，每年要大批地送入宫中。《唐六典》记载：唐代宫廷藏书有四部，共二五九六一，“皆以益州麻纸写”。最好的宫廷藏书都使用成都生产的麻纸，可见这种纸的质量在全国是最好的。宋代是中国古代科技发展的鼎盛时期，四川在北宋时期有着发达的造纸和印刷技术，从而在印制方面为交子的产生提供了重要的基础。四川作为当时的造纸基地，所生产的楮皮纸坚固耐用，细白光滑，是纸币材料的最佳选择。北宋诗人梅尧臣云：“寒溪浸楮春夜月，敲冰举帘匀割脂。焙干坚滑若铺玉，一幅百金曾不疑。”而且，印刷纸币的技术比印刷普通书籍要高，若想纸币有效安全地流通使用，必须具备独特的防伪技术，这就需要有复杂的技术来完成暗记的制作。四川素有“宋时蜀刻甲天下”之说，由此看来，成都地区已具备大量印刷纸币的物质技术条件，这也是交子产生的重要条件之一。

交子是一种信用货币，作为铁钱的价值符号和代表来行使货币的支付职能和流通职能。交子的出现，是北宋时期成都地区社会经济尤其是城市商品经济发展的必然结果，反过来，它又促进了成都地区商品交换的进步和发展。

交子的制造成本低，且易于保管、携带与运输，而且避免了金属铸币在流通中的磨损，它的诞生，给四川的商贸带来了极大的便利，稳定了四川社会经济。时人说：“（交子）贸百金之货，走千里之途，卷而怀之，皆曰铁（钱）不如楮（交子）便也。”而且，交子的诞生，繁荣了成都市场，加快了商品的周转，使成都得以成为北宋第二大都市。

交子诞生在成都，证明了北宋时期成都商品经济的高度繁荣，社会信用可靠。成都人敢为天下先，实现了人类金融史上的伟大创新、重大发明。

（王纪洁）

山西人薛田：
“纸币之父”美名传

在华夏五千年文明的发展史上，各行各业涌现出了许多领军人物，他们为中国各项领域的产生和发展作出了重大贡献，被尊称为“行业之父”。我国是世界上最早发明并使用纸币的国家，迄今已有一千年，“纸币之父”就是北宋天圣年间曾担任益州（今成都）知州的薛田。

北宋仁宗天圣元年（1023 年）四月，薛田调任益州知州，当时成都地区使用的纸币——交子广泛流通，因为是由民间自行发明和使用，管理不够规范，常出现无法按时或如数兑现的情况，随之产生纠纷和诉讼，引起局部社会矛盾。薛田建议，将“私交子”管理权收归国有，“废交子不复用，则资易非便，请官为置（交子）务，禁民私造”。几经周折后，终于获得朝廷批准，薛田全盘统筹、亲自参与交子务内部机构设置、人员组成。北宋仁宗天圣元年十一月二十八日（1024 年 1 月 12 日），世界历史上第一个发行纸币的官办金融机构——“益州交子务”诞生，具体职责是发行、回收和管理交子。而后，薛田积极协调交子印制工作。那时的薛田，可能连他自己都没想到，日后他的提议将被载入人类文明发展的史册中，对中国历史和世界历史影响深远。天圣二年二月二十日（1024 年 4 月 1 日），薛田在成都亲自主持发行了第一界“官交子”，共 1256340 贯。这是世界货币史上的首次纸币发行。随着“官交子”的顺利流通，薛田也成为中国，乃至世界上主持发行国家法定纸币第一人，被誉为“纸币之父”。薛田用其独到的眼光、敢想敢干的魄力改变了当时流通领域的支付方式，这是人类货币发展史上一次跨越式的进步。他的地位非凡，无人能出其右。虽然没有交子实物遗存，但是薛田的极高威望，足以

薛田画像，出自成都交子金融博物馆展览

让他担当得起“纸币之父”的名誉。

一个人的性格、生活背景往往决定了他的视野和做事风格，我们来看一下薛田的成长经历。薛田，字希稷，河中河东（今山西永济西南）人。师从种放，与北宋诗人魏野关系非常好。种放，淡泊名利，长期隐居在终南山，以讲习为业。宋真宗时期，曾奉召入朝，官至工部侍郎。魏野是四川人，后迁居河南，一生清贫，却从不随波逐流，他的品德一直被后人称道。常言道，“能结交直道朋友，其人必有令名”，薛田与这两位品德高尚之人交往，必然会受到他们身上气息的影响，为人正直，敢于担当，不攀附权贵。

薛田进士及第后，先做了丹州（今陕西宜川）推官，掌管刑狱，属于地方检察官员，后担任中江县（今德阳市中江县）知县，通判陕州、亳州。然后薛田赴京，任三司度支判官，掌管全国财政的统计和支调，计划分配全国财政事务。三司度支判官对国家财政方针的制定很重要，需要厘清国家财政的收支状况，合理调配财政资源，同时还要合理地扩大财政来源、增加国家财富。大概是在这一时期，薛田开始了解到社会财政发展状况，驾轻就熟地运用经济政策，在财政收入、分配等一系列环节展开有序、有效的组织与管理，这也为他日后在益州设置交子务、发行“官交子”提供了一定的财政理论和实践经验。

宋真宗大中祥符末年，薛田改任益州路转运使，除掌握益州财政赋税外，还兼领考察地方官吏、维持治安、清点刑狱、举贤荐能等。也正是在这一时期，薛田发现因流通的铁钱笨重，四川当地百姓使用便捷的纸币——交子进行交易的现象非常普遍。但交子因为是民间自发印制，信用和认可程度差，一旦遇到社会动荡，就很难足值或按期兑现。于是，薛田经过详细地了解蜀地经济及货币流通情况，并开展深入的社会调查，凭借自己之前的财政管理经验，上奏朝廷，建议由官府来掌握交子发行的主动权，设立专门机构，专门印制和管理交子。这样，既可以规避金融风险，也可以增加朝廷的收入。但这一超前的经济主张并未获得益州官府的肯定和支持。

当时担任益州最高行政长官的是一名叫凌策的官员，《宋史》记载，他处事精审，敏而有断，临事强济。作为当地级别最高的官员，凌策看到交子虽然是民间自行管理，但因有十六户连保，“私交子”流通秩序还算井然，而且社会治安良好，在这种情况下，如果采取行政干预，强制将“私交子”收归国有，一定会扰乱社会秩序，给百姓经济生活带来很大的影响。所以，从实际出发，经过综合考量，凌策决定不采用薛田的建议，也没将其建议上报朝廷。

宋真宗天禧年间（1017—1021 年），临汝人（今河南汝州）寇瑊从三司度支副使改任益州知州。因为在此之前，益州、梓州路物价暴涨，导致私人交子铺户没有充足的铁钱，遂发生了交子挤兑现象，影响到社会治安。所以，寇瑊认为“私交子”发行引起太多民间纠纷事件，存在较大的金融风险，于是，他上台伊始，就采取“一刀切”的办法，立即下令关闭所有的交子铺，强令商品交易不得使用交子，一律使用铁钱。史书记载，“寇瑊守蜀，遂乞废交子不复用”。寇瑊这种处理方式严重地违背了社会经济发展规律和四川百姓的意愿，搅乱了业已成熟的商品交易结算方式，导致商品交换减少，百姓生活受到限制，怨声载道，官府的权威降至冰点。

这时，宋仁宗即位，太后刘娥临朝听政。刘娥是益州人，对家乡存有很深的感情，也深知铁钱在当地流通的弊端。看到这一情况，刘娥果断撤了寇瑊益州知州的职务，将其调任邓州知州。为迅速恢复益州的社会秩序，让商品交易和百姓经济生活重回正轨，此时朝廷必须挑选一名了解益州情况、有一定经济管理经验，同时又宅心仁厚、勇于担当的官员担任益州知州。刘娥在满朝文武官员中反复思考人选，最后相中了已是开封知府的薛田。刘娥是北宋历史上第一位临朝称制的皇太后，为北宋经济的发展作出了重大贡献，后世对她的评价颇高，说她“有吕武之才，无吕武之恶”。

宋仁宗天圣元年（1023 年）四月，朝廷任命薛田为益州知州，加枢密直学士头衔，并且让薛田与梓州路提刑王维明、益州转运使张若谷共同商议，考察和处理交子事宜。知州作为一州最高长官，具有比较完整的行政权力。

这一下，薛田终于可以施展自己的抱负，实施自己的治理方针，有机会实现他在七年前提出的主张“交子改由官办”了。张若谷，福建沙县人，宋太宗淳化三年（992 年）的进士，负责益州地区的财赋，以及官方的财物、货物运输等。

薛田走马上任后就发现，因为寇瑊“一刀切”的做法，禁止交子流通，致使交换活动减少，商品经济发生大面积萎缩。他清醒地认识到，社会经济发展及商品流通离不开货币，可是四川当地流通的铁钱重且难用，只有交子这一新生信用货币才能解决沉重的铁钱与日益发展的商品经济之间的根本矛盾。也就是说，交子已经取代铁钱成为四川的通行货币了，官府虽可以采用行政手段禁止，但民间一定还会私自发行、继续使用，此时的益州不能没有交子。薛田和张若谷二人在交子的处理问题上态度是出奇地一致，均认为若禁止交子流通不利于商业，还会引起贸易不便，进而引起经济倒退，乃至影响到社会治安。所以，二人决定因势利导，趋利避害。于是，北宋仁宗天圣元年十一月，薛田、张若谷上奏朝廷，请求恢复交子的使用，但应由官府专设机构控制其出纳，禁止民间私自印制交子。“田、若谷议废交子不复用，则贸易非便，但请官为置务，禁民私造。”朝廷采纳了该建议，置“益州交子务”机构，发行流通纸币——交子。薛田的这种以国家信誉取代以前的 16 家商户财富的办法，可以进一步提高交子的公信力，提高交子在百姓心中的形象，使交子可以在社会上更加广泛、顺畅地流通。这一举动利国利民，受到当地百姓的拍手称赞。因为这是有史以来第一次由国家主导流通纸币，更是中国乃至世界金融史上具有里程碑意义的一件大事。故而，“益州交子务”也被人们称为世界上最早的“中央银行”。

之前交子由民间经营，现在改由政府全面接管，由民办到官办，这其中不但是设立交子务这种管理机构上的变化，为便于管理，更为防范风险、保证交子的信用，还要从实际出发，出台相应的办法、措施，才能做到有法可依、依法管理，也才能使交子发行市场健康良性发展。

为此，以薛田为首的益州官员，经过市场调研，大致拟定了“官交子”管理办法，包括交子务的人员构成、交子发行的界别和手续费、每界发行额度、准备金，以及交子面值、式样、防伪办法、造假处罚等，主要包括以下几点：

一是规定“益州交子务”的人员组成设置，设有监官、掌典、贴书、印匠、雕匠、铸匠、杂役等共计 181 人。

二是发行时段为分界，以两年为一界，到时候以新交子回收旧交子。

三是发行数额，此界印发 1256340 贯，另外还规定以后每界印制和发行数量以此为准。

四是准备金制度，每发行一界“官交子”，须备本钱（即准备金）36 万贯铁钱，准备金占比约为 28%。

五是交子的面值定为一贯至十贯，共十等，使用时临时填写。

六是防伪方法，每张交子的票面上都要加盖两方官印，分别是“益州交子务”和“益州观察使”，并书有字号。

七是人们将铁钱存入时，交子务便发给交子，并将交子的字号登记在账簿上，日后兑现完时再将字号销账。

八是每贯铁钱，收取纸墨费（即手续费）30 文。

九是为防止伪造，制定奖惩措施，告发伪造者赏钱 500 贯，伪造者发配出益州，永世不得返回。

交子的分界和界满回收的制度，是政府为了很好地控制交子发行量，也是为了防止民间伪造所实行的一种有效制度。上述办法虽然是很零散、不成体系的政令，不是一套完整的纸币发行管理制度，但是，以一千年前人们对货币发行思想的认知能力，已经难能可贵了。同时，北宋交子的发行和管理办法也为后世提供了很多宝贵的经验。

《山西通志·薛田传》记载：“薛田请置交子务，以权出入。蜀人便之。”交子由民办改为官办后，由于措施实施得当，发行后流通得非常顺利。在薛田的大胆管理和努力经营下，交子的使用不仅为百姓在商贸往来中带来了诸多便利，而且也为当地政府创造了丰厚的经济效益。而后，交子开始在川陕四路广泛流通，为促进蜀地经济发展发挥了积极作用。

薛田在益州知州任上体察民情，辛辛苦苦，任劳任怨。五年后，他调任别处，最后卒于同州（今渭南地区）。薛田的官场经历与四川地区紧密相关。他先后三次入蜀为官，级别也是逐次升迁，分别是中江县知县、益州转运使、益州知州。从中可以看出他对四川的社会情况和风土人情非常了解，同时也能看出朝廷对他蜀地治理能力的肯定。

由于长期在蜀地任职，薛田对成都怀有很深的情感，在扶危劝善、志得意满之时，他曾创作长诗《成都书事百韵》，用1400字的长篇描写出以药市花市、书业酒业、蜀锦名品为代表的成都市场的繁荣景象。比如，写成都的荔枝，他说，“月季冒霜秋肯挫，荔枝冲瘴夏宜然”；写成都的烧鱼，他说，“受辛滋味饶姜蒜，剧馔盘餐足鲔鳣”；写蜀道难，他说，“易觉锦城销白日，难歌蜀道上青天”。而当他写到一手主导、毕生引以为豪的交子的流通和使用时，他则说，“货出军储推赈济，转行交子颂轻便”。

薛田，这位敢想敢为的北宋官员，成就卓越，他的勇于探索的精神，为交子的广泛使用作出了不可磨灭的贡献。同时，也为日后中国古代纸币的运行、管理作出了巨大贡献。他是纸币领域的开拓者，“交子之父”“纸币之父”的美誉可谓实至名归。

（王纪洁）

盐钞：
可以当钱花的票据

从古至今，盐都是人们生活的必需品。《说文》中记述：“天生者称卤，煮成者叫盐。”传说黄帝时有个叫夙沙的诸侯，以海水煮卤，煎成盐，颜色有青、黄、白、黑、紫五样。春秋战国时期，齐国因为有盐铁之利，富甲诸侯。汉武帝时将盐业归入中央的大司农管理，纳入国家财政，实行官营。三国时期的魏、蜀、吴三国均设置了司盐都尉、司盐校尉等职务管理盐政。唐玄宗开元初年，始议榷盐收税，其后检校海内盐铁之课，征收盐税。

北宋时期，食盐的生产和管理在唐代的基础上又有所发展。此时海盐的主产区在山东、江苏、浙江、福建等地，其中两淮、两浙地区所产出的盐被称为“东南盐”，所谓“东南盐利，视天下为最厚”；池盐的主产区在山西，其中以解州解县、安邑两池最为有名，历史上将产自这两地的食盐称为“解盐”；井盐的主产区在四川、贵州一带。食盐的销售主要有两种方式，一是官运官销，二是官方将食盐售卖给商人，再由商人销售，其售卖方式先后有交引法、盐钞法和盐引法，与之相对应地，则产生了交引、盐钞、盐引等信用票据。这些信用票据随着自身体系的日益完善，出现了货币化的趋势，逐渐具备了货币的某些基本功能。

交引是宋代最早出现的用于食盐交易的票据，它的出现有其特殊的历史背景。北宋在建立之初，由于西北战事长期吃紧，朝廷为解决军队所需粮草，招引商贾运输粮草至西北，向其发放交引作为报酬，商人可以携带交引到京师或其他州兑换成钱或其他榷卖品，时称“入中”。据《宋史·食货志》记载：“雍熙后用兵，切于馈饷，多令商人入刍粮塞下，酌地之远近而为其直，

古代工匠收盐场景，出自池盐博物馆

取市价而厚增之，授以要券，谓之交引。至京师给以缗钱，又移文江、淮、荆湖，给以茶及颗、末盐。”也就是说，宋太宗雍熙年间（984—987年）为了解决军需困难，朝廷授意商人可以先向边郡输送粮草，然后朝廷发给其交引，凭借交引可以到江、淮、荆湖等地取茶、盐贩卖获利。这种方法本身是没有问题的，但由于输送到前线的物品有粮食、草料、瓦木等各种物品，在其折价换取交引的过程中就出现了官商勾结，操纵价格以牟取暴利的现象，交引法逐渐被破坏。

宋仁宗皇祐元年（1049年），时任三司使的包拯在陕西调查盐法时就曾发现其危害：“陕西旧于沿边秦、延、环、庆、渭、源（原）、保安、镇戎、德顺九州军，听人入中粮草，算支解盐……凡缘木一对，定价一千，支盐一席，岁亏官钱不可胜计。”也就是说，包拯通过调查发现，各类输送到边关的物品往往由于官商勾结而折价过高，朝廷受到了重大损失。

为了改革交引法的弊端，宋仁宗庆历八年（1048年），范祥被任命为陕西路提点刑狱兼制置解盐事，对盐政进行改革。他的改革措施主要有以下几条：一是罢禁榷之法，恢复商运商销。也就是说，凡原来禁盐的地区一律恢复商运商销，借此调动商人的积极性，尽量减轻兵民搬运食盐而承担的劳役负担，并且将销售区扩大到川蜀地区。二是停止沿边“入中”粮草等物，商人买盐一律就在边军交纳现钱。也就是说，商人去沿边只要交纳现钱，官府便会给予盐钞，然后商人拿着盐钞到指定区域领盐销售。三是政府控制青盐，禁止销售。也就是说，朝廷控制西夏乌白池产青盐在陕西边州的销售，防止其侵占山西所产“解盐”的市场。四是按量发券，即池验券，按数出券。也就是说根据产销情况，控制每年发券的数量，而且对商人受券领到的盐中未能卖出的部分，朝廷给予一定的补偿。五是官府自卖盐的地区在商贾未流通的时候，仍继续由官府卖盐，商贾流通时即停止官府自卖。六是稳定盐价。官方依靠都盐院所掌握的食盐，通过适时的收入、卖出来平抑盐价。都盐院是北宋时期设置的官署，主要掌管解州池盐。据沈括的《梦溪笔谈》记载：“盐价时有低昂，又于京师置都盐院，陕西转运司自遣官主之。京师食盐，斤不足三十五钱，则敛而不发，以长盐价；过四十，则大发库盐，以压商利，使盐价有常。而钞法有定数。”北宋为了控制盐价，专门设置了名为都盐院的官署来管理解州食盐，当京城汴梁的食盐价格每斤不足35文的时候，都盐院会通过收购盐钞的方式来推高食盐价格；当食盐价格每斤超过40文的时候，都盐院则通过销售库存食盐的方式来调低食盐的价格。这与现代政府为了控制粮食、猪肉价格所建立的收储制度极为相似。

宋仁宗嘉祐三年（1058年），范祥对盐法又进行了新的改革：一是严禁“入中”粮草；二是嘉祐三年以前发行的盐钞，每券需要再输钱一千，方可给盐；三是在京师都盐院蓄钱20万贯，以调节食盐价格；四是规定每盐钞6000贯，给盐10千席，不得擅自更改，以保持盐钞价格的稳定。盐钞法实行以后，大大增加了“解盐”的收入，改制前的庆历六年（1046年）为147万贯，庆历七年（1047年）为195万贯，改制后的皇祐三年（1051年）为221万贯，皇祐四年（1052年）为215万贯。宋代《梦溪笔谈》的作者沈括称赞道：“省数十郡搬运之劳。异日辇车牛驴以盐役死者，岁以万计，冒禁抵罪者不可胜数，至此悉免……行之数十年，至今以为利也。”

范祥盐钞法的顺利施行，最重要的一点是政府不能滥发盐钞。但是到了宋神宗年间（1068—1085年），由于西北军需庞大，朝廷不断地增发盐钞，导

宋徽宗像

致盐钞的信誉一降再降。同时，盐钞还有一个缺陷，就是只标明了盐的价格和数量，没有期限，盐商可以囤积居奇，控制盐价。宋徽宗政和三年（1113 年），蔡京开始对盐法进行改革，创新了盐引法，其具体做法是：用官袋装盐，限定斤数，封印为记，一袋为一引，编立引目号簿。商人缴纳包括税款在内的盐价领引，凭引核对号簿支盐运销。引分长引和短引。长引行销外路，限期一年；短引行销本路，限期一季。到期盐未售完，即行毁引，盐没于官。客观而言，蔡京的改革总结了宋徽宗之前盐法的利弊，顺应了宋代财政结构变化和商品经济发展的变化。宋徽宗对其还是很赞赏的，曰“钞法用之，民信已久，飞钱裕国，其利甚大”。

由于宋朝长时期发行盐钞，盐钞逐渐取得了货币地位，当时很多史料中都有百姓使用盐钞交易的记载。宋神宗熙宁七年（1074 年），熙河路经略使王韶言：“其草豆别乞差四人专领，并立敷办赏格，并乞盐钞三二十万，候三年外本司自办。”宋高宗绍兴五年（1135 年），朝廷即“命榷货务降给盐钞六十万缗，赴都督行府收籴江南早禾米”。大文学家苏轼也曾记载：“陕西岁铸钱，折二钱二百万贯，用本一百万贯。铁贱铜贵，而与铜钱并行，又重而难徙。由此陕西币轻物重，商贩沿边者回，无以为货，非换盐钞，则负铜钱以出。”除朝廷外，商民中也有很多人使用盐钞进行交易，而且随着交易的增多，各大城市中用于交易金、银、盐钞的交易铺也变得十分繁忙。南宋临安城，商贾云集，有多个商业区，也有多个交引铺。据《都城纪胜》载：“都城天街，旧自清河坊南，则呼南瓦北。谓之界北。中瓦前，谓之五花儿中心。自五间楼北至官巷。御街南，两行多是上户，金银钞引交易铺，仅百余家。”金银钞引交易铺中交易的盐钞，从内容和形式上看，在不同时期、不同地区是有所区别的。以北宋中期的解盐钞为例，通常每“一钞为盐一席”，但也有“小钞”。东南的“末盐钞”，有一次支盐一袋或多袋的，比如一次支盐三袋叫

宋代金银首饰铺，出自《清明上河图》

“三袋钞”，一次支盐四袋叫“四袋钞”。虽然盐钞可以在交引铺中进行交易，但盐钞的基础功能还是用于食盐的买卖，也就是说，商人可以通过买钞、支盐、引运、售卖四个流程来销售食盐以获利。

盐钞的使用，为宋代货币经济的发展作出了贡献，但是谁又会关心其背后盐民的辛酸生活呢？北宋词人柳永曾作《煮海歌》来形容当时盐民的生活：“煮海之民何所营？妇无蚕织夫无耕。衣食之源太寥落，牢盆煮就汝输征。年年春夏潮盈浦，潮退刮泥成岛屿；风干日曝盐味加，始灌潮波塯成卤。卤浓盐淡未得闲，采樵深入无穷山；豹踪虎迹不敢避，朝阳出去夕阳还。船载肩擎未遑歇，投入巨灶炎炎热；晨烧暮烁堆积高，才得波涛变成雪。”

（孟祥伟）

会子：南宋流通最广的纸币

宋高宗建炎元年（1127年）六月，大将宗泽等拥护赵构（宋高宗）在应天府（今河南商丘南）称帝，南宋建立。不久，南宋将都城迁至临安（今浙江杭州），成为偏安江南一隅的封建王朝。宋高宗统治时期，最初铸造和使用金属铸币，材质为铜、铁两种，有“建炎通宝”“建炎重宝”“建炎元宝”“绍兴通宝”“绍兴元宝”等钱币名称。诚如《宋史·食货志》所记载，建炎四年（1130年），“大抵于先朝常赋外，岁增钱二千六十八万缗”。

宋高宗绍兴十一年（1141年），宋金进行谈判，达成“绍兴议和”。至此，两国结束了长期战争对峙的状态，百姓的生活条件得到了改善，双方都获得了一个相对安定的生活环境，有利于经济文化的发展，社会的进步。宋高宗

“绍兴通宝”折二铜钱

绍兴十二年（1142 年），宋高宗赵构采纳左司员外郎（后任两浙转运副使）李椿提出的“经界法”，在全国清查与核实土地占有的实际状况，开始加强农业生产、与民休息，促进了南宋社会整体生产力的提升。此时，商品经济获得了长足发展，商品种类多，商业贸易往来频繁。京城杭州人口稠密，经商群体庞大，据说有 20 余万人从事商品经营活动，而且产生了不少富商大户，如宋高宗绍兴二十六年（1156 年），钱塘县人氏杨康经营羊肉，曾提出向朝廷每年进献 720 头羊，折合 1 万缗钱，可见杨康是一名妥妥的超级富豪。吴自牧在所著的笔记《梦粱录》中曾这样描述杭州商业的繁华：“盖因南渡以来，杭为行都二百余年，户口蕃盛，商贾买卖者十倍于昔，往来辐辏，非他郡比也。”这一时期，航海贸易远超之前，利润丰厚，泉州、广州、明州（今宁波）是重要的对外贸易港口。为管理海外贸易，朝廷设有市舶司。据史料记载，宋高宗绍兴末年，朝廷 15% 的财政收入都来自海外贸易。

商品经济的发达和蒸蒸日上的海外贸易，使得流通领域中对钱币的需求越来越大，周转速度越来越快。两宋时期是中国历朝历代铜钱发行量最多的朝代，因为边境贸易和海外贸易发达，所以铜钱外流现象在北宋时期就很严重，到了南宋尤其厉害。日本商人以商品交换的方式，大量换取南宋铜钱，“以高大深广之船，一船可载数万贯文而去”。此时流通领域中金属铸币的数量已远远无法满足商业发展的需要。有了北宋时期“交子”“钱引”“小钞”的印制、发行和管理经验，南宋时期便发明了“会子”，作为金属铸币的代用币参与流通。

会子的名称在北宋时期就已产生。据宋神宗时期（1068—1085 年）宰相吕惠卿所著《日录》的记载，宋神宗熙宁八年（1075 年）八月，宋神宗和王安石、吕惠卿一起商议陕西交子的事情，吕惠卿说：“自可依西川法，令民间自纳钱请交子，即是会子。自家有钱，便得会子。”由此，我们可知当时的会子是取钱、纳钱的一种凭证，并非货币。

北宋时期，一些富商开办了可以寄存钱物的店铺，称为“寄附铺”，寄附铺给寄存人开具的凭证，称为“寄附钱物会子”。宋徽宗政和三年（1113 年），因为京城百姓私下里将“寄附钱物会子”携带出城，并在城外使用，扰乱了朝廷的“盐钞法”，所以朝廷就下令停止使用寄附钱物会子。由此可知，因为可以在民间使用，所以此时的“寄附钱物会子”开始具有汇票的性质。

到了南宋初期，仿照“寄附钱物会子”，民间开始大量使用“寄付兑便钱会子”，“寄付”即“寄附”，“兑便钱”意为“汇兑”。“寄付兑便钱会子”就是一种近似于支票、汇票的票据，可以在市场上自由使用，发挥货币的支付功能，已经演变成纸币。

宋高宗绍兴五年（1135年），在张浚的指挥下，朝廷终于平定了历时三年的湖湘之乱，至此，南宋境内社会逐步安定，其立足于江南的统治趋于稳固。同年九月，朝廷下令禁止“寄付兑便钱会子”出城，因为此举不得民心，故遭到临安及周围居民的强烈反对，次日便被迫宣布废除。

宋高宗绍兴三十年（1160年）二月，临安知府钱端礼主持，将由民间富商经营的“寄付兑便钱会子”收归国有，仿照寄附铺的方式经营，在临安城内外可以与铜钱并行使用。其合发官钱，并许兑会子输左藏库（国库）。七月，钱端礼升任户部侍郎，负责南宋朝廷的财政管理和预算监督等工作，会子也由户部接手经营。钱端礼出身显贵，是吴越王钱俶的六世孙，荣国公钱忱之子。钱俶归宋后，大多数钱家人都入朝为官，李焘的《续资治通鉴长编》说：“宋兴以来，父子兄弟制策登科者，钱氏一家而已。”钱端礼勇于担当，任台州通判时，遇到自然灾荒，大胆决策，发放救济粮，赈济灾民上千人，无一人因饥饿而死，社会秩序井然。他非常有经济头脑，一手主导了会子的发行，有“会子之父”的美誉。

宋高宗绍兴三十一年（1161年）二月，朝廷接受临安府知府张澄的提议，设立“行在会子务”（后改为“行在会子库”），主要职责是管理会子的印制和发行等事宜。张澄也是一名非常有才干的官员，善于处理繁难事务，曾做过户部尚书。“行在会子务”还是由钱端礼全权负责管理。“行在会子务”隶属于都茶场，一直以来，盐、茶、香、矾等产业都是官府垄断专卖，民间私商不得直接经营，他们只相当于末端的贩卖者，每年都要向朝廷缴纳用于购买上述物品的金属铸币，所以都茶场拥有大量的现钱存款。为了维护会子的信用，取信于民，朝廷拨付10万贯给“行在会子务”做发行准备金。会子是一张纸，本身没有任何价值，但有了准备金作担保，从而保证了自身流通和支付的能力。百姓用1贯铜钱兑换1贯会子，要收取10文的手续费；用1贯会子兑换

1 贯铜钱，则要收取 20 文的手续费。印造会子的纸张取自徽州和池州，在成都和临安两地印制。同时，朝廷规定每天印造会子工作完成后，由监官分押，每 1 万贯押解到户部盖印，可见会子的印造管理非常严格。

绍兴三十二年（1162 年）十二月，朝廷制定伪造会子法，规定造假者犯人处斩，告发者赏钱 10 贯，不愿受者，补进义校尉。若造假庇匿之人有告发者，可以免罪受领赏，愿补官者听。

会子最初的面值为一贯、二贯、三贯，宋孝宗隆兴元年（1163 年）又先后增加了五百文、二百文、三百文 3 种小面值，形制为长方形，采用红、蓝、黑三色同时铜版印刷。不同面值的会子，版式设计和风格均略有不同。

我国现存一块“行在会子库”青铜钞版，长 17.4 厘米，宽 11.8 厘米，整个布局分为三个部分。版面正中横书“行在会子库”5 个大字。上部右边刻有“大壹贯文省”，左边刻有“第壹佰拾料”，中间方框内刻有“敕伪造会子犯人处斩，赏钱壹阡贯。如不原支赏，与补进义校尉。若徒中及窝藏之家能自告首，特与免罪，亦支上件赏钱，或愿补前项名目者听”56 个字。印版下方为山泉花纹图案。这块钞版是民国钱币收藏家陈仁涛于 1927 年购得的。新中国成立前夕，陈仁涛将这块钞版连同其他珍藏

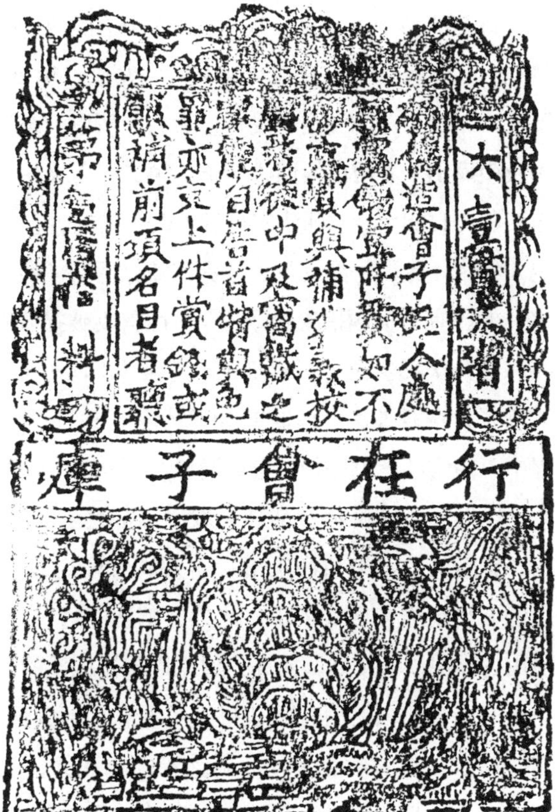

“行在会子库”钞版拓片，中国国家博物馆藏

品一起携出境外。20 世纪 50 年代初期，国家拨专款将这块钞版连同别的历代货币一同收购回国。由于其并非科学考古出土，也未见有清晰的传世来源记载，对这块钞版的性质、真伪问题可以结合历史资料、版式风格、文字特征、行文特点、制作工艺等进一步探究。

会子最初在两浙地区使用，后因使用方便快捷，又陆续推广到两淮、湖广、京西各路。因为大面积流通在东南地区，故又称“东南会子”；因由“行在会子库”发行，也称“行在会子”。朝廷规定，无论公私纳税和交易均可以使用，故会子的用途非常广泛，除食盐买卖本用铜钱以外，其余各种商品，大多数情况下都可以用会子。与此同时，民间也通行会子，民间典卖田、宅、马、车、舟、牛等，钱、会子参半行用。所以，会子几乎起到了官方法币的支付职能。

最初的会子不分界，致使流通领域的会子数量越来越多，引起物价贬值。例如，宋孝宗隆兴二年（1164 年），大米一斗 25 文；乾道初年，一斗最高涨至五六百文。考虑到会子发行量太大，所以，乾道二年（1166 年），朝廷用内库及南库 100 万两白银回收会子，第二年，又用 200 万两内库银收兑会子。乾道四年（1168 年），朝廷实行货币改革措施，正式实行会子“分界”制度，规定 3 年为一界，每界发行 1 万贯，随界更新换旧。会子

上印有“提领措置会子库”。每贯收破损收兑手续费 20 文。制定收兑标准，凡是破旧会子，只要面值、字号和印章完整，就可以兑换。因为清晰地明确了界额及期限，此时的会子已发展成为制度完备的纸币。在会子流通过程中，南宋朝廷也进行过宏观调控，“若会子稍多，又出钱银收之”。

为防止会子贬值，朝廷采取“称提之术”的金融措施，即朝廷及时以金银、铜钱等收兑贬值的纸币，还采取出售茶引、度牒、盐引和官诰等市场流通的有价证券来回笼纸币。此外，朝廷还通过限制纸币的发行量，规定纸币使用的界限以及按期调换等方式，以维持纸币的购买力。

南宋自建国之后，虽获得短暂喘息，但其他时期大多处于战时状态或准战时状态。战时状态牵动、制约着南宋社会，尤其是财政金融的诸多方面。古往今来，战争对一个国家（地区或政权）无论是财力还是人力，消耗都是巨大的。南宋一朝军费开支巨大，朝廷不堪重负，解决的措施只有一条，那

就是无限制地增加纸币投放的数量，毫无科学可言。

宋孝宗淳熙年间（1174—1189年）虽有铸造淳熙元宝等金属铸币，但远远不能满足需要，淳熙三年（1176年）以后会子的发行不断增加，到淳熙末年已达4000余万贯。当时宋孝宗对大臣说："朕以会子之故，几乎十年睡不着。"宋宁宗时，渐渐执掌大权的韩侂胄力主抗金，辛弃疾、陆游等著名抗战派纷纷站出来表示支持。开禧二年（1206年），韩侂胄调动近百万军民，发动了一场针对金国的大规模北伐，史称"开禧北伐"。这场战争军费开支及战争消耗，使得国库几近空虚，但最终因战前准备不足，还是以失败告终，致使南宋朝廷的财政负担愈来愈重，别无他法，只能继续加大纸币发行数量。嘉定二年（1209年），会子的流通额度是一亿一千五六百万贯，已经高达乾道年间的11倍之多。嘉定十一年（1218年）朝廷又增印500万贯会子作为抗金军费。

到了宋理宗执政时期，财政状况完全是一副烂摊子，为了挽救财政危机，朝廷只好疯狂地印制会子。绍定年间（1228—1233年），会子的发行量高达29500万贯。宋理宗淳祐六年（1246年），会子的发行量已经达到了65000万贯。第二年，朝廷决定不再回收当时在市面上流行的两界会子（第17、18界），即"永远行使"。这表明会子的恶性通货膨胀导致新旧会子已无法按界兑

"淳熙元宝"背"同"折二铁钱

换，也向世人宣布国库已经空虚，朝廷已经允许会子继续贬值。每贯会子只可兑换不到铜钱200文。这便导致出现了货币史上典型的“劣币驱逐良币”现象，百姓开始用手中的纸币换取铜钱储藏，以备不时之需。后来蒙宋战争爆发，为了筹措军费，会子的数量加大。最多之际，发行量超过了标准的33倍，最终会子也沦入了与它前辈交子同样的境地。

宋度宗咸淳三年、四年（1267年、1268年），1贯会子跌到只可兑换75文钱，在此情况下，“市井视之，粪土不如，朝廷宝货，自轻太甚”。咸淳十年（1274年），1贯会子已不可兑换1文钱，通货膨胀极其严重，物价疯涨，百姓生活受到严重影响。终于，历经百年流通的纸币会子，在元军铁骑大举南下、政局更迭动荡中彻底泯灭。

与北宋交子相比，南宋会子的流通区域、流通数量更多，作为国家纸币的作用和特征更加明显。会子的出现，弥补了南宋王朝金属铸币的不足，大大缓解了货币供应量不足带来的供需矛盾，促进了南宋中期社会经济的发展，为南宋商业经济的高度繁荣提供了资金周转便利的保证。而且，南宋还建立了一整套比较完备的纸币发行和管理制度，为金元时期纸币的发行提供了经验。

（王纪洁）

“永嘉学派”先驱周行己：
纸币发行准备金理论第一人

提起著名的南宋“永嘉学派”，大家耳熟能详的人一定是叶适。的确，叶适是“永嘉学派”集大成者、代表人物，闻名千古。但是，“永嘉学派”的开山鼻祖、先驱者却是周行己。叶适在考究“永嘉学派”渊源时，将先辈周行己、郑伯熊、薛季宣、陈傅良作为永嘉学术相承四大哲人，他在《温州新修学记》中指出：“永嘉之学，必兢省以御物欲者，周作于前而郑承于后也。”这里的“周”即是指周行己。明末清初学者黄宗羲、全祖望在《宋元学案·周许诸儒》中也认为，周行己是“永嘉学派”开山鼻祖。“永嘉学派”，又称“事功学派”“功利学派”，发端于北宋，形成于南宋，是宋代浙东永嘉（今温州）地区形成的一个儒家学派，因其代表人物多为永嘉人，故得名。

周行己（1067—1125 年），祖籍瑞安县芳山乡文周湾（今属瑞安市湖岭镇），世人称“浮沚先生”，“永嘉学派”先驱人物，著名的“元丰九先生”之一。他的学术思想深邃，对温州独特地域文化的形成有很深的影响。周行己自幼苦读，15 岁随父宦游京师，分别受业于吕大临和程颐。宋哲宗元祐六年（1091 年），25 岁的周行己在汴京（今开封）会试中荣登癸未科进士第，宋徽宗崇宁元年（1102 年），任太学博士。大观三年（1109 年），他被罢官回到故里，开始讲学生涯。周行己一生勤勤恳恳，笔耕不辍，为我们留下了很多著作，有《浮沚文集》16 卷，《后集》3 卷，宋、元、明、清各有刊行，今尚存于清《四库全书》及永嘉《敬乡楼从书》中。此外还有《易讲义》及《礼记讲义》等。为了培养人才，宣传学术思想，他创办浮沚书院，两度在温州讲学，这些对后来温州地区学术的发展影响巨大。

“永嘉学派”先导人物保存的诗文弥足珍贵，其中，周行己为我们留下了160多首诗文。周行己的诗作很有代表性，内容广博多姿，诗歌语言朴素，是宋代温州田园诗的代表。今被世人广为传诵的“于道各努力，千里自同风”，就是出自周行己的《送友人东归》。这两句诗体现了在人生道路上各自努力、共同进步的道理，即使我们身处不同的环境，只要我们努力向前，就可以实现自己的目标，达到共同的成就。周行己不仅著作等身、创作丰富，而且品德非常高尚。他高中进士后，名满京城，因为长相俊美儒雅，讲话声音好听，京城显贵之家都愿意将女儿嫁给他为妻。但周行己以与姨母之女早有婚约为由果断地拒绝，后姨母之女双目失明且家贫，仍娶之为妻。周行己此举，得到世人称颂，就连他的恩师程颐也说：“颐年未三十时，亦做不到此事。”

世人都知晓周行己的哲学、诗歌功绩，但他还在另一领域有一番贡献。周行己在朝为官的年代，正值宋徽宗统治时期。这一时期，纸币交子贬值日益严重。北宋天圣年间（1023—1031年），最早的纸币——交子开始流通，但囿于当时对纸币理论的认知局限，宋人对纸币的本质没有开展深入研究。由于纸币是金属货币的符号，代替金属货币流通，为了保证纸币随时可以兑换，必须维护好纸币的信用。这就需要在纸币发行之初，国库必须事先准备好大量的金属铸币作为发行纸币的“本钱”，就是我们今天经常提到的“准备金”概念。

宋仁宗庆历年间（1041—1048年），由于朝廷对西北地区用兵频繁，使得财政开支增大，为弥补军需不足，保证军队的粮草供给，纸币的发行机构——“益州交子务”在陕西地区发行60万贯交子，但这些交子的发行并没有任何钞本（即没有任何准备金）。也正是从此时开始，北宋纸币的发行开启了没有准备金的时代，这也意味着货币流通将面临更大的流动性风险。为减少交子印造和投放的成本，宋神宗熙宁年间（1068—1077年），朝廷下令两界交子可以同时使用，这就无形之中增加了流通领域中交子实际的使用量，交子开始大幅贬值。宋哲宗绍圣年间（1094—1098年），西夏战事所需，交子发行额增加到188万贯，导致交子更加大幅贬值，加剧了通货膨胀。宋徽宗统治时期，由于交子的无度滥发，其信用日益降低。为了挽回纸币信用，北宋朝廷采取了一系列挽救措施。宋徽宗崇宁四年（1105年），将交子改名为“钱引”，宋徽宗大观元年（1107 年）将交子务改为“钱引务”。但这些措施只是形式上的改变，却没有从根本上改变纸币的发行制度。北宋朝廷毫无计划地滥发、增发纸币，造成物价飞涨，民怨沸腾，纸币贬值非常严重，社会动荡不堪。最终，风雨飘摇的北宋政权在内忧外患中走向了灭亡。

面对北宋朝廷纸币毫无钞本的发行，周行己最早对纸币发行准备金问题进行了理论探讨，可以说他是北宋时期货币思想的集大成者。近人赵靖主编的《中国经济思想通史》中认为周行己“涉及问题的广度及理论认识的深度，在北宋时期都是首屈一指的”。

北宋最早使用交子的地区是四川，而且，为防止铜钱外流，规定在陕西、河北、河东三路地区与西夏接壤地区仍使用铁钱。针对货币流通领域纷杂的现象，周行己在宋徽宗大观年间撰写《上皇帝书》，陈述己见。经过客观分析，他指出：第一，铁钱沉重不易携带，不方便商贸往来。第二，铁钱只在陕西、河北、河东三路地区行用，不能流通于全国，不便于商人做买卖。为解决这两个问题，周行己建议：“欲各于逐路转运司，置交子，如川法。约所出之数，桩钱以给，使便于往来。”在上述三个地区，由朝廷按照四川发行交子的办法，尝试发行纸币，为便于百姓随时兑换，国库一定要有充足的纸币发行准备金。周行己难能可贵地认识到，一定要以铜钱作为纸币发行的准备金。这样做就能使得陕西、河北、河东三路地区的纸币在本地区可以作为铜钱的代用币流通，在其他地区可以作为汇票使用。因为纸币在发行过程中经常面临一些意外和风险，如“水火之失，盗贼之虞，往来之积，常居其一”，一旦这些意外不可避免地发生，就会减少交子的实际投放量。为防范、化解这些风险，周行己进而指出，“是以岁出交子公据，常以二分之实，可为三分之用”。就是说，交子发行“三分”，需存放有准备金“二分”，朝廷不能随便印钞、凭空印钞。这是关于发行准备金最原始、最朴素的解释。“以二分之实，可为三分之用”，周行己提出纸币的发行准备金只需要三分之二，不需要百分之百。这种观点对于一个生活在封建社会中期的人来讲，思维可谓超前，也说明周行己拥有敏锐的观察力和思考力，乐于接受新挑战和变革。

基于“利之所在，民自从之”的现实，认识到经济生活在社会上的重要地位，这是周行己货币思想产生的前提，使得他能够从国家安稳、民生日用的角度出发，思考铁钱、铜钱、纸币之间的潜在关系。

按照当代金融学理论，建立存款准备金制度可以保证商业银行资金的流动性，控制信贷业务，调整货币供应量，确保商业银行在遇到突然大量提取银行存款的情况时，能有相当充足的清偿能力。存款准备金作为货币政策的工具之一，现已成为国家调节经济的重要手段。让我们感到骄傲的是，早在900多年前，先贤周行己就已提出。不可否认，受所处时代和自身认知的局限，尽管周行己的纸币发行准备金理论在科学性、客观性、准确性等方面还存在严重不足，但他毕竟是历史上探究纸币发行制度并进行科学概括的第一人。

周行己在浮沚书院授课期间，引导弟子要关注民生问题，强调学以致用，对社会客观认知，承认百姓追求利益的合理性，这一点开永嘉学术之先河，为之后"永嘉学派"主要思想的形成奠定了坚实的理论基础。"永嘉学派"崇实重商，核心思想是"经世致用、义利并举"，主张发展工商业与商品经济。当时主流的儒家思想不重视商业，鄙薄商人，在这种社会环境下，"永嘉学派"就显得尤为惊世骇俗。

从北宋末年的周行己到南宋的叶适，"永嘉学派"注重探讨治国理政以求民生改善，并提倡通商惠工、减轻捐税，探求国家振兴的道路。这些理论体系的建立和发展，与周行己注意经济民生之事、注重实效、不尚空谈等思想紧密相关。"永嘉学派"被后人认为是温州模式以及温州创业精神的历史源头。人们常说，历史是最好的教科书。确实，追根溯源，当今"温州精神"是温州人为了应对自然环境而闯荡出来的经验智慧。从经世致用的"永嘉学派"，到维新图强的"瑞安新学"，再到敢为人先的"温州模式"，一脉相承且绵延至今。

（王纪洁）

南宋东至关子钞版：
已知现存最早的假钞版

1983年7月某天，历史上一个很平常的日子，在安徽省东至县废品中转仓库中，东至县文化局文物普查大队与地方志办公室联合发现了一套南宋景定五年（1264年）关子钞版。因在东至发现，钱币界将其称为“东至关子钞版”。这八块钞版的发现为关子研究提供了丰富的参考内容，在钱币学和货币史领域引起强烈的反响，掀起了众多学者研究、探讨南宋钞版的新高潮。

该套钞版共有8块，包括“行在榷货务对椿金银见钱关子”版、“準敕”版、“景定伍年颁行”版、“宝瓶”版、“行在榷货务金银见钱关子库印”版、“金银见钱关子监造检察之印”版、“□□□见钱关子合同印”版、“国用见钱关子印”版。钞版全部呈灰黑色，系自然氧化状态，有使用过的痕迹。这8块钞版的文字和图案均是阳文反书，经科学检测，8块钞版的材质均为铅，制作方法是先雕刻出木质模板，再进行翻砂铸造。

在南宋建立之初，朝廷就曾发行并流通使用过关子，但这一时期的关子并不具备货币的功能，仅是一种凭证。和交子最初起源于民间不同，关子自开始行用就由政府官办。关子的名称很多，有“金银见钱关子”“金银关子”“见钱关子”“银关”“铜钱关子”等；从使用地区而言，又有“湖广关子”“淮西关子”等名称。

“关子”一词是从唐朝演变而来的。唐朝官府中相质的文书称作“关”，是通知支付、给领的意思，后在北宋逐渐发展成为会计、贸易、税收、支领货物、开垦土地等的凭证。陆游曾描述，“宣和间，亲王公主及他近属戚里入宫，辄得金带关子。得者旋填姓名卖之，价五百千。虽卒伍屠酤，自一命以上皆可得”。据此可知，关子在宋徽宗宣和年间（1119—1125 年）是提取金带的一种凭证，当时可以把这种关子作为票据凭证买卖转让。

关子作为有价证券是在宋高宗绍兴元年（1131 年），因婺州（今浙江金华）屯兵的需要，出于筹措军费的目的而印造。《宋史・食货志》讲道：“高宗绍兴元年，有司因婺州屯兵，请桩办合用钱，而路不通舟，钱重难致。乃造关子付婺州，召商人入中，执关于榷货务请钱，愿得茶、盐、香货钞引者听。”这段话清晰地讲明了关子印制和发行的原因。因婺州屯兵，水路不通，运送现钱不便，朝廷便在婺州发行关子。商人可拿现钱在婺州换取关子，每 1 贯付给 10 文利润。再凭领取的关子到杭州向榷货务（宋代设立的掌管茶、盐等重要商品的专卖机构）兑换现钱或茶、盐、香货钞引。可见，关子最早发行时和唐朝的“飞钱”一样，是带有汇票性质的。

在长期发展过程中，关子的使用范围扩展得很快。宋高宗绍兴六年（1136 年）七月，关子推广至淮南、江东诸路。绍兴九年（1139 年），关子推广至陕西路。绍兴二十九年（1159 年），金朝两次发兵南侵，宋高宗命李显忠出兵抵抗，收复了和州、灵璧。打仗需要钱，为了筹措军费，朝廷印制了大量的关子、公据，其中淮西、湖广关子各 80 万缗，三年一界，供商人使用；淮东公据 40 万缗，二年一界。绍兴三十年（1160 年）六月庚戌，“复出诸军见钱关子三百万缗，听商贾以钱银请买”。由此可见，这种关子在南宋市场上流通转让的时间很长，使用范围也比较广。宋理宗景定五年（1264 年），丞相贾似道主导印制“金银见钱关子”。1983 年 7 月发现的“东至关子钞版”就是“金银见钱关子”的钞版。

介绍完关子的产生和流通情况，我们再回过头来分析一下东至关子 8 块钞版的具体特征，并对其进行较为详细的解读和剖析。

“行在榷货务对椿金银见钱关子”版。上面印有“壹贯文省”的字样，又称面值版。长 225 毫米、宽 135 毫米。版首部饰有如意纹图案。版上部楷书镌刻“行在榷货务对椿金银见钱关子”13 字，明确指出这是南宋末年发行的“金银见钱关子”。其中，“行在”系指“天子巡行所到之地”，宋高宗绍兴八年（1138 年），正式将临安府定为“行在”。“行在榷货务对椿金银见钱关子”，就是到杭州榷货务去兑换金银钱的凭证。面值两旁镌刻有关子行使范围、每贯关子兑换现钱的数量、若兑换数量不符的处罚措施等，相当于“金银见钱关子”发行条例，内容如下：“应诸路州县公私从便主管，每贯并见钱七百七十文足，永远转行使，如官民户及应干官司去处，敢有擅减钱陌，以违制论，徒二年，甚者重作私行，其有赍至关子赴榷货务对换金银见钱者听”。

该版横额上刻有“行在榷货务对椿金银见钱关子”，其中“椿”镌刻成“椿”字，这是一个非常明显的低级错误。“对椿”即“封桩（椿）”，宋代有封桩库，为储存备用物品的内库，“椿”即存储、储备之意。因“椿”与“椿”字形接近，故制作者误以为之。

“準敕”版。长187毫米、宽135毫米。横额上刻有“準敕”二字，意为奉皇帝谕旨颁发。下面镌刻伪造关子的奖惩举措，共计7项10行铭文，内容如下：伪造不分首从，并行处斩。知情停藏及卖给人，减犯人罪壹等，并配远恶州。知情转将行用人，不问已未行用，减犯人罪壹等，并配贰阡里，谓亲于伪造处转将行用者。知情引领买卖般贩人，减犯人罪壹等，并配贰阡里。徒中及窝藏之家能自告获，却予免罪，仍推赏。诸色人告获捕获，与补保义郎，不愿补授者，支赏钱贰万贯，其犯人家产尽数给告捕人。官吏失觉

“行在榷货务对椿金银见钱关子”版

“準敕”版

“宝瓶”版

察，甲保乡隅官不举觉，并照旨施行。

这个处罚措施非常严厉，凡是伪造关子的，不论是主犯还是从犯，都要斩首。而且，还扩大对涉及伪造关子行为处罚的范围，如家中藏匿伪钞者、知情不报者、转用伪钞者、失察的官员等均要受到不同程度的处罚。例如，若管理官员失察，或者甲保等基层官吏失察，可参照“指挥”条例处罚。

同样，奖赏措施力度也很大。造假或窝藏的人中，如果自首，可以免除处罚，仍给予奖赏。所有告发、抓获造伪者，补授“保义郎”一职。不愿意补授官职的，发放赏钱2万贯，并且将罪犯的所有家产给予告发者或捕获者。

“宝瓶”版。长160毫米、宽73毫米。周边装饰有卷云纹，正面中间位置镌刻一只花瓶，瓶口处有银锭和犀牛角等各种珍稀宝物。这是一个传统的吉祥装饰图案，象征招财进宝、财运畅通、聚气生财，代表着满满的福气和财富的积累。

“景定伍年颁行”版。长147毫米、宽56毫米。中间楷体镌刻“景定伍年颁行”6个大字，故又称“颁行”版。景定五年，即1264年，宋理宗统治时期使用的第八个年号。这块钞版上的纪年非常重要，佐证了“金银见钱关子”颁行时间与史书记载的一致性。这一年岁末发生了一件大事，在位时间长达40年的宋理宗驾鹤西去。史书记载，（景定）五年“十月乙丑，忽闻圣躬不豫，降诏求医。丁卯，遗诏升遐，而金银（见钱）关子之令乘时颁行”。

宋理宗在景定五年颁行“金银见钱关子”与日益紧缩的财政状况紧密相关。南宋自“开禧北伐”后，财政状况每况愈下，宋理宗统治时期，金朝垂亡，蒙古崛起，战事不断，战争经费有增无减。尤其是开庆元年（1259年），蒙古大规模攻宋，军费开支持续增大，中央财政始终处于危机状态。南宋朝廷面对巨大的财政赤字，只能用发行纸币的办法来填补，所以纸币发行数量无限制增加。

“行在榷货务金银见钱关子库印”版。长56毫米、宽57毫米，近似方形。镌刻九叠篆文“行在榷货务金银见钱关子库印”13字，故又称为关子库印。“关子库”是指专门印制关子的机构，类似今天的印钞厂。关子印制完成后，须加盖库印，才可以流通使用。

“金银见钱关子监造检察之印”版。长55毫米、宽54毫米，近似方形。镌刻九叠篆文“金银见钱关子监造检察之印”12字，故又称为关子监造检察之印。因为货币制造是国之大事，纸币制作的整个过程，包括设计、雕版、印刷等环节，都需要严格把控、监督、检查，朝廷有一套较完善的检察制度，尤其是印刷，从设计到纸币的数量、质量，均需仔细核查。《文献通考》曾记载，隆兴二年（1164年）“遂铸太府寺专一检察会子印”。可见，纸币印刷的检察是由掌管国家财贷之政令，及库藏、出纳、商税、平准、贸易等诸事的太府寺具体负责的。

“国用见钱关子印”版。长60毫米、宽57毫米。镌刻九叠篆文“国用见钱关子印”7字，故又称为关子印。“国用”指“国用司”，全称为“三省户房国用司”，是南宋时期专门监理中央财政，以筹措军资的京局，由宰执负责。这方印是南宋掌管全国财政最高机构的官印。

“□□□见钱关子合同印”版。长55毫米、残宽40毫米。镌刻九叠篆文“□□□见钱关子合同印”10字，故又称为关子合同印。关子是由官府发行，将代表官府的“合同”官印钤印在纸币之上，表明是官府发行的同时也代表

“景定伍年颁行”版

“行在榷货务金银见钱关子库印”版

“金银见钱关子监造检察之印”版

“国用见钱关子印”版

着官府信誉。

上述8块钞版的文字内容、行文语境、制作特征等要素均与南宋风格特征相符，而且有较为明显的使用痕迹，同时又出现了“椿”误为“椿”这样显而易见的错误。据文献记载，南宋时期的钞版均为铜质，此为铅质。所以，我们有理由断定此套钞版不是官府印制交子之版，而是同时期民间伪造关子的钞版，即伪钞版，其铸造是为了盈利。

“□□□见钱关子合同印”版

东至，位于安徽省西南，是一座具有两千多年历史的江南古郡，拥有众多历史遗迹和人文景观，南宋时隶属于池州。池州在宋代人口增长迅速，为当地经济的发展提供了生产力支持。池州地区的茶叶贸易非常兴盛，朝廷明令其为榷茶之地，承担着重要的茶叶贸易任务。此外，池州地区的养蚕业、林业和渔业也都非常发达。人口数量的增多、农业经济的繁荣，为池州地区的商品经济提供了基础。诚如南宋地理百科全书《舆地纪胜》中所描述：“（池州）江山千里，襟带六朝，舟车所集，财货所出，推为要会。”因为东至距离杭州较近，所以在这里发现南宋关子钞版，从地理和经济角度出发有它的客观真实性，也是很能让人理解的。

两宋时期纸币使用已较为普遍，但因年代久远，宋代纸币至今尚未发现，钞版也是凤毛麟角。虽然“东至关子钞版”是南宋伪造关子的钞版，但其文物价值、历史价值、科学价值和研究价值仍是极为珍贵的，是一千年前先人留给我们的宝贵遗产。这套钞版很好地还原了史书中记载的交子钞版的样式，保存得非常完整，文字清晰，内容丰富，对于我们今后研究南宋关子的印制、使用、管理以及钞版制作技术等具有重大意义。

（王纪洁）

金在灭辽、北宋的战争中，一跃成为强国，商品经济也快速发展起来，货币使用形式由原始的实物交换阶段，跃进到货币交换阶段。两宋时期，货币流通领域的钱钞并用情况对金朝影响较大。

金朝纸币发行可以分为三个阶段：第一阶段从海陵王贞元二年（1154 年）开始发行交钞到金世宗大定二十九年（1189 年），是纸币币值稳定时期；第二阶段从大定二十九年金章宗即位至金宣宗贞祐元年（1213 年），是纸币币值膨胀时期；第三阶段从金宣宗贞祐二年（1214 年）至金哀宗天兴三年（1234 年）金朝灭亡，是纸币从通货膨胀走向崩溃时期。金代纸币盛行，是适应当时商品经济发展的客观需要，金朝纸币制度和纸币的设计风格，对其后的元、明、清三朝乃至后世的纸币产生了深远的影响。

第三章

金代，继续发行纸币

先印钞后铸钱：
这个仅有现象为什么发生在金朝

中国古代社会，以金属铸币为最主要的货币材质，尤其是铜钱，完整地贯穿了三千年货币发展史。即使是在两宋时期，交子、会子等纸币在大量发行，铜钱也还在流通。而且，在这之后，改朝换代，新朝总是先铸造本朝铜钱，最后顺应经济形势发展的需要才印制发行纸币，使用铜钱在先，使用纸币在后，即“先铸钱后印钞”。这一点是自从纸币产生以来，古代社会货币制度的惯例。

但在女真族建立的金朝，却是反其道而行之，在自铸本朝铜钱之前，先印发纸币，即“先印钞后铸钱”。金海陵王贞元二年（1154 年）开始印发纸币交钞，正隆三年（1158 年）设立钱监，金朝开始铸造本朝金属货币，自铸铜钱的流通比纸币交钞的发行晚了整整 3 年。因金朝的社会形态和货币体系不同于汉族建立的政权，这其中有着特殊的历史背景和社会因素。

金朝是 12 世纪初期我国东北地区的女真族完颜部首领完颜阿骨打建立的少数民族政权。自北宋政和五年（1115 年）完颜阿骨打称帝，共历九帝，统治中国北部地区长达 120 年。金建国以后，先灭掉辽朝，随后南下攻宋。金太宗天会五年（1127 年），金军俘虏北宋徽宗、钦宗二帝，北宋灭亡，此后，形成了南宋与金朝南北对峙的局面，东起淮水、西至秦岭一线以北的广大地区由金朝统治，与南宋政权隔淮河而望。金朝建立时，女真族尚处于奴隶制阶段，以狩猎经济为主。灭北宋后，女真族在进入封建经济发达的中原地区后，受到社会环境影响，同时也出于统治的需要，遂实行屯田制，劝民务农，奖励开荒，开始走上农业封建化进程。辽和北宋旧地比较发达的商品经济，对金朝产生了巨大的影响，女真族由原始的实物交换阶段，直接跃进到以货币作为等价物的货币交换阶段，商品经济迅速发展起来。但流通领域的钱币并非金朝本国铸造，而是他国之钱。

虽然金太宗天会十一年（1133 年）八月，在黄龙府（今吉林农安）设立钱帛司，专管财政的收支与调配，但并没有铸造钱币。天会末年，金朝甚至使用过伪齐政权刘豫的阜昌重宝和阜昌元宝等钱币。近 30 年来，偶有天眷[1]通宝（元宝、重宝）被发现，但一切金朝的史料典籍并无关于铸造该钱的只言片语，其性质待考，或为试铸钱币，或为纪念性质，并未参与流通。

金朝建国之初，在一些经济发展落后的地方，商品交换方式还是以物易物。据史书记载，宋徽宗宣和七年（1125 年）正月，北宋朝廷听闻完颜阿骨打逝世，便委派尚书司封员外郎许亢宗为正使出使金朝会宁府。许亢宗心思缜密，观察力强，他把出使金国一路的各种所见所闻都详细地记录下来，撰写成《宣和乙巳奉使金国行程录》，因为是本人笔记，史料价值很高。许亢宗从中原出发，过拉林河，进入今黑龙江境内，看到的情况是："涞流河阔二十余步，以船渡之，五里至句孤寨。自此以东，散处原隰间尽女真人，更无异族，无市井，买卖不用钱，惟以物相贸易。"他记录的这种情况充分表明了在偏远地区，铜钱并没有成为金朝社会的主流货币，原始的以物易物交换方式则是常态。

在经济较为发达的原辽、宋统治地区或大中城镇，社会上流通的主要是从对辽、宋战争中掠夺而来的辽、宋旧钱。搜刮金银财宝、抢夺重要物资，这是马背上的民族最直接的掠夺方式，战争的军费也是靠抢夺而来。随着对辽、宋战争的节节胜利，金人攫取了大量的货币财富，以及人力。靖康年间（1126—1127 年），金军攻打北宋，从汴梁（今开封）皇宫带走的金银宝物不计其数。就这样，北宋皇室积攒了 167 年的家产，通过战争的形式转移到了金国。

从目前科学考古发现的金钞窖藏货币来看，以宋钱最多，其次是唐代铜钱，另外还有少量历代杂钱，几乎很难见到本国铸币，这是金朝窖藏铜钱种类分布的基本特征。可见，金代铸币不仅数量少而且种类单一。这一现象说

[1] 天眷为金熙宗完颜亶年号，使用时间为 1138—1140 年。

明，金灭辽、北宋后，辽国铸币及辽境内流通的北宋铜钱加上北宋旧地的铜钱，均为金军所获。此外，金朝又通过榷场贸易、官府吸引及民间走私等方式，使宋钱源源不断地流入金朝境内。这些来自境外的诸多钱币在一定程度上满足了金朝境内商品市场流通之需，这也是金朝立国40多年，不铸造本国货币的主要原因。

金初不铸造钱币还有另外三个原因：一是金朝建国之后一直忙于战争，对抗辽、宋，根本无暇顾及铸钱。二是因为金朝统治地区铜矿资源少，掠夺过来的北宋故地铜矿的开采、生产也因战争遭受破坏，造成铸钱铜料的极度缺乏，《金史》中多处有金朝派官吏勘探铜矿、禁铜的记载正是对这种状况的反映。三是女真为游牧民族，虽军事力量强大，但建国之初，生产力较为低下，铸币工艺严重滞后，缺乏工匠和相关的技术设备。

提到金朝纸币的印制和发行，我们不能不提及一位在历史上很有争议的皇帝，那就是赫赫有名的海陵王完颜亮，因为金朝纸币交钞的印发与他有着密切的关系。完颜亮是太祖完颜阿骨打之孙，作为女真贵族中的重要成员，在朝廷中很快就升任显要职位，以狡诈获得金熙宗的信任。皇统九年（1149年），年仅27岁、为人残暴狂傲的完颜亮终于采取行动，弑君篡

海陵王迁都，毕建勋作，出自《金中都》

位称帝。在其统治时期，加强中央集权，整顿吏治，鼓励农业，完善财政制度，并大力推行汉化，先后降服了高丽、西夏等国，还占据了中原广大地区，扩大了金朝统治范围。他名垂青史的一件功绩就是迁都北京。贞元元年三月（1153年4月），海陵王将金朝都城从上京（今黑龙江阿城）迁至燕京（今北京），取名“中都”，寓意其居五京（金朝五都）之中、天地之中，从此开启了北京作为大国都城的新纪元。此举也进一步巩固了金王朝在中国北方的统治，顺应了历史的发展。

迁都北京后，随着社会生产力的逐步恢复，社会经济发展，商品贸易交换的活跃，社会对货币的需求量也与日俱增，原掠夺搜刮来的辽、宋旧钱已不能满足货币经济的发展，不能完全解决商品贸易对货币的需求。再加上当时铸造铜钱的原料又十分匮乏，为适应北方统一局面下的商品交换的需求，海陵王决定进行一场货币改革。

海陵王夺位之后，任命蔡松年为户部尚书，营建和迁都北京的过程，需要大量人力、财力、物力的保障供应，蔡松年便具体负责此事。蔡松年是北宋冀州真定（今河北正定）人，其父蔡靖原为燕山府守将，后归降金人。这之后，蔡松年一直生活在金国，并成长为金朝著名诗人，官至户部尚书，且善于理财。因为亲历过北宋纸币的使用，为弥补商品交换中金属货币的不足，满足对南宋作战和社会经济发展的财政需要，蔡松年决定从金朝社会实际情况出发，同时参考宋朝纸币发行的经验，认为发钞是摆脱财政窘境的一种最直接、最快捷、最立竿见影的方式。《金史·食货志》记载，贞元二年（1154年），“户部尚书蔡松年复钞引法，遂制交钞，与钱并用”。这里的“复钞引法”四字，应该是指金朝发行交钞，是借鉴北宋的纸币而行钞法。所以，金朝纸币自产生起，就深深地留下了宋朝纸币的痕迹。

海陵王批准了蔡松年的建议，下令印制贞元交钞，以铜钱为本位。为加强纸币的印制和管理，同时设立印造钞引库和交钞库，专门管理印钞事宜。同时金朝还设有抄纸房，生产交钞的专用纸，由印造钞引库兼管。在发行方面，各路均设有转运司。印造钞引库、交钞库和抄纸房，均设有使、副、判各一员，都监二员等官职。上述印钞机构最初只设在北京和开封二地，隶属户部。

可见，较之两宋，金朝纸币印制与发行的机构设置和管理是比较严密、先进的。

金朝交钞以铜钱“文”为单位，从面值看，有大小两种钞别。大钞有一贯、二贯、三贯、五贯、十贯 5 种；小钞有一百文、二百文、三百文、五百文、七百文 5 种，共计 10 种面额。金朝规定交钞与辽、宋旧钱并行流通，并可随时纳钱换钞，也可随时兑换现钱，钞兑钱时 1 贯交纳成本费 15 文。

海陵王的这次货币改革虽然有重要意义，但由于连年战争，通货膨胀，交钞开始贬值，造成“钱荒”。正隆二年（1157 年），金朝上下群臣开始讨论铸钱问题。由于金境内产铜较少，为解决铸币铜料紧缺的问题，于当年十月禁止铜料出境，并收缴民间铜器，令陕西、南京两路交至京兆，其他各路均交至中都。正隆三年（1158 年）二月，在中都设置两个钱监，位于东城的称为宝源，位于西城的称为宝丰。在京兆也设置了一个钱监，名为利用。“监”，即钱监，是铸造钱币的机构，职能相当于今天的造币厂。三个钱监都鼓铸“正隆元宝”铜钱，大小轻重如北宋的小平钱，文字精致，边廓规整。在《金史·食货志》中，错误地将“正隆元宝”写成“正隆通宝”。《金史》一字之误，前辈学者已做过考证。这一点便是我们常说的收藏研究钱币，可以“以钱证史，可以校其误也”的典例。正隆元宝虽然铸造精美，品相上佳，但铸量实在太少了，“铸钱四十余万贯，而岁所费乃至八十余万贯”。

“正隆元宝”铜钱

自海陵王正隆三年（1158 年）设立钱监，开始铸币，金朝便开启了正式铸造铸币之旅，钱钞并行。金章宗以后，朝廷大量印制交钞，通货膨胀严重，严重影响民间商业的正常进行，白银逐渐成为民间的主要交换手段。

海陵王的一生，功过是非有目共睹。但他的历史功绩不能被一笔抹杀，其在金朝货币发展史上的最大贡献就是第一次力主发行了金朝自己的纸币和铜钱。金朝纸币的发行，也创造了中国货币发展史上纸钞的印制与发行早于铜钱的铸造与流通的特例、孤例。

（王纪洁）

毁誉参半：
金章宗的几次货币改革

大定二十九年（1189年），金世宗之孙完颜璟即位，是为金章宗，也是金朝历史上的第六位皇帝。金章宗继承了金世宗时期的“大定盛世”，加强官制改革，巩固政权，政治清明。他统治时期，女真族封建化最后完成，社会安定，人口数量是金朝最多的。金章宗修正礼乐刑政，重视汉化，尊崇儒家思想，国内的文化水平走向巅峰。此时，社会经济发达，天下富庶，府库充实，百姓安居乐业，综合国力达到金朝最为强盛的阶段，史称“明昌之治”。

由于地理因素的影响，金朝境内的社会经济发展呈现出南北区域化明显的特点。南部经济发达，以汴梁（今开封）为代表，交钞使用频繁；北部是政治中心，以中都（今北京）为代表，当时的中都经济虽也发达，但远不如汴梁。在币制方面，金章宗即位后，从社会金融领域的实际情况出发，大刀阔斧地进行币制改革创新。他做的第一件事就是取消交钞发行的分界制度。纸币发行的分界制度，是指纸币要在一个固定的期限内使用，到期必须以旧换新，旧钞不能再继续使用。北宋的交子就是分界发行，3年为一界，界满兑换新钞。

金朝初期，朝廷规定交钞发行“以七年为限，纳旧易新”，即流通以7年为一界，界满缴纳旧钞更换新钞。大定二十九年（1189年）十二月，为方便百姓日常生活及商贾交易，金章宗听从有司谏言，“遂罢七年厘革之限，交钞字昏方换”，同时停止铸造铜钱。对于那些使用时间很长的交钞，只有字文磨损不清、料号不明、年月故暗者，方可向所属库司兑换新钞，或换取铜钱。至此，从理论上讲，交钞成为永久通用、无限期流通的货币。

金章宗取消纸币的分界制度对后世的纸币流通产生了深远影响。从货币发行角度看，古代纸币的分界制度是有其优越性的。一是界满换钞，可以不断提高纸币的防伪技术和印制质量，保持纸币防伪技术的领先地位。当时很多不法分子造假纸币的手段也是层出不穷，分界可以更好地防止民间造假。二是纸币的使用寿命周期短暂，流通过程中磨损严重，界满换钞可以更好地保护纸币持有人的利益，防止残破旧钞给百姓带来经济损失。三是纸币流通的需要，界满可以依据货币购买力，百姓实际支付的需要，进行改版调整，完善纸币券别结构。四是分界制度可以使朝廷掌握纸币的发行总量。朝廷可以通过上一界纸币的发行总额，计算出下一界纸币的大体发行数量，有效地做到宏观调控。金章宗大胆取消交钞的分界制度，固然有他的出发点和考量方式，但是设置分界制度，等于无形之中为将来可能会发生的通货膨胀隐患主动砌起了一道防火墙。取消了分界制度，这就使得朝廷无法掌握流通中交钞的准确数量，更无法预判未来货币市场对交钞的实际需求量，会使交钞在短时间内形成泛滥之势。

另外，纸币分界制度可以更好地树立朝廷形象，保持纸币的稳定和信誉，从而取信于民。在金朝取消交钞分界制度 60 年后，南宋朝廷才正式宣布会子可以实行无限期流通。

因为取消了分界制度，唯有“文字故暗，钞纸摩擦”和“料号不明，年月故暗”的交钞才可以兑换，这就使得假钞有机可乘，因为有的交钞外表破损、文字漫漶，不易识别，假钞便会趁机掺杂进去参与流通。于是，官府就在各地设立辨钞人，相当于今天的钱币鉴定专家，鉴定费用随贯量给两钱，最多给付六钱。

泰和四年（1204 年）七月，金章宗废除限钱法。不久，又鼓铸篆书“泰和重宝”折十大钱，与交钞并行使用。因为钞法屡变，引发商品交易不便，交钞流通受阻，导致百姓满腹牢骚。

为此，金章宗命令御史台，如果在都市城镇，百姓敢聚集在一起，议论钞法难行的，立刻差人捉拿，告发者赏钱 300 贯。但这一强硬做法不能彻底解决钞票无法流通运转的问题。为此，泰和七年（1207 年）五月，金章宗采纳户部尚书高汝砺的倡议，发布了《钞法条约》，以规范交钞的使用，同时添印大小交钞。为加强钞库管理，又增设副使一员。《钞法条约》是自北宋交子产生以来第一部关于纸币的规范性条约。

高汝砺，应州金城县（今山西省应县）人，金朝著名宰相。大定十九年（1179 年），高汝砺中进士，后历任石州刺史、左司郎中、左谏议大夫、参知政事、尚书左丞、平章政事、右丞相等职。高汝砺为官 40 余年，在关乎国计民生的重大问题上提出了一系列合理化建议和主张，积极立钞法、重农耕、惩贪官、用贤才，为人慎密廉洁、规守格法，深受百姓爱戴，被称为“乱世廉吏”。当时交钞不能顺畅流通运转，高汝砺根据情况上疏奏事，多方改进，百姓使用起来感到很方便。皇帝对他很是赞许，说内外百官谈到各自负责的问题都是过于空泛，只有户部尚书高汝砺论奏的几件事，均切中要害，并已实行。

金章宗币制改革提出的“添印大小交钞”，是指交钞的面额。大钞包括 5 种，分别是一贯、二贯、三贯、五贯和十贯；小钞也是 5 种，分别为一百文、二百文、三百文、五百文和七百文。大定二十九年（1189 年）规定，新交钞在全国流通后，仍实行分路管辖的制度。往往几路联合，在钞面上加盖印章，称为“合同”。一路发行的交钞，可以在参加“合同”的几路通兑。承安二年（1197 年），朝廷又下令西京、北京、辽东路三地打破小钞流通的地区限制，各路小钞均可以使用。泰和三年（1203 年），规定三“合同”交钞可以不受任何限制，在全国流通使用，还可以用于缴纳赋税。泰和八年（1208 年），朝廷

“泰和重宝”折十大钱

又彻底打破小钞的流通区域限制，令小钞可在全国通行。如此，小钞就成为中央发行，全国流通的统一货币了，这在货币史上是一个创新之举。

泰和七年（1207年）七月，金章宗又将已实行两年之久的工墨钱进行修改，将原每贯收6文更改为每张收取二钱。并且下令民间之交易、典当，一贯以上必须使用交钞，不得使用铜钱。甚至依从高汝砺所言："民间旧有宋会子，亦令同见钱用，十贯以上不许持行。榷盐许用银绢，余市易及俸，并用交钞，其奇数以小钞足之，应支银绢而不足者亦以钞给之。"

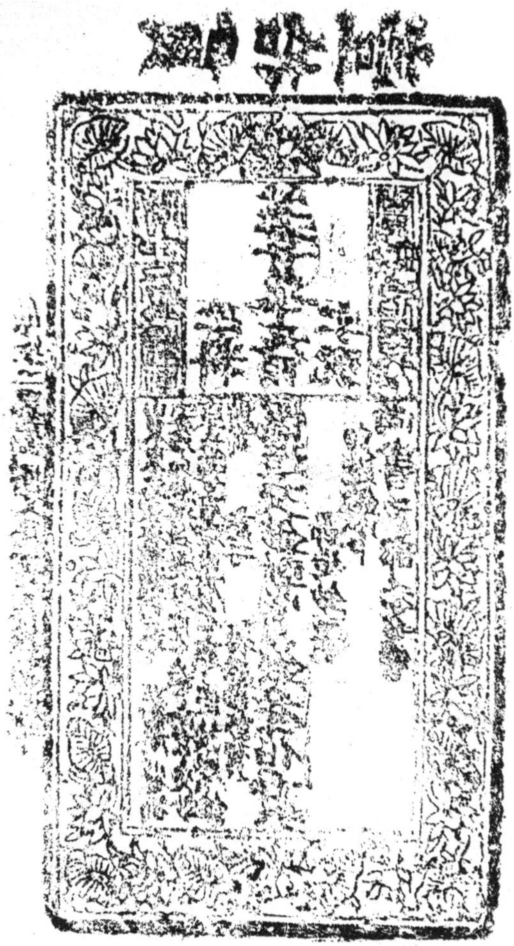

山东东路壹拾贯交钞版拓片

为保证交钞顺利流通，金章宗还将流通是否顺畅作为考核官员的重要内容。泰和七年（1207年），他传谕尚书省："今既以按察司钞法通快为称职，否则为不称职，仍于州府司县官给由内，明书所犯之数，但犯钞法者，虽监察御史举其能干，亦不准用。"泰和八年（1208年）正月，由于通货膨胀严重，大面额的交钞换铜钱困难，以致京师行钞受到阻滞，金章宗又重申"按察司及州县官，仍以钞通滞为升降"。而且，朝廷对违规官员的处理非常严厉。例如，泰和七年（1207年），河北按察使斜不出巡察地方时，按照规定政府官员应以交钞支付，但他以难以支用为由，拒不领取交钞，而是令下属领取铜钱。他的这一违规行为立即引起御史的弹劾，上报到金章宗，金章宗勃然大怒，认为纠察的官员首先就坏了规矩，情不可恕，对斜不出杖责七十大板，削官一阶解职。

金章宗当政后，以收铜铸钱弊端多、费用巨大，而所得钱币甚少为由，废除了代州阜通监和曲阳利通监，停止铸钱。后来交钞发行量越来越大，这就要求作为准备金的铜钱数量也要相应增加。但是，废除阜通监和利通监二监铸钱，导致铜钱铸造数量锐减，而且无论是富商还是百姓都将手中的大量铜钱贮存起来，以免财产受到损失，这就使得本已紧缺的铜钱市场更加雪上加霜，交钞的应用价值也越来越低。金章宗承安四年（1199 年）前后，令印制小钞代替钞本，说明此时的铜钱已无力担负起交钞准备金的重任了。

金章宗因为继承了金世宗打下的良好家底，府库积粟可供官兵五年食用，府库积米可供二年食用，府库铜钱可供二年支用。故，初期交钞币值基本上还能维系稳定，朝廷基本可以掌控交钞发行量。

承安年间，章宗一朝政治开始逐渐腐败。这一时期，中原地区水灾、旱灾和蝗灾多有发生，再加上黄河三次大决堤，造成两岸农民背井离乡，耕地受损，农业生产遭到非常严重的破坏，中央财政税收大幅减少。外加赈灾、河防开支增大，金朝社会经济逐渐由盛转衰，通货膨胀既是最直接的后果，也是最明显的标志。金章宗即位伊始，在南宋问题上一直秉持着一种和平相处的态度，但南宋贸然发动“开禧北伐”，金章宗被迫应战。金朝虽大获全胜，但也实力受损，巨大的军费开支使得朝廷财政入不敷出。而且，金章宗执政后期，开始沉迷于奢华享受，改造宫殿陈设，每日动用绣工一千二百人，两年才完工。为弥补财政不足，朝廷无奈只得开始增发交钞，致使交钞泛滥，日益贬值，万贯交钞只能买到一个烧饼。此时民间交易只认铜钱而拒用交钞，殷实之家纷纷破产，店铺关门倒闭，市场变得萧条凋零。

泰和八年（1208 年），金章宗去世，谥为“宪天光运仁文义武神圣英孝皇帝”，葬于道陵。自此，金朝曾经的盛世繁华彻底暗淡无光。金天兴三年（1234 年），金朝在南宋和蒙古的南北双重夹击下最终灭亡。

（王纪洁）

耳闻目睹：
范成大日记中的金人纸币

提及范成大（1126—1193年），估计大家都耳熟能详，他是南宋著名诗人，唯美的诗句“梅子金黄杏子肥，麦花雪白菜花稀”就是出自他的笔下。范成大与杨万里、陆游、尤袤合称南宋“中兴四大诗人”，其诗作广为流传。范成大的诗词风格继承了白居易的新乐府现实主义精神，题材广泛，以擅长描写农村生活而闻名，诗文清新隽永，读起来让人有温馨亲切之感。其实，在当时的南宋，范成大还是一位行政官员，为官善政，备受朝廷器重。范成大出生于苏州的一个名门世家，绍兴二十四年（1154年），考取了进士，开始为官生涯，担任过司户参军、枢密院编修官、校书郎等职。他在《满江红·竹里行厨》中的名句“志手里，功名兆。光万丈，文章耀”就是自身作为一名政治家和诗人远大抱负的真实写照。范成大的一生，可谓在文坛和政坛都光芒万丈，在政坛更是一名强硬的外交官，曾代表南宋出使金国，他也是当时为数不多亲自到过金南京（今开封）、金中都（今北京），进过金皇宫的南宋官员。

范成大画像，出自《吴郡名贤图传赞》（清道光刻本）

范成大为官之际，正好是宋孝宗赵昚统治时期，宋孝宗积极整顿吏治，政治清明，百姓生活安康，史称“乾淳之治”。为一雪前耻，宋孝宗起用主战派人士，锐意收复中原，发动了著名的“隆兴北伐”，可惜以惨败而告终，于隆兴二年（1164 年）十二月被迫签下《隆兴和议》。按照和议规定，南宋皇帝在接受金朝国书之时，要从龙椅上起身，走下台基接受。对于这一极具侮辱性之举，宋孝宗一直难以释怀，很想予以更改。而且，北宋诸帝之陵墓都在河南巩县，这时已在金人统辖区域范围内，宋廷想要金国归还皇陵寝地。基于以上两点，宋孝宗拟派使臣到金朝去谈判，面议受书礼仪，并索取河南皇室陵寝。

那么派谁去合适呢？哪位官员才是出使金朝的最佳人选呢？宋孝宗还对使臣提出要求，“才识有经学，通达国体者一人，持节以往，以申请陵之思”。在百般挑选之后，范成大被成功选中。因为此次出使关系重大且极其危险，若惹恼金人，或许就会像西汉之苏武一样被扣押在北国苦寒之地，风餐露宿，饱受疾苦。但范成大以大局为重，凌然曰：“臣已立后……为不还计。”

乾道六年（1170 年）五月，宋孝宗下诏任命范成大为起居郎、代理资政殿大学士、左太中大夫、醴泉观使兼侍读、丹阳郡开国公，担任“奉使金国祈请国信使”。同年六月，45 岁的范成大率领一行人启程北上，八月十一日渡过淮河，进入金国境内。九月上旬，经过“二千五十八里”的长途跋涉，范成大和随行人员终于到达目的地——金中都（今北京）。范成大在这次与金朝的外交争锋中据理力争，慷慨陈词，不辱使命，最终全节而归。《宋史・范成大传》称：“成大致书北庭，几于见杀，卒不辱命。”范成大冒着杀头的风险出使金朝，使得他深受宋孝宗信赖，并成为其仕途上的重要转折点。范成大在出使过程中，将一路所见到的风土人情完整地记录下来，回到南宋后，著有使金日记《揽辔录》。这是一部重要的历史地理著作，其中出使过程中所经历的地方、人物、事件记述得非常详细，为我们今天了解当时的社会状况、百姓生活等提供了极其珍贵的第一手资料。

乾道六年（1170 年）八月二十日，范成大到达金南京（北宋旧都汴京，今开封），看到曾经的北宋皇都荒芜颓毁，目睹昔日淙淙流淌的汴河已经干涸，往昔的繁盛已成过眼云烟，不禁感慨万千，思绪无限，悲怆苍凉。他写道："丁卯过东御园，即宜春苑也，颓垣荒草而已。二里至东京，金改为南京。入新宋门，即朝阳门也，金改曰弘仁门，弥望悉荒墟……过大相国寺，倾檐缺吻，无复旧观。"这些颓废荒凉之景，让他来到这里后备感凄楚，京城早已没有了往日繁荣之景。曾经风雅一时的北宋王朝，不复存在。"横入东御廊门，绝穿桥北驰道。出西御廊门，过交钞处"。这说明范成大还路过了金朝印制纸币的地方。

他在日记中，还重点记述了所看到的金朝纸币交钞及其流通情况：

"金本无钱，惟炀王亮尝一铸正隆钱，绝不多，余悉用中国旧钱，又不欲留钱于河南，故仿中国楮币。于汴京置局造官会，谓之'交钞'，拟见钱行使。而阴收铜钱，悉运而北。过河即用见钱，不用钞。钞文略曰：'南京交钞所准户部符，尚书省批降。检会昨奏南京置局，印造一贯至三贯例交钞，许人纳钱给钞，河南路官私作见钱流转。若赴库支取，即时给付，每贯输工墨钱十五文。七年纳换，别给钱，以七十为陌。伪造者处斩，捕告者赏钱三百千。'前后有户部干当令史、干当官、交钞库使副书押，四围画云鹤为饰焉。"

金朝铸行"正隆元宝"钱后，仍在使用宋旧钱，说明金朝铸币量依然匮乏。当时，铜钱作为一种特殊的商品，在金宋商品交易过程中，是双方互相争夺的对象，南宋千方百计地扼制铜钱北流到金境，而金朝则不惜一切代价要把南宋的铜钱吸引过来。地处金、南宋边境的河南在北宋时期是商品货币经济发达的地区，金朝在这里设置造钞机构，仿照宋朝发行纸币，吸收大量铜钱北运。限制钱、钞流通地域，其主要目的是通过收兑宋朝的旧钱，弥补、缓解金朝自身由于缺铜而造成的铸币不足问题。范成大的这段记述清楚地表明了这一点。

范成大出使金朝时是南宋孝宗乾道六年（1170 年），此时正是金世宗大定十年，距金贞元二年（1154 年）发行交钞只不过 16 年，他看到的应为金朝早期的交钞。《揽辔录》的这段有关金朝铜钱和交钞流通情况的描述，向我们透露了诸多历史信息。

"金本无钱，惟炀王亮尝一铸正隆钱，绝不多，余悉用中国旧钱"。这句话的意思是说金朝原本没有本政权铸币，只有海陵王的"正隆元宝"钱，而且铸造量很少，大量地使用宋之旧钱。“炀王”系指海陵王完颜亮，因完颜亮死后以庶人之礼安葬，谥号为“炀”。

“南京交钞所准户部符，尚书省批降。检会昨奏南京置局，印造一贯至三贯例交钞”，说明交钞的印制机构及发行是由中央政府批准南京（今开封）印造完成，为面值一贯到三贯的大钞票。据《金史·食货志》记载，金交钞印有10种面值，一贯、两贯、三贯、五贯、十贯为大钞；一百文、二百文、三百文、五百文、七百文为小钞。范成大只见到了一贯到三贯面值的交钞，说明五贯、十贯面值是后来发行的。但很遗憾，无论是大钞还是小钞，目前为止尚无实物发现。

“而阴收铜钱，悉运而北。过河即用见钱，不用钞。”“河南路官私作见钱流转”，表明金南京（今开封）所印交钞只在河南路通用，说明最初交钞是有流通地域限制的。金的交钞最初只在黄河以南通行，主要目的是吸引宋钱入境并阻断铜钱南流，以后金朝交钞的使用才逐渐推广到全国。

“许人纳钱给钞……若赴库支取，即时给付，每贯输工墨钱十五文。”这表明交钞是有兑换方法的，同时官府不鼓励民间以钞换钱，间接证实了金朝铜钱短缺的状况。当时人们可以任意纳钱换钞，也可随时以钞兑换现钱，但兑换时每贯需缴纳成本费15文。15文就是史料记载的“工墨钱”，俗称印刷费。金朝各时期兑换交钞时每贯收取的“工墨钱”是不同的，如金初是15文。大定二十三年（1183年），每贯收取8文。承安二年（1197年），每贯收取12文。泰和五年（1205年），每贯下降到6文，两年后，又改为收取二钱。

“七年纳换，别给钱，以七十为陌”，这说明交钞的期限为7年，到期必须以旧换新，旧钞不能再使用。这印证了《金史》记载交钞的七年厘革之限，说明初期交钞是有流通时限的。宋以77文、75文为“省陌”，而金朝也存在“省陌”现象（注：钱币以百数为一百者，称为足陌；而不足百数，作为一百者，称为省陌。）。至少大定十年（1170年）以前，金朝是以70文为陌的。因此，宋朝一贯钱到了金地，至少可多抵六七十文使用，这对于逐利的南宋商人来说有着强烈的商机诱惑。直到大定二十年（1180年），金廷才规定官私用钱皆以80文为陌，遂为定制。

“伪造者处斩，捕告者赏钱三百千”，这是有关伪造交钞和捕告的惩赏条例，说明金朝的钞法管理极其严格。伪造交钞者，斩首。为提高人们的举报意识，官府对捕告者的赏金很高，赏赐 300 贯。

“前后有户部干当令史、干当官、交钞库使副书押，四围画云鹤为饰焉”。这说明交钞券面正背加盖从户部到交钞库各级官吏的印押。户部是金朝的财政管理机构之一，主要管理金钱和物资，负责铸币和记录财政账目。南京交钞库副使是正九品，主要职责就是“掌书押印合同”。而且，金朝交钞注重纹样的装饰效果，四周有祥云和仙鹤图案。

通过范成大的描述，我们可以知道金朝纸币的形制、特征，使用方法和年限、流通区域、兑换手续以及打击假钞的奖赏办法。他的记载和我们所读到的金钞史料，以及出土的钞版大体上是一致的。《揽辔录》为我们开展金朝纸币制度的研究提供了具有相当价值的史料。

范成大最后到达金中都，面对金世宗时，无所畏惧，大义凛然。《宋史 · 范成大传》称其“初进国书，词气慷慨”。金世宗非常生气，将国书掷于地上。范成大面不改色，“屹不动，必欲书达”。最终，金世宗同意了南宋朝廷奉迁陵寝的请求，其他诉求一并拒绝。乾道六年（1170 年）十月，范成大平安返回，宋孝宗皇帝对他此行非常满意，夸他“终保安全语”。大臣、文学家楼钥赞其“抗穹庐而不挠，全故璧以复归”。范成大孤勇出使金国，不辱使命，彰显了一名出色的外交家的傲骨和风范，这也是他仕官生涯中的高光时刻。绍熙四年（1193 年），范成大去世，谥号“文穆”，故后世多称其为“范文穆”。

明代学者王鏊曾将范成大和范仲淹相提并论，说：“前宋之治，莫盛于仁宗；南渡后，莫盛于孝宗。皆锐意太平，二公（指范仲淹、范成大）皆以身许国，可谓千载之遇。”

（王纪洁）

“圣旨回易交钞”铜版：半块也珍罕

2004年春夏之交，在我国内蒙古鄂尔多斯市发现了一块名为“圣旨回易交钞”钞版，面值银壹两，铜质，可惜已不完整，只剩上半部，是一块残版。但，因为这是目前为止唯一的以银两为面值的金朝交钞铜版，故文物、历史、学术研究价值很高。当地钱币学会迅速将此消息告知中国钱币博物馆，博物馆第一时间派出两名专家赶赴鄂尔多斯市，经仔细鉴定，确认其为金朝之钞版，随即将该物征集入馆。

钞版是古代印制纸币的模板，文献记载中大部分为青铜质地。制作方法系铸造，即先雕刻一套模具，再多次翻铸多套铜钞版。“圣旨回易交钞”钞版制造技术亦应如此，版面设计风格、具体特征如下：

钞版残体呈矩形状，残高143毫米，残宽161.5毫米，残重2356.5克。上方有一横额，宽105毫米，宽22毫米，周边由单线围成边框，横额位置与钞面配置和谐，互相映衬。横额内有手写体书写“圣旨回易交钞”6字，左读（印制后为右读）。因为是交钞名称，为便于宣传和识别，所以字形很大，字体刚劲、有力。虽为手写体，但均衡平稳、舒展有力、秀美匀称，字里行间体现了中华民族书法艺术之美。

横额下面是半残版面的主体部分，版面上、左、右三边是由外粗内细的双线作界栏，界栏内侧25毫米宽度花阑内由繁缛的花草图案作装饰。这种纹饰一方面起到装饰、美化纸币的作用；另一方面由于花草图案过于繁杂，需要高超的雕工技艺，也可以起到一定的防伪作用。上阑正中位置有一空心银铤图案，形制为弧头束腰，具备典型的金朝银铤外观，特征鲜明。银铤图案中部有“宝货壹两”4个小字，银铤两端各有一大圆点，形制符合金章宗时期铸造流通的“承安宝货”银铤的特点。

版面主体按照表现内容可分为三部分：中间部分上端有双线勾勒出来的云朵纹饰，呈“八字纹”式样，下楷书“银壹两”3个大字，竖读，表示交钞的面值，也证明其为银钞。两侧各有“字料”“字号”小字，亦为竖读。“字料”上方，“壹”字左侧有一正方形浅槽，应该是印制时放置活字的地方。“银壹两”左、右两部分皆为九叠篆文字，部分已锈蚀漫漶，版面左侧释读为“伪造者斩”，右侧释读为“赏银伍铤”，意思是如若以身试法，伪造印钞，按律当斩；如有主动揭发伪造银钞者，赏赐五铤。为维护“圣旨回易交钞”的信誉，保持币值稳定，金朝可谓赏罚分明。

版面外端左侧还有一竖行文字，锈蚀得非常严重，据考证，疑为“纳银换□每两例□墨半钱……”这里似乎应理解为印制银钞的成本费。钞版下半部仅右上角残存一“宣”字。

钞版背面平素无文，左上角有一方形支腿，右上角留有支腿残断的痕迹。从现存的金、元、明三朝铜钞版来分析，为了印制需要，这块钞版背面上下左右四角应该各有一支腿，印制时起到支撑作用，以保证钞版不易断裂。

“圣旨回易交钞”铜印版

截至目前，有明确出土和征集地点的金朝钞版主要有：内蒙古宁城县出土的“北京路壹伯贯交钞版”、陕西西安出土的“陕西东路壹拾贯交钞版”、内蒙古博物馆征集的“陕西东路壹拾贯交钞版”、山西新绛县出土的“贞祐宝券伍拾贯两合版”。

上述这几块交钞版有一个共同的特点，那就是面值均以铜钱为准，以“贯”为单位。以银为准的，史书记载有“天兴宝会”，单位为“钱”，同见（即现）银流转，但是没有实物和钞版留存。《金史》等史料中也没有见到以“两”为单位的交钞之记载。

因为“圣旨回易交钞”钞版上部有名为“承安宝货”的银铤图案，面值为“银壹两”，所以确定其为印制银钞的钞版。此钞版印造出来的银钞以“承安宝货”银铤为钞本。

在这里，我们先简单了解一下“承安宝货”银铤的铸造背景。金代社会最初实行交钞和铜钱并行的货币制度，交钞流通范围广泛，从河南到整个北方地区，早期的流通状况尚好。大定二十九年（1189年），金朝全面废除了纸币流通期限的限制，规定交钞可无限期流通，导致交钞的严重超发和通货膨胀，交钞日益贬值，开始走向崩溃。与此同时，金朝的军事开支却逐年增大。金章宗统治时期，军事上面临南北夹击的局面：北方，蒙古铁木真部族势力开始崛起，经常骚扰北部边境；南方，南宋朝臣提议兴兵北伐，不断出兵攻扰南部边境。金朝虽依靠兵强马壮，南北作战均获胜，但由此造成的军费开支也很大，据记载，战争使金朝消耗掉70万两白银，5万匹绢帛，100万贯铜钱。

金朝当时给官兵的军饷和军需是白银、交钞并用，但银铤重50两，体积大、面值大，百姓经常砍凿窃取，外加交钞贬值，为保证军饷供应和军需供给，解决财政危机，朝廷决定铸造小面值的“承安宝货”银铤。据《金史·食货志三》记载，（承安二年）“十二月尚书省议，谓时所给官兵俸及边戍军需，皆以银钞相兼。旧例银每铤五十两，其直百贯，民间或有截凿之者，其价亦随低昂，遂改铸银名‘承安宝货’，一两至十两分五等，每两折钱二贯，公私同见钱用”。

今所见“承安宝货”银铤形制类似马鞍形，上下宽，两端圆弧。四周铸有三道水波纹。面文、押记亦相同。表面中部均錾刻“承安宝货”“壹两半”“库

□""部□"及金人特有的押记符号。金章宗承安二年（1197 年）铸造"承安宝货"银铤的目的显而易见，一是便于流通，二是满足军饷发放和军需供给，即直接用于军事。银铤重量自一两至十两，分为五等，每两折钱二贯，但很遗憾，迄今为止，仅发现有一两、一两半两种，其他三种面值尚未被发现。"承安宝货"银铤在使用初期，得到朝廷的大力支持，使用顺畅。但不久，民间私铸泛滥，为降低成本多加杂铜锡，造成银铤的成色降低，致使商民拒用，京师商肆纷纷倒闭。面对这种困境，朝廷束手无策，被迫于承安五年（1200 年）停铸。由此可知，"承安宝货"银铤从始铸到停铸，只有短短的三年时间。

"承安宝货"银铤是中国历史上真正意义上的白银货币，并与铜钱、宝券保持兑换关系，是金朝的法定货币。"承安宝货"银铤是取代旧例银的白银货币，其使用范围比旧例银更为广泛，除赋税、军费、俸禄以外，还用于商业流通，史书记载金章宗时期曾用白银奖励南粮北运等。"承安宝货"银铤流通的时间虽然短暂，但其在中国货币史上却有着重要的作用，它的铸造和流通是对白银货币的第一次改革。

自这块"圣旨回易交钞"钞版面世 20 年来，人们对其使用流通时间及性质开展了深入探讨。但因版面残缺，且史料记载匮乏，看法很多，各执一词。

钞版下半部仅右上角残存一"宣"字。有学者认为"宣"字代表宣抚司，进而判断该钞是宣抚司负责印制发行的，认为"圣旨回易交钞"可能是金晚期迁至汴京城以后才印制发行的，虽然那时"承安宝货"银铤早已不再铸造和流通，但仍以其为钞本，目的是回收交钞，也有可能直接用于流通。

通过翻阅历史资料，可知宣抚司是地方机构，且不是常设机构，只是临时机构，主要的职责是节制兵马、征讨叛逆、绥服边疆，同时也安抚离散流民。它最早设于泰和五年（1205 年）。《金史・百官志》记载，在全国"十处置司"。如果版面"宣"字代表宣抚司，那么推测"圣旨回易交钞"的使用时间不会早于 1205 年。

这块钞版的性质似乎是地方机构临时发行，主要目的是兑换百姓手中的"承安宝货"银铤和其他银铤。但是，它的印制也得到了朝廷的同意，故采用"圣旨"二字。交钞名称有"圣旨"二字，是代表了皇帝的旨意，所以具有法理上的最高权威，以及特殊的信用度和重要性。

“承安宝货”银铤壹两

“承安宝货”银铤壹两半

“回易”即“回易务”，是官署名称。“回易”是交换、买卖之意，最早出现在隋唐典籍中。两宋时期，因为各地军费用度不足，朝廷遂允许军队可从事商品买卖活动，有时候还发给一定的经营本钱，军队以此开展一些商贸活动，如开办客栈、长途贩运商品、倒卖钞券，甚至发放高利贷，走私盐茶等，以此牟利来冲抵军费不足。金朝曾两度设立有“回易务”，其主要职能是从事经营活动，以及用绵绢绸缎、盐引来兑换银钞等。金章宗承安三年（1198 年）

十月，在燕京（今北京）、汴京（今开封）的行台尚书省各设置“回易务”，“以绵绢物缎易银钞，亦许本务纳银钞”。这句记载，充分说明“回易务”是掌管钱物的官办机构。因为当时市面白银广泛流通，不仅使用量大增，而且兑换业务也随之增长，不法商人铸造银铤时会掺入铜、锡，扰乱了金融市场秩序，“回易务”成立的目的就是回笼银铤。金宣宗贞祐二年（1214年）迁都汴京后，“回易务”被废止。《金史·食货志》记载，贞祐四年（1216年）三月，因交钞越发贬值，朝廷又恢复设立“回易务”，以“银钞粟麦缣帛之类权其低昂而出纳之”，从而恢复了纸币与银的兑换。

无独有偶，1986年5月，在内蒙古兴和县南郊大同窑陶卜窑村出土了3枚金代银铤，其中2号银铤重2101克，正面右上侧錾刻“回易伍拾两”字样。此银铤应该是“回易务”将从民间兑换的银铤重新铸造而成，与鄂尔多斯市发现的“圣旨回易交钞”铜版互为佐证了“回易务”这个金朝财政管理机构。

今所见出土钞版实物，均以铜钱为单位，以银两为单位的只此“圣旨回易交钞”铜版一块。而且，此版是目前为止唯一的来源清晰，出土地点和时间明确的宋金时期铜钞版，虽然残缺一部分，但它的券名、面值却完整地保存下来，为后人研究金代的银钞提供了重要依据，故极其珍罕，有“钞版中的大熊猫”之美誉。讲述这半块钞版背后的故事，可以让大众更深入地了解它的历史价值及其蕴含的历史背景，并从文物视角出发，探究中国纸币文化所呈现的强大永续生命力。

（王纪洁）

“回易伍拾两”银铤

元朝实现了中国古代规模空前的统一局面，对外关系的开拓以及畅达四方的水陆交通，为中外商旅提供了诸多便利条件，此时社会的商品化程度在向更深更广发展。元朝的货币制度是纸币本位制度，在全国范围内推行纸币是元代货币制度的最大特点。

这一时期是我国古代货币史上纸币最盛行以及纸币管理制度最完善的时期，元朝政府规定公私买卖、交易结项均使用纸币。为保证纸币的正常流通，朝廷制定了系统性钞法，如规定纸币为国家法币，备有储备金作为钞本，设立平准库买卖金银以维持钞价等，这些类似近现代纸币流通制度的措施，保证了纸币流通过程中的法定化、制度化、规范化。元朝的纸币发行管理办法具有深远的历史意义，其纸钞制度在世界货币发展史上书写着重要而光辉的一页。

第四章

元代，纸币制度影响深远

东方见闻：
马可·波罗眼中的元朝纸币

马可·波罗和他的故事，以及《马可·波罗游记》一书，早已家喻户晓、妇孺皆知。他在游记中对当时元朝社会的政治、经济、文化和宗教等方面进行了详细叙述，而且还以生动的笔触和丰富的想象力，描绘风土人情、建筑艺术、美食文化等。作为欧洲人对东方旅行的最早记录之一，《马可·波罗游记》可以说是一部重要的历史文献和文学作品。

元朝疆域辽阔，政权统一，社会经济空前繁荣，农业和手工业高度发达，在西方人眼中非常具有神秘感，于是产生了对中国和东方的向往。元朝时期，中国对外的海陆交通十分发达，为中外交往提供了便利的条件。连接东西方的“丝绸之路”留下了许多人的匆匆行迹，其中马可·波罗正是借蒙元帝国开辟的交通之便，完成了纵贯欧亚大陆的往返之旅。

马可·波罗（Marco Polo，1254—1324 年）是意大利威尼斯人，中世纪著名的旅行家。据称 17 岁时，他随同父亲尼古拉和叔父玛窦前往东方，历时三年多，于 1275 年到达元朝的首都大都城（今北京），受到忽必烈皇帝的接见和器重，留在身边作为侍从。

马可·波罗在中国游历了 17 年，曾访问过当时中国的许多古城，到过西南部的云南和东南地区。他先后代表元朝出使波斯、印度、安南等地，并在扬州任官三年（1282—1284 年）。回到威尼斯之后，他在威尼斯和热那亚之间的海战中被俘，在监狱里口述旅行经历，由鲁斯蒂谦写出《马可·波罗游记》一书。该书又名《马可·波罗行纪》《寰宇记》或《东方见闻录》。书中记录了马可·波罗在东方最富有的国家——元朝的所见所闻，后来在欧洲广为流传，激起了欧洲人对东方的好奇心和探求，对以后新航路的开辟产生了巨大影响。该书有意或无意地促进了东西方之间的直接交往，从此，中西方之间直接的政治、经济、文化交流的新时代正式开启。同时，西方地理学家还根据书中的描述，绘制出早期的"世界地图"。

在《马可·波罗游记》中，详细介绍了大元一朝的繁荣景象，并且十分具体地描述了元代纸币的印制、发行、使用情况、购买力等。1949 年之后，全国多地出土的元朝纸币的形制，证实了马可·波罗记录的真实性和准确性。

《马可·波罗游记》第九十五章，以"大汗用树皮所造之纸币通行全国"为标题，用翔实的内容和生动的语言，向西方第一次介绍了中国纸币的印制和使用情况。

关于造币厂的描述，他写道："在此汗八里城中，有一个大汗之造币局。观其制设，得谓大汗专有方士之点金术，缘其制造如下所言之一种货币也。"这个"城"就是元大都城，即今天的北京城，城内造币局即印制纸币的地方，相当于今天的印钞厂。因为发行纸币事关民生，元朝政府非常重视纸币的管理，首先设置钞币管理机构——交钞提举司，中央由户部主管，下设宝钞总库负责贮藏保管，印造宝钞库负责制造，烧钞库负责焚毁昏烂宝钞。地方设有行用库及平准行用库，负责旧钞倒换和行钞。此外，还设有抄纸坊，专门制造印钞用纸。马可·波罗眼中看到的"造币局"似乎是印造宝钞库的所在地。

作为横跨欧亚大陆的大元帝国首都，大都城堪称当时整个世界的"伟大的首都"，在欧洲旅行者眼中，那些壮观的建筑、美丽的陶瓷、精湛的书画，令人叹为观止。《马可·波罗游记》记述："在大都市场上做生意的不但有中国境内南北的豪商巨贾，而且还有远自中亚、南亚的商人。"有学者认为"汗八里"源自突厥语"皇城"（han-baliq，汗八里），是中亚细亚对元大都的称呼。

马可·波罗以前生活在威尼斯，威尼斯曾是欧洲最大最富有的城市，当地流通的是贵金属货币。作为一个来自欧洲贸易核心区的商人，他保持着对金钱特别的关注和痴迷。他以前没见过纸币，而且在他眼中，纸币本身毫无价值可谈，所以书中形容纸币制造就是效忠大汗的那些方士的点金术。就如印度作家奥修所说："较卑贱的东西也可变成较高贵的东西，高贵和卑贱没有本质的差异，只不过需要重新组合，重新排列，这就是点金术的全部含义。"

关于纸币原材料和印制的描述，他写道："此币用树皮作之，树即蚕食其叶作丝之桑树"，"用水浸之，然后捣之成泥，制以为纸，与棉纸无异，惟其色纯黑"。今所见元代交钞为灰黑色，票幅尺寸随面值大小不同而不同。原料是高质量的桑皮纸，质地坚韧，耐折叠，不易破损。

关于纸币形制特征的描述，他写道："君主造纸既成，裁作长方形，其式大小不等。"每张纸币上"有不少专任此事之管吏署名盖章"，然后"诸官之长复盖用朱色帝玺，至是纸币始取得一种正式价值"。元代交钞为竖式，票幅尺寸随面额大小不同而异。钞面上下方及背面上方均盖有红色官印。

关于推行使用纸币的描述，他写道："制造此种纸币之后，用之作一切给付。凡州郡国土及君主所辖之地莫不通行。"包括"所有军饷皆用此种货币给付，其价如同金银"；"臣民位置虽高，不敢拒绝使用，盖拒用者罪至死也。伪造者处极刑"；"盖大汗国中商人所至之处，用此纸币以给费用，以购商物，以取其售物之售价，竟与纯金无别。其量甚轻，致使值十金钱者，其重不逾金钱一枚"。说明元朝境内的百姓都毫不迟疑地认可了这种纸币，他们可以用它购买他们所需的所有商品，包括士兵军饷发放的都是纸币，这和使用纯金作为货币没有任何差别。

马可·波罗是一名商人，对金钱、商品等十分敏感。他在叙述多个城市时，都会注上"使用纸币"字样。他记录使用纸币的城市主要有泰州、南京、强安、襄阳、镇巢军城、新州、临州、邳州、西州、镇江、行在、刺桐、高邮、宝应等，这说明纸币的使用范围非常广。可见此种独特、便捷的纸币及其制度给他留下了深刻的印象。

关于购买力的描述。马可·波罗用威尼斯银币与纸币相换算，指出：一枚威尼斯银币抵纸币若干，可买山西农村的野鸡3只，或买苏州市场的大黄、生姜60磅，或杭州集市的鹅一对，或福建的德化瓷盘8只。我们知道，马可·波罗从意大利出发，因是长途旅行，随身应该携带了不少威尼斯银币，此种银币可以和元钞换算。据史料记载，至元二十四年（1287年），一石米约10贯中统元宝交钞，故根据元钞的物价购买力，大致可以推算出二者的汇兑比例。

关于纸币信用的描述，他写道：“幅最小之纸值秃儿城（图洛）之钱一枚，较大者值物搦齐亚城（今威尼斯）之银钱半枚，更大者值物搦齐亚城之银钱一枚。别有值物搦齐亚城银钱五枚、六枚、十枚者。又有值金钱（拜占庭金币）一枚者，更有值二枚、四枚、五枚以至十枚者。”由此可知，元朝纸币能与欧洲货币相换算，并且具有当时世界货币的地位和作用。

关于纸币影响力的描述，他说道：“凡是自印度或其他国家的商人来到汗八里城，其携带的金银、宝石、皮革只能出售给大汗。大汗安排十二个有经验的人专司此事。大汗就用这种纸币来付账。由于定价优惠，可立即结算，携带轻便，并且可用此种纸币在大汗所统治的地方购买本国缺少的商品，所以外国商人都愿意接受此种纸币。”元朝政府这么做，最大的好处就是将对外贸易活动纳入了元钞的流通范畴。

关于纸币兑换的描述，他说道：“无论是谁，如果收到的纸币因为长期使用而损坏了，都可拿到造币厂，只需要支付百分之三的费用，就可以换取新币。如果谁想要用金银、宝石、皮革来制造东西，如制造首饰、器皿、服饰或其他物品时，也同样可以持此种纸币前往造币厂作价购买。”

马可·波罗描述的元代纸币应该是“至元通行宝钞”。《马可·波罗游记》把当时的各种货币和秃儿城钱、威尼斯金银币的币值做了比较，也分为十一等，与至元钞的币值相同。元初，中统元宝交钞贬值后，币制需要改革，尚书省改发“至元通行宝钞”。“至元通行宝钞”于至元二十四年（1287 年）正式发行，1 贯当“中统元宝交钞”5 贯。到至正十年（1350 年）更改发行“至正元宝交钞”时为止。“至元通行宝钞”发行额共达 3618 万余锭，成为元代流通的重要纸币。币值共分 11 等，分别为二贯、一贯、五百文、三百文、二百文、一百文、五十文、三十文、二十文、十文、五文。

《马可·波罗游记》对纸币的制造和兑换等记载得非常详细，有的地方表述甚至比元代史料文献还要详细，表现了马可·波罗作为威尼斯商人特殊敏感的一面。

据传，马可·波罗回到家乡威尼斯时，穿着打扮完全是个蒙古人，身着

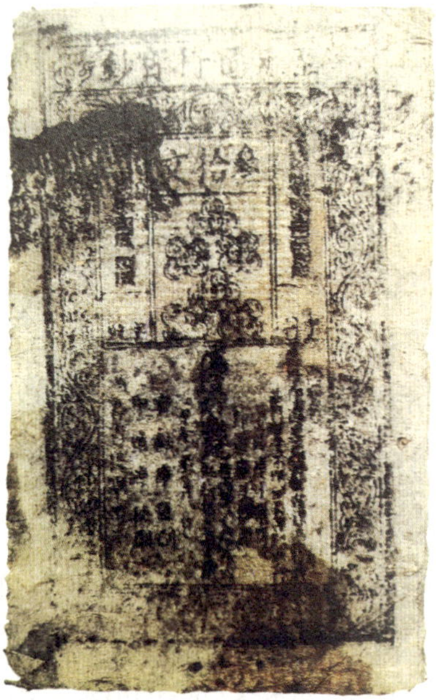

至元通行宝钞叁拾文

至元通行宝钞壹佰文

红色长袍，头戴尖帽，手持长弓，连说话都带着蒙古口音。而且，他还带回来一位蒙古仆人。他逝世前在遗嘱中写道：“我将解放我的鞑靼（Tartar）仆人彼得（Pietro），赋予他自由的权利，祈祷上帝宽恕我的错误与罪过。我也支付他在自己的房子的全部劳动所得，另外，我还留给他 100 里拉威尼斯金币。”

尽管人们对《马可·波罗游记》记载是否为真实的史实等问题还存在一定的看法，但他有关元朝纸币的描述非常准确、真切，与史料记载、后人研究和出土实物完全相符。

（王纪洁）

元朝纸币：

见证大元帝师八思巴的传奇人生

我国历来是一个统一的多民族国家，各民族之间相互学习，相互影响，休戚与共，构成了多民族融合的绚丽多彩的精神文化家园，各民族人民团结一心为中华民族的发展作出了巨大贡献。在不同的历史时期，少数民族创造出了丰富多彩的各民族古文字。这些古文字不仅是本民族的文化遗产，也是中华民族乃至世界文化遗产。它们是我国文字发展史上的重要组成部分，为民族文化的发展提供了重要支持，同时也是中华民族发展的不竭动力。

钱币是中华传统文化的重要组成部分，见证了中华文明的发展进程，文化内涵丰富，博大精深。钱币既是历史文化的记忆，也是民族基因的载体，更是珍贵的历史文化遗产。见于钱币上的文字除汉字外，少数民族文字也占有一定的比例，如佉卢文、焉耆—龟兹文、粟特文、回鹘文、西夏文、察合台文、契丹大字、八思巴文、满文、水书、维吾尔文等。这些文字不拘一格，争奇斗艳，尽显风姿，成为我国多民族文化相互融合的历史见证，是研究中华民族关系史的宝贵资料。其中，元朝的金属铸币和纸币均有八思巴文出现，见证大元帝师八思巴的传奇人生。

元朝是中国社会发展进程中比较特殊的一个历史时期，是由蒙古人建立的政权，是一个政治多元化的时代，在政治、文化、语言文字等方面有着显著的特点。在当时社会，并行汉语和蒙古语。成吉思汗缔造蒙古汗国时，尚没有自己的文字，早先用回鹘文书写蒙古语，到元世祖忽必烈时才由西藏萨迦派首领八思巴创造了一种属于蒙古族的文字，亦称作“八思巴文”。忽必烈之所以要创造一种新型文字，目的就在于要使用一种与蒙古帝国相匹配的统一文字，用它来书写境内所有的语言。

元朝统一西藏后，实行了一系列的治藏政策和措施。首先是对统一西藏有功的萨迦派予以大力扶持，在西藏建立了以萨迦昆氏家族为核心的萨迦地方政权。萨迦派是藏传佛教的一支重要教派，公元13世纪，当中原社会进入元朝时，萨迦派在雪域高原发展成为具有强大政治势力的教派。萨迦派的第四世祖萨班和第五世祖八思巴分别为大元帝国统治的巩固作出过巨大贡献，是西藏乃至中国历史上的重要人物。八思巴本名罗追坚赞，1235年出生于后藏昂仁，自幼聪颖，据传3岁就能诵咒语，8岁就能背佛经。《萨迦世系史》记载，“八思巴三岁时，能记诵莲华修法等，众人惊异，说他果真是一位圣者！”因其绝顶聪明，名声远扬，被称为“八思巴”，意为“圣人”。

淳祐七年（1247年），为解决西藏问题，蒙古皇子阔端与吐蕃宗教首领、藏传佛教高僧萨班在凉州（今甘肃武威市）会谈，就吐蕃地区归附达成协议，从此西藏开始接受中央政府的管辖。“凉州会谈”在中国的民族关系史和藏、蒙民族史上都写下了厚重的一笔，它奠定了西藏并入中国版图的基础，并深刻影响了之后中国的政治格局和文化格局。此时，年仅13岁的八思巴跟随叔父萨班，参与了“凉州会谈”的整个过程，练达世事，开阔了视野。八思巴在凉州居住期间，跟随萨班继续学习佛教知识，提高佛学造诣，并兼学汉语，博采众长，为今后发明“八思巴文”打下了理论基础。1251年，萨班圆寂，八思巴接替了萨班的教主地位，成为萨迦派第五世祖。他坚持萨班的政策，在政治上充分施展了自己的才能，使西藏和中原保持了统一的局面。

宝祐元年（1253年），八思巴得到了忽必烈的赏识，被尊为“上师”，忽必烈及其王妃、子女等25人皆从八思巴受喜金刚灌顶，皈依藏传佛教。中统元年（1260年），忽必烈即位，尊八思巴为国师，授玉印，让其管理全国的佛教事务，统领天下教门。至元元年（1264年），忽必烈迁都大都（今北京）后，设置总制院（1288年改称宣政院），八思巴担任该总制院院事，“掌天下释教僧徒及吐蕃之境而治之”，统辖全国佛教和西藏地区民政、军政事务，集教、政大权于一身。至元七年（1270年），忽必烈封八思巴为大元帝师，并赐其帝印，开创了元代的帝师制度。

忽必烈重视汉文化，推崇儒术，他苦于蒙古族没有自己的文字，就下诏

八思巴首次谒见忽必烈图，出自2023年“江河汇流 遍弘海内——西藏日喀则萨迦唐卡艺术展”，上海市历史博物馆

八思巴去创造一种适合蒙古族使用的文字。忽必烈说，我们没有自己本民族的文字，日常全靠畏兀儿文字拼写，现在我们迫切需要一种新的文字，供蒙古族和外族使用，并要求这种新文字可以“译写一切文字”，包括蒙文、汉文、藏文等。八思巴领命之后，日夜思索，从自身的文化背景出发，经过潜心研究，终于在古藏文的基础上进行创新，并仿照汉文方块字形加以改造，创造出一种全新的文字，兼顾字形简便美观，后世为纪念八思巴，就把这种文字称作“八思巴文”。

至元六年（1269 年）二月十三日，忽必烈诏令使用蒙古新字，《元典章》记载：

> 朕惟字以书言，言以纪事，此古今之通制。我国家肇基朔方，俗尚简古，未遑制作；凡施用文字，因用汉楷及畏吾字以达本朝之言。考诸辽、金以及遐方诸国，例各有字。今文治浸兴，而字书有阙，于一代制度实为未备。故特命国师八思巴创为蒙古新字，译写一切文字，期于顺言达事而已。自今以往，凡有玺书颁降者，并用蒙古新字，仍各以其国字副之。

从这份诏令内容，我们可以看出忽必烈想要实行“书同文”的宏大设想和政策，拟以八思巴文来“译写一切文字”，同时各地文书也各有本地文字附写在旁边。这是中国文字史上一次创造性的尝试，也是制作汉语拼音字的第一次尝试。

至元八年（1271 年）正月颁布诏书，规定“八思巴文”用于拼写蒙古语和译写国内各个有文字的民族语言，如汉语、藏语、维吾尔语等，此外，还包括用以转写梵文。“八思巴文”作为大元王朝文字的正统地位得到了加强，已是大元王朝的“国书”，成为官方法定的文字。

“八思巴文”是一种由字母组合的方形竖写文字，是根据古藏文字母，仿照汉文字形而制成的文字，共有 41 个字母，字数只有一千多个，与蒙文一致，自左而右，自上而下拼写，按照音节划分，属于拼音文字。这种蒙古新文字，被用于官方文件与印章中，对元朝社会的文化进步发挥了重大作用，堪称古

“大元通宝”（八思巴文）铜钱

代的“国际音标”和“世界语”。八思巴文类似今天的国际音标体系，所以我国著名语言学家杨耐思称其是中国历史上第一个汉语拼音方案。

但这里要强调一下，因“八思巴文”难以辨认，拼写困难，故其在民间的推广使用受到很大的阻力。因为当时蒙古人使用回鹘文多年，不愿学习“八思巴文”，汉人也看不懂，藏人习惯横写，因此“八思巴文”只限于官方通行。

元代主要流通纸币，铸钱比其他朝代都少，且多以汉文钱为主，但也有用“八思巴文”铸过有限的几种钱币，如“至元通宝”“大元通宝”等钱币，面文皆为“八思巴文”。除铸币以外，在元代纸币上也印刻有“八思巴文”，出现在纸币上部面值两侧，竖式排列，每列 4 个字。例如，中统元宝交钞印有“中统交钞”“诸路通行”；至元通行宝钞印有“至元宝钞”“诸路通行”。

“八思巴文”虽然已经成为一种“死文字”，但我们今天仍能在各种钱币及其他元代文物上见到它，如至正五年（1345 年）修建的居庸关过街塔云台门洞内壁，其上镌刻汉文、梵文、藏文、八思巴文、回鹘文、西夏文 6 种文字。此外，还有元代金圣旨牌。这些都是研究“八思巴文”创造的原始资料，也是研究当时社会政治、经济、文化、语言文字、民族关系等问题的极为珍贵的史料。

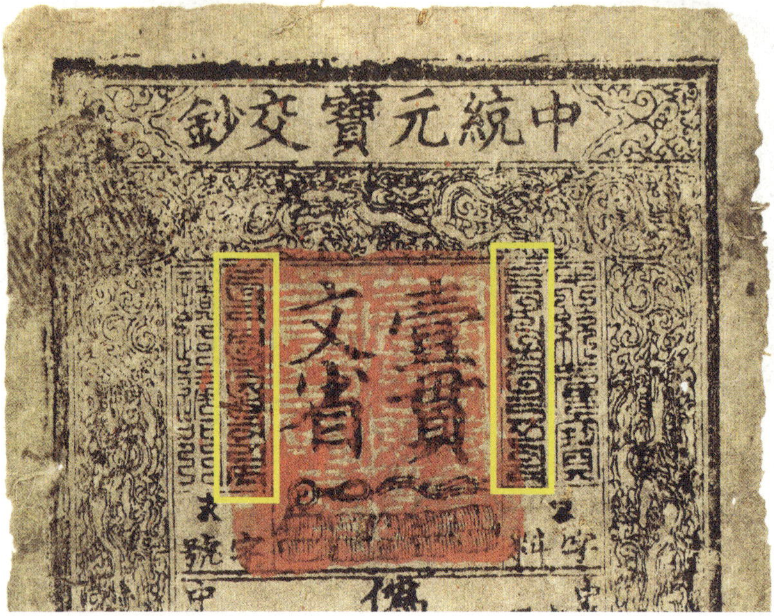

“中统元宝交钞”壹贯文省（局部，八思巴文）

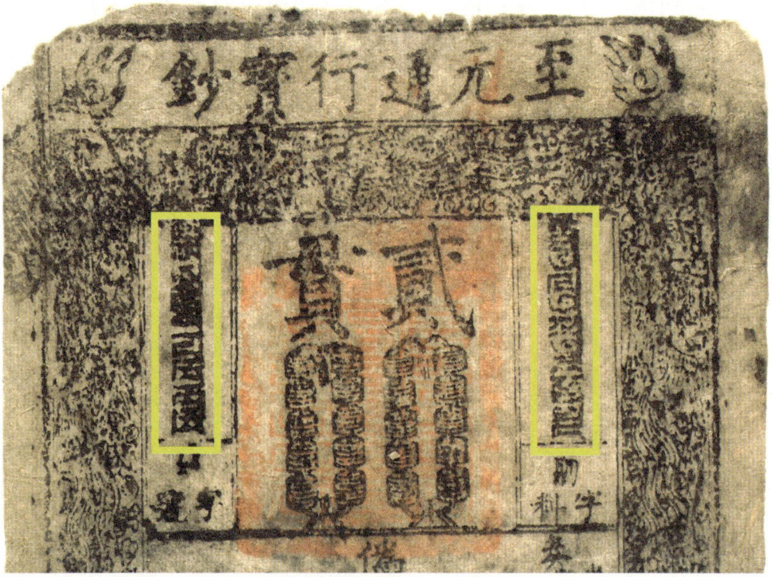

“至元通行宝钞”贰贯（局部，八思巴文）

至元十七年（1280年），八思巴圆寂，年仅46岁，忽必烈赐其封号“皇天之下，一人之上，开教宣文辅治、大圣至德、普觉真智、佑国如意、大宝法王、西天佛子，大元帝师”。八思巴圆寂40年后，为纪念这位传奇僧人，元仁宗下诏，在全国建造八思巴帝师殿。可见，八思巴一生为加强西藏与内地的联系，促进汉藏文化的交流，发挥了相当重要的作用。可以说，在元朝社会的文明与文化进程中，渗透了八思巴的智慧。

在漫长的历史岁月里，56个民族共同创造出了灿烂的中华文明，每一个民族的文化都是中华民族共同的宝贵遗产。钱币是商品交换的媒介，在钱币上印刻本民族文字，具有启蒙和传播文化的功能。“八思巴文”的创立，是八思巴这位雪域高原的智者为元朝文化的发展作出的重大贡献。元朝纸币上的“八思巴文”，是中华文化融合发展，促进文明进步的生动例证，也是八思巴传奇人生的实物见证。

（王纪洁）

元朝最完备的纸币法令：《至元宝钞通行条划》

纸币自诞生之后，统治者为了维护其信誉与合法性，曾颁布过多种与之相关的法令。在宋史中，曾多次出现过伪造纸币会被入刑的法令，如北宋崇宁三年（1104年）规定“私造交子纸者，罪以徒配”；南宋绍兴三十二年（1162年），又定《禁止伪造会子法》，规定伪造会子的犯人要被处以斩刑。随着元朝的建立及纸币流通范围的扩大，零星的法规已经不能适应纸币的发展，所以元朝发展出了较为完备的钞法体系，其中尤以忽必烈时期颁布的《整治钞法条划》和《至元宝钞通行条划》最为重要。

忽必烈像

早在忽必烈建立元朝之前，蒙古人就已经仿效宋朝和金朝印发了纸币。不过，此时是各地方单独发钞，互不流通。中统元年（1260年），忽必烈在开平府称汗，建元“中统”，开始发行“中统元宝交钞”。随着忽必烈势力范围的扩大，特别是1271年定国号为“大元”，建都北京，“中统元宝交钞”成为全国范围内使用的纸币。“中统元宝交钞”早期的发行还较为克制，但为了应对南宋的战争需要，其发行数额不断扩大，结果出现了严重的贬值现象。

为了应对中统钞在流通过程中出现的各种问题，忽必烈在至元十九年（1282年）批准了中书省的《整治钞法条划》。该条划共9条，主要有以下内容：一是关于如何倒换昏钞。钞库会收取工墨钱，对暗中增添工墨钱倒钞的人进行处罚。也就是说，如果纸钞在长时期的使用后出现破烂，可以去官府兑换新钞，但是需要交工本费。二是关于倒换后昏钞的管理。但凡被倒换的昏钞，必须当面印上“毁印”，违者会被处以杖刑。三是钞库的管理。钞库官不得挪用金银，当地长官需每月查库一次。四是关于买卖金银。私下买卖金银是不被允许的，其交易的金银和纸币都将被没收。五是违法倒卖金银会被处以重罪。从这些条目上看，《整治钞法条划》只是对纸钞使用中出现的具体问题提出了一些解决方案和量刑标准，并未涉及纸币滥发等问题，所以并不是一个成熟的纸币管理条例。

至元二十四年（1287年），元朝开始发行新的纸币“至元通行宝钞”，并颁布了由叶李拟定的《至元宝钞通行条划》，元朝的纸币进入了一个新的历史阶段。叶李原为南宋太学生，因上书弹劾权臣贾似道而被南宋朝廷流放漳州。南宋灭亡后，他隐居于富春江。忽必烈闻其贤明，多次征召，在元朝历任御史中丞、尚书右丞等职。在南宋末年，叶李就非常关注纸钞的流通和使用，他曾将自己所作的钞币条划献给南宋朝廷，但未被重视采纳。在元朝为官后，他又将其献给了忽必烈，当时正值“中统元宝交钞”通货膨胀严重，忽必烈见到了非常惊喜，很快就将其颁行天下。

《至元宝钞通行条划》又称作“叶李十四条划”，其最主要内容有以下几条。

一是明确了“至元通行宝钞”与“中统元宝交钞”的比值。文曰：“至元宝钞一贯，当中统宝钞五贯。新旧并行，公私通用。”也就是说，新发行的“至元通行宝钞”1贯可以当“中统元宝交钞”5贯使用，即“中统元宝交钞”相较于“至元通行宝钞”贬值了5倍。同时新钞和旧钞可以并行使用。这种设计有利于在新钞发行过程中，市场物价不至于出现紊乱，但在发行新钞时而不收兑旧钞，会使市场上纸钞的数量在原有旧钞的基础上进一步增加，造成纸币的进一步贬值。

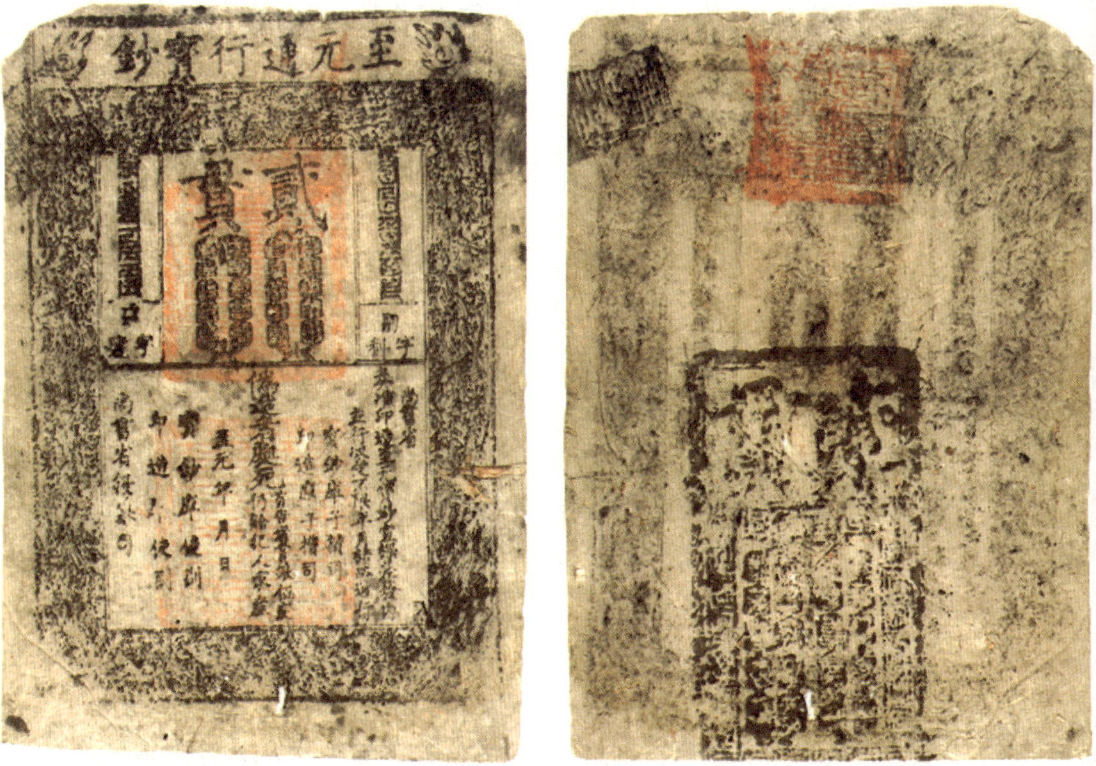

“至元通行宝钞”贰贯

二是明确了“至元通行宝钞”的面额，而且为了便利民间交易，还设置了多种小额面值。文曰：“访民间缺少零钞，难为贴兑，今颁行至元宝钞自二贯至五文，凡十一等，便民行用。”也就是说“至元通行宝钞”有11个面额，分别为贰贯、壹贯、伍佰文、叁佰文、贰佰文、壹佰文、伍拾文、叁拾文、贰拾文、拾文、伍文。其中最大面值为贰贯，最小面值为伍文。

三是设立官库，并禁止买卖金银，以保证纸币的顺利流通。文曰：“依中统之初，随路设立官库，买卖金银，平准钞法，私相买卖，并行禁断。”也就是说，官府会根据市场的变化，在认为必要的时候买入和卖出金银以平抑纸钞的价格，即为了获取百姓对纸币的信心，官府承诺会保证纸币的信用。但有一点是需要明确的，早期的“中统元宝交钞”是可以兑换的纸币，官方有随时向持有纸钞的人兑换金银的义务，但是现在的“至元通行宝钞”则是不可以兑换成金银的不兑现纸币。同时，该条禁止民间自由买卖金银，也就是用法令的形式禁止了金银在民间的自由流通，这样一方面可以达到朝廷集中金银的目的，另一方面也可以保证纸币的顺利流通。

四是对官库中的金银实行严格的检查制度。文曰：“委各路总管并各处管民长官，上下半月计点平准库应有见在金银宝钞。若有移易借贷，私己买卖，营运利息，取问明白，申部呈省定罪。”也就是说，元朝十分重视府库中金银等钞本的管理，所规定的定期检查库藏金银准备的制度，是对两宋纸币准备金制度的发展。不过，由于“至元通行宝钞”是不兑换纸币，所以府库中金银的作用与可兑换纸币条件下的金银准备是不同的，这些金银并不是可以兑换出去的。其实际意义主要有两条；其一，以库藏金银来控制纸币发行的数量，防止纸币的无限量发行；其二，以金银为幌子，以提高朝廷发行纸币的信用。虽然朝廷重视钞本的管理，但是这些管理却并不能抑制朝廷超过库藏金银而发行纸币的冲动。至元以后，所有库藏金银很快被挪用一空，纸币也更加滥发无度了。

五是对伪造纸钞的犯罪进行了规定。文曰：“伪造通行宝钞者处死。首告者赏银五锭，仍给犯人家产。”也就是说，伪造“至元通行宝钞”要被处死，而举报的人会被重赏。纵观元朝，伪造纸钞一直是重罪。《元史》中有多条关于伪造纸钞量刑的记载，如（至元十四年，1277 年）“诏伪造宝钞，同情者并处死，分用者减死，杖之”；（至元十五年，1278 年）“定造伪钞者，不分首从，俱处死；知情分使人等，杖一百七”，从这些记载来看，伪造纸钞，一经发现基本都是判处死刑，而且还会倾家荡产。但正如马克思著作中提到的一样：“一旦有适当的利润，资本就胆大起来。如果有 10% 的利润，它就保证到处被使用；有 20% 的利润，它就活跃起来；有 50% 的利润，它就铤而走险；为了 100% 的利润，它就敢践踏一切人间法律；有 300% 的利润，它就敢犯任何罪行，甚至绞首的危险。”所以，即使面对着死刑的危险，但在巨大的收益面前，元朝纸币的造假者也仍然如过江之鲫。

叶李所制定的《至元宝钞通行条划》可以说是中国货币史上，也是世界货币史上最早出现的比较完备的不兑现纸币条划。它充分吸收了宋、金及蒙元早期纸币发行的历史经验，作出了一系列符合当时实际的安排，是当时纸币管理制度的集大成者。在中国古代封建社会能够出现这样的条例，说明我国很早就已经在纸币管理方面具有了极高的水准。

除上述两个最重要的条划外，在至大四年（1311 年）四月还颁布了《住罢银钞铜钱使中统钞》。条文中所指的“银钞”是指元武宗在至大二年（1309 年）发行的“至大银钞”，原本元武宗希望靠其收兑“中统元宝交钞”，平抑物价，但效果却不好。元武宗驾崩后，元仁宗即位，进行了大张旗鼓的改革，取消尚书省，罢建元中都。此条划便是在此背景下颁布的，其内容主要有两条；一是至大银钞因为“其倍益虚，民用弗便”停印，重新印制“中统元宝交钞”“至元通行宝钞”，官府的收支和老百姓的日常交易要以“中统元宝交钞”计算。二是以铜钱危害钞法为借口，废止了铜钱的使用，并要求“铜钱限五十日内赴各处行用钞库依例倒换”。

此外，在元代重要的典章制度文献《大元圣政国朝典章》中，还有不少其他关于元朝纸钞的规定。比如《倒换昏钞条例》，对纸钞字迹不清、碎烂、火烧、油污、鼠咬、水浸、剜补等倒换昏钞问题都进行了详细的规定；《伪钞自首免罪》条例规定，伪造纸币悔过者，可以到官府自首免罪；《伪钞不堪行使流远》条例规定，伪钞未制作完成被抓获的，可以不判死刑，处以流放。

总体而言，为了适应纸币的流通，元朝制定了相当数量的纸币法规，涉及纸币生产、流通、管理等多个方面，虽然与现代的纸币管理条例等相比存在诸多不足，但在当时无疑是领先于世界的，即使现在看来它的很多管理措施仍有积极的借鉴意义。

（孟祥伟）

揭示元朝灭亡的原因：元曲中描写的“开河”与“变钞”

钱币与我们每个人的日常生活息息相关，没有钱币，可谓寸步难行，古往今来皆是如此，唯币材、币制不同而已。故，在历朝历代诗歌、散文、杂记等诸多形式的文学作品中，不乏大量有关当时百姓民生与钱币流通的描述，尤其是元代散曲。

元代政治腐败，社会黑暗，汉人学子、南人儒士想要通过科举入仕微乎渺茫，作为文人手中的武器——元曲，其内容锋芒直指社会弊端，可以说针砭时政是它的历史使命。现存的很多元曲广泛地反映了当时的社会现实，表现出世俗的生活众生相及审美情趣，更贴近老百姓的生活，所以相比唐诗、宋词，元曲更加市井化，也更加接地气儿。

在存世的元曲中，有大量讥讽权贵、抨击政治制度的作品，语言十分犀利。元朝末年，社会上流行一首名为《醉太平·堂堂大元》的元曲，就是这类元曲的代表之一，主要描述了当时朝廷“开河”和“变钞”引发的社会危机，语言充满了辛辣讥笑，表现了大胆无畏的思想，曲中写道：

> 堂堂大元，奸佞专权。开河变钞祸根源，惹红巾万千。官法滥，刑法重，黎民怨。人吃人，钞买钞，何曾见。贼做官，官做贼，混愚贤，哀哉可怜！

光看题目，就鲜明地揭示了此曲的主旨，意在讽刺元朝社会的黑暗，奸臣把持朝纲。曲中一针见血地描述了堂堂的大元朝，贪官污吏当权。黄河水泛滥成灾，大量印制新钞，造成货币迅速贬值，民不聊生，引发了红巾军千万人起义造反。官吏贪污成风，拿钱买官，苛捐杂税繁杂苛刻，刑法太重，百姓怨声载道。这个社会人吃人，钱换钱，什么时候见过这种情形？奸人做了官，做官的又都是贪官污吏，贤圣开明的人却得不到朝廷重用。悲哀啊，真是可怜！

此曲提到“开河变钞祸根源，惹红巾万千”，认为引发红巾军起义的根源是“开河”与“变钞”，那这二者具体是指什么呢？元朝为什么要“开河”与“变钞”，在当时社会又造成了哪些恶劣影响呢？

“开河”系指开凿黄河水道，“变钞”系指变更钞法，这两起事件的主导者是脱脱，元朝末年著名的政治家、文学家。脱脱（1314—1355 年），出生于蒙古贵族家庭，在政治、经济、文化等方面都作出过贡献，文可治国、武能安邦，主编《辽史》《宋史》《金史》，有一代名相的美誉。《元史》对其评价甚高，称其：“功施社稷而不伐，位极人臣而不骄，轻货财，远声色，好贤礼士，皆出于天性。至于事君之际，始终不失臣节，虽古之有道大臣，何以过之。”

至正元年（1341 年）正月到至正四年（1344 年）五月，元顺帝任命脱脱为中书右丞相、录军国重事，大力进行改革，革除伯颜旧政，推行新政，史称“脱脱更化”。在君臣的共同努力下，元朝呈现短暂的中兴之景，缓解了尖锐的社会矛盾。至正四年五月，脱脱因病辞官。五年后，元顺帝再次起用脱脱为中书右丞相。他两度为相，一大难题就立即摆在眼前，那就是财政危机。引起这一巨大难题的主要原因就是黄河连发水患。

至正四年（1344 年）五月，天降大雨二十余日，黄河水急剧涨溢，最后数道决堤，致使两岸受灾的田地皆尽荒芜。至正八年（1348 年），黄河再次决堤，“方数千里，民被其患”。朝廷面对黄河水患，一直没有采取有效的措施。黄河水灾使得下游的各路州县大面积被淹，百姓流离失所，饥民、难民与流民遍地，他们失去了田地，只能转而行乞、劫掠或造反，由此引发了一系列的社会问题，地方上大规模的盗贼横行与起义四起，严重影响了社会治安与统治秩序的稳定。而且，黄河水改道，汇入会通河和运河，对朝廷的漕运造成威胁，运河中断将危及大都粮食和生活必需品的供应。最严重的问题是，由于黄河改道向北入侵，淹没了山东、河间两个盐运司辖区内的盐场，致使盐场的食盐生产量急剧下降。盐税是元朝最主要的财政收入之一，全国盐业总产量的三成都出自山东、河间的两个盐运司。这两个盐运司承担的盐课额无法按时完成，使得朝廷的赋税收入锐减，从而陷入了严重的财政危机。此外，元朝统治阶级挥霍无度，每年用于礼佛、修建寺庙等宗教活动的开支一度达到政府收入的三分之二。

元顺帝至正十年（1350 年）十二月，黄河水患已有五年，但朝廷一直没有采取实质性的有效疏通措施，脱脱向元顺帝自荐负责治理黄河水灾，“自古河患即难治之疾也，今我必欲去其疾”。他的言行获得元顺帝的嘉赏并准其负责。至正十一年（1351 年）四月初四，元顺帝正式批准治河，于是脱脱起用工部尚书贾鲁为总治河防使，采用“疏塞并举、先疏后塞”的方案，与大自然战斗，使黄河恢复故道，但“其工数倍”。为保证工程顺利进行，贾鲁征调汴梁、大名等十三路民众 15 万人、庐州（今安徽合肥）等处十八翼镇戍军队的 2 万士兵共同参加治河工程，开凿修理黄河从黄陵坡到白茅口、阳青村等地，长达 280 多里的水道。7 个月后，黄河终于改流故道，南入淮河，东入大海。整个工程，要支付巨额的工钱、料钱，耗资巨大，共花费“中统元宝交钞”1845636 锭有余，从而导致朝廷财政更加紧张。为弥补巨大的财政缺口，最快的办法是变更钞法。因为自至元后期开始，朝廷大肆增加纸币的发行，使得纸币不断贬值，物价上涨，到至正时期早已陷入恶性循环，纸币发行压力巨大，而且伪钞充斥市场，这一时期的钞法早已被破坏殆尽。

元朝建国之后，实行纸币制度，并数次变革币制，先后印制和发行了“中统元宝交钞”“至元通行宝钞”“至大银钞”等。此时的丞相脱脱为摆脱财政危机，决定进行币制改革。至正十年（1350 年）四月，左司都事武祺建议变钞，吏部尚书偰哲笃支持变钞，并提出了以纸币一贯文省权铜钱一千文为母，而钱为子的方案。脱脱于是让中书省、枢密院、御史台及集贤、翰林两院官员共同商议。

经过激烈争议，元顺帝最终批准了中书省的变更钞法方案，下诏曰：

朕闻帝王之治，因时制宜，损益之方，在乎通变。惟我世祖皇帝，建元之初，颁行中统交钞，以钱为文，虽鼓铸之规未遑，而钱币兼行之意已具。厥后印造至元宝钞，以一当五，名曰子母相权，而钱实未用。历岁滋久，钞法偏虚，物价腾踊，奸伪日萌，民用匮乏。爰询廷臣，博采舆论，佥谓拯弊必合更张，其以中统交钞一贯文省权铜钱一千文，准至元宝钞二贯，仍铸至正通宝钱与历代铜钱并用，以实钞法。至元宝钞，通行如故。子母相权，新旧相济，上副世祖立法之初意。

至正十一年（1351 年），新钞与通宝同时发行，新交钞一贯当“至元通行宝钞”二贯，同时，为了提高纸币的信用和百姓的信心，还铸造和发行“至正之宝”铜钱。这次改革与前几次有重大区别，纸币不再以白银作为准备，铜钱被称为“权钞钱”，也就是纸币的辅币。这就在历史上第一次建立起了一种纸币本位制度。脱脱主导的这次币改在当时被称为“变钞”，所以这次币制改革在历史上被称为“脱脱变钞”。脱脱拟以纸币与铜钱并行流通，借以形成“以钞为母、以钱为子”新的货币流通体制，用以挽救不断贬值的纸币。

这次币值改革的终极目标就是筹钱，所以为了加快筹钱速度，都来不及设计新的交钞样式，而是直接照搬之前“中统元宝交钞”的版式。为了加强防伪，只在细微的地方做了调整。原来交钞上部“中统元宝诸路通行”8 个字，系汉字九叠篆文，这时在汉字旁边添加蒙古文字（即八思巴文）“中统元宝诸路通行”8 个字；在四周边栏花样作了修改。而且，为了区别，还在印好的交钞背面加盖“至正印造元宝交钞”印章。长方形墨印，印四周有缠枝花组成的花栏，花栏内上部为“至正印造元宝交钞”8 个字，分两行排列，下部为钱串图案。

币制改革在元朝之前的历史上也出现过多次，有成功有失败。纸币因为是金属铸币的符号，一定不能过度印发、增发，而且一定要随时保持兑付能力，还要抓紧回收、销毁之前的旧钞。但此时的元朝财政极度困难，耗费那么多人力、物力、财力去开凿黄河水道，都是用钱来支撑的。脱脱不是圣人，没办法，只能无度地超发交钞。没能力兑付的纸币最终只能走向大幅贬值，导致民间经济和货币信用的崩溃。脱脱变更钞法不久，就出现了物价上涨、

“至正通宝”折二背“辰”

“至正之宝”背“吉、权钞、伍钱”

通货膨胀的局面，如京城大都（今北京）城里“物价腾踊，价逾十倍”；“料钞十锭（五百贯），易斗米粟不可得”；“既而所在郡县，皆以物货相贸易，公私所积之钞，遂俱不行，人视之若弊楮”。脱脱的更改钞法，目的是帮助朝廷解决财政危机，办法是增加“中统元宝交钞”的印制数量，最后以失败而告终，他的苦心孤诣也付之东流。

在开凿黄河水道的过程中，官府在给河工的补助中缺斤短两，引起了众怒，《草木子》云：“朝廷所降食钱，官吏多不尽支放，河夫多怨。”此时，韩

至正造“中统元宝交钞”壹贯文省（正面）

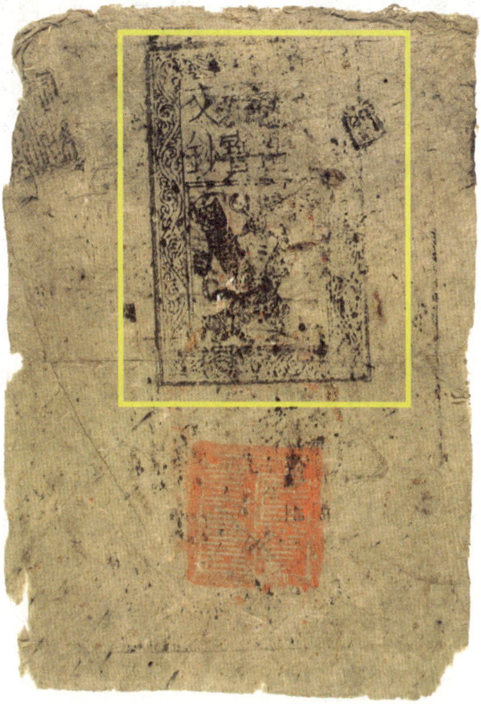

至正造“中统元宝交钞”壹贯文省（背面加盖“至正印造元宝交钞”印章）

山童领导的白莲教在北方发展得如火如荼，手下有一批如刘福通等的骨干。

白莲教抓住百姓不满现实的心理，长期散布“天下无道、明王即将降临”的言论，制造舆论影响。终于，机会来了，朝廷大肆征夫治河而导致怨声载道，白莲教利用这个契机，暗地里凿了一个仅有一只眼睛的石人像，并在其背面刻上“莫道石人一只眼，此物一出天下反”的字样，悄悄埋藏在将要开挖的河道内。同时利用百姓迷信谶语的心理，韩山童在各地安排教徒，四处散布“石人一只眼，挑动天下反”的歌谣，教化民众。果不其然，独眼石人像被挖掘出来时，黄河两岸的民工顿时一片哗然。见时机成熟，至正十一年（1351 年）五月，韩山童与刘福通等人聚众三千在颍州（今安徽阜阳）举起反元大旗，因为起义者头裹红巾，故称“红巾军”。红巾军一路所向披靡，攻占了许多城镇，建立了自己的政权。后来，方国珍和徐寿辉，以及张士诚和陈友谅等人，纷纷响应起义。就这样，轰轰烈烈的元末农民大起义爆发了。

为了平息这些起义，元朝不得不派遣军队前去镇压，从而消耗了大量的国力和财力。由此，元朝陷入一个恶性循环的境地，为了镇压起义，支付军费，不得不超发纸币。因为纸币越印越多，越多越贬值，老百姓手里的纸币就越来越不值钱，民怨越来越沸腾，参与起义的民众越来越多。元朝只得四处出兵镇压，还马不停蹄地印制钞票。如此循环往复，最后的结局就是，元顺帝逃往漠北，大元统治就此结束，大明王朝粉墨登场。

所以，我们常说，元曲《醉太平·堂堂大元》中的“开河”与“变钞”，是摧毁元朝统治的两个主要导火索。脱脱为了摆脱财政危机而采取的这种纯纸币制度，不但没能挽救元朝的财政经济危机，反而成了元朝支持庞大工程费、军费的手段，结果纸币越发越滥，最终随着元朝的灭亡而崩溃了。

（王纪洁）

声驰海外：
元代纸币的深远影响

元朝建立以后，将纸币作为国家的主要货币，这不仅对当时中国的经济产生了重要影响，而且深刻影响了世界经济的发展。即使元朝灭亡，这种影响仍然深远而广泛，不仅涉及国内经济、政治、商业等多个方面，而且遍及欧亚大陆多个国家。

自 1271 年建立，至 1368 年灭亡，元朝历时 98 年，是中国历史上短命的王朝之一。元朝的灭亡有各种因素，纸币的滥用绝对是其中的重要因素之一。纸币与金属货币有很大的不同，其中最重要的一点就是纸币可以无任何成本地大量发行，这在朝廷经济困难时就如一剂令人上瘾的药物，政府只要尝试过就几乎不可能停下来。

忽必烈在即位之初，对于印制纸币还是十分克制的。中统元年（1260 年）仅印制了 7.34 万锭纸币，虽然以后逐年都有所增加，但直到至元十二年（1275 年）印钞的总数量也只有 30.81 万锭。而随着与南宋战争的持续，元朝再也抑制不住印钞的冲动，只至元十三年（1276 年）一年就印钞 1419665 锭，以后虽有回落，但也连续数年每年印钞都在百万锭左右。理论上，忽必烈时期如此大规模的印钞必然会造成严重的通货膨胀，但由于元朝成功地征服了南宋，获得了大量的土地和人口，纸钞大规模地流入了原来的南宋统治地区，物价水平仍得以控制。而到了元朝统治后期，为了应对“开河”和“平叛”所带来的巨大财政压力，至正十二年（1352 年）至正钞的发钞额按照“中统元宝交钞”计算达 1950 万锭，至正十五年（1355 年）按照“中统元宝交钞”计算达 6000 万锭。可以说纸币已经泛滥成灾，不过这一次却并没有新征服的

元代“中统元宝交钞”壹贯文省

土地和人口来稀释这些超量发行的纸币，元朝的货币体系迎来了崩溃，紧随其后，元朝也迎来了灭亡。

元朝大规模地使用纸币，那么它从民间兑换和劫掠的金银又去了哪里呢？事实上，这些金银都被蒙古人拿去做生意了，其中很多被用来放高利贷了。蒙古人起于草原，他们生活中的很多物品都是通过交换得来的，因此相对于农耕民族建立的王朝，他们更热衷于商业。蒙古帝国的建立者成吉思汗就十分重视商业的作用，他在1206年颁布的《大扎撒》中明确地规定“保护国家间的商业贸易”，假如谁排斥商人或杀了商人，就要受到严惩。其后的窝阔台、忽必烈都继承了重商思想，所以元朝不仅陆路贸易繁荣，海运亦十分昌盛。当时元朝的瓷器畅销全球，不仅今天的伊朗、土耳其等国家的博物馆中保存有元代青花瓷，而且在印度洋航线沿岸地区也不断发现元代瓷器或瓷器残片。1977年，考古工作者在韩国木浦附近海底发现了一艘元代的中国沉船，装有7万余枚铜钱及数千件铜器、铁器、瓷器等。

虽然元朝大力发展贸易，也在贸易中攫取了巨额财富，但这些贸易和财富却多被斡脱商人阶层把控。斡脱是蒙古语的音译，原义为“合伙”，转义为商人。早期，他们只是从西域过来做贸易的商人，后来随着蒙古势力的壮大而逐渐归附，并开始充当为蒙古贵族理财的角色。斡脱商人除了经营金银珠宝、名贵皮毛、绫罗绸缎等供皇室和贵族享用的奢侈品，还大肆发放高利贷，从中坐收高额息银。蒙古初期，高利贷的年息是百分之百，次年息转为本，又复生息，一锭银10年之后竟连本带利合计1024锭。这种掠夺性的盘剥当时被称为“羊羔息”。蒙古汗廷曾经规定，斡脱被偷盗或抢劫而一年之内不能破案，由当地居民代偿，如不能及时赔偿，就作为债务，迫令纳“羊羔息”。当时高利贷盛行，据《史集》记载：“汉地大名府，居民诉苦，高利贷利滚利，债主逼讨，还不起，以至贫困。”宋末元初的《听航船歌》里写道：“十千债要廿千偿，债主仍须数倍强。定是还家被官缚，且将贯百寄妻娘。”说的正是高利贷祸害下的民生窘困之状。而斡脱商人通过运营所获得的巨额利润，由蒙元贵族和斡脱商人分成，进不了国家财政系统。《元典章·户部·钱债》中就把“斡脱钱”（即斡脱商人发放的高利贷）与“私债”并列。蒙古贵族通过发行纸币和斡脱商人得到了大量金银，这些金银一部分用来与西方贸易以换取各种奇珍异宝，另一部分被用来利用东西方金银价格的不同大量走私以赚取差价。因为元朝统一后，东西贸易的道路变得前所未有的顺畅，所以当13世纪阿拉伯世界白银价格高昂时，斡脱商人就将大量白银运到阿拉伯世界以赚取高额利润，而这一行为直接导致了中国境内白银的大量减少。

成吉思汗的其他子孙也都看到了元朝纸币的魔力，其中的伊利汗国就曾效仿元朝发行过纸币。伊利汗国是由蒙哥的弟弟旭烈兀建立的。1251年，蒙哥将波斯总督的职位交给弟弟旭烈兀，旭烈兀很快就征服了阿拔斯王朝，攻陷了阿勒颇、大马士革等城市。蒙哥死后，旭烈兀明确表示支持忽必烈，由此得到了忽必烈的支持，将他打下的土地，从阿姆河以西直到埃及边界的波斯国全部划归旭烈兀统治，并在此建立伊利汗国。13世纪末期，乞合都汗上台，把国事交给了宰相撒都只罕，自己每天寻欢作乐，不久国库就被拖垮了，

“至元十四年，扬州元宝四十九两九钱”银锭

伊利汗国爆发了空前严重的经济危机。当时出使伊利汗廷的元朝丞相勃罗告诉乞合都汗：“纸币是盖有大汗印的纸，纸币代替金属铸币可在元朝四处流通，元帝国所有的硬币巴里失（银锭）便被送入国库存储。”于是，乞合都汗和他的大臣们决定效仿大元发行纸币。但由于商人和百姓不愿意使用，于是乞合都汗下令“商品交易时不用纸币支付者直接处死、不到官方钞库用金银换取纸币者直接处死”，如此吓人的法令，让伊利汗国的商人们不得不遵令。虽然有严刑峻法，但由于伊利汗国不具备元朝那样发行纸币的条件，所以纸币仍很快就被废弃了。不过，纸币在伊利汗国的发行仍然大大提高了当地人对货币的认知。

除蒙古各汗国外，东亚国家也深受元朝使用纸币的影响，其中又以日本受到的影响最大。日本由于国内资源匮乏，所以在古代需要长期从中国进口大量铜钱用于国内经济的发展。元朝建立前，宋朝政府是严格限制铜钱出口日本的，但由于日本国内经济的发展十分依赖中国的铜钱，所以日本常常用新奇货物在沿海一带吸引铜钱，“以高大深广之船，一船可载数万贯文而去”。

但元朝建立后，中国境内以行钞为主，于是便放宽了对铜钱的出口。据《元史·日本传》记载，“至元十四年（1277 年），日本遣商人持金来易铜钱，许之”。自此以后，中国国内的铜钱特别是宋钱，源源不断地流入日本，大大促进了日本经济的发展。同时，在元钞的影响下，日本也诞生了自己的早期纸币“藩札”。“藩札”又叫“金札”“银札”“钱札”等，它主要行用于江户幕府时期。日本在江户时期藩国林立，有“江户幕府三百藩”的说法，各藩国为了解决货币流通问题，多数都曾在藩国内发行过自己的纸币，这些纸币被称为“藩札”。“藩札”大多为竖版，印有幕府将军、瑞兽、钱文等图案，一般也会标明发行藩国的名称、纸币面额、年份等，其票面文字主要是汉文。在有的“藩札”上直接印有汉文“元称楮国公，代货以流通，民各乐其业，讴歌仰德风”，这充分说明日本“藩札”纸币的出现是受到了元朝纸币的直接影响。“藩札”制作的时候，一般以“和纸”为钞纸，这种纸张色彩鲜艳，不易褪色，很难被伪造。而与“藩札”生产有关的造纸、制版和印刷等工作，必须由专门的工匠担任，规矩十分严格。

元朝纸币的使用，对世界的影响是超越时代的。按照“蝴蝶效应”的说法，当“一只南美洲的蝴蝶扇动翅膀，结果可能引发美国得克萨斯州的一场龙卷风”，而纸币在元朝的大规模使用无异于掀起世界经济界的一场龙卷风，其影响的深度和广度是不可估量的。

（孟祥伟）

行币有道：
传奇谋士刘伯温的货币观

自1271年忽必烈建立大元到1368年元廷退守漠北，元朝的基本货币制度都是流通纸币。在近百年的时间里，元朝纸币的使用已经渗透社会经济生活的各个方面，因此很多高官重臣、名士文人都对纸币的发行和流通有过研究和讨论。特别是到了元朝末年，为了满足日益庞大的开销，元朝不惜以破坏纸币信用体系为代价，大肆印发纸钞，最终导致了元末纸币体系的崩溃。在这一特殊时期，诸多有识之士都曾深入地探讨过纸币问题，其中尤以明朝开国功臣刘伯温、大戏曲家高则诚等为代表。

刘伯温，名基，是元末明初杰出的政治家、文学家、军事家。《明史》对他有极高的评价："基、濂学术醇深，文章古茂，同为一代宗工。而基则运筹帷幄，濂则从容辅导，于开国之初，敷陈王道，忠诚恪慎，卓哉佐命臣也。至溢之宣力封疆，琛之致命遂志，宏才大节，建竖伟然，洵不负弓旌之德意矣。"在中国南方的民间流传着这样一句俗语："三分天下诸葛亮，一统江山刘伯温"，这充分说明了刘伯温在民间有着巨大的影响力，甚至传说刘伯温是玉皇大帝派往人间拯救万民于水火的天神，并且演绎出了《天葬坟》《千读伯温》《白猿仙姑》《寻师》《帅船救主》《仙人洞得天书》等多种传说。虽然传说是虚构的，但也是基于民间对刘伯温历史功绩和传奇人生经历的肯定。

因为自元文宗至顺年间起，刘伯温就长期担任地方官员，历任江西高安县丞、江西行省职官掾史、江浙行省儒学副提举、浙东元帅府都事等职，所以他不仅深知民间的疾苦，而且对元朝的经济和货币制度也有非常深刻的认识。在《感时述事十首之八·咏钱》一诗中，他较为全面地阐述了对元朝纸币的态度。

八政首食货，钱币通有无。国朝币用楮，流行比金珠。
至今垂百年，转布弥寰区。此物岂足贵，实由威令敷。
庙堂喜新政，躁议违老夫。悠悠祖宗训，变之在朝晡。
瞿然骇群目，疑怪仍揶揄。至宝惟艰得，韫椟斯藏诸。
假令多若土，贱弃复谁沽。钱币相比较，好丑天然殊。
譬彼絺与绤，长短价相如。互市从所取，孰肯要其粗。
此理实易解，无用论智愚。矧兹四海内，五载横戈殳。
赤子投枳棘，不知所归途。一口当万喙，唇缩舌亦瘏。
导水必寻源，源达流乃疏。艺木必培根，根固叶不枯。
慎勿庸迩言，扬火自焚躯。尚克诘戎兵，丕显厥祖谟。

在这首诗中，刘伯温开篇就提到了货币具有推动商品流通的重要作用，然后叙述了元朝长期大范围使用纸币的事实，进而表达了自己对纸币的观点，即纸币的流通虽然依靠的是国家法令，但如果发行过多，仍会大大降低其购买力，劝导统治者要控制纸币的数量。从历史上看，元朝早期纸币的发行还是比较节制的，早期的"中统元宝交钞"以丝为本，是一种可兑换纸币，只是随着朝廷开支的不断增加，后期发行的"至元通行宝钞"等基本都不再兑换了。虽然刘伯温怀有一腔热血，但作为元朝的一名地方官员，是不可能阻止元朝继续昏聩腐败的，所以他郁郁不得志，最终弃官归隐家乡青田山中。在归隐期间，刘伯温完成了寓言兼议论的笔记体散文集《郁离子》。在书中，他通过寓言《行币有道》进一步阐述了自己对于货币的观点。

或问于郁离子曰："币之不行而欲通，有道乎？"郁离子曰："在治本。""何谓治本？"曰："币非有用之物也，而能使之流行者，法也。行法有道，本之以德政，辅之以威刑，使天下信畏，然后无用之物可使之有用。今盗起而不讨，民不知畏信。法不行矣，有用之物且无用矣，而况于币乎？如之何其通之也？

从这则故事中可以看出，刘伯温首先认为钱币之所以能够流通，是由“法”定的，但同时也指出行法要有道，才能发生效果。而要想行法有道，就必须以德政为本，辅以威刑，让天下人都对其有了敬畏，然后无用之物就可以变为有用之物。在他看来，币制崩坏只是表象，根本原因还在于元朝已经法令不通了，所以纸币也必然没有了购买力。

虽然刘伯温具有经世之才，也曾探究过纸币流通的本质，但也只有遇到朱元璋之后，才能够开创一番伟业。在经过长久的沉寂后，元朝至正二十年（1360 年），刘伯温接受朱元璋的邀请，成为其谋士。他在见到朱元璋后立即呈上了自己的“时务十八策”，朱元璋见后大喜，新建了一座礼贤馆给刘伯温居住。刘伯温投靠朱元璋后，不久就爆发了著名的龙湾之战，正是凭借刘伯温的才能，朱元璋才取得了此战的胜利。以此为起点，刘伯温又帮助朱元璋攻下了陈友谅的老巢九江，守卫了洪都，取得了鄱阳湖水战的胜利，为明朝的建立立下了汗马功劳。刘伯温因其运筹帷幄的能力深得朱元璋的信任与尊重，朱元璋将其比作汉代的张良。明朝建立后，刘伯温利用其在元朝任职期间积累的大量行政经验，提出了很多有见地的经济理论。他一再强调要处理好国家与百姓、君与民的关系，在《拟连珠》中，他留下了“国不自富，民足而富”，“国以民为本，而民以食为本”的名言。

与刘伯温处于同一时代的高则诚，是元末明初的著名戏曲家。他出身于书香门第，曾考取进士在元朝为官，在至正十六年（1356 年）辞官归隐，潜心创作《琵琶记》，除此之外，还有《闵子骞单衣记》戏文一种及诗、文、词、曲等多篇传世。

高则诚关于纸币的观点集中体现在其所作的《乌宝传》一文，文中以“乌宝”代指元朝流通的纸币，以拟人化手法描绘了人们对纸币的迷惑、赞扬、崇拜、讽刺和嘲骂等。其文中曰：“乌宝者，其先出于会稽楮氏，世尚儒，务词藻，然皆不甚显。至宝，厌祖父业，变姓名，从墨氏游，尽得其神通之术，由是知名。”这里的“乌宝”即元朝纸钞的祖先是楮纸，本来是为文人墨客书写服务的，后来姓名变更了，神通也变大了。这种“神通”可以让其以薄薄的几张纸，兑换别人家的良田、骏马，兑换柴、米、油、盐，在大

高则诚塑像，出自高则诚纪念馆

元广阔的疆土上纵横驰骋。又曰："初，宝之先有钱氏者，亦以神通之术显，迨宝出，而钱氏燧废，然其术亦颇相类，故不知者，犹以为钱云。"这里的"乌宝"即宝钞之前有钱氏，其神通之术与其类似。事实上，虽然铜钱与纸钞同为钱币，都有支付等功能，但两者之间还是有着巨大区别的，是不能一概而论的。铜钱的制作至少需要使用铜材，消耗相当的矿藏、人力和物力，即使再贬值也不会变得一文不值。但是，纸币如果出现贬值，则真的可以是一文不值的。又曰："自公卿以下，莫不敬爱……宝之所在，人争迎取邀致，苟得至其家，则老稚婢隶，无不忻悦，且重扃邃宇，敬事保爱，惟恐其它适也。"这里是说自公卿及以下，人们都爱它，人人都想把它取回家。事实上，何止公卿，帝王也爱它，甚至更爱。如果没有它，朝廷靠什么供养军队，又靠什么供给庞大的官僚系统，又靠什么建城筑墙呢？普通老百姓也不能不爱它，否则靠什么养儿育女，靠什么支付赋税，靠什么购买盐铁呢？又曰："自宝之术行，挟诈者往往伪为宝术以售于时，后皆败死。"这里说纸币的作用大行其道，有些奸诈者就开始伪装成"乌宝"了，开始了各种诈骗活动，最终都逃不过一死。所以，"乌宝"虽好，却不可滥用。从全文来看，虽然《乌宝传》所表达的货币思想不丰富，也不算深刻，但它确是元代一篇不可多得的探讨和鞭挞纸币制度的文章。在一个社会，如果所有人都成为纸币的虔诚信徒，都被淹没其中，而且纸币还不"洁身自好"，则必然是社会的灾难。

此外，元末明初的著名文史学家王祎曾著有《泉货议》，讨论当时的货币。在文中，他批评了至正十年（1350年）实行的新币制，文曰："夫中统本轻，至元本重，二钞并行，则民必取重而弃轻。钞乃虚文，钱乃实器，钱钞兼用，则民必舍虚而取实。"这说明他已经意识到了纸钞和钱币的区别，前者为虚文，后者为实器，虽然二者都饥不可食、寒不可衣，但钱币毕竟是实实在在的金属物品，而纸钞则只是一种依赖政府法令的符号。

总体而言，随着元朝末年纸币制度的崩坏，越来越多的有识之士开始思考纸币的本质及其流通规律，虽然这些探索与现代西方的纸币流通理论存在差异，但仍是我国古代有识之士对纸币发展的重要贡献。

（孟祥伟）

再现辉煌：
从铜钞版看元朝的印刷业

在我国古代，印刷纸币的钞版材料以铜质居多，众多出土的铜钞版和文献记载可以佐证。《文献通考》就记载，宋代“印造铜板”。元代发行了大量纸币，在境内广泛流通。从技术上分析，印制纸币不可缺少的材料是版材、纸张和颜料。纸币的印制，与印刷业的发达密切相关。目前出土的元代铜钞版，是探讨元代印刷业发展具体情况、印制工艺的最佳实物材料之一，从中可以一窥元代印刷业繁荣之景象。

1973 年 12 月 18 日，在辽宁省锦州市管辖的黑山县胜利公社烂泥泡大队出土了一块“中统元宝交钞”贰贯铜钞版，宽 181.2 毫米、高 282 毫米、厚 9 毫米，重 3850 克，现收藏于锦州市博物馆。钞版的背面和侧面都是素面，正面为反刻的文字和纹饰，边框四周有花草纹。整个钞版版面分三部分，顶端是“中统元宝交钞”6 个字；钞名下部由缠枝花纹作边框，边框内区域的上部正中反刻“贰贯文省”4 个字，为钞票面额；面额左右两侧分别纵向反刻两列九叠篆文，右为“诸路通行”4 个字，左为“中统元宝”4 个字；面额下为钱串图案；图案左侧是“官”“字”“料”3 个字，右侧是“字”“号”2 个字。这几个字的上部分别镌刻“中统元宝”“诸路通行”8 个九叠篆字；最下部分是印钞机构、印制说明、伪造惩罚等措施，共有十竖行：“行中书省奏准印造中统元宝、交钞宣课差发内并行收受、不限年月　诸路通行、元宝交钞库子　攒司、印造库子　攒司、伪造者斩　赏银伍定（锭）仍给犯人家产、中统年　月　日、元宝交钞库使　副判、行中书省　提举司。”

2021 年 7 月，河南省济源市济渎庙出土了一块“中统元宝交钞”壹贯铜

辽宁省锦州市出土的“中统元宝交钞”贰贯铜钞版

钞版。长方形，宽 184 毫米、高 278 毫米、厚 13 毫米，重 5.6 公斤。钞版背面的四个角各有一支腿，用以支撑整个钞版。它与锦州出土铜钞版的形制、设计风格和内容一致，唯有面额不同。

此外，还有双面钞版存世，如湖北省十堰市郧县博物馆藏“至元通行宝钞”双面钞版一块。该钞版黄铜质地，黑漆古包浆，呈长方形，宽 195 毫米、高 275 毫米、厚 13 毫米，重 3150 克。钞版一面为二贯面值，另一面为五百文面值，背面四角各有一支腿。宝钞两面形制和格局基本相同，横额自左书至右镌刻汉字“至元通行宝钞”，两侧有内向对称的宝珠火焰纹，额下四边装饰有竖形花栏。花栏面宽 2.6 厘米，背宽 2.8 厘米。

上述这几块元代铜钞版，历经七百多年的战乱和自然损耗，文字和图案虽有一些漫漶，但仍具有重要的文物价值和学术价值，是探索元代钞版制版材料和技术、纸钞印刷工艺等方面的最佳实物资料。

元朝建立之初，就从南方招募了许多刻工，所以我们如今所见元刻本的

河南省济源市出土的“中统元宝交钞”壹贯铜钞版

质量不亚于宋刻本。作为一个大一统国家，元朝社会的经济、文化、文学、艺术、科学技术等都获得了比较全面的发展和进步，特别是在文学艺术、科学技术、天文历法、农业等方面，取得了较为显著的成就。在这种经济、文化背景下，自然也促进了印刷业的发展。元代的印刷业在宋代印刷业兴盛的基础上，仍保持了发展的趋势，不但印刷技术有了新的突破，而且印刷技术应用得更为普遍。为了加强中央集权，元代统治者对刻书、印书非常重视，据《元史》记载，元代的皇帝往往亲自下令刻书、印书，正因为如此，元代的印刷业发展迅猛。所以，元代统治时间虽然短暂，但印刷业仍获得了长足的发展。

因元朝统治者实行民族分化政策，在一定程度上制约了社会生产的发展。造纸业作为社会生产的一部分，其发展也受到了一定的阻碍。但当时在南方，造纸业还保持着昔日的繁荣。此外，纸币印制是国家大事，所以造纸原料可以得到充分供应。宋元时期，为做好纸张驱虫防蠹预防，一般采用椒水处理，就是用蜀椒果实的水浸染纸张。此种方法可以延长纸币的使用寿命。官府在全国拣选技艺精湛的印刷工匠，选用了质量上等的纸张和印墨，这为印制出高质量的纸钞创造了条件，同时也代表了中国当时印制技术的先进。

中国是世界上最早发行纸币的国家，纸币的发行是货币史上的革命性壮举，而铜版和铜活字技术曾大规模地用于印制纸币。中国印刷术的发明，经历了唐初的雕版印刷，到宋代发展为活字印刷。用金属材料制造活字，也是活字印刷的一个发展方向。宋金时期的铜活字印刷技术以纸币印刷为代表。宋金印钞时，先铸出铜活字，再将其植入钞版中，接着是上墨印刷，拆字和重新组版，再印刷。这种操作与铜活字排版、印书在原理上并无实质性差异，只是钞版需要植活字的字数要少很多。宋金时，印制纸钞的铜版版面上，一般包括纸币名称、面额、流通区域、印发机构、印造时间、悬赏告示等文字和装饰性花纹图案，这些内容都实现了突破。为了防止民间伪造，还应采取其他措施，除加盖官印外，还为每张纸币加设“料号”“字号”，以《千字文》编号，类似现在钞票上的印制编码（冠字号）。宋代整理档案即以年月先后，《千字文》为序登录、编排。元、明、清时期，不少官府档案仍用《千字文》编号整理。钞版上同时有印造、发行机构官员的个人花押，这些都是为了提高纸币的防伪水平。这部分内容并不与其他内容同时出现在钞版上，而是先单独制成阳文反文字模，然后在铸造完成后的钞版上预留出一凹空，待到印刷之时再将相应的字以活字填在凹空处，最终形成完整版面，这其中所填的活字就是铸铜活字。印完后再将字模拆出，留待下次排印时再次使用。因此宋金纸币是铜版印刷和铜活字印刷完美结合的产物。加设“料号”“字号”是纸币防伪中的重要举措，除了增加伪造难度，还有一个目的，那就是便于统计纸币的印制数量，标记纸币的“身份证”。

在中国印刷史上，元代具有承上启下的作用，它继承了唐宋以来印刷业

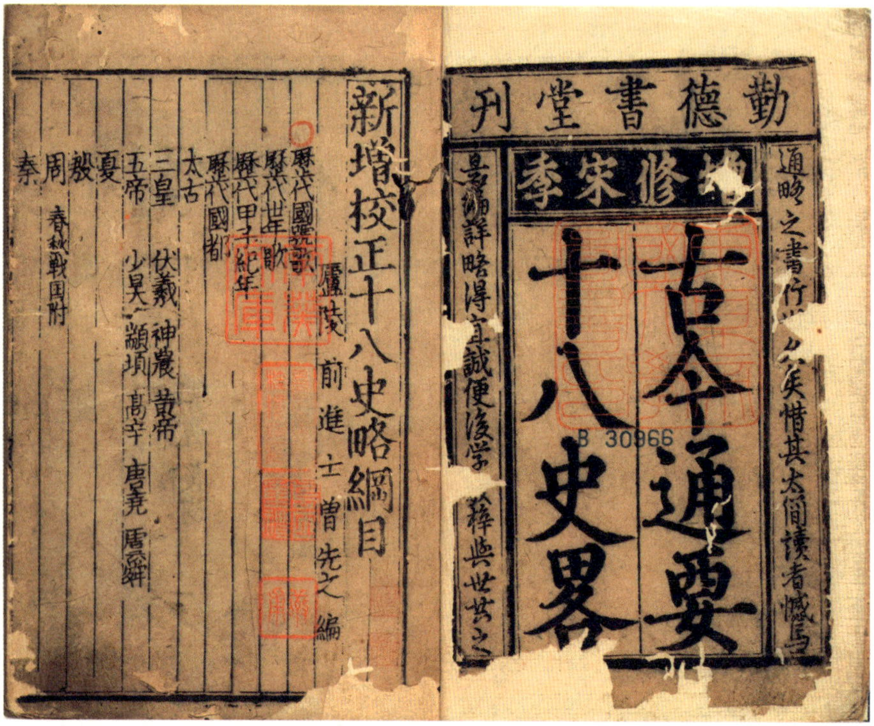

《古今通要十八史略》，元代勤德书堂刊本

的优良传统。在技术方面，出现书籍的双色套印和包背装，由几家机构联合分工刻印大部头书，是印刷史上的新形式，它可以集中力量快速出书。由于国家的统一，使印刷术在更多地区得到推广应用。特别是通过与西方的交往，将中国的印刷术，逐渐由中东、北欧传到西方。元代初年，朝廷就开始印造发行纸币。其发行量和发行地域，大大超过以前各代，现存元代纸币实物，主要有“中统元宝交钞”“至元通行宝钞”“至正印造中统元宝交钞”。纸币的钞版多为铜版，“初钞印用木为版，（至元）十三年铸铜易之”。铜钞版使用一段时间后，会换成新的钞版，毁掉旧的钞版。“中统元宝交钞”贬值后，币制需要改革，当时元朝尚书右丞叶李将原在南宋末年献过的钞样改为“至元通行宝钞”，受到元世祖忽必烈的嘉许，即以此铸版印造。元文宗天历二年（1329 年），“更铸钞版，仍毁其刓也”。这说明元代最初的钞版是木版，木版容易变形、开裂，后改为铜版，钞版是铸造出来的，这也揭示出元代铜版铸造技术已经非常发达了。

从保存至今的纸币和铜钞版情况，我们可以看出元代铜活字印刷技术的提高和普及。元灭南宋之后，统一中国，统治阶级接受汉族文化传统，尊孔崇儒，兴学办教，普遍提高人民的文化素质，印刷事业逐步得到恢复和发展。忽必烈的谋臣姚枢（1201—1278 年）提倡活字印刷，“以《小学》流布未广，教其弟子杨古为沈氏活板”，即他教子弟杨古采用沈括的记载进行活字印书，印成了朱熹等人编写的《小学》和《近思录》，以及吕祖谦的《东莱经史论说》等书。杨古造泥活字的技术应该是用毕昇以后宋人改进的方法。后来，元代著名农学家与机械学家王桢发明了木活字，并创造出比较简捷的适用于汉字复杂特点的转盘排字方法，后来又发明了金属活字，使活字印刷得到了改进，进一步提高了印刷的速度。元代的铜活字印刷在宋、金的基础上进一步发展，首先用于纸币的印刷。元至正十年（1350 年），朝廷变更钞法，使简单易携带的纸钞流通全国各地，成为主要的货币形式。现在我们所见的出土的元钞印版，均为铸铜版所印，再植以铜活字，印在灰色、厚的桑皮纸上。版面包括钞名、面额、字料、字号、印造及发行机关、奖罚条令、发行年月等。印版上字料、字号上面各留出一处凹空，印钞前将铜活字嵌入其中，以《千字文》为序进行编号。元朝纸币印制数量巨大，所用铜活字数量亦相当之大，估计数以万计。

作为当时世界上最为完备的一种纯纸币制度，元朝纸币对当时周边国家影响深远，甚至还有在海外流通的记载。草原帝国将纸币作为统一的交换媒介，促进了全国经济的发展，加快了海内外贸易的繁荣。鉴于纸币印制与印刷业之间的紧密关联，通过史料记载、巨大的纸币使用数量、当今出土发现的一块块铜钞版，我们可以从中大致勾勒出元代印刷业的整体发展状况，描绘出印刷文化繁荣兴盛的面貌。

（王纪洁）

有明一代，朝廷只发行了一种纸币，即“大明通行宝钞”，年号均为洪武。为了维护纸币的信用，其印制和发行权力始终集中在中央政府手中，官方设立宝钞提举司，专门管理全国的纸币印制。为确保宝钞的法定地位和流通，朝廷立法保障宝钞制度，严惩破坏钞法的行为。

“大明通行宝钞”不设回收年限（即不设界），不限地区，可以永久流通。为了扩大宝钞的使用范围，朝廷严格规定禁止使用金银和实物货币，商税按照比例兼用钱钞。宝钞与铜钱、白银的汇兑比例为每钞 1 贯，折钱 1000 文，银 1 两。明中期以后，宝钞越来越贬值，到弘治、正德年间，钞法早已形同虚设，实际上已经不流通了，至嘉靖、万历年间，白银已正式开始作为货币，钞法、宝钞只是作为祖制的象征被保留下来。

第五章

明代，通行唯一宝钞

重走纸币之路：
朱元璋的无奈之举

在中国封建社会发展进程中，明代是一个非常重要的历史时期，经济繁荣、文化昌盛，货币制度也经历了一系列的变革。大明开国皇帝明太祖朱元璋对军事斗争和政治斗争有着丰富的经验，但对金融和财政管理可以说是一窍不通。建国之初，朱元璋就开始着手建立新的金融体系。他最初计划的是采取唐宋之钱制，铸造铜钱进行流通。后来因为铜料匮乏等，开始印制和发行“大明通行宝钞”，禁止白银、铜钱用于民间交换，逐步建立起单一的纸钞体制。因为宝钞发行没有准备金，主要用于财政支付，不久就迅速贬值，铜钱铸造开始增多。明代中晚期，白银开始作为货币进入流通领域。

朱元璋出生在濠州（今安徽凤阳县东）的一个贫苦农民家庭，童年的生活充满了困苦与悲惨，家庭穷困到无法维持基本的生活，更不用说提供给他良好的教育了。由于家中贫窭不堪，朱元璋从小就以给地主家放牛为生。元至正三年（1343 年），濠州遭遇了严重的旱灾，次年春天，蝗灾和瘟疫接踵而至，致使濠州地区的百姓生活陷入绝境，朱元璋先后失去父母、大哥、侄儿等亲人，被迫背井离乡乞讨生活，还一度进入寺院出家。朱元璋 25 岁时，他的伙伴邀请他加入元末农民起义军郭子兴领导的红巾军队伍，他欣然接受邀请，走上了另一条道路，反对元朝暴政。朱元璋聪明能干，逐渐受到郭子兴的赏识，开始在军中崭露头角。由于朱元璋卓越的军事天赋，他很快成为郭子兴队伍中的核心人物，后陆续击破其他各支农民起义军，扫平元朝的残余势力，于 1368 年在应天（今南京）称帝，国号“大明”，年号“洪武”，统一的中央集权王朝正式建成。

明朝建立之初，朱元璋的本意是想以足值的铜钱来取代纸币，借以稳定币值，继而推动工商业的恢复与发展，但是事情并没有按照他最初设想的那样发展。朱元璋虽贵为大明王朝的开国皇帝，但他本就是布衣出身，懂得民间疾苦，而且亲身经历了元朝末年政府钞法屡变，滥发纸钞，造成纸钞金额贬值的过程。元朝纸币体制的崩溃给国家带来的灾难性后果给他留下了极其深刻的印象，他本人也深受其苦。朱元璋深知货币的重要性，一个政权发行的货币可以动摇庙堂根本，因此，明朝建立后，他决定在全国实行统一的铜钱流通制度，为此于洪武元年（1368 年）颁布了“洪武通宝”钱制，规定五等钱式，分别是当十、当五、当三、当二、当一（即小平钱）。除在京城设铸钱机构——宝源局，另外在地方各省设立宝泉局，宝源局、宝泉局共同铸造“洪武通宝”钱，以便流通领域之需。这种以铜钱为流通媒介的情况直至洪武七年（1374 年）。这一时期，明朝以铜钱为本位币，但同时对民间交易中行用的各类通货并未严加干预，这种状况也是国家初创阶段的一种过渡。

明太祖朱元璋画像，台北故宫博物院藏

因为自己所拥有的一切都是起义胜利后带来的，所以朱元璋很担心在施政纲领的制定和执行过程中产生负面问题，不能获得民心，导致政权不稳，社会动荡，也会有人像他一样振臂高呼，拉起队伍，高举起义旗帜，推翻朱姓王朝的统治。而且，他出身贫寒，更能设身处地地体会到百姓生活的艰辛和不易。所以，他登基伊始就实行了一系列减赋利民的优惠政策。

明朝初期百废待兴，朝廷决心实现“小国寡民、藏富于民”的社会模式。为扩大耕地面积，鼓励百姓走出去开垦荒地，由朝廷负担他们的路费和其他开支。为大力促进百姓耕种，鼓励人们发展农业，明朝不断降低农业赋税。一系列减赋政策的实行，减轻了百姓的负担，提高了百姓的生产和生活水平，受到百姓的欢迎，有助于国家的稳定和发展，但同时也意味着国库收入的锐减。一方面，收入减少；另一方面，国家各项支出并没有减少。为此，朱元璋不得不缩减官员的俸禄，减少一些不必要的开支项目。但是，明朝建立之初，面临着退守草原蒙元势力的随时反攻，东南沿海地区倭寇的不断骚扰，使得军费开支不断增大。为此，明朝在财政方面需要大量的资金来支持战争、赈灾等，慢慢地，国家财政面临窘境，陷入危机状态。如何在短期内充盈国库，满足各项开支，是朝野上下面临的棘手问题。

此外，从铜钱铸造成本、商品交易规律的角度出发，明朝也面临重重困难。据《明实录》卷九十八“洪武八年三月”条目记载：

> 洪武八年三月辛酉朔，诏造大明宝钞。时中书省及在外各行省皆置局，以鼓铸铜钱，有司责民出铜，民间皆毁器物以输官，鼓铸甚劳，而奸民复多盗铸者。又商贾转易，钱重道远，不能多致，颇不便。上以宋有交会法，而元时亦尝造交钞及中统、至元宝钞，其法省便，易于流转，可以去鼓铸之害，遂诏中书省造之。

具体来说，朝廷认为使用铜钱主要有三个缺点，那就是铸造铜钱的原料严重缺乏，官府甚至动员老百姓毁掉家里的铜器，以致铜钱铸造劳民伤财；奸民盗铸时有发生；商贸交易时，铜钱沉重，如果交易路途遥远就非常不便。而纸币的使用则不然，两宋有交子、会子，元朝有中统和至元宝钞，宋元期间就已有了较为成熟的纸币流通管理经验。纸币轻小，便于流通，可以避免鼓铸铜钱之弊。

元末长期战乱，矿冶业遭到严重的破坏，造成铸钱原材料——铜料的锐减，由此客观上限制了铜钱的铸造量。因为缺铜，明朝建立之初，铸造的“洪武通宝”小钱就是将历代废钱及旧铜器重新熔铸而成的。因为铜钱铸造数量有限，供应严重不足，不能满足市场流通领域的需要，这就导致了商业交易的无序和混乱，商品经济的发展受到制约。此外，为扩充铸钱原料，各级衙门就强制命令百姓将私藏的废钱及旧铜器卖给官府，引起百姓的不满，造成民怨较多，引发社会治安问题。

随着社会经济的发展，商品交易频繁，钱币使用量增大，而铜钱本身受到量重、价轻的限制，不便于大量携带，因此日益成为商业周转的弊端。这种情况使得在元朝末年已经习惯使用纸币交易的商贾不愿为铜钱所累，故民间的一些商品交易活动仍倾向于沿用元钞旧习，使用便于携带的纸钞，不愿意使用铜钱。而且，由于民间私铸、盗铸、滥铸之风盛行，轻、薄、小的私铸币充斥市场，“劣币驱逐良币”，致使商品交换受到影响。从《明太祖实录》的记载来看，由于缺少铜原料，铸钱成本居高不下，当时朝廷铸钱已力不从心。上述种种情况使得钱法推行受阻，铸币不能广泛流通。

为了解决上述诸多问题，明廷上上下下都认为有必要发行一种新的货币，以替代或补充铜钱的不足，缓解流通领域的压力，解决财政赤字，满足军费开支。在这种情况下，唯有发行纸质货币才可以帮助大明迅速积累财富，以期实现货币统一、财政便捷。

朱元璋虽然深知纸币制度崩坏对元朝倾覆的影响，但出于强化中央集权、缓解财政压力、降低铸币成本、方便商品交易等诸多因素的考虑，加上钱法不畅，毅然决定发行纸钞，明代纸币遂在这样的历史背景下产生了。

洪武七年（1374 年），朱元璋在京城设立宝钞提举司，此年印制“大明通行宝钞”，面值包括一贯、五百文、四百文、三百文、二百文、一百文 6 种，宝钞 1 贯等于白银 1 两，4 贯等于黄金 1 两。最初规定，民间交易 100 文以上使用纸币，100 文以下则使用铜钱。这就做到了纸币与铜钱，铜钱与黄金，白银的比值挂钩。

为扩大使用范围，宝钞发行之始，朱元璋还采取各种措施，严格禁止民间以金银为通货进行交易，以此提高宝钞的使用率和流通率。朝廷还制定了明确的法规，打击纸钞伪造，以保障宝钞的信用。洪武二十七年（1394 年），朝廷又禁止铜钱流通，这样，宝钞就成为大明王朝唯一合法流通的货币，但此时宝钞贬值已超过 6 倍。

“大明通行宝钞”最初在明朝的强力推行下，出现了二十多年的短暂稳定期。但因为无限制滥发，没有制定科学的纸币发行制度和准备金制度，导致

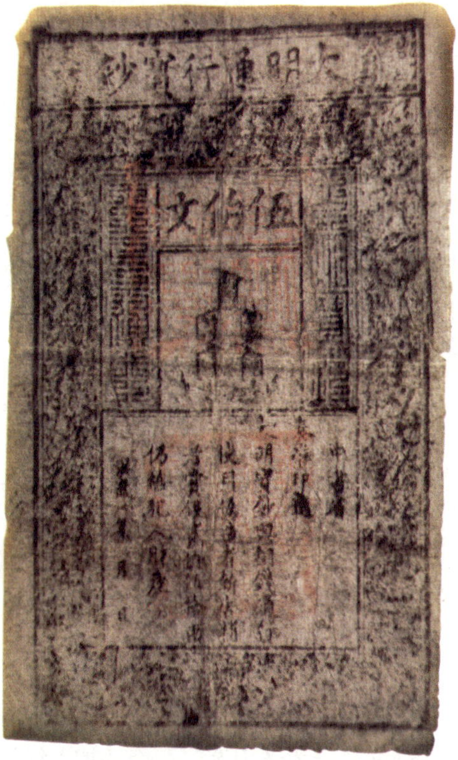

"大明通行宝钞"伍佰文，中书省造

宝钞大幅贬值，物价上涨。而且，因为伪钞印制数量屡增，市场上随处可见，严重扰乱了流通领域的正常秩序。

朱元璋曾作《野卧》诗："天为罗帐地为毡，日月星辰伴我眠。夜间不敢伸长脚，恐踏山河社稷穿。"这首诗气势恢宏，诗中洋溢出的藐视一切、颠倒乾坤的豪情震撼人心，今时朗读，该诗字里行间流露出的气势之雄伟、格调之高远仍让人拍案叫绝。但即使作为一代枭雄、大明王朝的缔造者，面对货币流通领域的种种棘手问题，朱元璋也是无能为力；尽管目睹和亲历了元朝纸钞的泛滥，百姓生活穷困潦倒，由此爆发了风起云涌、席卷全国的元末农民大起义，但朱元璋内心万般无奈，束手无策，只能重走发行纸币之路。而他也不会想到，自己精心设计的纸币制度最后也是土崩瓦解，明朝后期的"大明通行宝钞"已经完全成了一张废纸，"病根深伤赛毒瘤，纸币贬值如狂牛"，即便扔在街上都没有人捡拾。

（王纪洁）

从中书省到户部：
“大明通行宝钞”印制机构的变化与朱元璋加强皇权

整个明代只通行一种纸币，这就是“大明通行宝钞”。今天所见，“大明通行宝钞券”面上的印制机构有两种，一种是中书省奏准印造，我们称为早期宝钞，印量很少。面值分别为一贯、五百文、四百文、三百文、二百文、一百文，共计6等，形制、版式和设计风格大体沿袭前朝元钞，与铜钱混合流通。另一种是户部奏准印造，印量较多。因为在洪武二十二年（1389年），朝廷又增发五十文、四十文、三十文、二十文和十文共计5等小面值的宝钞，所以户部奏准的“大明通行宝钞”共计有11等面值。而且，为了扩大宝钞的使用范围，朝廷严格规定禁止使用金银和实物货币，商税按照比例兼用钱钞。宝钞与铜钱、白银的汇兑比例为每钞1贯，折钱1000文，银1两。

印有中书省奏准印造和户部奏准印造字样这两种不同的券别，顾名思义代表了两个不同的发钞管理机构，前者是中书省，后者是户部。为什么同一名称、同一版式的宝钞，可以贯穿使用整个明代，却有两个管理机构呢？

洪武七年（1374年），朝廷设宝钞提举司，宝钞提举司下设钞纸、印钞二局和宝钞、行用二库，成立之初按照前朝惯例隶属中书省管辖，设提举一人，正七品；副提举一人，从七品。第二年即明洪武八年（1375年），下诏中书省开始印造“大明通行宝钞”。洪武十三年（1380年），朱元璋颁布诏书，“罢中书省，废丞相等官”。据《明史·食货志》记载：“会中书省废，乃以造钞属户部，铸钱属工部，而改宝钞文‘中书省’为‘户部’，与旧钞兼行。”从上述史料可知，从洪武十三年（1380年）后，“大明通行宝钞”的印造改由户部直接负责。

综上所述，我们可以看出“大明通行宝钞”是由两个机构管理的。早期宝钞是中书省奏准发行，后来是户部奏准发行。为什么会有如此的变化？这背后又有什么历史背景呢？明初发生了著名的“胡惟庸案”，致使朱元璋下决心进行机构改革，废除中书省，不设丞相。“大明通行宝钞”印造管理机构的变化与之紧密相关。

洪武一朝，朱元璋不仅为他的子孙奠定了大明帝国的基业，也为他的后代留下了为巩固皇权统治而精心设计、制定的一系列制度。

早在朱元璋称吴王时，其政权的中央官制体系就仿照元朝之制设立中书省，作为中央最高行政机构，这是以后明朝统治的基础，领导礼、户、刑、工四部，统率百官。1368年，朱元璋在应天（今南京）称帝，建立大明王朝，在四部基础上又设了吏、兵二部，中书省设有左、右丞相，总理六部工作，并负责掌握国家的军事大权。凡是涉及国家大政方针必须先上报丞相，然后再奏闻皇帝。

这种制度非常容易造成大权独揽的丞（宰）相，因为中书省的权力很大，对封建皇权造成一定的威胁，这对一个中央集权的封建统治者来讲是一个严重的问题。这种情况就使得统治阶级内部之间，尤其是以皇权和相权为代表的两股势力的争权夺利现象非常严重。如在元代，作为皇权代表的皇帝，有的时候反而会受制于相权。纵观我国古代历史，历朝历代削弱丞（宰）相大权，加大皇权的努力，都没能彻底解决皇帝与丞（宰）相之间无法消弭的矛盾。当时，作为统御全国的最高行政机构，皇帝的诏书都必须由中书省颁发，朝臣奏议也必须由中书省呈达皇帝。这种情况在明朝初年也是如此，皇帝朱元璋和丞相胡惟庸一直在博弈。

《明史·胡惟庸传》记载，胡惟庸是濠州定远人，朱元璋攻打和州时，前来投奔，被朱元璋授予元帅府奏差。因为在基层工作过，所以他有一定的管理经验。洪武三年（1370年），胡惟庸被调到中书省，担任参知政事。洪武六年（1373年）七月，任右丞相。洪武十年（1377年），胡惟庸升任左丞相，

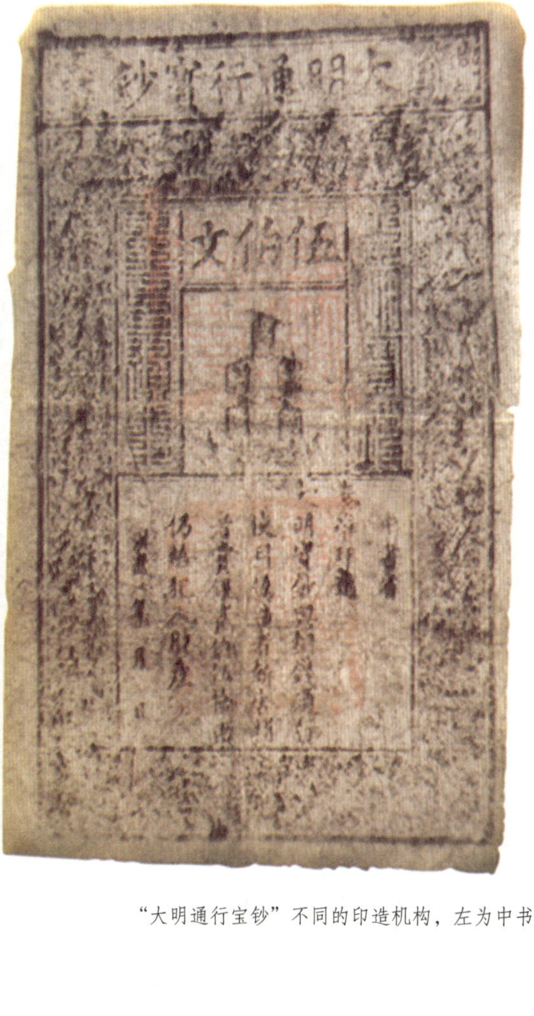

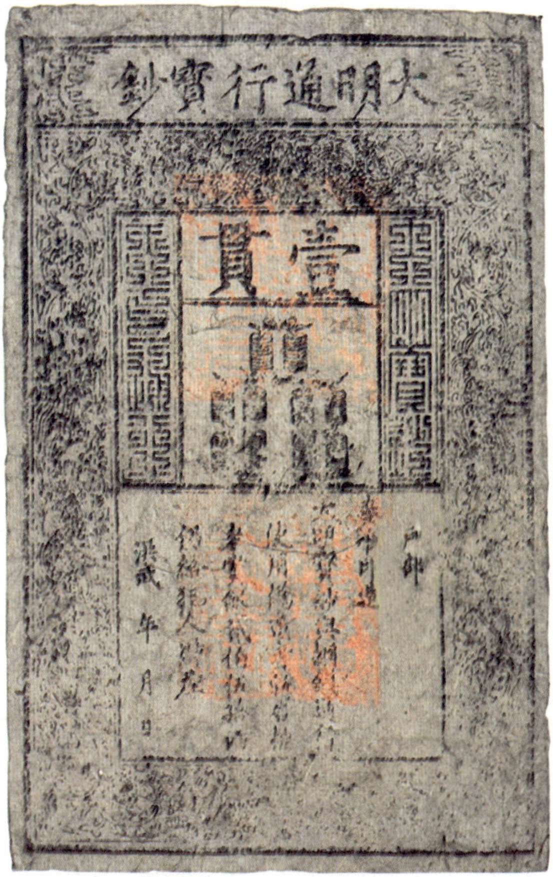

“大明通行宝钞”不同的印造机构，左为中书省奏准印造，右为户部奏准印造

位居百官之首，一人之下、万人之上，独揽中书省大权，可谓炙手可热。此时的中书省不但有决策权，而且有审核封驳权，以及执行权，总领六部百官。因为胡惟庸的精心经营，中书省慢慢成为明朝初年官僚抱团的政治中心，他也因中书省巨大的权势而变得擅权专制，独揽朝政。朱元璋是一个只能“共苦”不能“同甘”的君主，明初因为社会不稳，朱元璋还无暇顾及中书省的办事行为和胡惟庸的嚣张气焰，朝廷上下、君臣可谓相安无事。

当胡惟庸手握绝对权力后，开始迷失人性、迷失心智，慢慢觉得自己无所不能。《明史·奸臣》描述其“独相数岁，生杀黜陟，或不奏径行。内外诸司上封事，必先取阅，害己者，辄匿不以闻”。以至于后来他竟产生了起兵谋反的心思，“令在外收集军马。又尝与陈宁坐省中，阅天下军马籍，令都督毛骧取卫士刘遇贤及亡命魏文进等为心膂”。

胡惟庸言谈举止上发生的变化使朱元璋感到不舒服，他对权位仅次于皇帝的丞相越来越不满，限制和指责日益增多。中书省权力逐渐增大，皇权日益被架空，让朱元璋有了大权即将旁落的担忧和恐惧。卧榻之侧，岂容他人酣睡！为此，朱元璋下决心对中书省和胡惟庸逐步采取行动，由此引发了明初四大案之首的“胡惟庸案”。

洪武十二年（1379 年），胡惟庸的儿子因乘车慌乱中坠马而死，胡惟庸大怒当庭处死车夫，激起民愤。朱元璋以此为由，命其为车夫偿命，胡惟庸最后铤而走险决定起兵造反。第二年（1380 年）正月，朱元璋得到密报，采取雷霆之势，以“擅权植党”“谋不轨”的罪名，诛杀了胡惟庸。在这场震惊朝野的“胡惟庸案”中，中书省及胡惟庸集团受牵连被诛除的各级政府官员有 3 万余人。据《明史·胡惟庸传》记载：“词所连及坐诛者三万余人，乃位《昭示奸党录》，布告天下。株连蔓引，迄数年未靖云。”一人奸佞造反，九族血流成河，3 万人为其垫背，胡惟庸作为一代丞相，也在历史的长河中留下了一段别样的情节。

胡惟庸被杀后，朱元璋立即撤销中书省和丞相，毅然决然地废除了自隋唐时期就已经正式确立的“三省六部制”中的“中书省”，改由自己亲自处理全国政务。朱元璋将相权分给六部，提高六部职权，分掌天下事务，六部尚书听命于皇帝，直接对皇帝本人负责、汇报。六部尚书实际上成为朝廷的最高行政长官。而后，明朝还设殿阁大学士，备皇帝顾问。此后，明朝不再设立丞相，六部事宜全部归皇帝一人掌管，皇帝实际上兼任了丞相的职责，既为国家元首，又为行政首脑。这样，明朝中央集权化政治得到了大大的加强，朱元璋也成为中国历史上第一位兼丞相政务的皇帝[1]。所以，我们常说胡惟庸之死对中国封建王朝的历史进程影响重大，不仅标志着中书省的消失，也意味着中国古代丞相制度的终结，而他也成为中国古代历史上最后一位丞相。至此，中国自秦汉以来实行了一千三四百年之久的丞相制度被彻底废除，“丞相”的形象到明代朱元璋统治时期彻底退出历史舞台。

废除丞相之职后，庙堂诸多事情朱元璋只能亲力亲为，批阅大量的奏札，处理繁杂的政务，难免力不从心。故而在洪武十三年（1380 年）九月，设置春官、夏官等四辅官，命其详看奏章，协赞政务。洪武十五年（1382 年）十一月，又仿照宋朝殿阁之制设置华盖殿、武英殿、文渊阁、东阁等殿阁大学士，由文人担任，负责批阅奏章，不过只可备顾问。洪武二十八年（1395 年）六月，朱元璋宣布以后不许商议设置丞相一职，大臣如敢奏请者，一律处以重刑。

综上所述，因机构变动，故洪武十三年（1380 年）造钞改属户部负责管理，印制的“大明通行宝钞”上不再有“中书省奏准”字样，而变成“户部”字样，其他内容则不变。洪武十六年（1383 年），又在户部设立宝钞广源、广惠二库，前者负责宝钞库管理，后者负责宝钞出库。

中书省奏准印造的“大明通行宝钞”，印制于洪武八年（1375 年）至十三年，只有短短的五年时间，故存世量很少。宝钞以桑做钞料，刻版墨印，印制精美，纤维细长；印文篆书，朱文深沉，官章之精美大气，表现出明代初期之鼎盛。我国著名货币学家彭信威先生在《中国货币史》中曾写道，“洪武十三年以前的宝钞，没有见过实物或钞版”，由此证明中书省印制的“大明通

[1] 汴孝萱、胡阿祥主编：《宸衷独断——明初皇权政治及其它》，南京大学出版社，2002 年，第 12 页。

行宝钞”存世数量非常稀少，保留至今堪称凤毛麟角。

透过钱币读历史，通过历史看钱币。在历史的纵深处，某个不经意的时间节点，往往会因一事或一人而变得意义重大，载入史册。如今，印有中书省奏准印造的“大明通行宝钞”，正是这段历史最客观、最直观的实物见证，是我们研究明初中央官制体系的重要实物资料。

（王纪洁）

从朱棣即位说起：
为什么“大明通行宝钞”只有洪武一种年号

明朝，自洪武至崇祯，共11位皇帝，历经276年。明朝前期，实行以“大明通行宝钞”为主、铜钱为辅的货币体系。明朝中后期，“大明通行宝钞”贬值严重，白银开始进入流通领域。

明太祖洪武八年（1375年）开始发行“大明通行宝钞”，每钞1贯，折铜钱1000文、银1两。在最初20年的时间里，宝钞币值基本稳定，后因发行量增加，开始遭遇大幅贬值。到成化年间（1465—1487年），1贯钞只值铜钱1文。到弘治年间（1488—1505年）、正德年间（1506—1521年），钞法已经废止不行，“大明通行宝钞”基本退出流通领域。在“大明通行宝钞”实际流通的130余年中，钞面只印有“洪武”一种年号，其他历代皇帝登基改元，都没有更改钞面上的年号，这种现象在中国货币史上很少见。这是为什么呢？

这和明成祖朱棣有重大关系！朱棣是明朝最具争议的一位皇帝，他通过“靖难之役”谋反夺权，滥杀重臣，但在他执政时期，对外军事上节节胜利，领土疆域进一步扩大，编纂《永乐大典》，将都城从南京迁到北京，开创了一个盛名之世，被誉为“永乐大帝”。因为皇位是抢来的，所以朱棣在治理天下时无法具言事君以忠，只得对外声称一定要继承先祖朱元璋遗志，在一些具体实践中效仿明太祖。

建文四年（1402年，此时明成祖朱棣已即位，尚未更改年号）十一月，户部左侍郎夏原吉，因宝钞提举司印制“大明通行宝钞”的铜钞版使用时间已久，文字磨损且年号均为洪武，遂建议趁明年改元永乐之机，将铜钞版原洪武年号变更为新的永乐年号。据《明太祖实录》记载，朱棣的回复是这样的，“板岁久当易则易，不必改洪武为永乐，盖朕所尊用皆太祖成宪，虽永用洪武可也”。意思是说钞版时间久了，你们户部该换就换，但不必将年号洪武改为永乐。我要遵守太祖制定下来的法律、规章制度，永远使用洪武年号！所以最终夏原吉的建议并未获得批准，“大明通行宝钞”无论何时印制和发行，最终只有洪武一种年号。为什么朱棣会有这种想法呢？这要从他皇帝身份的获得说起。

洪武元年（1368 年）正月初四，朱元璋在京城应天府（今南京）称帝，同时册封长子朱标为太子，此时朱棣刚刚 8 岁。洪武三年（1370 年）四月初三，朱元璋前往太庙，告知列祖列宗封藩之事，“然天下之大，必建屏藩，上卫国家，下安民生。今诸子既长，宜各有爵封，分镇诸国”。三天之后，朱元璋在奉天殿正式举行分封礼仪，10 岁的朱棣被封为燕王，封地在遥远的北疆之地——北平（今北京）。16 岁，朱棣前往中都凤阳，开始了为期 4 年的军旅生涯，接受了较为系统的行军作战的训练。这 4 年的军中生活，对朱棣以后的人生道路和执政理念影响深远，他后来回忆说：“朕少时尝居凤阳，民间细事，无不究知。”洪武十三年（1380 年）三月，朱棣带领王府的 5700 余名将士前往北平就藩，为朝廷守卫边关，防止元朝残余势力的反扑。

因为在心中一直觊觎太子宝座，所以朱棣在北平韬光养晦，厉兵秣马。洪武二十三年（1390 年）正月，朱元璋同时安排晋王朱棡、燕王朱棣分别率兵出征漠北，前者无功而返，后者却足智多谋，大获全胜。朱元璋甚为欣喜，奖赏朱棣 100 万贯大明宝钞，并说：“清沙漠者，燕王也，朕无北顾之忧矣！”也就是从这一刻起，朱棣开始在诸藩王中崭露头角，成为明朝北部边防的依靠。此后，朱棣屡获战功，燕王扫北，使得他声名大震。

洪武二十五年（1392 年），太子朱标英年早逝，朱元璋选定朱标的第二个儿子朱允炆为皇太孙。而后几年，朱元璋几个有才干的儿子先后去世，燕王朱棣渐渐成为强藩之首。

洪武三十一年（1398 年）闰五月，朱元璋病逝，皇位由皇太孙朱允炆继承，年号建文。建文帝朱允炆即位的时候只有 21 岁，年纪尚小，性格柔弱，喜好读书，治理经验不足。上台之后，建文帝听取大臣兵部尚书齐泰、太常卿黄子澄的建议，开始对拥有兵力、威胁皇权的诸叔藩王进行大规模“削藩”，周王、岷王、齐王、代王相继被废，贬为庶人，湘王自焚而死。看到此局面，在北地的燕王朱棣忧心忡忡，深知下一个就是他这个强藩之首了。

接着，朝廷又找借口削减北平府的驻军数量，调动兵马，对北平周边进行布控，双方局势可谓剑拔弩张。建文元年（1399年），朱棣决定起兵造反。朱元璋制定的《皇明祖训》中有一条“如朝无正臣，内有奸恶，则亲王训兵待命”。为给自己的叛乱找出一个合理的解释，他就以这一条为由，说是当前朝廷奸臣当道，国家有难，亲王领兵入朝锄奸平难护国，称为“靖难”。朱棣的这一番慷慨陈词，战前动员，激发起了士兵们的战斗热情，于是打着“清君侧，靖国难”的名义挥师南下。叔侄双方经过三年鏖战，建文四年（1402年）六月十二日，燕王顺利攻入京城（应天，今南京），取得这场战争的最终胜利，而建文帝传说在宫中自焚而亡，七天之后朱棣下令以天子之礼安葬。史载：“此时宫中起火，帝不知所终。燕王遣中使出帝后尸于火中，越八日壬申葬之。”又载：“或云由地道出亡。”建文帝的下落至今仍为史学界谜团。

朱棣尚未登基之前，为了名正言顺，取得官员信服，广造舆论之势。诸王和文武百官劝他继承大统，他假意推辞，“予始逼于难，誓救祸锄奸，以安天下，为伊周之勋。不意孺子无知，自底灭亡。今奉承洪基，当择有才德者，顾予菲薄岂堪负荷？”连着三天，群臣一直上表，赞美朱棣有帝王之德，说继承皇位乃是顺应民意。朱棣看到时机成熟，决定入宫称帝。在路上，翰林院编修杨荣拦住朱棣，问了他一句话：“殿下先谒陵乎，先即位乎？”朱棣顿时醒悟，发觉险些误了大事，赶紧改道去朱元璋孝陵祭拜。之后，朱棣才在群臣簇拥之下，走入皇宫奉先殿，即皇帝位，改建文四年为洪武三十五年，次年改元为“永乐”，寓意国家永远太平，百姓永享安乐。为完全抹去建文帝四年的统治痕迹，朱棣大力恢复洪武时期的规章制度，将建文帝惩治的官员一律平反复职，所削废的诸王恢复旧封。甚至将建文帝即位后更改的殿名、门名也恢复原有名称。

永乐皇帝朱棣画像

朱棣即位后，在国家治理层面有一个很大的优势，即他得到的天下是朱元璋三十多年兢兢业业辛苦积攒下来的，可谓一个物质充裕富足的社会。但同时他也有一个致命的劣势，因为这个天下是他篡位夺来的，身上背负骂名，大批建文帝时期的文官采取不合作、不配合的工作态度。朱棣手握生杀大权，说一不二，可以清洗，甚至杀掉那些不合作的文官，但他毕竟是夺位登基，涉及更改朱元璋时期的纸钞之法，尤其是大明宝钞全国流通，他自然不能轻易地更改年号。而且，“大明通行宝钞”上永远采用洪武年号，可以让朝野上下看到他以太祖成宪为基进行统治的理念，并向天下黎民百姓表达自己的心迹，从而收获一波民心。

所以，当夏原吉建议使用“永乐”年号，制作大明宝钞新钞版时，朱棣毫不犹豫地一口回绝。其目的就是摆脱自己篡逆者的骂名，标榜自己的帝位正统身份，将篡逆改为继统，永远遵循祖训，尊重朱元璋一朝的制度；以高举皇考朱元璋的名号为自身正名，突显其即位的合法性、正当性，也体现了他对太祖之志的承继，发扬光大太祖基业的精神。

关于这一点，还有一件事可以进行佐证。朱棣为了洗白得位不正的污点，在政治上一再贬低建文帝的作为。朱元璋时为加强中央集权，废中书省，不再设立丞相。建文帝时，以齐泰、黄子澄参预机务，实际成为朝廷的中枢，并且将六部尚书升为正一品。朱棣即位后就指责建文帝有违祖训，“虽不立丞相，反有六丞相也”。

夏原吉是明朝初期一名出色的财政管理官员，字维喆，元至正二十六年（1366 年）生于江西德兴，后随父迁居湖南湘阴，洪武年间，考中举人。先任户部四川司主事，洪武十五年（1382 年）起开始担任户部主事。到建文帝时，他开始担任户部右侍郎。朱棣入城后，他没有参加迎接，而是在户部埋头清算核查财经账册。他本在朱棣清算建文帝旧臣之列，但他向朱棣提出延缓三天，以便他可以顺利完成账目核算。这一点受到朱棣赏识，遂调任他为户部左侍郎，不久升任户部尚书。夏原吉用他独特的经济眼光，一生操持国家财政，被海内外诸多明史学家赞为“永乐盛世大账房”“明朝第一好管家”。夏原吉因为长期负责国家财政金融，所以他提出变更钞版上的年号是有一定道理的，首先是可以防止民间制造假钞；其次，之前历朝历代，每逢改元必鼓铸新钱，符合旧制，这样做可以进一步提升“大明通行宝钞”的信用。

永乐二十二年（1424 年），朱棣第五次御驾亲征漠北草原，回师途中病逝于榆木川。一个轰轰烈烈的永乐盛世就这样结束了，朱棣留给后人的只有毁誉参半的客观历史评价。

因为明成祖朱棣没有变更“大明通行宝钞”上的年号，之后的明仁宗、明宣宗、明英宗等也都遵守了这一祖训，故终明一世，“大明通行宝钞”钞面只印有“洪武”一种年号。

（王纪洁）

户口盐钞：
酷吏陈瑛积极倡导

常言道：“开门七件事，柴米油盐酱醋茶。”与我们生活息息相关的“食盐”在其中位列第四。作为人类的生活必需品，食盐有着不可替代的重要性，故在我国历朝历代都受到严格管控，统治者非常重视其买卖，明代亦是如此。明成祖朱棣统治时期，为了抵制“大明通行宝钞”的日益贬值，朝廷甚至以食盐为征收依据，实行“户口盐钞”，即食盐纳钞。这一制度的正式实行与明成祖朱棣统治时期的酷吏陈瑛有紧密关系。

明朝初期，统治阶级内部爆发了一场轰轰烈烈的争夺帝位之战，史称“靖难之役”。明太祖朱元璋第四子燕王朱棣不满侄子建文帝的“削藩”措施，于建文元年（1399 年）起兵反抗，随后挥师南下，经过艰苦鏖战，于建文四年（1402 年）攻下当时帝都应天（今南京），成功地将大明皇位从侄子朱允炆手中抢了过来，次年改元“永乐”，而建文帝则在战乱中下落不明。朱棣清楚地知道自己的皇位得来不正，为了巩固皇权，加强统治，一方面任用酷吏来打杀异己，大肆打压甚至屠杀建文一朝旧臣；另一方面则在朝廷内部安插自己的亲信官员。也正是这一年，一个叫陈瑛的人从被贬地广西奉召进京，担任都察院左副都御史，负责监察百官，专门行使监督职权。

据《明史》记载，陈瑛是安徽滁州人，洪武年间以贡生身份进入官场，后因收受燕王朱棣的金钱而被建文帝治罪贬至广西。然而，命运兜兜转转，朱棣即位称帝后，念其有功，将其第一个从外地召回京师，谪居广西三年的陈瑛摇身一变成为永乐朝的重臣，官拜三品。

陈瑛做都御史数年，其主要工作就是滥用职权，以各种借口清洗建文帝留下的众多旧臣，包括那些归降后受到朱棣重用的大臣。据记载，他仅凭一张嘴，弹劾、扳倒的勋戚、大臣就有数十人之多，其中很多是朱棣的反对者。《明史》描述其“天性残忍”“奸险附会”“专以搏击为能”。最后连朱棣都看不下去了，说：“陈瑛为人太刻薄了，不是可以助我成为圣君的人！”等到朱棣的皇位越坐越稳，政权基本安定，便从心里渐渐地疏远陈瑛，开始不再重用他。永乐九年（1411 年）春天，陈瑛获罪入狱，不久被杀。消息传出，文武百官无不欢呼雀跃，奔走相告，堪称大快人心。

陈瑛的一生，从贪污犯到朝廷重臣，从残暴酷吏到罪犯，他实行的严刑峻法让人心生畏惧。就是这么一个堪称永乐年间第一酷吏的人，面对不断贬值的“大明通行宝钞”竟想到了一个积极的应对方案，对明朝后期盐税征收产生了深远影响，从而也使我们在金融流通领域看到了他为人的另一面。

“大明通行宝钞”是终明一世流通的纸币，发行于洪武八年（1375 年），因为没有准备金，发行毫无限制，宝钞的投放量巨大，朝廷没有能力加强宝钞回笼，这使得宝钞流通没多久就日益贬值。如宝钞发行不足 10 年，价值就已急跌 5 倍以上。这种情况引起粮价上涨，物贵钞贱，导致通货膨胀，宝钞流通受阻。到朱棣即位之后，为了维护宝钞的信用，朝廷发布命令，严禁民间金银交易，市场流通必须用宝钞。但因惧怕宝钞贬值，百姓对此采取抵制态度，导致交易时使用宝钞，物价就会上涨，而使用铜钱，物价就能恢复正常，社会上出现了“纸不如铜”的现象。

明成祖朱棣非常尊重明太祖朱元璋一朝制定的行用“大明通行宝钞”的制度，宝钞的版式设计不曾改变，连宝钞上的年号都不进行更改，一直用“洪武”年号。

至永乐二年（1404 年）秋天，朝野上下面对日益贬值的“大明通行宝钞”，可谓焦头烂额。这时，陈瑛站出来，并提出了针对性的解决建议。

据《明太宗实录》卷三十三（永乐二年秋七月）记载：

都察院左都御史陈瑛言：岁比钞法不通，皆缘朝廷出钞太多，收敛无法，以致物重钞轻。莫若暂行户口食盐之法，以天下通计人民不下一千万户，官军不下二百万家，若是大口，月食盐二斤，纳钞二贯；小口一斤，纳钞一贯。约以一户五口，季可收五千余万锭，行之数月，钞必可重。

上命户部会群臣议，皆以为便。但大口令月食盐一斤，纳钞一贯；小口月食盐半斤，纳钞五百文。可以行久。覆奏，上从之。

通过文献记载，我们清晰地知道了陈瑛的主张。他认为，“大明通行宝钞”之所以发行不畅，是因为朝廷印发纸币太多，没有制定回收方法，使得流通领域中的货币发行量远远超出实际所需的货币量，造成物贵钱轻。为了解决这个问题，他提出可以暂时实行“户口食盐法”。以每户计算，人口多的大户，每月购买食盐2斤，缴纳宝钞2贯；人口少的小户，每月购买食盐1斤，缴纳宝钞1贯。按照一户五口，以这种方式计算，每季度可收钞5000余万锭。数月之后，宝钞价格一定会得到提升。

朱棣听了陈瑛的建议，觉得有一定的道理，发给户部商议。当时，面对“大明通行宝钞”一日一日价格不断下跌的局面，一众大臣均束手无策，听了陈瑛提出的方案，大家都觉得可以解一时之困境，皆拍手称赞，认为此种方法甚好。但在商议过程中，结合当时社会的实际情况，对陈瑛的提议做了一些调整，最后决定大户每月购买食盐一斤，缴纳宝钞一贯；小户每月购买食盐半斤，缴纳宝钞五百文。户部上奏，朱棣欣然允许。而后，正式实行“户口食盐法”，借以扩大宝钞回笼的途径，从而减少通货膨胀带来的损失。

陈瑛的提议就是历史上著名的“户口食盐法”，依户口配给食盐，收取盐税。户口盐钞作为特殊税种，是明代官盐专卖体制的产物，这一做法的目的是提高百姓对宝钞的使用度，增加宝钞的回收量，即朝廷给百姓食盐，百姓给朝廷缴纳宝钞。严格地讲，这是一种维持宝钞信用的补救办法，最初，朝廷预计每年可以征收盐钞1亿贯，后来户部将目标减半。

其实，据考证，早在永乐元年（1403年），广东地区就开始实行户口盐钞。因为当时这一地区地广人稀，没有商人贩盐纳税，广大军民多食用私盐。为有效解决这一矛盾，承运库大使周瑞等人就建议“大口岁食盐十二斤，小口半之，每斤纳钞三百文，近场支给”。永乐二年（1404年），“大明通行宝钞”贬值严重，陈瑛提出此法，才在全国大面积推广执行。

推行户口盐钞，既有利于朝廷对食盐的垄断，又可以应对宝钞价格每况愈下的困局，可谓一举两得。户口盐钞在出台之初，确实加速了“大明通行宝钞”的回笼，减少了民间市场中流通的宝钞数量，暂时缓解了通货膨胀，短时期内抑制了物价的迅猛上涨。随后，因钞法之弊日甚一日，户口盐钞也由最初的临时性措施变为永久性制度。永乐四年（1406 年），朝廷甚至规定“令未食盐官民人等，一体见丁纳钞支盐”。

但“大明通行宝钞”的贬值是发行制度的根本问题，因为朝廷规定其不能兑换金银，百姓心中无法接受，贬值淘汰的命运无可避免。所以，户口盐钞这一措施无法从根本上解决宝钞贬值的问题，虽然通过户口盐钞收回了部分宝钞，但仍然无法稳定钞价，通货膨胀的问题并没有得到根本控制。于是，永乐十九年（1421 年）四月，朝廷干脆下令暂时停造“大明通行宝钞”。

明英宗正统四年（1439 年），全国各地普遍发生百姓纳盐钞，但无盐支取的现象。明朝中期以后，朝廷不再支盐，但仍照旧例征收盐钞。明宪宗成化十年（1474 年），盐钞起解南京、北京两京库的部分，开始钱钞兼收，不久，地方留存的那部分也开始钱钞兼收。

而后，随着弘治、嘉靖年间起解京库的盐钞逐步折银，再到张居正改革实行“一条鞭法”，地方留存的部分盐钞也完全折合银两收取，至此永乐二年（1404 年）酷吏陈瑛倡导的盐钞完成了从钞—钱—银征收方式的转变。这一转变也意味着“大明通行宝钞”的不断贬值，价格一路暴跌，最终犹如废纸。

（王纪洁）

明末的闹剧：
崇祯皇帝荒唐的发钞行动

明朝自太祖皇帝朱元璋于洪武八年（1375年）开始印制“大明通行宝钞”以来，在经过“永乐盛世”“仁宣之治”后，随着“大明通行宝钞”发行数量的累积和明朝政府信誉的下降，“大明通行宝钞”出现了持续的贬值。明宣宗朱瞻基在位期间，民间有些地区已经出现了拒绝使用“大明通行宝钞”，改用金银交易的情况，当时户部奏言：“比者民间交易，惟用金银，钞滞不行，请严禁约。”随后，“大明通行宝钞”在民间的使用情况进一步恶化，据《明史》记载：“（正统元年）朝廷弛用银之禁，朝野率皆用银，其小者乃用钱，惟折官俸用钞，钞壅不行。”到了嘉靖年间，明世宗接受了御史魏有本谏言，下诏停止了地方有司钱钞输京，就地存储地方有司，这就出现了史料中所说的“（纸钞）积之市肆，过者不顾”的真实场景。至此，“大明通行宝钞”已基本沦为了废纸，毫无信誉可言。

明代钞法的没落，主要有两个方面的原因，一是朝廷无节制地发钞，导致纸钞的信誉一降再降。根据《大诰续编》中的零星记载，可以知道洪武十八年（1385年）“造钞六百九十四万六千五百九十九锭”。以此为中位数，大体可以推测出洪武年间宝钞的发行数量在1亿余锭。通过与《明太祖实录》中宝钞回笼数量1250万锭的比较，可以算出仅洪武一朝就超发纸币9000余万锭，是回收宝钞数量的7倍。随着以后历代的累积，宝钞数量不断增长，而信誉也只会不断下降。二是白银货币化的冲击。明英宗正统元年（1436年），明朝“弛用银之禁，朝野率皆用银”，浙江、江西、湖广、广东、广西、福建等地将所征米麦折纳为“金花银”，大大拓宽了白银的使用范围。所以，到了

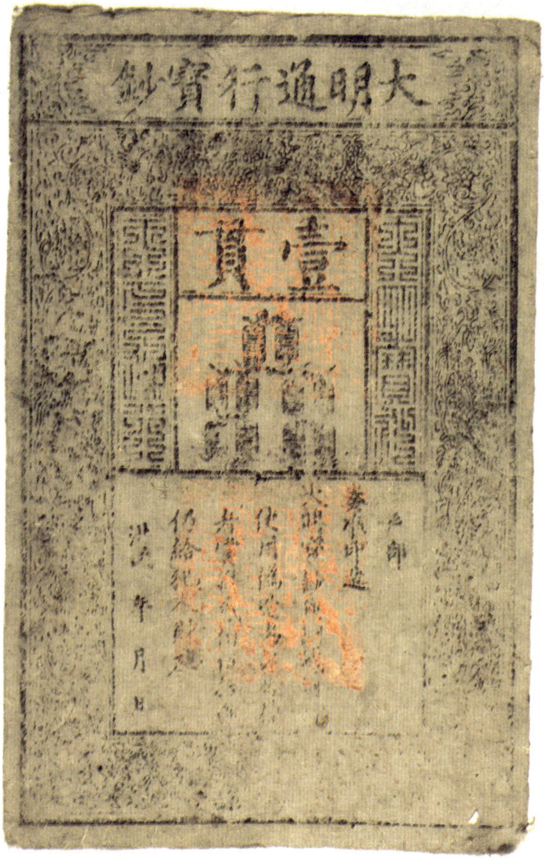

“大明通行宝钞”壹贯

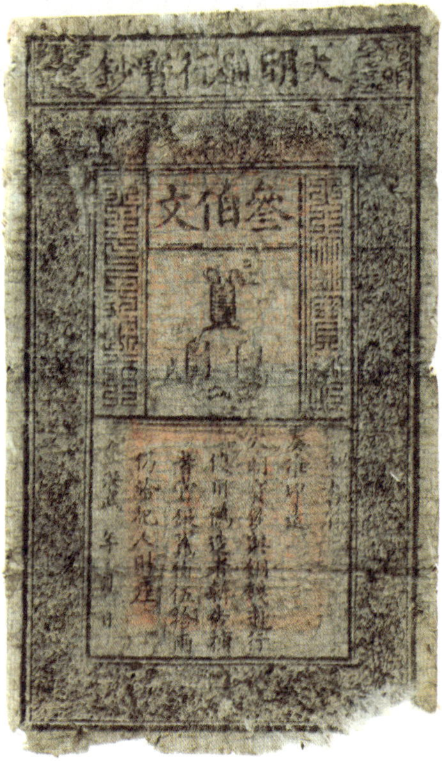

“大明通行宝钞”叁佰文

嘉靖年间，出现了“是时钞久不行，钱亦大壅，益专用银矣”的情况。万历年间，朝廷实行“一条鞭法”，规定各项赋税皆用银折纳，更确立了白银的货币地位。在白银货币化的冲击下，纸币的作用不断减弱。

当崇祯皇帝朱由检即位的时候，面对内忧外患的局面，发行纸币又成为当时士大夫心目中拯救国家的一根救命稻草。崇祯皇帝在位期间，内有李自成、张献忠等各地农民起义军，外有以皇太极为首的后金（清）军事势力，最糟糕的是国库空虚，加之官僚系统庞大腐败，同时又遇到了多年的自然灾害，国家财政多年未得到过喘息，往往是拆东墙补西墙。

由于崇祯皇帝即位之初，明朝的财政状况就已经十分恶化了，所以在崇祯二年（1629 年），吕维祺就建议朝廷行钞，并上陈了《条议钞法揭》。吕维祺认为：“考洪武初令中书省造大明宝钞……太祖足国之道，端是由此。至景泰、弘治之间始壅。其壅者何也？则以桑穰质脆，色青易混也；钞数不同，易缘为奸也；钞本不过分文，而利至百倍也；禁用金银，不便民用也。”也就是说，他认为景泰以后之所以纸钞在民间不流通，是造钞材料、奸商、金银等原因，说明他丝毫未意识到纸币失败的根本原因是朝廷无节制地发放宝钞，导致纸钞流通量大大超过了社会的需求量。以他对纸钞失败的认识，吕维祺提出了自己的解决方案：“以绫为质，且织成龙纹，伪造颇难，仍申严擅藏空白钞质之罪与伪造同，举首者以犯人财产一半给赏，一半入官，知而不举同坐。且有年号编号，对勘真伪尤易，此防伪法也。专设大臣印信，以防丛生之奸伪，又用御图书以防监督之私擅。且出入多寡，整齐画一，如钞一万，即算银五千，权利独归于上，而下不敢窃，此综揽也。”也就是说，他给出的发钞建议主要就是改进纸钞的防伪技术，防止伪造，然后让朝廷垄断纸钞的利润，其实与前人的行钞建议相比毫无新意。更可笑的是，吕维祺还认为：“如此法果行，岁用本十万，可得息百万，用本百万，可得千万，国家无穷利源。”

明代平遥县，银匠任友用五十两银锭

明代方宝纹银

崇祯皇帝像

崇祯十六年（1643年），明朝的统治更加岌岌可危。时任户部尚书的倪元璐向崇祯皇帝推荐了桐城秀才蒋臣，蒋臣向崇祯皇帝建言："岁造三千万贯，一贯直一金，岁可得金三千万两。"在巨额利润的诱导下，崇祯皇帝深受鼓舞，大感兴趣。为了宣扬自己的主张，蒋臣总结了纸钞的十大优点：一曰造之本省；二曰行之途广；三曰赍之也轻；四曰藏之也简；五曰无成色之好丑；六曰无称兑之轻重；七曰革银匠之奸偷；八曰杜盗贼之窥伺；九曰钱不用而用钞，其铜尽铸军器；十曰钞法大行，民间货卖并可不用银，银不用而专用钞，天下之银尽实内库。蒋臣总结的这些优点不可谓不对，然而从本质上看也就是说纸钞除了流通便利，就是便于朝廷敛财了。

关于行钞的具体方案，蒋臣在《议行钞法条上八事》中做了具体论述，主要有以下几条：第一，速颁榜文。蒋臣希望从崇祯十七年（1644年）三月开始制作纸钞，最好在秋冬之间就能推行，在此之前，需要首先张贴榜文，布告天下。他认为："约岁行钞五千万，则为蠲赋五百万，行之四年，则新练两饷，可以全蠲，五年而夏秋两税，可以时减少。"也就是说，他计划每年发钞5000万贯，减免赋税500万贯，4年后免除新、练两饷，第五年可以适当地减少夏秋两税。第二，详算界法。蒋臣认为纸钞不能滥发，主张仿照宋代建立立界发钞的制度，比如可以学习会子的发行"三年立为一界，界以一千万缗为额"。他认为明朝："今岁行五千万,五岁为界，是为二万万五千两……一界以后，以旧易新。"也就是说，蒋臣大体估算民间的藏银约有2.5亿两，每年发钞5000万贯，大概5年就能将民间的白银收归国有，之后就不能再继续发行新钞了，而是实行以旧换新的办法，这样可以保持市场上纸钞数量的稳定。第三，纸钞制作宜工。蒋臣认为"纸钞之制，所以欲其精好者，防奸伪也"，至于纸钞的制作地点，"或于内府制造，或于臣部（户部）

开局”，其成本“并纸墨工本印色诸费至五厘一张，则无不精巧”。也就是说，他主张纸钞在内府或户部铸造，估算成本在五厘左右，即可以达到非常精巧的程度。第四，倒换宜信。蒋臣认为需要仿照明初旧制，在各地设置行用库，方便百姓倒换宝钞。为了鼓励百姓买钞，他计划：“不论商民人等，换于官库者，每钞一贯，止纳银九钱七分，而通用行使，输纳完官，准作一两实收。倒换铜钱，准作一千文。”这说明他完全不了解民间对于纸钞的态度，老百姓在经历了明初纸币的大幅贬值后，怎么可能再去用金银换纸钞呢？第五，推行宜审。为了防止官员在纸钞发行过程中有中饱私囊的行为，规定“有司于出入抑勒或私取金银，计赃定罪，尽徙其家于边，屯田自赎”。第六，早开铸局。蒋臣在钞法中规定宝钞可以兑换铜钱，所以他建议已经废止的各地铸局尽快恢复鼓铸。第七，设官宜重。蒋臣建议钞法也由户部左右侍郎管理，宝钞提举司一官也应改为由户部委派。

蒋臣上奏钞法一个月后，大学士王应熊就提出了反对意见，他认为钞法虽好，但现在的社会环境并不适合恢复钞法，一是宝钞已经废止多年，民间已经不适应宝钞的使用了；二是当时社会形势严峻，不可对百姓用严刑峻法。当时向崇祯皇帝推荐蒋臣的倪元璐也对行钞的前景表示忧虑，在崇祯十七年（1644 年）正月上陈《钞法室碍疏》，列出了行钞的弊端，他劝诫崇祯皇帝行钞的事情切不可操之过急，“宁徐勿骤”，否则可能会适得其反。

虽然有不少大臣反对，但面对内外困境，崇祯皇帝仍然坚持“特设内宝钞局，昼夜督造，募商发卖”，结果引起了社会动荡，物价上涨。老百姓对钞法极度反感，将蒋臣视为祸国殃民的大奸臣，欲除之而后快。崇祯十七年（1644 年）二月初八，崇祯皇帝终于承认了钞法的弊端，宣布停钞法。一个月后，“闯王”李自成攻进北京，崇祯皇帝在景山自缢身亡。

很明显，明朝的最后一次行钞并不是为了稳定社会经济的发展和民生，而是朝廷在财政极度匮乏状态下的一个自救行为，崇祯皇帝企图通过发行纸钞在短时间内聚敛大量财富以应对当时的社会危机。但是，由于明朝末年已经不再具备发行纸钞的条件，所以这场发钞行为最终以闹剧收场了。

（孟祥伟）

票幅尺寸最大：
“大明通行宝钞”设计之美

在人类货币发展历史进程中，很多国家都发行过票幅尺寸巨大的纸钞。截至目前，一贯面值的“大明通行宝钞”是古今中外票幅尺寸最大的一张纸钞，版面古朴厚重，布局严谨，构图疏密有致，文字书写精美。在设计风格和版式特征方面，“大明通行宝钞”直接继承了元代纸钞的特点，同时还融入了当时的文化、政治和创新元素，呈现出独特的艺术风格和文化内涵。

“大明通行宝钞”形制为竖形，采用桑树皮纤维做钞料，钞纸纤维细长，颜色多为灰黑色、蓝灰色或青灰色。史料记载，其规格为宽 6 寸、高 1 尺，今所见“大明通行宝钞”一贯即宽 225 毫米、高 335 毫米左右。整幅钞面被一条横线切割为上下两部分，上部分横栏，镌刻钞名“大明通行宝钞”，自右至左横读，楷书书写，字形较大，约 23 毫米 ×24 毫米。横栏左右两端分别装饰火焰纹饰，与“大”字和“钞”字各有一段距离。

火焰纹最早出现在商周时期的青铜器上，此时火焰纹的形式比较原始，只是一个圆圈，体现了古代人对太阳最初的认识。魏晋南北朝时期，受佛教广泛传播的影响，火焰纹成为佛像背光图案的主要装饰题材，目的是体现佛

宝钞钞名及火焰纹

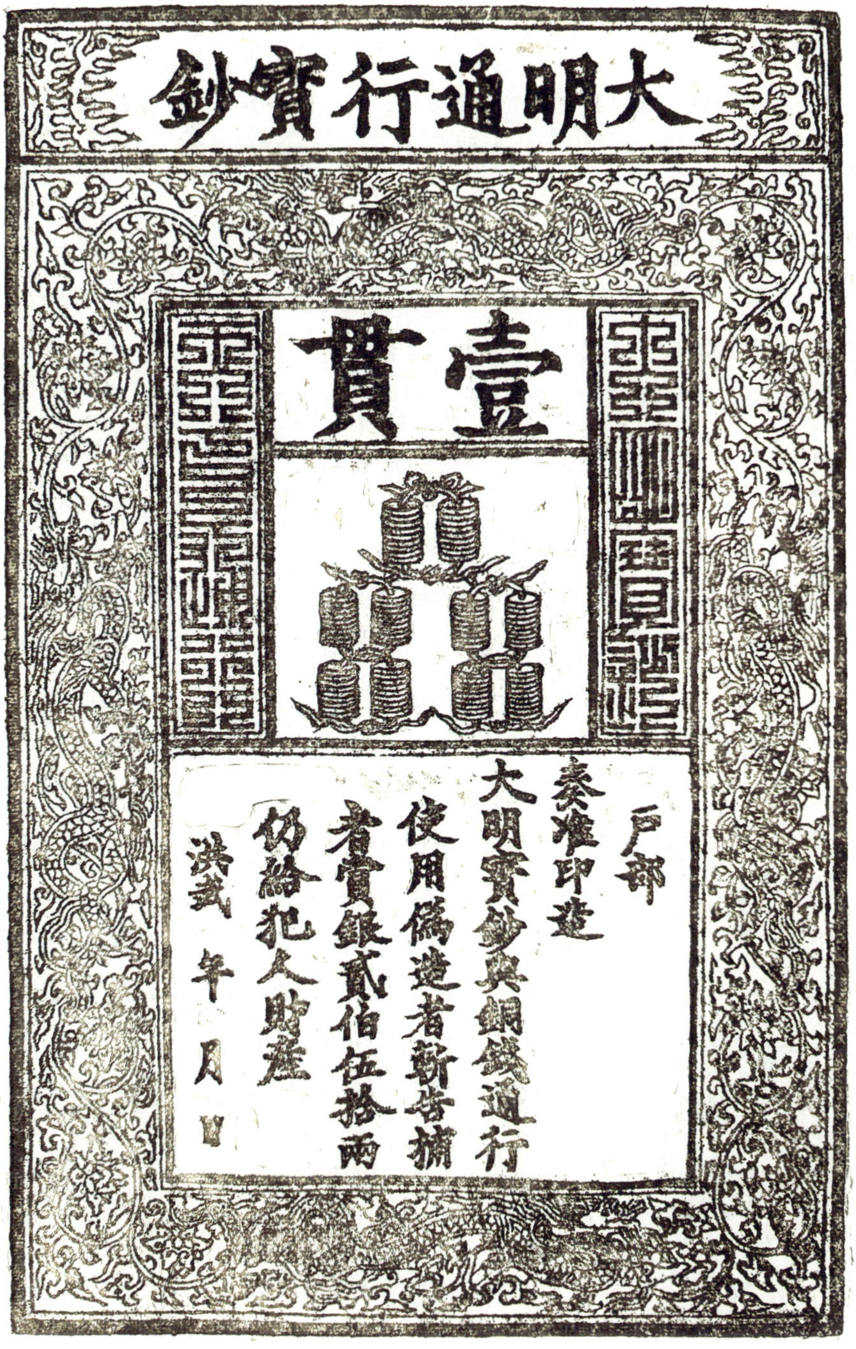

“大明通行宝钞”壹贯钞版拓片

的灵光和法力。这一时期，开始出现连续形式的火焰纹，自由奔放，显示出火焰的摇曳。隋唐之后，火焰纹逐渐从佛像上剥离出来，发展成为一种独立纹样。明清时期，火焰纹常作为辅助纹样，与宝珠、龙、凤、麒麟、海兽等组合出现，一方面象征“永不熄灭的光明”，寄托吉祥的寓意；另一方面还有辟邪、驱魔，神圣不可侵犯之意。

与同时期器物上的火焰纹相比，“大明通行宝钞”上的火焰纹明显进行了艺术化加工，焰形完整独立，纤长飘逸，与版面下半部灵动而不失力度的飞龙纹饰完美地结合在一起。将火焰纹用于纸钞上，表明它已成为一种成熟而经典的纹饰，并得到官府和民间广泛认可、喜欢和重视。

钞名下面分别是面额、使用与伪造处罚的律令，即发行条例。四边有由卷草缠枝纹、云气做底图，龙纹为主题图案组成的边框，宽度为35毫米，纹饰基本做到了上下、左右对称。卷草缠枝纹是中国传统纹饰之一，通常由藤蔓、花卉、枝叶等元素构成，形成连续缠绕的图案。这种纹饰的起源可以追溯到唐代的壁画和织锦，之后广泛应用于各类器物上。因为宝钞的边框较为狭窄，这种单一平均排列的形态呈现出稳定的规律，拉长的叶片起伏如波，增加了曲线走势和内部张力，营造出受风吹拂、随意翻转的灵动感，增加了钞面的灵动性。

宝钞上的缠枝纹与云气纹

云气纹最初是采用流畅的圆涡形线条组成的图案，因为一团团云朵高高在空中飘荡，所以云气纹就含有高升和如意的寓意，而且寓意世世代代传承绵延。云气纹突出气韵生动，是中国历史上最浪漫、最具艺术气息的纹样之一。明代，云气纹装饰较之以往更加雅致清新，用大量弯曲长线、相互交织、长短线结合的画法，勾勒形成了旋涡状的如意云头，使得云气纹饰表达得更加突出。

将卷草缠枝纹和云气纹作为“大明通行宝钞”边框底图，为钞面注入了生机和美感，同时，繁缛的纹样具有较强的防伪性，增加了民间

宝钞上框内的飞龙

仿制难度和造假成本。

龙纹自古以来就是应用最为广泛的装饰纹样之一，被大量应用在青铜器、玉器、陶器、漆器、瓷器、金银器等上面。在等级制度森严的明代，龙、凤是帝、后的象征，也是最高级别的纹样。将龙纹镌刻在宝钞上，代表是由朝廷出面印造，既是为了彰显皇家的威仪，也是为了树立宝钞的信誉。“大明通行宝钞”上下左右框内中间位置各镌刻有一条龙，其中上下框为飞龙状，左右框为升龙状。上框飞龙龙头朝左，下框飞龙龙头朝右。四条龙龙身都较粗，龙鳞明显，毛发上冲，飘动感极强，龙爪锋利，总体呈现出凶猛威武之势。

边框内有一外细内粗双线勾勒出的竖形方框，上端镌刻面额“壹贯”二字，楷书书写，自右至左横读，字形较大，约 23 毫米 ×24 毫米。“壹贯”二字下面是两条横线，横线下面是十串钱文图案，一串象征一百文，上中下排列为二串、四串、四串组合形式，串与串之间用绳子串起。

面额和钱文图左右两侧分别是四字九叠篆文，右侧为“大明宝钞”，左侧为“天下通行”。九叠篆又称上方大篆，是一种特殊的篆书体，秦汉时期还没有此种书体，唐宋以来多用于官印上面，作为权力的象征。所谓九叠，“乃以九为数之终也，言其多也”。九叠篆是以小篆为基础，笔画反复折叠，盘旋屈曲，点画皆有纵横两个方向，填满空白部分，求得均匀。“曲屈平满”是九叠篆书法最大的特点，笔画间距相等，灵活地对笔画简略的字适度变形，修平不规则笔画的走势，使文字排列得更加整齐，强调整体效果的和谐。1038 年，北宋仁宗改元“宝元”，曾铸造有“皇宋通宝”九叠篆文铜钱，元代纸钞也出现过九叠篆文。明朝甘旸《印章集说·国朝印》中说道：“国朝官印文用九叠而朱，以曲屈平满为主，不类秦汉制。”指明了九叠篆的作用在于印面的饱满

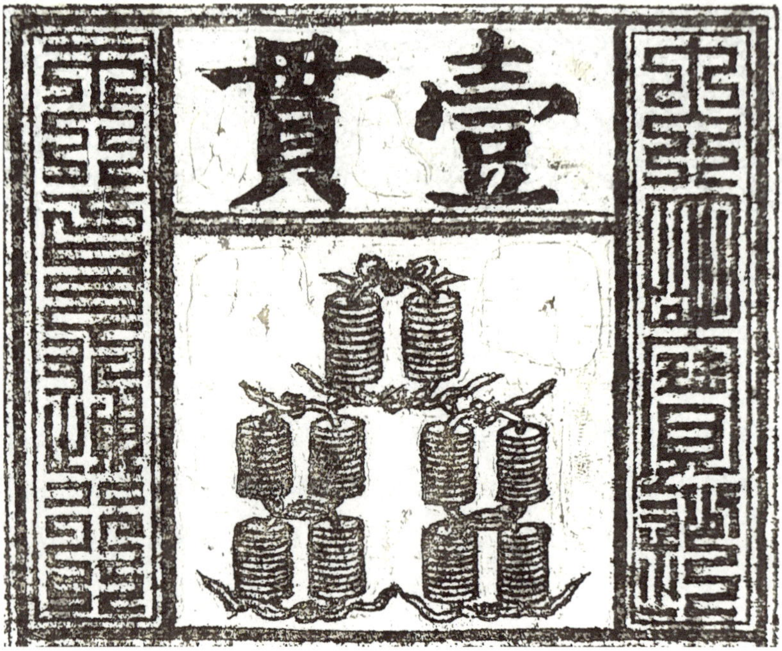

宝钞上的面额、钱串图案与九叠篆文

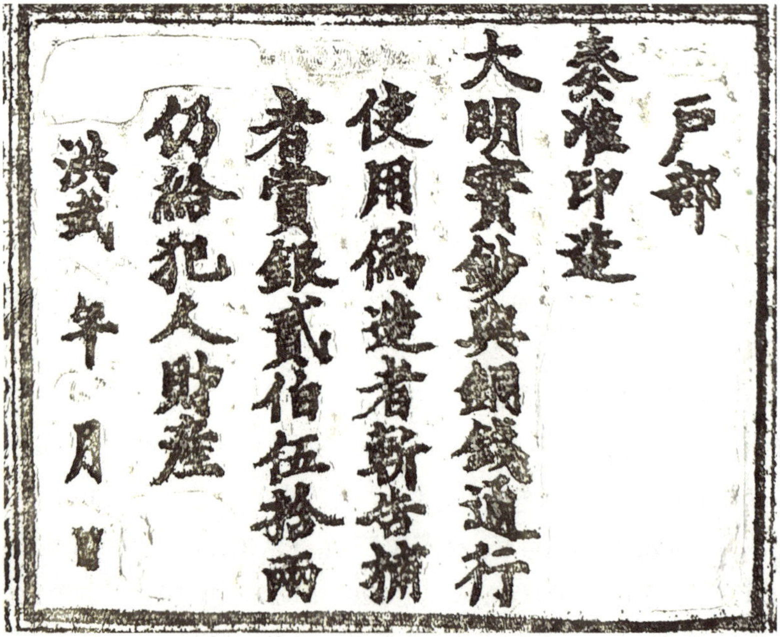

宝钞上的使用与伪造处罚律令

平实。

竖形方框下端显要位置，镌刻印制时间、使用与伪造处罚的律令等内容，亦是用楷书书写，竖排，共 7 列、42 个字。字形较小，约 12 毫米 ×13 毫米。内容比较简单，但因是官方文书，笔法不敢有丝毫的怠慢，字体结构严谨，每个字都堪称模范，极具审美和研究价值。

因为是朝廷统一设计、制版、印造，统观“大明通行宝钞”，展现了明朝独特的刚健风格，内涵深刻，充满了浓厚的民族气息，其设计风格和版式特征对清代的户部官票和大清宝钞影响很大。

“大明通行宝钞”上面的花纹边框和复杂的图案，因为制作工艺繁杂，想要伪造可谓难上加难，很难百分之百地进行临摹、还原和复制，也只有皇家级别的工匠，才能够打造出如此完美精妙的图案。我们相信那些“大明通行宝钞”版面的设计师、钞版的雕刻师，在当时应该既不是统治者，也不是这些货币财富的拥有者，他们只不过是普普通通的手工匠人，但他们却有着传统的中华工匠精神，宝钞上面的花草飞龙纹饰，每一笔、每一刀，他们都认真对待。作为工匠，他们具备职业道德，同时还有一个社会共同认定的价值标准，所以他们绝对不会用粗制滥造的方式来面对自己的工作、面对自己的作品，而是凭自己精湛的手艺和认真的精神，运用独特的艺术构思，创作出了“大明通行宝钞”。

今天，当我们从艺术的角度去审视一张张“大明通行宝钞”时，在我们眼中，它们俨然是一幅幅精美绝伦的艺术作品。虽因年代久远，其凝重颜色早已慢慢褪去，但丝毫不影响它“世界最大票幅尺寸”的美誉，魅力犹存，吸引力仍具。

（王纪洁）

清朝是我国封建社会发展的最后阶段，货币的生产、流通状况，对当时经济和社会的发展都产生了深刻的影响。清代纸币发行量巨大，种类繁多，包括银两券、银元券、铜元券和制钱票。各类纸币的流通地域、券别、发行时间也不尽相同，千差万别。

鉴于明朝钞法之弊，为维护社会稳定，清政府长期采取行钱不行钞的货币流通方式。咸丰年间，鸦片战争失败造成战争赔款巨大，朝廷国库存银锐减，此时又恰逢太平天国运动的猛烈冲击，政府财政枯竭，清廷被迫发行大清宝钞和户部官票。清末官私银钱局和私营银钱号也印发各种票券，在本地区流通使用。19 世纪和 20 世纪交替之际，封建性金融机构发生了重大变化，原有的票号、钱庄等在庚子年（1900 年）以后逐渐衰落，而被新式银行取代，不同种类的银行券开始进入货币流通领域。

第六章

清代，钞券品种多样

追根溯源：

“钞票”一词的由来

众所周知，我国是世界上最早使用纸币的国家，在古代将纸币称为“钞”，如元代的“中统元宝交钞”与“至元通行宝钞”、金代各类交钞、明代“大明通行宝钞”等。宋代纸币虽然有“交子”“会子”等名称，但茶、盐、矾等物资的生产运输和销售由官府管制，官府发给特许商人支领和运销这类产品的证券，统称“钞引”。“钞票”一词最早出现在书面上是在咸丰三年三月（1853 年 4 月），刑部侍郎德兴等人上疏禁止私造纸币，在奏请制定民间伪造纸币罪名时说：“查钞票之用，与银钱并重，其私造之罪，亦应与私铸造同科。”这是我国文献上首次记载“钞票”一词。德兴奏折中的“钞票”，应系指“户部官票”。因为咸丰三年曾发行“大清宝钞”和“户部官票”这两种纸币，但按时间计算，“户部官票”在前，“大清宝钞”在后。德兴将“户部官票”称钞票时，“大清宝钞”尚未发行。而后，随着这两种纸币的陆续大量发行和推广使用，且各以“钞”和“票”为名，百姓渐渐将两者合称为“钞票”，后来“钞票”就成为各类纸币的代名词，逐渐被使用起来，一直沿用到今天。

清代是我国封建社会最后一个统一王朝，社会经济高速发展，创造了赫赫有名的“康乾盛世”。但它正式大规模发行纸币的时间却很晚，一直到咸丰年间。鉴于明代钞法制度暴露出来的种种弊端，清朝建立之初，朝廷在纸币发行问题上保持着一种非常谨慎的态度。据史书记载，顺治初年，朝廷经费困难，各项超支浩繁，财政上已出现入不抵出的现象。因而朝廷于顺治八年（1651 年）曾短暂发行过纸币，称作“钞贯”，仿照明代“大明通行宝钞”，面额自十文至一贯，与铜钱并行流通使用，但具体使用制度和版式特征不详。顺治十七年（1660年）后，南明永历政权实质上已经灭亡，大规模的军事行动停止，国内形势日趋稳定，经济状况有所好转，清廷就下令停止发行纸币。这种“钞贯”由于发行量小而且当时回收得也比较彻底，至今为止尚未发现实物。

自此以后，为维护社会稳定，清政府长期采取使用铜钱而不印发纸币的货币流通方式，在190多年的时间里再没有发行过纸币。嘉庆十九年（1814年），因为社会“银贵钱贱”现象严重，1两白银兑换铜钱2000文，造成国库空虚，国子监司业、翰林院侍讲学士蔡之定在《述古裕今敬陈管见折》奏请行钞，详细地论述了发行纸币的得失，但遭到嘉庆皇帝的严厉训斥，蔡之定也因妄言乱政之罪受到处罚。道光时期，因为“银荒”问题日益严重，一些大臣奏请印制纸币，但出于种种原因考虑，清廷一直没有实行纸币制度。可见这一时期统治者对发行纸币持极为反对的态度，因此直至咸丰统治初年，清政府始终没有发行纸币。

进入咸丰朝之后，时空上虽然没有间隔久远，但是朝廷对发行纸币的态度却一下子来了个一百八十度的大转弯，这与当时国家财政一团糟的状况有关。咸丰皇帝统治时期，清朝政治更加腐败，经济急剧衰退，旧有的货币制度已难以满足社会发展的需要。由于鸦片战争失败造成的巨额战争赔款，大量白银拱手相送，使得朝廷国库存银锐减。此时又恰逢太平天国运动的猛烈冲击，清政府财政枯竭，面对庞大的军事支出，咸丰一朝开始大规模铸造大钱。咸丰三年（1853年），太平军占领长江中下游地区，富庶的江南大多沦陷，清廷税源流失严重，能够收缴上来的税收不到原来的一半。税收减少的同时，军费开支却在急剧地上涨，清廷财政状况进一步恶化。朝廷虽然采取清查国库、熔炼金银器皿等措施，但仍无法维持日渐增大的军费开支，国家财政濒临崩溃之地。常言道，巧妇难为无米之炊，钞法制度改革一度成为户部缓解困境的重要举措，于是发行纸币再次被提到议事日程上来。

咸丰三年（1853年）正月十九日，户部尚书祁寯藻上奏，建议行钞法。祁寯藻（1794—1866年），山西寿阳人，22岁中进士，历经嘉庆、道光、咸丰、同治四朝，官至大学士、首席军机大臣。他曾为道光、咸丰、同治三代皇帝授课，所以，人们称其为“三代帝王师”。咸丰皇帝看了祁寯藻的奏折之后，下谕由左都御史花沙纳和陕西道监察御史王茂荫会同户部堂官共同负责草拟行钞章程。经过朝野上下反复商议，咸丰三年二月二十七日，咸丰皇帝正式下令发行“户部官票”，先在京师行用，待流通范围扩大后，再使用到各省。规定“户部官票”与银钱并重，民间银钱私票仍可在市面流通，并且明令户部要刊刻告示，通晓天下遵行。

在发行“户部官票”的同时，为挽救财政的极度匮乏，户部又开始计划发行“大清宝钞”。咸丰三年（1853 年）九月十八日，惠亲王绵愉等奏称，现在印发了银票，方便了现金支付往来；还应该印发以铜钱作价的钱钞，在全天下畅通，利于百姓交易。惠庆王的提议得到咸丰皇帝奏准，同年十一月十七日，户部草拟《制造宝钞章程》十八条和《行钞章程》十二条，规定了“大清宝钞”的种类。同年十一月二十四日，朝廷同意户部发行“大清宝钞”，与现行的“户部官票”相辅通行。所以，我们可以看出，“户部官票”和“大清宝钞”皆为户部印发，前者是银票，后者是钱票，二者在流通领域可谓相辅相成。

“户部官票”和“大清宝钞”多为木版或铜版印刷，与宋、元、明时期印制工艺相仿，色彩单一，技术简单。因为其印制技术并不复杂，民间多能仿制，官府既要防止民间伪造，又无技术保障措施，只好在票面上加盖官府印鉴，用以保证信誉和增强可靠性。这在中国印钞史上尚属早期、简单的防伪措施。为打击民间私自伪造，朝廷还制定了种种维护钞票信誉的法律，通过对伪造者和揭发报官者进行惩罚、奖励的法律条款，从国家层面保证钞票的流通和信誉。

“户部官票”是以银两为计算单位，所以也叫作银票，有壹两、叁两、伍两、拾两、伍拾两 5 种。官票质地分两种，京师地区行用的系采用白色苔笺纸，外省行用则采用高丽纸制造，花纹、字画均以蓝色印刷，为长方形竖式形制。

“户部官票”四周装饰花草龙纹，上方用汉、满两种文字竖书两列“户部官票”四字，中间位置书写有“准二两平足色银 × 两”。“二两平”是比北京市平少二两，比库平少六两之意。左书“咸丰 × 年 × 月 × 日”，右为 × 字第 × 号（相当于今天钞票的印制编号），字头按《千字文》内容排列。面

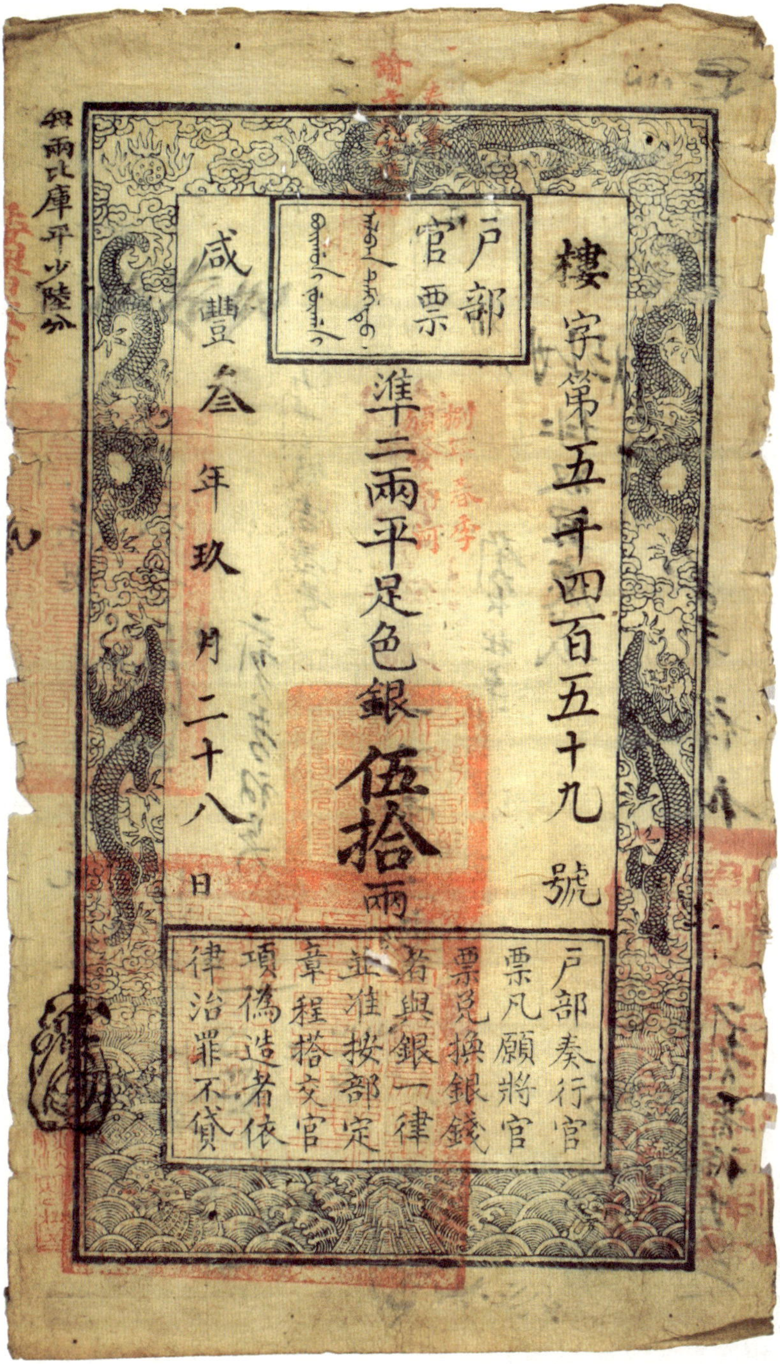

“户部官票”（伍拾两），咸丰叁年玖月二十八日

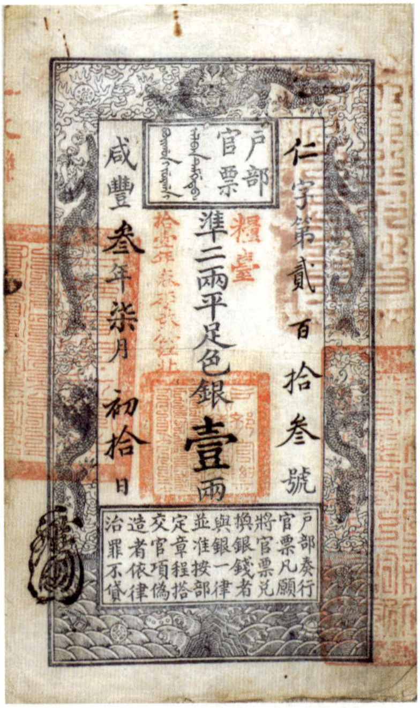

“户部官票”（壹两），咸丰叁年柒月初拾日

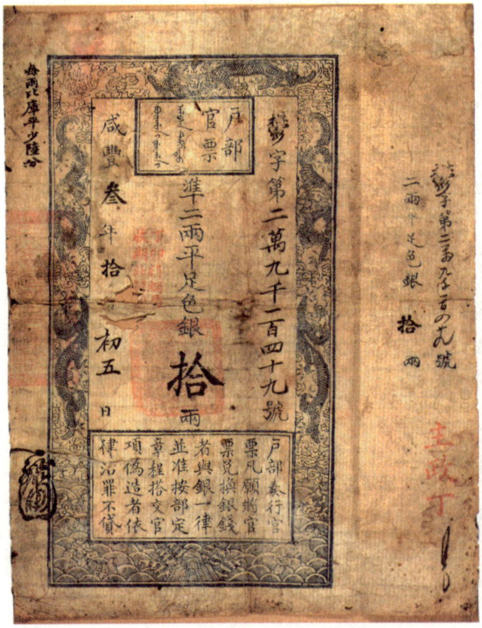

“户部官票”（拾两）带存根，咸丰叁年拾月初五日

额上钤盖满、汉文“户部官票永远通行”红色方形官印，左边与号簿相连，骑缝处加盖“户部官票所关防”长方形红色官印，号簿编号数留存。右边与票根相连，骑缝处加盖户部堂印，发行时截下票根，以便核对。票左下角有一木戳黑色小押花。官票下部印有发行条例，“户部奏行官票，凡愿将官票兑换银钱者与银一律，并准按部定章程搭交官项，伪造者依律治罪不贷。”从这些文字可以看得出来，清政府对于发行纸币的谨慎，以及对伪造者的严刑峻法。官票的两侧均加盖骑缝章，不但正面有，有的背面也有，说明是发行前加盖上去的。官票背面为空白，供流通时记录之用。从现存实物的背面记录内容来看，其中有很多颇具研究价值的图章和文字，背面签字画押的多少也表明了该票流通、周转的次数。这种形式相当于现在的背书行为，持票人在背面签章，涉及官票的转让，背书人需对官票的支付承担责任，类似于担保。

自京城推行“户部官票”以来，流通就受到各种阻力。官票上虽然印有“凡愿将官票兑换银钱者与银一律”的字样，可发行时只规定在市场上可换成白银和铜钱，但并没有规定可以在官银钱号中兑现，因此“户部官票”实际上是一种不兑现的纸币。清政府发出时是按银八票二，后改为银票各五，但实际上连铜钱都很难兑换到。因为实际上往往不能兑现，所以“户部官票”发行不久即贬值，百姓只要拿到“户部官票”，第一时间就低价换出。一些有权势的官员，用低价买进，作为缴纳赋税等，借此从中渔利。所以，“户部官票”的发行受到阻力，只有京城及福建、河南、陕西、甘肃等省推行得比较积极。

“大清宝钞”又称钱票、钱钞，亦是竖式形制，以制钱作比价，自咸丰三年（1853 年）到九年均有发行。面额多种，分贰百伍拾文、伍百文、壹千文、壹千伍百文和贰千文几种。后来“大清宝钞”越发贬值，通货膨胀严重，不得已又增发了伍千文、拾千文、伍拾千文和百千文几种面额。

“大清宝钞”为靛蓝色印制，户部最初计划钞纸采用水印防伪，后因急于发行，时间紧迫，遂改用白色山西双抄毛头纸。钞面上端有“大清宝钞”4 个汉字，横书。钞名下面右左两端分别印有“天下通行”“均平出入”字样。中间方框内右左两侧分别为“× 字第 × 号”“咸丰 × 年制”，字号为墨笔临时填写。正中间位置印有“准足制钱 × 文”，面额处加盖满、汉篆书朱文“大清宝钞之印”。下端注明发钞条例，“此钞即代制钱行用，并准按成交纳地丁钱粮一切税课捐项，京外各库一概收解，每钱钞贰千文抵换官票银壹两”。“大清宝钞”在形式上仿明代“大明通行宝钞”，四周装饰以龙纹，下为海水江崖图案。为保证“大清宝钞”的顺利发行，户部设立宝钞局，并拟定章程，定官票银一两抵钱二千，宝钞二千抵银一两，与大钱、制钱并行。后因发行量巨大而贬值，使百姓的经济利益受到严重损害。到咸丰末年，“大清宝钞”几乎成为一张张废纸，至同治元年（1862 年）即停使用。但个别地区，在之后的数年间，人们在商品交易中还时常有搭配使用的现象发生。

虽然朝廷强调“户部官票”和“大清宝钞”可交纳官府一切税收，与现银、现钱抵收，人人都要珍视，不能将二者看作空纸。但实际上“户部官票”和“大清宝钞”都是清政府强制发行的不兑换券，这就为通货膨胀敞开了大门，也决定了“户部官票”和“大清宝钞”不可避免的失败命运。“户部官票”和“大清宝钞”发行后，由于面额巨大，且清政府缺乏现银储备，流通立见壅滞。“户部官票”和“大清宝钞”最初是面向全国推行的，但是因为发行不

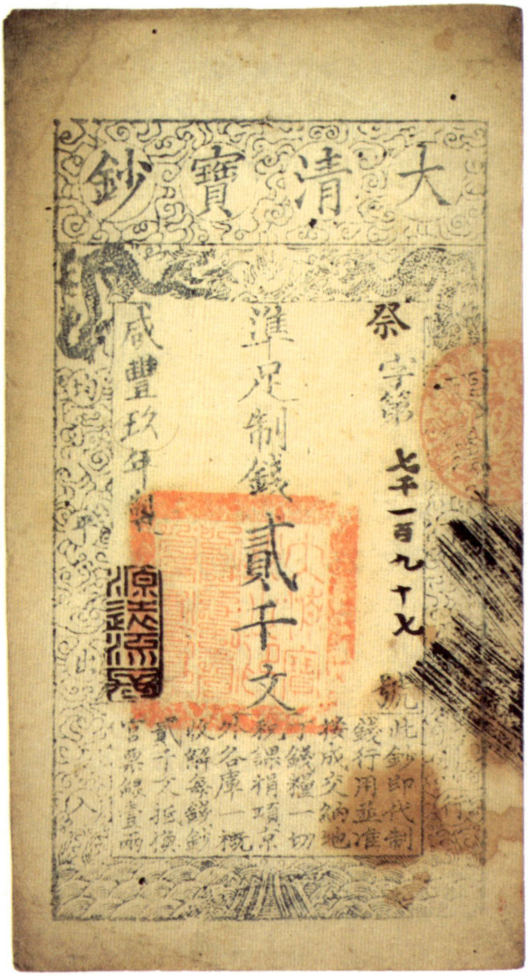

“大清宝钞”（贰千文），咸丰玖年制

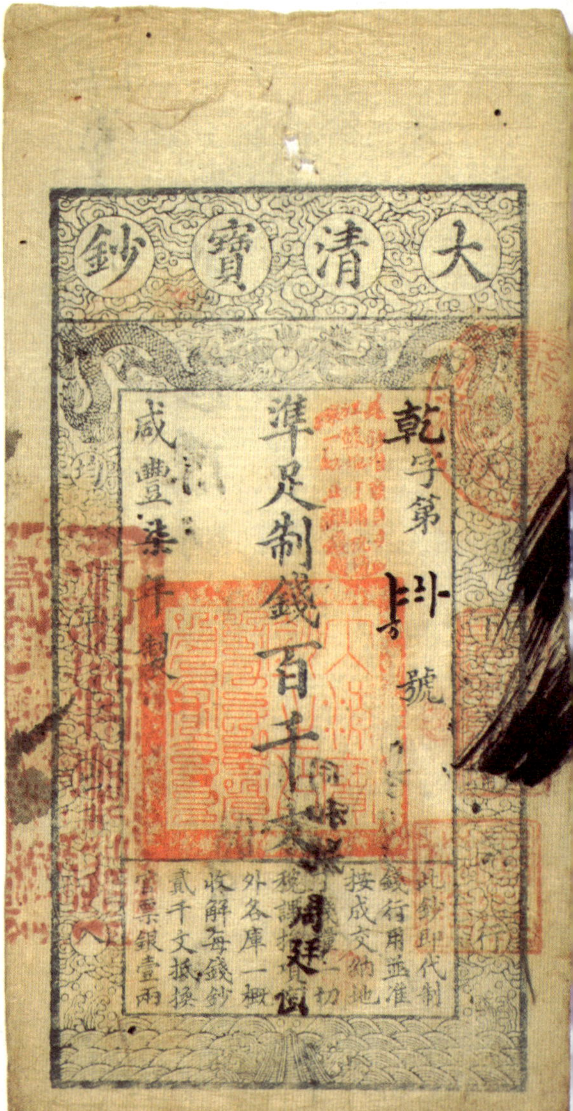

“大清宝钞”（百千文），咸丰柒年制

久就遭遇贬值，再加上地方官吏也利用它们和物价的波动，徇私舞弊，更加剧了二者的流通困难。最后，二者的流通范围仅仅局限于京城地区及周边省份，在其余各省基本没有得到大面积推行使用。

“户部官票”和“大清宝钞”的断崖式贬值，是朝廷不遵守货币发行的原则，一味地加大货币发行量的必然结果。根据清代档案，有学者不完全统计，“户部官票”历年（1853—1860 年）发行总数计银 9781200 两，截至同治七年三月十九日（1868 年 4 月 11 日），收回的银票仅占发行量的 34%，未收回者占 66%（折合计白银 650 万两），所有流散在民间的“户部官票”如同废纸。“大清宝钞”历年发行总数（1853—1861 年）共有 27113038 串。因为不断滥发，币值不断下降，到咸丰后期，“户部官票”和“大清宝钞”在货币领域普遍遭到拒绝使用，实际上已丧失了作为货币的职能。

同治元年十一月（1863 年 1 月），同治皇帝下发谕旨，各直省的田赋、旗租和关税，停止征收“户部官票”和“大清宝钞”。同年十二月，朝廷又规定，筹拨来年京饷并各省田赋等项目，一律停收“户部官票”和“大清宝钞”。至此，前后使用近 10 年之久的“户部官票”和“大清宝钞”彻底退出了流通领域，告别了历史舞台。而那些数量庞大、依然流落在民间的“户部官票”和“大清宝钞”，被清政府借口逾期而作废，百姓敢怒而不敢言，只能被动地接受这种局面，眼睁睁地看着这些大额钞票在自己的手里变成废纸。朝廷下发废钞令，这种把老百姓生计当儿戏的做法，给社会经济造成了巨大而持续的负面影响，同时也导致百姓家庭或个人财富大幅缩水。

历史的教训警示我们，通货膨胀是社会的一种“顽疾”，国家的货币发行和金融政策的制定需要慎重，金融危机更需要科学有效的手段来化解。

（王纪洁）

特殊的发行背景：
同治年间印造的甘肃司钞

甘肃司钞是清朝咸丰、同治年间，甘肃藩司（即布政使司）发行的地方钱票，面值有伍佰文、壹千文、贰千文、叁千文、伍千文5个品种。目前所见甘肃司钞，最早是咸丰四年（1854年），最晚是同治十年（1871年），故其流通时间在十七八年。咸丰和同治两朝所印制的甘肃司钞，皆为竖式，蓝靛色印刷，但版面设计略有不同。甘肃司钞因为发行背景比较特殊，所以存世量很少，是清代众多纸币中非常珍稀的一个品种。今所见实物，以同治年间发行的居多，这里面有深层次的社会背景值得我们一探究竟。

钞票名为“甘肃司钞”，顾名思义该钞在甘肃地区流通使用。清代甘肃与陕西分治，单划一省，辖区当包括今甘肃、宁夏二省，还有青海省的门源、祁连、同仁、尖扎、贵德等县及海东地区。清代一省的行政长官称作“巡抚”。甘肃巡抚治所在康熙十九年（1680年）移治兰州，自此，兰州便成为甘肃省的政治、经济、文化、军事中心。乾隆十九年（1754年），陕甘总督由西安移驻兰州，遂裁撤甘肃巡抚，以陕甘总督兼理甘肃巡抚事。又设甘肃布政使，甘肃巡抚裁撤后，甘肃布政使实际上成为甘肃省的行政长官。甘肃司钞中的“司”即藩司，为发钞机构，指的是布政使司，它作为清朝的地方行政机关，负责一省的民政、田赋、户籍。

今以同治四年（1865年）九月发行的甘肃司钞叁千文为例，介绍一下同治年间甘肃司钞的设计风格和版式特征。

竖式。材质为皮棉纸，蓝靛色油墨单面印刷，票面尺寸为130毫米 ×218毫米。票面四周装饰有边框，票面由两部分组成。上部分，内印有卷云、花草

甘肃司钞准钱伍千文

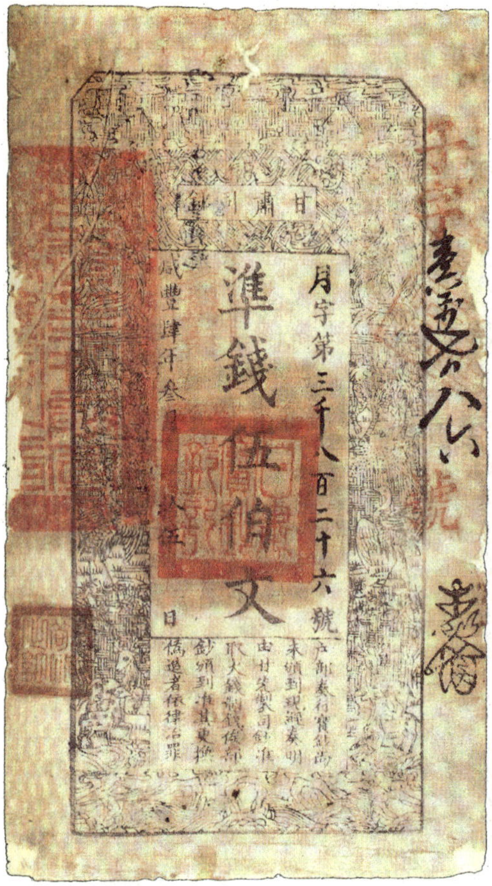

甘肃司钞准钱伍佰文

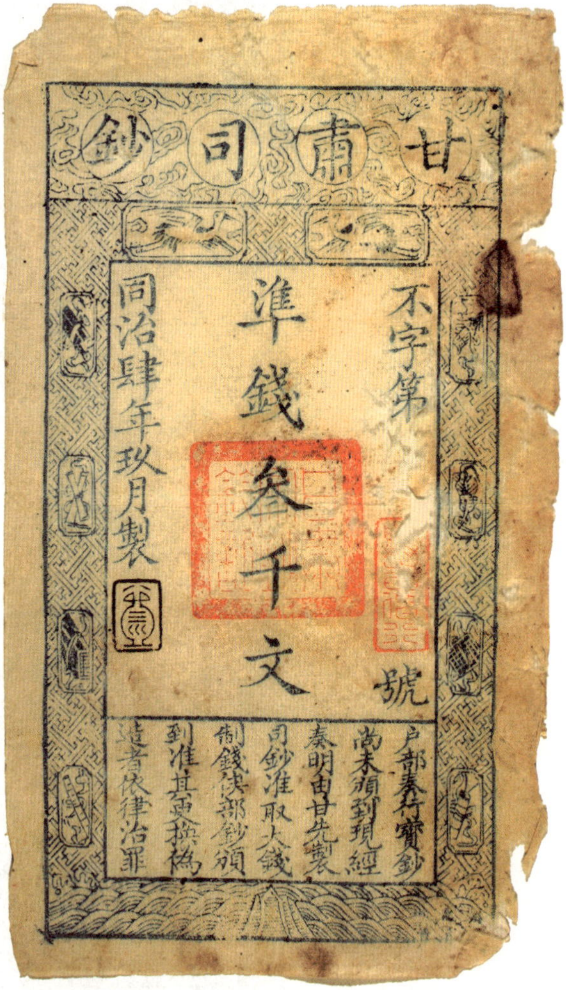

甘肃司钞准钱叁千文

纹饰，自右至左排列“甘肃司钞”四字横额钞名，右读，楷书书写，每个字外面均加印一圆圈，既起到了装饰作用，又突出了票券名称。

下部分表现的元素很多，上、左、右三边框印有规则的几何纹饰。上端边框中间位置印有两头展翅高飞的仙鹤，头相向。仙鹤在我国古代社会地位极高，“一鸟之下，万鸟之上”，是仅次于凤凰的“一品鸟”。仙鹤因其体态优雅、羽色朴素、性情温和，成为重要的中国传统绘画与装饰题材之一，也是寓意国家太平的重要文化符号。明清时期，一品文官的官服上面编织的图案就是仙鹤。钞券左右两侧边框各印有 4 个图案，既作为装饰，又作为防伪标识。

下面边框印有海水江崖图——中间是矗立的高山，两侧为汹涌的波涛。我国历史上曾出现过多种不同样式的水纹、山纹，但直到宋代，才在家具、瓷器等器物上出现了水纹与山纹组合而成的海水江崖图。到了明代，海水江崖纹饰才固定下来并开始作为装饰图案，又称江崖海水纹，具有“江山永固”的含义。

钞面中下部区域为文字栏，中间一横线将其分为上下两部分。横线上端印有三列文字，右列为“× 字第 × 号”，表示该钞的印制编码。中间列为“准钱叁千文”，中间偏下位置加盖一方红色印章“甘肃宝钞钤记”，篆书，盖住“叁千”二字。左列为“同治肆年玖月制”，表示印制时间，下端为墨书画押，也可能为签发者的私人戳记。

横线下端印有 6 列文字，“户部奏行宝钞尚未颁到，现经奏明，由甘先制司钞，准取大钱制钱，俟部钞颁到，准其更换，伪造者依律治罪”。这段文字应该理解为司钞的使用规定，即发行告示。使用规定中提及的“宝钞”，是指咸丰年间发行的“大清宝钞”。“准取大钱制钱”中的“大钱”，是指咸丰年间宝巩局铸造的当五、当十、当五十、当百、当五百、当千等不同币值的大钱，“制钱”是指各类咸丰通宝小平钱。通过解读发行告示，我们大致理顺了甘肃司钞的发行背景、使用方法。

咸丰年间，清政府因为财政匮乏，发行“户部官票”和“大清宝钞”。为了推广这两种纸币的使用，首先在京城内外设立银钱局，作为银钱票的收放汇兑机关。后朝廷命令各省仿照此模式，在省城及重要府县设立官钱局，主要业务是经办兵饷、承兑“户部官票”和“大清宝钞”。

当时，甘肃地区存在着金属铸币流通严重缺乏、财政困难的情况。为了缓解流通领域筹码不足、方便商品交易，咸丰四年（1854 年）四月，在省城兰州设立官钱铺，以司库存钱 26 万串暂作票本，搭放大钱、制钱，以及“户部官票”和“大清宝钞”。但因路途遥远，户部推行的“户部官票”和“大清宝钞”还没有运送至甘肃，先暂时由藩司自行印制地方司钞。同年六月，时任陕甘总督易棠给户部上奏称，“因部钞尚未颁到，即由藩司先行印制和发行司钞，于本年四月内在省城设立官钱铺”，“所有司库支发各项一律按成搭放银票、司钞”。

“咸丰重宝”宝巩局当五十大钱

“咸丰元宝”宝巩局当百大钱

通过甘肃司钞票面印制的使用规定以及易棠的奏折内容，我们知道，为解燃眉之急，甘肃司藩先后印制和发行了伍佰文、壹仟文、贰仟文、叁仟文、伍仟文甘肃司钞，暂时替代“大清宝钞”流通。并且，易棠在奏折中明确指出，甘肃司钞是在支发各种款项时搭放出去的。

易棠，湖南善化（今长沙）人，道光年间进士。初任刑部主事，累迁员外郎、郎中。道光二十八年（1848 年）任广州知府。次年任督粮道。咸丰元年（1851 年）起，历任陕西按察使、甘肃布政使、署陕甘总督。咸丰四年（1854 年）任陕甘总督。咸丰六年（1856 年）因病回乡。陕甘总督为清朝 9 位最高级的封疆大臣之一，总管陕西和甘肃两省的军民政务，这一时期，易棠可谓朝廷重臣，大权在握。易堂在陕甘总督任上，奏请宝巩局鼓铸“咸丰重宝”当五铁钱，“咸丰重宝”当十、当五十大钱，“咸丰元宝”当百黄铜大钱，以及“咸丰元宝”当五百、当千紫铜大钱，借以调剂补充制钱的不足，还曾倡导社会捐助钱款，修筑水渠，排水泄洪，工赈并行。

为了维护甘肃司钞的币值稳定，官府严禁伪造司钞。使用规定中明确指出，“伪造者依律治罪”。钱币造假影响恶劣，祸国殃民，历朝历代都是严惩之治。清政府对钱币造假的处罚亦很严厉，《皇朝文献通考》卷一六记载了乾隆年间制定的私铸铜钱的法律，为首及匠人拟绞监候，为从及知情买使，减一等。“绞监候”简称“绞候”，即绞刑的缓刑，指判处绞刑后不立即执行，暂时在狱中监禁，待到秋天朝审、秋审时再决定是否处以绞刑。

甘肃司钞除在咸丰年间印制和流通外，到同治年间仍在发行，这与爆发的“陕甘之乱”关系紧密。同治元年（1862 年）三四月间，太平军、捻军、四川李篮义军相继进入陕西境内。此时，不堪朝廷沉重赋税的陕西省内回民遂乘势起义，起义军发展势头猛烈，很快波及甘肃等地，甘肃境内的回民也纷纷起义，在多重社会矛盾综合作用下，形成了一场声势浩大的运动，史称“陕甘之乱”。战乱发生之后，甘肃地区的社会经济遭到了巨大破坏，原有的社会秩序、各种福利设施如义仓、常平仓等遭到了毁坏。不到四年的时间，除了省城和少数几个城市，甘肃大部分地方都被回军占领。此次战乱是中国近代史上最为惨痛的事件之一，“回乱八年，秦、陇受祸甲于天下，关中尚有可为（北山以内与陇相似），陇则土地芜废，人民稀少、弥望黄沙白骨，不似人世光景”。这场战乱最终导致了2000万无辜百姓丧命，清朝的人口从同治元年（1862年）的2.2亿人锐减到了同治十三年（1874年）的2亿人。

“陕甘之乱”爆发后，西北地区局势严重恶化，各方势力绞在一起，矛盾重重。为平定起义军，清廷派军倾力镇压，历时近12年，靡饷数千万才勉强成功。俗话说“兵马未动，粮草先行”，出兵作战，最主要的就是大笔资金的支持，没有充足的军费，就没有办法购置武器弹药，没有办法发放军饷，而没有军饷，就无法稳定军心。因军需开支加大，库存空虚，经甘肃布政使段大章奏准设官钱局，先后发行“大清宝钞”100万串，甘肃司钞890万贯。但此次发行，由于准备不足，“大清宝钞”和甘肃司钞的信用很低，失信于民，贬值严重。关于甘肃司钞的币值日益下降这一点，在《甘肃新通志·钱法》中曾有描述，“外来商贾不肯携带，销路日塞，商贾裹足不前，百物翔贵，民困甚苦”。

同治七年（1868年），朝廷委派左宗棠担任陕甘总督，督办西北军务。左宗棠率领湘楚军先后入陕甘，经过苦战，直至同治十二年（1873年）才完全平定“陕甘之乱”。左宗棠出兵作战之时也面临军费无法保证的困境，他后来曾回忆说：“起初一年尚拨两月满饷。嗣后一年拨一月满饷，至今一月满饷尚无可发，军心不问可知。”

同治末年，鉴于社会局势稳定，为整顿金融秩序，左宗棠命令甘肃藩司开展收兑甘肃司钞工作，司钞1000文以制钱6文收回并截角，停止流通，官钱局（官钱铺）也随即歇业。左宗棠是晚清“中兴名臣”之一，同治五年（1866年）被授予陕甘总督，他以“每平定一地，即治理一地”的决心，在甘肃实行了一系列整治政治社会经济的措施，用以恢复农业生产，收兑甘肃司钞即是他的一项财政金融主张，见证了他在社会重建方面的领导力和实际行动。

甘肃司钞从咸丰四年（1854年）起到同治末年止，共流通使用不到20年。通过梳理它的发行背景，我们不难理解该钞的印制和流通是甘肃省推行的一种临时货币政策。发行之初，是因为“大清宝钞”没有运送至甘肃地区，甘肃藩司暂时印发司钞予以救急。同治时期，甘肃司钞的发行则是为了满足朝廷在西北地区军费开支的需求。

（王纪洁）

中国通商银行券：
中国第一家银行发行的纸币

银行作为一种信用工具，是货币经济发展到一定阶段的产物。在我国，清光绪以前，经营存款、借款、兑换银钱的金融机构是银号、银钱店、钱庄与票号等。这些金融机构的主要业务都是兑换银两，性质相差无几。19 世纪和 20 世纪交替之际，随着社会变迁，金融机构的性质也在悄然发生变化，原有的封建性金融机构在庚子年（1900 年）以后逐渐衰落，而被新式银行所取代。

我国现代意义上的银行，是近代社会的一种舶来品。鸦片战争以后，海禁大开，我国开始沦为半殖民地半封建社会。外国资本主义列强为了便于向中国输入商品及资本，陆续在我国通商口岸城市设立银行，利用发行纸币等进行经济侵略活动。从道光二十五年（1845 年）起，第一家外资银行——丽如银行在香港设立分行，在广州设立分理处，直至清末，在华设立过营业机构的外国银行不下 40 家。这些外国在华银行，除了从事一些国际商务汇兑、结算、存放款等基本金融业务，参与中国的金融和贸易活动，还向清政府提供借款，清末绝大部分外债都是由外国在华银行提供的。

最初，清政府对外国这种设立银行、拥有发钞权的行径未加制止。后来，清廷朝野上下看到外国银行的钞票在市面上流通非常畅达，几乎控制了中国货币与金融的运行，至光绪年间，一些有识之士主张由自己建立银行，以图挽回发钞权力并作为整理金融币制的枢纽。

中国通商银行是中国历史上第一家自办的、真正意义上的银行，同时也是第一家商业银行、第一家发行纸币的银行，成立于光绪二十三年四月

盛宣怀像

二十六日（1897 年 5 月 27 日），总行设于上海，系由晚清重臣盛宣怀一手创办。盛宣怀（1844—1916 年），字杏荪，江苏武进（今常州）人，秀才出身，官办商人、买办，洋务派代表人物，清末著名的工商业资本家、政治家和慈善家，曾担任清朝的邮传部尚书、铁路大臣等职务，对中国的交通事业和铁路建设作出了重要贡献。他自己创办了多家企业，涉及轮船、电报、矿业、金融等领域，对中国近代的社会经济产生了深远的影响，被誉为“中国实业之父”。

自 1845 年第一家外国银行在华创办，直到 1897 年中国通商银行成立之前的这 50 余年里，外国银行控制中国金融市场、操纵资本市场，加大经济掠夺，垄断进出口贸易。面对这种财政被动的局面，就是否设立官办银行，清廷内部进行了多次商议、讨论。如光绪十一年（1885 年），李鸿章就曾提出“纠合中外众商之力”开设银行，但囿于当时的条件，他的提议未能实行。

四年后，因为一条铁路的修建，创办银行事宜再次被议及。光绪十五年（1889 年）四月，时任两广总督的张之洞给光绪皇帝上了一道《请缓造津通铁路改建腹省干路折》，他认为应修建一条自京城卢沟桥起，经河南直达湖北汉口镇的铁路。这条铁路被称作“卢汉铁路”（后改京汉铁路），可以连通黄河、淮河、长江等流域，沿河、沿江各省均可受益。他建议修建铁路的资金来源除招股外，还可向商家借款。这项主张得到慈禧太后和光绪皇帝的首肯。

光绪二十二年（1896 年）十月，张之洞推荐直隶海关道盛宣怀担任铁路督办总理，一边筹款，一边施工，统筹修建卢汉铁路。盛宣怀承办卢汉铁路的款源主要是借洋债，从比利时借款 112.5 万法郎，息 5 厘，期限 30 年。在与帝国主义经办借款的过程中，盛宣怀意识到要办铁厂不能不办铁路，要办铁路不能不办银行，他认为“铁路之利远而薄，银行之利近而厚，欲银行铁路并举，方有把握”，意识到只有以银行为枢纽，把各种新式企业联系起来，才能收到彼此利用和相互维系的效果。而且，他还认为，设立本国银行可以“通华商之气脉，杜洋商之挟持”。光绪二十二年（1896年）十一月，盛宣怀的请求得到朝廷的正式批准。中国通商银行在筹建期间，关于行名的确定也大费周折。最初，众人拟用“招商银行”，后来又提出采用“中国银行”“中华商会银行”等，最后才决定以“中国通商银行”作为我国第一家银行的名称，取“通商惠工”之意，简称“通商银行”。

光绪二十三年（1897年），清政府核准在上海设立商办中国通商银行，该行在北京、汉口、广州、汕头、镇江等处设立分行。通商银行创立时，招商股500万两，先收半数250万两，并商借度支部库银100万两，议分5年摊还，至光绪二十八年（1902年）如约还清，纯留商股。通商银行名为商办，实系奉旨设立的官商性质。银行章程共计22条，规定：奏明权归总董，利归股商，用人办事，以汇丰为准，商款商办，官府担保而不管事。

位于上海中山东一路的中国通商银行旧址

中国通商银行成立后，清政府授予其发行纸币的特权，光绪二十四年（1898 年）即开始发行银元票和银两票，这是中国最早发行的新式银行券，“至此国中始见中国货币与外商银行之纸币分庭抗礼”。通商银行最初发行的纸币正面为中文，背面为英文，包括行名和面额，开始用“Imperial Bank of China”，即中华帝国银行之意，后改为“Commercial Bank of China”，成为一家纯粹的商业银行。自 1898 年开始，到 1935 年国民政府实行法币改革，中国通商银行停止发行为止，共计发行银元票 9 次 10 版，银两票 2 版。

早在请求成立银行之时，盛宣怀就主张一定要参考汇丰银行的规章制度管理银行，钞纸一定要选用精细纸张，用先进的机器印制。银行储备多少银两，就印制多少银票，以便百姓可以随时兑换。这里，我们重点介绍一下中国通商银行发行的光绪二十四年（1898 年）第一版和光绪三十年（1904 年）第二版钞票。

光绪二十四年第一版钞票，包括银两票和银元票，其中银两票印制 50 万两，票券上的地名有上海和北京；银元票印制 235 万元，票券上的地名有上海和广东。银两票和银元票都是由英国 Enoraved By Barclay & Fry Limited 公司印制完成的。

第一版银两票的面额有伍钱、壹两、伍两、拾两、伍拾两、壹百两，共计 6 种，票面设计借鉴汇丰银行在香港发行的钞票，横式，但不失大清官票、宝钞之遗风。钞票正面四角分别斜书面额，上端中间位置印有双龙戏珠图，其中龙珠下面有一圆形花框，花框内镌刻“中国通商银行”6 个篆字，竖式三行排列。“中国”二字在中间，“通商”“银行”分列右左。二龙旁边花框内各镌刻有面额。双龙戏珠下面印有“中国通商银行”6 个字，篆书，书体较大，右读。下面有一竖形红色花框，框内印有面额，花框四角均装饰有太极图，并在两旁印有满文的面额。

钞票背面除龙珠圆形框内镌刻“中国通商银行”6 个字篆书外，其余皆为英文，包括行名、面额等。钞票下部有英文“美德伦”（A. W. Maitland）的签字，这也是当时中国半殖民地经济的一种反映。美德伦是英国人，曾在汇丰银行任职二十多年，有丰富的银行业管理经验和金融从业经历。光绪二十三年正月初一（1897 年 2 月 2 日），中国通商银行与美德伦签约，聘其担任中国通商银行总行首任大班（相当于总经理）。

第一版银元票面额有壹圆、伍圆、拾圆、伍拾圆、壹佰圆，共计 5 种，设计风格和版式特征与银两票相同。今见印有“上海通用银元”“广东通用银元”两种。上海地名银元票四周花草边框为紫红色，广东地名银元票四周花草边框则为绿色。另外，光绪二十五年（1899 年），中国通商银行在北京、保定、天津三地还投放了一定数量的银元票，似乎是加盖了上海地名。

中国通商银行成立之初，由于经营得当，发展态势很好，存款从 1897 年底的 262 万两上升至 1899 年底的 397 万两，放款由 395 万两升至 582 万两；经营外汇买卖也利润颇丰。但两年之后，京城分行经历了一场浩劫。光绪二十六年五月二十六日（1900 年 6 月 22 日）正值义和团运动兴起，八国联军侵华，中国通商银行京城分行遭受兵匪抢劫和焚烧，损失惨重。据记载，兵匪抢劫现银 2.8 万余两，银元 2.5 万余两，钞票 35 万两，以及一切客户借券、

光绪二十四年中国通商银行伍钱银两票（京城）

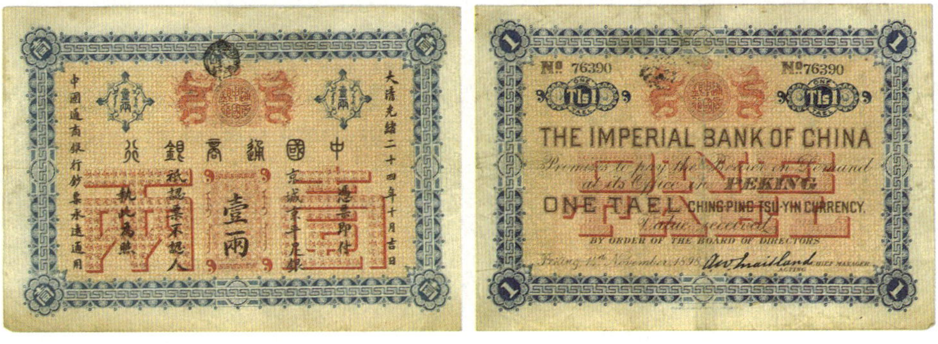

光绪二十四年中国通商银行壹两银两票（京城）

光绪二十四年中国通商银行拾两银两票（京城）

光绪二十四年中国通商银行壹两银两票（上海）

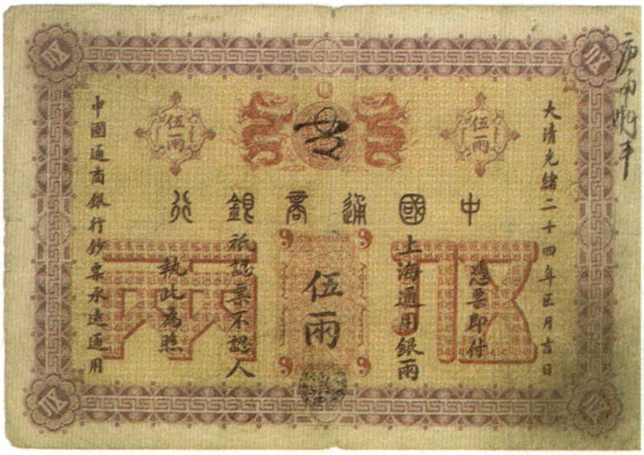

光绪二十四年中国通商银行伍两银两票（上海）

光绪二十四年中国通商银行伍圆银元票（广东）

契据、图章等。之后，中国通商银行在《申报》刊登所抢京城银两票全部作废。

屋漏偏逢连夜雨！中国通商银行京城分行被抢劫事件三年后，日本人在大阪伪造了中国通商银行假钞约 30 万元，并将它们投放到中国市场。光绪二十九年（1903 年）二月，上海市面出现了伪造的中国通商银行伍圆和拾圆银元票，上海各个大小钱庄一律拒收中国通商银行钞票。广大市民闻讯后，

光绪三十年中国通商银行拾元银元票（广东）

争先恐后地到中国通商银行兑换现银，出现了空前的挤兑浪潮，致使中国通商银行信誉严重下降。此次伪钞案件造成中国通商银行元气大伤，短短数天，挤兑数额已经超过了发行额的一半，中国通商银行损失 10 万元。面对这种几近失控的局面，为了减少损失，提高信誉，中国通商银行总行决定将光绪二十四年（1898 年）第一版银元票全部回收、销毁。第二年，再次委托英国 Enoraved By Barclay & Fry Limited 公司印制了伍元、拾元、伍拾元三种面额的第二版银元票，只有上海地名，第二版银元票与第一版的最大区别就是主体图案增加了象征招财进宝、民间喜闻乐见的站立财神像，之后财神爷被正式奉为中国通商银行的标志，用在以后的各版钞票上。选择财神图案作为纸币上的图案，除了增强通商银行纸币信用，还有着与众不同的意义。在老百姓心中，财神是享有崇高地位的神明，具有神通广大、保命消灾的力量，以及“发财”的美好寓意。因为钞票人人都要使用到，将财神像印在上面，可以让钞票持有人产生持续使用的欲望。

此外，第二版银元票与第一版银元票还有几点差别：一是票正面去掉了花草组成的装饰四框，底图以面额组成的装饰图案代之。二是将“圆”改写成“元”。三是票背面的英文签名是“麦歇尔”。麦歇尔是中国通商银行总行第二任大班。四是在票背面增加了印制编码。五是英文行名由“Imperial Bank of China”改为“Commercial Bank of China”。

据统计，光绪三十年（1904 年）第二版银元票一共印制了 435 万元，其中伍圆票印制了 175 万元，拾圆票印制了 210 万元，伍拾圆票印制了 50 万元。

中国通商银行发行的纸币，较之以前的纸券，有三个最为明显的变化，一是将中国传统钞券的竖式变为西方的横式，二是将单面印刷改为双面印刷，三是背面增加英文。这些变化充分说明了中国通商银行发行的纸币是当时中西方文化交流的结果。中国通商银行发行的纸币的设计风格和版式特征，对以后中国近现代纸币券的形制特点影响深远。

据不完全统计，中国通商银行自成立到光绪三十三年（1907 年），共发行钞票合计 231 万两。中国通商银行自 1898 年开始发行纸币，到 1935 年国民政府取消其发钞权为止，是中国近现代史上发行纸币时间最长的商业银行。作为近代中国金融史上最具影响力的金融机构之一，中国通商银行的创立，标志着中国传统金融业开始迈向现代化，对我国近现代社会经济的发展产生了深远的影响。中国通商银行发行的纸币，在扶助工农业生产、发展国民经济、促进近代工业的发展、繁荣市场、活跃城乡贸易等方面发挥了一定的积极作用。

品鉴中国通商银行发行的纸币，我们可以看到那个时代的社会经济发展状况；欣赏这些面额不同的纸币，我们可以了解到那个时代人们的生活面貌。中国通商银行发行的纸币设计美观大方，印制精美，仿佛为今天的我们勾勒出那个时代沉淀的历史文化。

（王纪洁）

最早的官方铜元票：

北洋银元局当十铜元票

清朝末年，作为社会商品交易媒介的制钱和铜元，由于面值过低难以满足商业交换发展的需要，于是经各地官方批准，为扩大信用货币的单位，以满足日益发展的商品经济的需求，大面额的铜元票开始发行，北洋银元局当十铜元票即是其中之一。该套铜元票面额共计伍拾枚、壹百枚和伍百枚 3 种，这是我国历史上，最早由官方统一印制和发行的铜元票。

据史料记载，光绪二十八年（1902 年）2 月，清政府批准设立北洋银元局（全称“北洋银元铸造总局”），同年 6 月开始筹备设立，11 月开始试铸银元和铜元。光绪三十一年（1905 年），曾经发行当十铜元票，面值有伍拾枚、壹百枚和伍百枚 3 种，其“枚”系指当十铜元，1 枚当 10 文铜钱。例如，面额伍拾枚，可以兑换 50 枚当十铜元，即 500 文，故有的五百枚铜元票上加盖“准作制钱五千文”戳印，说明该票亦可充当钱票使用，与制钱固定比价混合流通。

三种面额的北洋银元局当十铜元票均为竖式，设计风格、版式特征和颜色一致，唯有票幅尺寸不同而已，其中伍拾枚票为 75 毫米 ×116 毫米，壹百枚票为 78 毫米 ×127 毫米，伍百枚票为 93 毫米 ×153 毫米。

铜元票全部采用石印技术印制，正面为蓝黑 / 黄色，双色套印，背面为赭石色。正面四周有由中国传统花纹图案组成的边框，边框四角分别印有大写（篆书）和阿拉伯数字面额，如“伍拾”“50”字样。主体图案为双龙戏珠，宝珠熠熠闪光，双龙尾部呈自然下垂状。下面印有钞票名称“北洋银元局当十铜元”，三行横式排列。票面中间位置印有面额，竖式排列。面值右侧印有

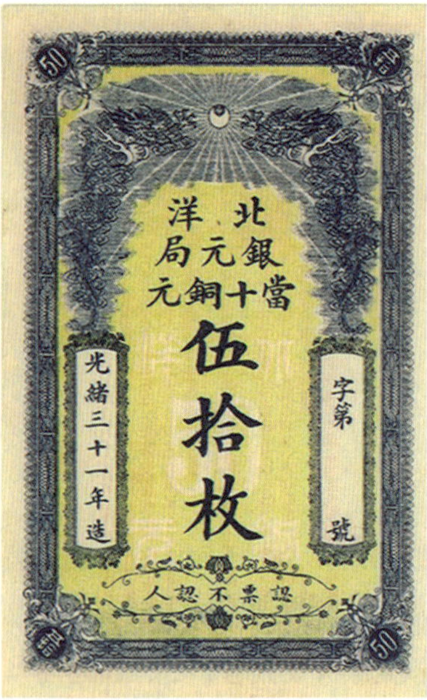

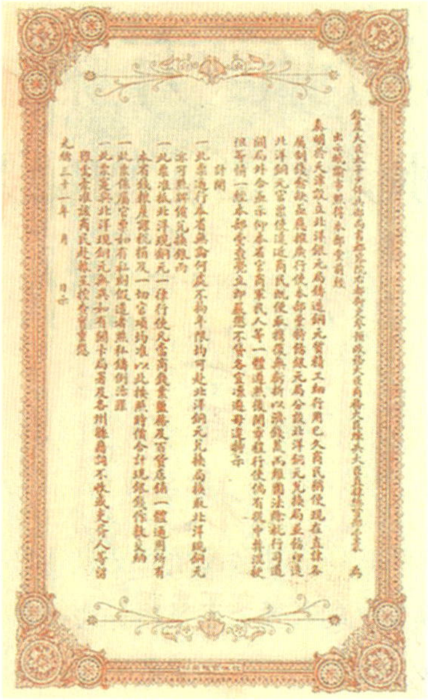

北洋银元局当十铜元票伍拾枚

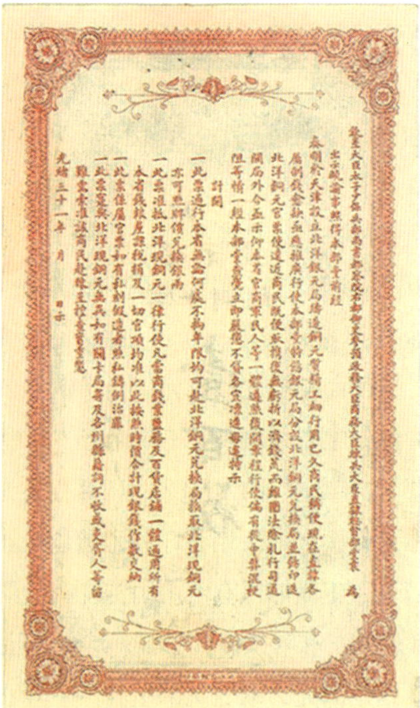

北洋银元局当十铜元票壹百枚

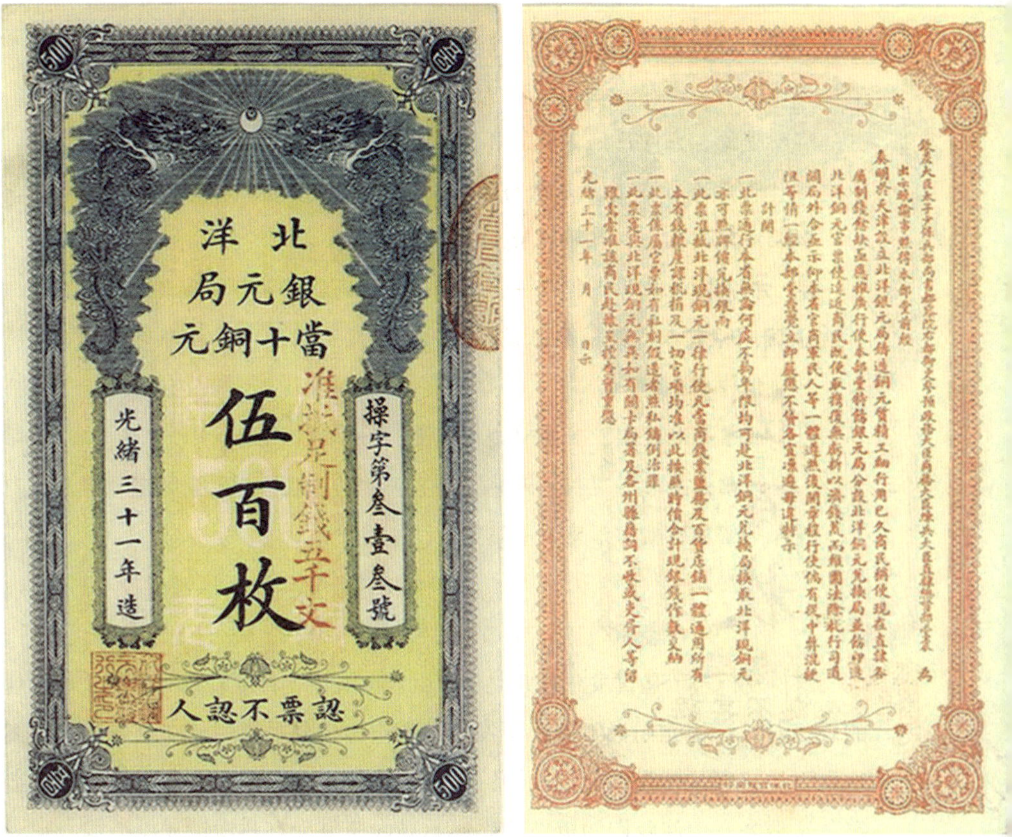

北洋银元局当十铜元票伍百枚

“× 字第 × 号”，左侧印有印制时间“光绪三十一年造”。票面最下端正中位置印有警示用语“认票不认人”字样。

背面四周亦有由中国传统花纹图案组成的边框，边框内印有铜元票的发行布告，竖式排列，全文如下：

钦差大臣太子少保兵部尚书都察院右都御史参预政务大臣商务大臣练兵大臣直隶总督部堂袁，为出示晓谕事。照得本部堂前经奏明于天津设立北洋银元局，铸造铜元，质精工细，行用已久，商民称便。现在直隶各属制钱愈缺，亟应推广行使。本部堂特饬银元局分设北洋铜元兑换局，并饬印造北洋铜元官票，使远近商民既便取携，复无亏折，以济钱荒而维圜法，除札行司道关局外，合亟示仰本省官商军民人等一体遵照后开章程行使，倘有从中弊混梗阻等情，一经本部堂查觉，立即严惩不贷，各宜凛遵毋违，特示。

此票通行本省，无论何处不拘年限，均可赴北洋铜元兑换局换取北洋现铜元，亦可照牌价兑换银两。

本票准抵北洋现铜元一律行使，凡当商钱业盐务及百货店铺一体通用，所有本省钱粮厘课税捐及一切官项，均准以此按照时价，合计现银作数交纳。

此票系属官票，如有私刻假造者，照私铸例治罪。

此票是与北洋现铜元无异，如有关卡局署及各州县藉词不收或吏胥人等留难需索准该商民赴辕呈控，查实重惩。

光绪三十一年 × 月 × 日示

这份发行告示是直隶总督兼北洋大臣袁世凯代表直隶省政府按照法律法规的规定对北洋银元局当十铜元票发行事项作出的公示说明。在公告中，详细地向百姓解释了印发铜元票的原因、目的、意义、使用办法，以及禁止伪造等。这份公告也使我们知道在北洋银元局内还另设有北洋铜元兑换局，铜元票的印制具体由铜元兑换局负责完成。从名称上看，北洋铜元兑换局不仅承担印制铜元票，还具体负责铜元票的兑换工作。

这三种面额的铜元票，正面“× 字第 × 号”处，以及背面时间处都是空白，系发票时由经办人手工填写完成，这也是当时钞票的防伪手段之一，发票时再填上印制编码，可以防止假票的出现。北洋银元局当十铜元票是中国历史上最早由官方发行的铜元票，印刷量很小，研究价值和学术价值很高，并且它的发行与袁世凯关系紧密。

清末天津第一家机器造币局是李鸿章在光绪十三年（1887 年）设立的宝津局，在其创建的天津机器制造局内。光绪二十七年（1901 年），袁世凯接替李鸿章担任直隶总督。天津的地理位置非常重要，自明代永乐开始，拱卫京师，漕运兴盛，成就了一个地位重要且经济繁荣的天津。清朝末年，天津成为通商口岸，比当时的京城还要繁华和现代。可是 1900 年爆发“庚子事变”，八国联军攻打天津，在外敌的蹂躏之下，昔日繁华的天津城几乎变成了一座废墟。当时的天津城及其周边地区，经过八国联军的大肆掠夺，社会经济严重衰退，市面银根奇紧，周转困难，物价腾飞，货币流通筹码不足。袁世凯担任直隶总督后，面临的就是一副惨状的社会状况，要想稳定社会，安抚民心，必须进行金融业的整顿，统一币制。整顿金融秩序，必须牢牢掌握铸币权，所以设立造币厂成为当务之急。于是，袁世凯向清政府提出重新组建天津地区造币机构的建议。

光绪二十八年（1902 年），袁世凯委任周学熙为北洋银元局总办，负责勘查探测营造厂址。周学熙（1865—1947 年），安徽东至县人，清末民初的政治家和实业家，最初在浙江为官，后为山东候补道员。这一时期，清廷推行“新政”，提出“上下一心，官商一气，实力整顿，广辟利源”。光绪二十六年（1900 年），周学熙入袁世凯幕下，是袁世凯推行“新政”的得力人物。在袁世凯的支持下，周学熙成为直隶工艺总局总办，展示了高超的经营企业的才能。而后袁世凯委派他主持北洋实业，推动了直隶省的工业发展，对中国的民族工业发展作出了贡献。周学熙在接到建设造币厂的任务之后，通过反复实地勘验，最后选定今天津市河北区宇纬路作为北洋银元局机关所在地，将原李鸿章淮军护卫营旧址设立为厂房。同时，把原宝津局废墟中尚存完好的造币设备运至新厂房，并向社会广泛招募原造币厂的技师和工人。同年 10 月，北洋银元局厂房建好，11 月，正式开始铸造铜元和银元。

直隶省政府发行铜元的本意是治理天津金融市场，但这一举措引起金融市场的剧烈波动，铜元日益贬值。光绪三十年（1904 年）1 月，1 块银元兑换铜元 1800 余文，兑换制钱 1400 文，铜元与制钱之间 400 文的差距，足以说明铜元的贬值程度。第二年下半年，外省铜元大量涌入津门，北洋银元局铸造的铜元积压严重，铜元急剧贬值，“亟应设法疏销”。此时，制钱又极其短缺，形成流通领域中的“钱荒”，造成流通领域筹码不足。在此背景下，直隶省政府决定印制铜元票，投入市场。

北洋银元局当十铜元票是由北洋官报局印制的。袁世凯到天津上任后，为挽救政治危机，首先提出建立北洋官报局。北洋官报局创办于光绪二十八年（1902 年）二月，最初地址在保定。后随直隶总督衙署迁至天津，改组为

北洋造“光绪元宝”银元

北洋造"光绪元宝"当十铜元

北洋官报总局，旧址在直隶总督学务所（今天津市河北区狮子林大街官报局胡同），另在北京、保定设立分局。同年十二月，北洋官报局正式营业，《北洋官报》正式发刊问世，它是中国最早创办的官府报刊。

袁世凯最初计划建立北洋官报局，还准备兼营一些印刷事业。为了提高印刷设备质量和印刷技术，经袁世凯批准，官报局从日本聘请铜版雕刻及印刷、石版印刷、照相铜版、锌凸版制造等方面的专家和技师，又从上海找来从事照相制版、电镀铜版、活版印刷的专业人员。

当时天津地区，社会流通的货币很少，尤其是银元匮乏，市场交易困难，并渐渐扩大到其他地区。袁世凯为了弥补银元的不足，向户部及外国银行借款，设立天津平市银号，以该借款的兑换为准备金，发行纸币，以解燃眉之急，并委托北洋官报局印制。为保证钞票的印刷质量，官报局印刷部专门派人到日本学习，购买印制纸币需要的各种设备，培训专业技术人员。但是很可惜，天津平市银号纸币印好后却没有使用，全部废弃。

而后，为发挥已购置印钞设备的有效价值，北洋官报局除了自行出版书刊，还开始接受各种社会委托，开展代印业务，如为本省和全国各地的一些银行、官钱局印制钞票。因为当时天津市面“钱荒”严重，北洋银元局决定委托北洋官报局印制铜元票，以缓解筹码不足之窘迫。于是，北洋官报局就承揽了北洋银元局当十铜元票的印制工作。

通过解读北洋银元局当十铜元票背面的发行布告，我们可以总结出该铜元票的使用特点：一是此票虽名为铜元票，但在税收缴纳时，亦可以折合银两使用。二是此票等同于北洋铜元，在本省各地流通。三是可以随时到铜元兑换局兑换成铜元或按照时价折合银两。此外，为了维护铜元票的正常有序流通，官府还规定任何店铺不得拒收，不得伪造，一经发现严惩不贷。

清末，虽然各省为了经济利益纷纷发行纸币，但纸币的发行数量远不及制钱、铜元和银两，所以清末纸币具有很高的收藏价值，在中国近代货币史研究中的地位也很高，北洋银元局当十铜元票就是其中的典型代表。而且，它的背后还隐藏着一段丰富的历史，且随着时光的流逝变得越发珍贵，成为历史的见证者和文化的讲述者。

（王纪洁）

满汉官员双人头像纸币：
光绪三十年湖北官钱局拾两银票

清朝末年，政治统治昏暗，各方势力为了满足财政开支的需要，上至朝廷各部，下至地方各署，大都设立机构，印钞票，各自流通。钞票图案设计得丰富多彩，以人物、地方风景、劳动场面居多。人物图案，尤以历史人物、当时政坛人物为主。光绪三十年（1904 年），湖北官钱局印制发行的拾两银票，钞票的人物头像有两位，分别是张之洞和端方，这也是目前为止发现的唯一的同时印有满汉官员双人头像的清代纸币。

该张银票设计风格和版式特征如下：

竖版，票面尺寸为 99 毫米 ×187 毫米。银票正面为墨绿色油墨印刷。四周装饰有精美花框，上端和底部中间位置自右至左印有“湖北官钱局”5 个字，篆书，表示该票的发行机构。左右两侧印有“拾两”二字，各有 7 处，亦为篆书。这种设计风格主要有三个目的，一是因为“拾两”面值较大，购买力强，在左右边框多次加印“拾两”二字，旨在提醒人们拿到银票一定要仔细辨识。二是作为一种防伪技术标识。三是也可以作为一种装饰设计，起到美化作用。

整个票面由三部分组成，上部印有两个人物头像，右边是湖广总督张之洞，左边是湖北巡抚端方。张之洞（1837—1909 年），直隶南皮人，清末洋务派代表人物。张之洞为官之时，正是大清王朝国势微弱、命运多舛之际。为振兴民族，他提出“中学为体，西学为用”的主张，积极推动民族工业发展，与曾国藩、李鸿章、左宗棠并称为“晚清四大名臣”。同治二年（1863 年），年仅 26 岁的张之洞高中探花，赐进士，授翰林院编修。后历任湖北学政、四川学政、山西巡抚等职。光绪十五年（1889 年）调任湖广总督，光绪三十三年（1907 年）升任军机大臣。张之洞在湖北督政期间，实行广开新学、改革军政、振兴工业等新举措，使得湖北社会上下朝气蓬勃，人才济济、财赋丰足，成为中国洋务新政的中心。端方（1861—1911 年），满洲正白旗人。光绪八年（1882 年）中举人，历任陕西、湖北、湖南巡抚，湖广、两江、闽浙总督，任期内积极推行新式教育，鼓励学子出洋留学、报效国家。光绪三十一年（1905 年），作为出使西方考察宪政五大臣之一，分别访问日本、美国、英国、法国、德国、丹麦、瑞典、挪威、奥地利、俄国 10 国，回国后编撰完成《欧美政治要义》，该书被誉为中国立宪运动的重要著作。

银票中部为双龙戏珠图案，图上端不规则画框内印有“湖北官钱局”5 个字，楷书书写，右读。下部印有三列文字，右列是“× 字第 × 号”，代表该票的印制编码。中间印有面额，“凭票取估平宝银拾两整”，说明该票的性质是银两票。左侧是印制时间，“光绪三十年正月吉日”，下面加盖一方“湖北官钱局”长形小红印章，篆书。票面上的“估平”，是清代公估局鉴定宝银的衡量标准，通行于汉口、贵州等地。清时，各地公估局多选用当地最通用的平砝，如上海公估局用漕平、天津公估局用行平等。平，就是衡器，清朝度量衡不统一，各地银两的含量、重量不一致，流通时需要称重，重新进行折算。

下部黑框内印有六列文字，“此票准完纳本省丁漕及关税盐课厘金，如有私刻假票者，照私铸例治罪”，楷书。说明该票的使用范围，可以在湖北省境内缴纳地丁钱漕、关税、盐课、厘金等税收，民间不得私自印制假票，如有违背按照私铸钱币治罪。银票最下端印有“大日本帝国政府印刷局制造”，表示印制机构。

银票背面是绿色油墨印制。右侧靠上位置加盖一枚“湖北官钱局”骑缝章，以及字号的骑缝。银票四周有设计精美的花框。框内上端印有“CHINA”，下端印有英文的面额和发行机构“KUPING SYGEE 10 TAELS”“Hupeb Government Cash Bank”。

中间印有文字，“太子少保头品顶戴兵部尚书兼都察院右都御史总督湖北湖南等处地方军务兼理粮饷张”（张之洞）及“头品顶戴兵部尚书兼都察院右副都御史兼署湖广总督巡抚湖北武昌等处地方提督军务端”（端方），二位权

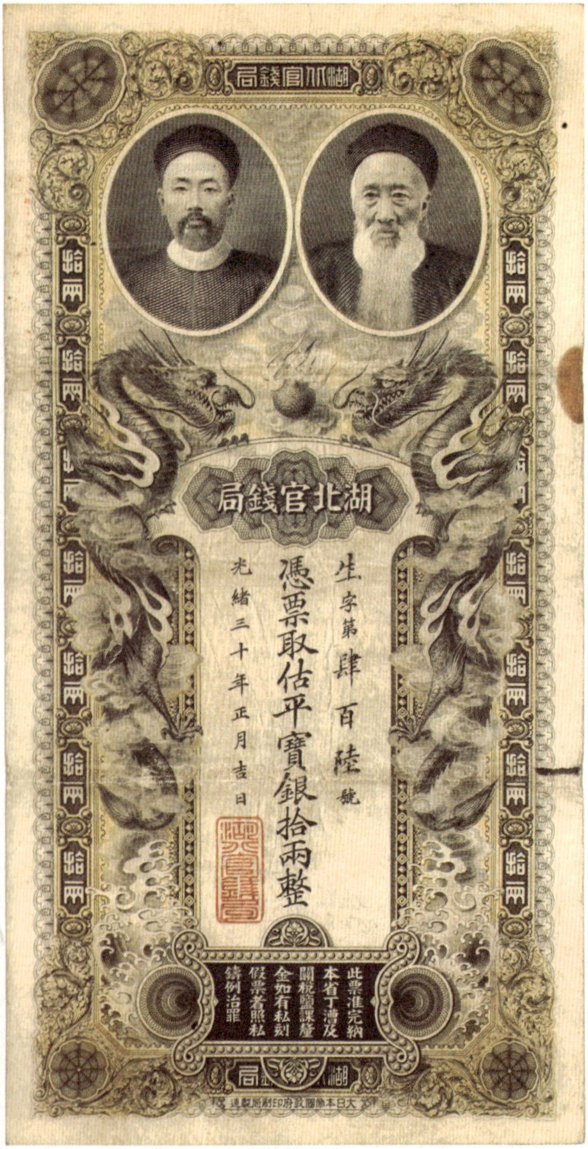

光绪三十年湖北官钱局拾两银票（正面）

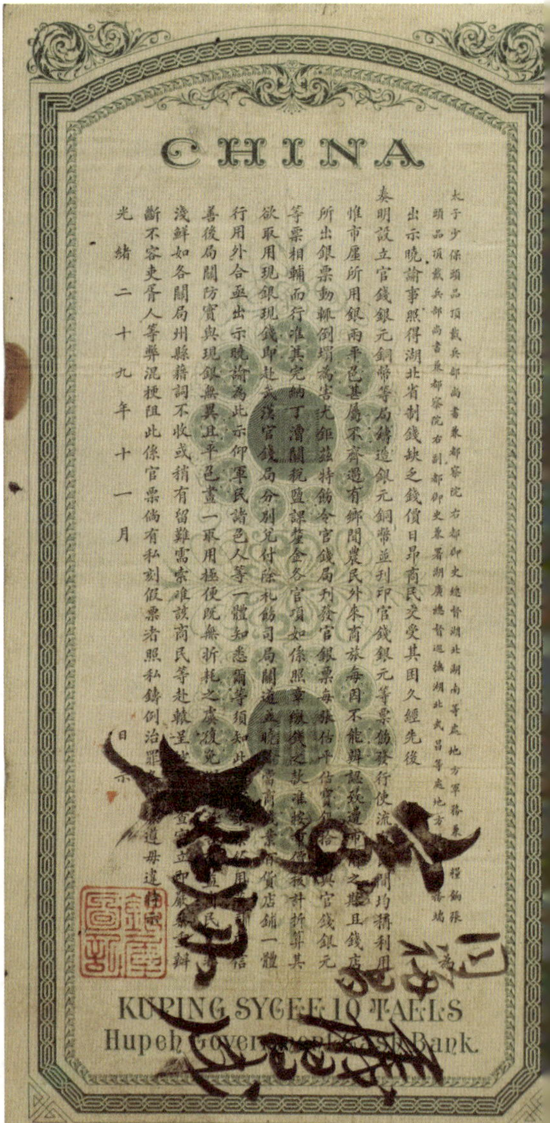

光绪三十年湖北官钱局拾两银票（背面）

臣同署的示谕，竖式排列，具体内容如下：

出示晓谕事，照得湖北省制钱缺乏，钱价日昂，商民交受其困，久经先后，奏明设立官钱银元铜币等局，铸造银元铜币并刊印官钱银元等票饬发行，使流布民间，均称利用。惟市厘所用银两平色甚属不齐，遇有乡间农民、外来商旅，每因不能辨认，致遭市侩之欺，且钱店所出银票，动辄倒塌，为害尤钜，兹特饬令官钱局刊发官银票，每张估平估宝银拾两，与官钱银元等票相辅而行，准其完纳丁漕关税盐课厘金各官项，如系照章缴钱之款，准按市价核计折算，其欲取用现银现钱，即赴武汉官钱局，分别兑付，除札饬司局关道，并晓谕当商钱业百货店铺一体行用外，合亟出示晓谕，为此，示仰军民诸色人等一体知悉，尔等须知此项，官银票钤用藩司印信、善后局关防，实与现银无异，且平色画一，取用极便，既无折耗之虞，复免倒塌之害，有益商民良非浅鲜，如各关局州县藉词不收，或稍有留难需索，准该商民等赴辕呈控，一经查实，立即严察重办，断不容吏胥人等弊混梗阻，此系官票，倘有私刻假票者，照私铸例治罪，各宜禀遵毋违，特示。

光绪二十九年十一月 × 日示

并在末端钤盖一方形红色“银库图记”印章，篆书。

银票背面的发行告示，向人们详细地解读了湖北官钱局银票发行的社会背景、性质、兑换方法，以及银票的优点和伪造假票的处罚等。

湖北官钱局是湖北第一家带有现代特征的金融机构。它的出现是当时湖北武汉地区经济近代化进程的发展要求与具体反映，推动了湖北尤其是武汉近代金融的发展，使武汉迅速成为华中地区的金融中心。

光绪二十二年（1896 年）四月，时任湖广总督的张之洞洞悉市面制钱短缺，货币制度紊乱，百姓用银交易非常困难，遂提出筹办湖北官钱局的主张，并责成湖北善后局（清末凡有战事的省份均设立善后局，专管牙厘分配和政府财务调度）拨给库银 5 万两、银元 5 万两作为筹办基金。关于开办湖北官钱局的原因、钞票印制和管理办法，张之洞在给朝廷的奏折中写得很明确：“湖北省钱少价昂，商民交困，虽议设炉购机鼓铸，一时骤难即有现钱供用。至行用银元，本以辅制钱之不足，而民间持向钱店易钱，每为奸商所抑勒，以致钱价仍不能平。查从前各州解缴丁漕钱文，皆在各钱店易银上兑，于是制钱专归钱店，该商遂得以抬价居奇。臣等与司道商，惟有设立官钱局，制为钱票、银元票，精加刊印，盖用藩司印信及善后局关防，编立号码，层层检查，如有私造者，照私铸制钱银元例严行惩办，通行湖北省内外。此票与现钱一律通用，准其完纳丁漕、厘税。”

光绪二十三年（1897年）二月，经朝廷奏准，张之洞在武昌正式成立湖北官钱局（旧址为今武昌解放路中国工商银行湖北省分行），发行可兑换的官票。湖北省官钱局成立不久，即在汉口鲍家巷设立分局，后又陆续在宜昌、沙市、樊城、老河口、安陆（今钟祥）、武穴等商埠设立分局。从1904年4月起，湖北官钱局陆续开始经营存款、放款、汇兑等业务。1912年之后，湖北官钱局还在继续营业，但形势已是江河日下，今非昔比。

因系官办，湖北官钱局发行的钞票称为“官票”，其先后发行的官票有制钱票、银两票和银元票3种。其中，银两票发行于光绪三十年（1904年），“官钱局刊发官银票，每张估平估宝银拾两，与官钱银元等票相辅而行”。湖北官钱局是清末各省官钱局中最先发行新式钞票的。为保障兑换，特规定凡持官票向官钱局兑钱的，一概照市价兑现。因为官票准备充足，信用较好，百姓乐于接受和使用。湖北官钱局的成立及其业务活动的开展，官票的大量发行，对于缓解“钱荒”，平抑钱价，便利商民，活跃市场，湖北实业的发展，均起到了推动作用。

光绪三十年（1904年）湖北官钱局双人像拾两银票是我国首次将人头像印在票券上的纸币，又是同时期唯一的双人头像纸币，同时也是清代满汉文官双人头像同在一起的纸币。那为什么两名官员的头像会出现在同一张纸币上呢？

这是因为光绪二十九年（1903年）二月，张之洞奉旨回京，主持经济特科考试，直到第二年三月才回到湖北复任。他离开的这段时间，端方以湖北巡抚身份署理湖广总督，所以端方就继续负责办理湖北官钱局钱票和银票的印制。一个是湖广总督，一个是湖北巡抚；一个负责出思路，一个负责实施；一个是汉族官员，一个是满族官员，所以二人的头像同时出现在这张钞票上。因为张之洞的官阶比端方高，所以张之洞居右，端方居左。

该票的印制机构是大日本帝国政府印刷局。大日本帝国政府印刷局即日本大藏省印刷局，后改称日本帝国内阁印刷局。为什么湖北的纸币要跑到日本印刷呢?

湖北官钱局正式成立之后，旋即印制和发行纸币。当时武汉的印刷设备虽然在全国居于领先地位，但设备还是相对简陋，印制水平较低，技术粗糙，纸币面世之后不久，市面上就出现了假票，一方面影响到官钱局的信誉，另一方面也造成了流通领域的混乱。为杜绝造假现象，张之洞决定向印刷技术水平高的日本申请定制纸币。为此，清政府委派杨枢出使日本，全权负责此事。杨枢到日本后，通过考察日本政府印刷局的各种技术设备和印制水平，遂与日方签订了委托印制纸币的合同。拾两银票，每张收取三分。日方建议，钱票的花纹边框虽然精细，但民间仍然可以仿造出来，若在银票上添加一人头像，纵有高手临摹，也很难仿制出人像的神韵，真伪很容易判断。据文献记载，印制局最优秀的雕刻师大山助一负责雕刻了光绪三十年湖北官钱局双人头像拾两银票钞版。

从总体上看，光绪三十年湖北官钱局双人像拾两银票设计精美，布局合理，古色古香，纸张质量良好，印刷精致，色泽饱满。因存世很少，是清末纸币中享有盛誉的珍品。

（王纪洁）

精美绝伦：
大清银行载沣像兑换券

清朝末年是我国古代纸币印制和发行的鼎盛时期，上面的图案多姿多彩、多种多样。清末纸币图案主要有人物头像、风景、建筑等，其中人物头像主要有古代著名历史人物，以及当时朝野上下最有权势的重臣，如清朝最后一位皇帝溥仪的父亲——摄政王载沣的头像就曾出现在大清银行兑换券上。

大清银行是清末的中央银行，其前身是清政府创办的户部银行。清末，为了控制金融市场、保护民族资本，朝廷决定创办国家银行。光绪三十年正月二十八日（1904年3月14日），户部奏请试办户部银行，曰："现当整齐币制之际，亟赖设立中央银行为推行枢纽。臣等再三筹商，拟由户部设立，筹集股本，参阅各国银行章程，斟酌损益，迅即办起银行，以为财币流转总汇之所。"不久，户部拟订了《试办银行章程》32条，得到光绪皇帝批准之后，即开始进行筹备工作。

光绪三十一年八月二十九日（1905年9月27日），中国首家官办银行——户部银行，在巡视中城御史衙署原址即今西交民巷开办。资本金为库平银400万两，分为4万股，户部认购一半，其余由官员、民众购买，但规定只限国人，不得转卖给外国人。随后在上海、天津、汉口等地设立分支机构。户部银行是中国第一家国家银行，更是总行设在京城的第一家中国自办的新式银行。

光绪三十二年（1906年）十一月，清朝改革官制，户部改为度支部。光绪三十四年（1908年）七月初一，户部银行正式更名为大清银行，并制定了《大清银行则例》（以下简称《则例》）24条，将其定位于行使中央银行职权与兼办商业银行业务的复合型银行，赋予该行代理国家发行纸币、经理国库事务，以及经营公家一切款项收付、代国家经理公债票和各种证券等权责。

大清银行在全国各地共计设总、分行号 57 处，覆盖范围广。大清银行为股份有限公司，资本 1000 万两白银，分为 10 万股，分别由国家和私人各认购 5 万股。《则例》明文规定大清银行有代表国家发行纸币的权力，并对纸币的发行、流通和管理作出了具体的规定。大清银行根据《则例》发行的纸币有 3 种：银两票、银元票和制钱票。自光绪三十一年（1905 年）开始发行纸币，到宣统三年（1911 年）为止，大清银行共发行 543 万银两票、1245 万银元票。其中，最为著名的就是印有摄政王载沣头像的大清银行兑换券。该券因上面还印有一飞龙图案，俗称“大清龙钞”，这是我国货币史上首次采用雕刻钢凹版技术印制的钞票。

作为国家银行的钞票，为什么要将皇帝父亲的头像印在上面呢？这还要从溥仪登基说起。光绪三十四年（1908 年）十月，光绪皇帝、慈禧太后先后病笃，同年十二月，年仅 3 岁的醇亲王载沣之子溥仪即帝位，年号“宣统”。根据清朝的祖制，皇帝 14 岁可以亲政，在皇帝亲政之前，需要有人代他管理朝廷事务。于是，溥仪的生父、载沣就成为监国摄政王，次年又成为代理陆海军大元帅。载沣（1883—1951 年），道光皇帝之孙，醇亲王奕譞第五子，光绪皇帝载湉异母弟。可以说，载沣是宣统时期整个清朝的实际统治者和最高权威。宣统元年（1909 年），为了庆祝溥仪登皇帝位，朝廷决定印制一批新版大清银行兑换券。度支部原本计划在钞票上印制宣统皇帝溥仪像，但因溥仪年幼，“御容”幼稚，不宜出现在钞票上。试想，在一张国家银行发行的钞票上，如果出现一个 3 岁小孩的头像，就会

载沣像

显得不够庄重和严肃。鉴于摄政王载沣的政治地位，选择将他的头像作为新版大清银行兑换券主图案，再合适不过了。

大清银行载沣像兑换券是银元票，面额有壹圆、伍圆、拾圆、壹百圆4种，版式为横式，票幅尺寸相同，均为175毫米 ×95毫米。四种面额的兑换券正面主图案都是采用载沣像和飞龙图案，唯票面右下方图案不同，壹圆票为一片大海，海上多艘帆船乘风破浪，轮船则浓烟滚滚的在飞速行驶；伍圆票为一队骑兵迎面而来，马蹄下尘土飞扬；拾圆票为雄伟的长城，数人拾级而上；壹百圆票为一片广阔的田野，农民正在辛苦地劳作，远处山水相连，佛塔高耸。四种面额的兑换券背面的装饰图案不一样，其中壹圆券背面为双龙，其余券别为形式不同的花纹图案。今所见，这四种面额的兑换券都有正背各八色试色票留存。而拾圆票还有流通票存世，具体特征是正面左右两端框内印有该张兑换券的印制编码，红色，大写英文+阿拉伯数字。背面面额左右两侧各加盖一枚红色印章，右侧是圆形，"检校印记"；左侧是长方形，"大清银行监督"。

大清银行载沣像兑换券票面设计思想明确，美观大方，线条精美，具有象征主义和写实主义的美学风格。该券印刷工艺精致美观、清晰大方，达到了当时世界纸币设计、雕刻、印制的最高水平，是中国近代纸币中极难得见的珍品，其印制工艺对中国印钞及凹印技术的发展作出了重大贡献。

该券背面下端印有英文"IMPERIAL CHINESE BUREAU OF ENGRAVING AND PRINTING."（中华帝国印刷局），说明是在国内印制完成的。中华帝国印刷局就是度支部印刷局，光绪三十二年（1906年），清廷将户部改为度支部，责令度支部派遣专人赴日本考察印钞技术。为此，度支部就印钞事宜向光绪皇帝呈递奏折，"要知纸币原冀商民利便，实为财政之机关。东西各国于发行纸币以及一切簿籍、各项官纸，凡有价值者皆为政府主其权，严防民间之私造。臣部既正值整顿财政之时，极宜参酌采取，妥为筹办，以立基础。俟考察之员回京，再将与厂建筑之处及派员经理一切事宜，妥议章程奏明"。第二年，为达到由朝廷控制印制钞票的目的，度支部建议设立印刷局，因美国钢凹版雕刻印刷的工艺水平远远高于日本铜凹版雕刻印刷，所以清政府决定采用美国的技术设备，并安排陈锦涛、蔡世澄二人赴美国考察印制设备、购买

大清银行载沣像兑换券壹圆（试色样票）

大清银行载沣像兑换券壹圆（试色样票）

大清银行载沣像兑换券伍圆（试色样票）

大清银行载沣像兑换券壹百圆（试色样票）

大清银行载沣像兑换券壹百圆（试色样票）

机器，并联系聘请技师。

印刷局建于 1908 年，位于北京右安门内白纸坊“工部火药局”旧址，是中国历史上第一家采用雕刻钢版凹印工艺印制纸币的官办印钞企业。印刷局由美国米拉奔公司设计绘图，日商华胜公司承建，美国老旗昌洋行负责机器设备的采购与安装。印刷局设备非常齐全，包括万能雕刻机、钢版过版机和手扳凹印机，石印机、铅印机、圆盘机、印码机、照相机等，以及发电机等相应的动力设备。其技术之先进，当时堪称国内仅有，世界一流。1912 年，中华民国建立，度支部印刷局改为财政部印刷局。

此外，清政府还不惜花费巨资，从美国聘用雕刻、过版的技师 6 人，其中包括著名雕刻师罗兰素·海趣（Lorenzo J.Hatch），手工雕刻技师威廉·格兰特（William A.Grant），机器雕刻技师基理弗爱，花纹机器雕刻技师狄克生，过版技师司脱克，以及美籍华人工厂建造技师韩德森。这 6 人自 1908 年冬至 1910 年初陆续来到度支部印刷局工作。海趣担任技师长，主管产品设计、雕

过版机

刻钢凹版，还兼负为印刷局培训艺徒、传授技术的责任。

任何一张纸币，从设计、雕刻到印制，每个环节都是精雕细琢、反复研究。其中，最重要的一个环节就是纸币主题思想的确定。按照钞票设计规律，主题思想一般都体现在纸币的正面主景图案上。度支部责成海趣负责设计大清银行兑换券，并要求以载沣像作为主图案。为达到最完美、逼真的效果，海趣为此还专门到醇亲王府面见了载沣，一睹其真容。兑换券上的载沣像，位于该券左侧，头部朝右，头戴官帽，着官服，面部饱满，鼻梁高挺，双目炯炯有神，各种细微处均有满满的立体感特征，传神逼真，人物头像姿态端庄，传递着一种中式传统的美学观念。载沣肖像整体十分圆润，特征明显，辨识度极高。

海趣像

载沣像右上方，即兑换券上方的中间位置，装饰图案为飞龙造型。整条龙的身形呈锯齿状，龙体自然舒展，腰坚硬，背鳍排列细密，颈部弯曲上扬，给人以蜿蜒雄壮之势。仔细观察，我们会发现，该龙头部较大，前额饱满、宽阔，龙口形略长圆，獠牙外露。一对虾米眼向外高凸圆睁，炯炯有神，傲视前方。鼻两侧有对称的长曲须，眉毛呈锯齿状，两条龙须下垂。面部表情狞戾恐怖，给人一种强烈的神秘感，苍龙韵味明显。额下长满胡须，双角粗壮如松枝。足伸展为五爪，距离较大，为典型的清龙“鸡爪”状。

飞龙四周有代表吉祥如意的云纹环绕，龙身与云纹交织在一起，龙尾似隐似现，可谓巨龙张牙舞爪，飞腾于云雾之中，龙和云有机地结合在一起，总体画面和构图动感十足，呈现出一幅浑然一体而又生机盎然的艺术图景。

大清银行载沣像兑换券（局部，飞龙）

龙头朝天，表示至高无上之意；龙尾藏于云中，意为神龙见首不见尾。龙是清代纸币出现最为频繁的图形，只是随着各地文化认知而设计各异。飞龙，取其作飞翔之势而得名。《易经》中有“九五，飞龙在天，利见大人”的说法。又孔颖达疏：“言九五，阳气盛至于天，故云飞龙在天。此自然之象，犹若圣人有龙德，飞腾而居天位。”意思是说，龙腾飞在空中，意味着帝王在位，必大有所为。清代继续沿用龙作为最高地位和富贵的象征，把龙与至高无上的皇权紧紧地联系在一起。大清银行兑换券飞龙图案的应用正是这种思想的体现，突出皇权至高无上的主题思想。通过大清银行兑换券上的龙纹，我们不难发现其造型夸张，艺术风格明显，是当时龙纹图案的典型代表。

将载沣像和飞龙印在兑换券上，一方面，突出兑换券作为国家货币的权威性和法定性；另一方面，因为雕刻技术精湛，作伪者不易临摹。由此可见，这种现代钱币的防伪方法在清朝时就已出现雏形。

度支部将大清银行兑换券设计样稿上交朝廷审议，最终奏准将黑色式样定为发行版，交由印刷局印制发行。但此时的大清王朝已是摇摇欲坠，无暇再顾及发行新钞，故这套印有载沣头像的大清银行兑换券最终未正式发行。

海趣 53 岁来到北京，在短短 5 年时间里，不仅设计雕刻出了精美绝伦的大清银行载沣像兑换券，还培养出一支手工钢凹版雕刻技师队伍。

虽然大清银行载沣像兑换券上面没有表明印制时间，但是，我们推算不会早于宣统二年（1910年）五月。宣统二年五月二十九日，《度支部尚书载泽等折—拟定印刷局章程》云：“光绪三十二年前，财政部会同臣部奏发行纸币宜设印刷官局，次年复经臣部奏拟定建局地方并遴员综理各等因，先后奉旨允准钦遵办理在案。现在该局建造房屋安置机件及雕刻铜版等物，业经粗具规模，即可从事印刷，惟局内事务、工务头绪甚繁，亟应妥订章程二十八条，缮具清单，恭呈御览。……本日奉旨：依议。钦此。”这充分说明了大清银行载沣像兑换券的印制时间不会早于奏折时间。

大清银行作为国家的中央银行，它印制和发行的纸币在中国货币史上有重要地位，图案设计与当时社会特定的政治制度、经济形态、思想文化关系更为紧密。大清银行载沣像兑换券图案内容丰富，雕刻精密，线条清晰，层次分明，质量上乘，代表了当时国内纸币设计和印制的最高水平，是中国纸币机器雕刻凹版印制的鼻祖。

（王纪洁）

台南官银票：
台湾人民打击日寇的例证

台湾自古以来就是中国的神圣领土，三国时期的孙吴政权就曾派遣万名官兵经营台湾，其后的隋、唐、宋、元诸朝，从内陆向台湾迁入军民就从未间断。至元十八年（1281 年），元朝在澎湖设立巡检司，隶属福建行省泉州府，负责管辖澎湖、台湾等地。明朝建立后，继续通过澎湖巡检司管理台湾地区。17 世纪初，台湾沦为荷兰人的殖民地。1662 年，民族英雄郑成功收复台湾。1684 年，清政府设置台湾府，隶属福建省。1885 年，台湾升级为行省。

虽然中国人民对台湾的经营已历经千百年，但近代以来，日本不断觊觎我国台湾。1874 年 5 月，日本派陆军中将西乡从道率兵侵犯台湾。1874 年 10 月，清政府与日本政府签订了《北京专约》，规定：清朝承认台湾“生番”曾对日本国属民等妄为加害，日军出兵是“保民义举”；赔偿日本银 50 万两；日军撤出台湾。1894 年，中日甲午战争爆发，北洋水师全军覆没，中国战败。1895 年，中国被迫与日本签订了《马关条约》，将台湾割让给日本。当噩耗传到台湾后，台湾民众纷纷上书台湾巡抚：“万民誓不服倭，割亦死，拒亦死，宁先死于乱民之手，不愿死于倭人手。”台湾著名爱国士绅丘逢甲作《离台诗》：“宰相有权能割地，孤臣无力可回天。扁舟去作鸱夷子，回首河山意黯然。卷土重来未可知，江山亦要传人持。成名竖子知多少，海上谁来建义旗？”这首诗充分抒发了台湾人民对昏聩无能的清政府割让台湾的强烈愤慨，以及收复失地、矢志雪耻的悲壮情怀。

虽然清政府割让了台湾，但台湾民众却不肯坐以待毙，以刘永福为代表的抗日将领同仇敌忾，奋起反抗，在台南、新竹、嘉义、彰化、大甲溪等地顽强地抵抗日军，历经大小百战，打死打伤日军3万余人。在对日作战期间，为了解决军费问题，刘永福采纳吴桐林的建议，在台南设立了官银钱票总局，发行了台南官银票、台南官钱票以筹集军饷。

刘永福是清末著名的爱国将领，曾参加过中法战争。1894年，刘永福奉旨“帮办台湾防务”，率军赴台。在日军入侵之际，由于唐景崧错误地制定了“重南轻北”的布防方案，导致台北迅速失陷，刘永福只能率领义军在台南坚持抗战。在唐景崧弃台内渡后，刘永福事实上主持了之后的对日作战。刘永福的部队号称有60营，“每月需饷十一二万两，所入则海关、盐局、厘局各项，每月不过四五万两”。由于台南府库中的库银已远不足以支撑军费开支，所以刘永福采取了各种措施来筹集军饷。他首先向东南沿海的各地督抚请求援助，但在清廷不得助台的要求下，响应者寥寥。据《东方兵事纪略》记载：“曾令人渡厦门电求沿海督抚助饷项，并派员四出筹饷。……前敌自开战以来，屡电求饷械，迫切待命；且以伤亡多，请增兵接应。而台南军储早罄，器械亦空。”他在给张之洞的电文中写道：“乞为大局计，痛哭流血，乞速设法救援，守走死生，望公一言为定。”张之洞却回电：“守台之举，出自阁下义勇，鄙人并未置词。至守台两月俄即来援之说，实系讹传，鄙人并未发此电。或去或留，仍请阁下自酌，鄙人不与闻。自协济饷械，屡奉谕旨严禁，万不敢违。”在寻求岛外援助的同时，刘永福也积极就地筹饷，劝民捐输，但是杯水车薪，据记载当时“富民多已内渡，或潜匿不出，议院绅士又不免藉公行私，党同伐异，大失人心，以致捐数寥寥，无济于事”。

因为外部援助和就地筹饷的数量都十分有限，为了维持军队的庞大开支，刘永福于1895年7月开始发行台南官银票。台南官银票以银元为本位，可与当时台湾通行的银元等价流通。根据其发行机构的不同，可分为“官银钱票总局”与“护理台南府正堂忠”两种。官银钱票总局发行的台南官银票，面值有一元、五元、十元3种，所用纸张有厚棉纸、薄棉纸和厚口毛边纸等。它由士绅明德负责发行，以《千字文》中的天、地、玄、黄、宇、宙、洪、荒等为编号字列，票面上有“镇守福建台湾总兵官之关防”“台南府印”“不法棍徒、行用假票、军法究治”等多种印章。护理台南府正堂忠发行的台南官银票，俗称“正堂忠”票，面额也有一元、五元、十元3种。从时间上看，两

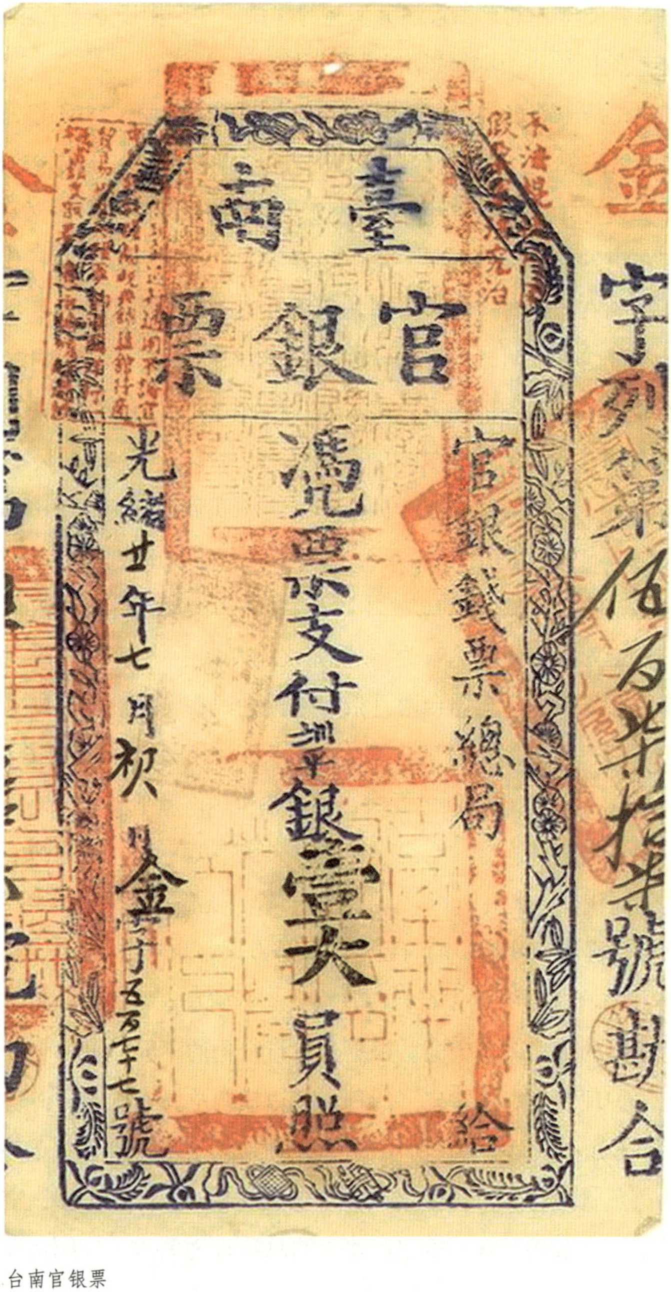

台南官银票

种银票合计发行时间也仅有一月有余。据资料显示，发行总额共计约 80 万元。随着台南抗日形势的恶化，刘永福又发行了小额制钱票，希望以此能够有助于城内银钞的流通，现仅存五百文实物一种。

台南官银票是我国有纸币以来第一次发行以银元为单位的纸币，它见证了一百多年前台湾军民为维护祖国领土完整、不屈不挠抗击日本侵略者的光辉事迹。作为台南官银票的制作者，刘永福在民族危难时刻，能够高举抗日大旗，领导台湾人民浴血奋战，为中华民族树立了光辉的榜样。孙中山先生赞曰："余少小即钦慕我国民族英雄黑旗刘永福。"当代著名诗人田汉颂曰："近百年来多痛史，论人应不失刘冯。"

日军占领台湾后，开始对台湾进行残酷的殖民统治。为了应对占领台湾后的军费开支，日本政府在台湾将日本银行券及一元银币、辅币等投入流通领域，从而加深了台湾货币的混乱。由于台湾民众早就习惯了使用银元、铜钱等金属货币，对日本银行券极不信任。1897 年，日本国内颁布了"货币法"，禁止一元银币流通。但由于日本银行券不为台湾人民所接受，所以在一段时间内台湾实际上仍是使用银币和银币兑换券。1897 年 3 月，日本国会通过所谓的《台湾银行法》。1897 年 11 月成立台湾银行创立委员会，开始筹备设立台湾银行的工作。1899 年 3 月，日本政府修改《台湾银行法》。1899 年 6 月，日本政府协同台湾总督府在台北创立了台湾银行。台湾银行设立的宗旨是"台湾银行作为台湾之金融机关，为商工业及公共事业融通资金，开发台湾之富源……进而将营业范围扩张至华南地区及南洋诸岛，成为这些国家商业贸易之机关"。此后，台湾银行以台湾为基地，成为日本对中国华南地区及南洋进行经济掠夺的工具。1914 年，在台湾银行开业 15 周年庆典之际，时任台湾银行总裁的柳生一义在《台湾银行之将来》的演讲中，毫不避讳地发表了其南进战略：世间有很多人认为台湾银行就是台湾岛内之金融机关……这或许可说是本行在设立之初的任务。然而，根据今日之时势，这断然是不可被原谅容许的见解。或许，如果本行不可当其任，则在南方地域没有任何国家机关适宜当其任了吧……尽管如此，如本行冠以"台湾"二字，对于在广大南方地区职责之扩充上，会让人有一种奇怪的感觉。本行应当归还"台湾"的冠字。拘泥于台湾的文字名称，只顾退居岛内，贪图安逸享乐，如此已经不为时局所允许。

台湾银行成立后，于1899年开始在岛内发行银券，该券面额有壹圆、五圆、拾圆、五拾圆4种，其特点是以壹圆银圆为兑换对象。1904年，日本政府修订《台湾银行法》，开始发行金券，旨在以此收兑银圆券，从而使台湾岛内的各种通货统一为金券。据统计，截至1904年末，台湾银行券流通额约528万余圆，其中金券422万余圆，已达总额的80%，银券仅占20%。事实上，台湾银行无论发行的是银圆券还是金券，都与日本本土所用货币不同，这充分表明了台湾货币的殖民地属性，日本改革台湾币制的根本目的是便于掠夺台湾财富，并不是为了服务台湾人民。1945年台湾终于光复，国民政府财政部公布了《台湾省当地钞票及金融机关处理办法》。台湾省行政长官公署据此接收了台湾银行，并允许该行发行的“台湾银行券”流通。此时台湾市面流

台湾银行券五圆

台湾银行券拾圆

通的货币有台湾银行券、日本银行券、日本发行的硬币及辅币等。1946 年 5 月 20 日，台湾银行正式改组，开始发行新货币，即通称的“旧台币”。

台湾作为我国的神圣领土，在近代屡次受到东西方列强的侵略，甲午战争后又被日本窃取了 50 年。台湾人民在反抗日本殖民侵略的战争中，发行了中国历史上第一张以银圆为单位的纸币，在我国货币史上留下了光辉的足迹。日本在殖民台湾期间，通过发行银圆券和金券，大肆攫取经济利益，这些殖民货币是日本罪行的永久见证。

（孟祥伟）

完美呈现：
纸币上的“二龙戏珠”

龙在我国古代既是吉祥瑞兽，也是权力的象征。作为中华民族的文化图腾和精神象征，龙见证了中华民族的形成，传播着中华文明连绵不断、生生不息、坚定执着的伟大精神。在众多文物中，我们都能见到有关龙的各种造型，可见在中国传统文化中，龙文化有着重要的地位和深远的影响，是延续时间最长、流传最广、影响最大的传统动物纹样。纵观千年的纸币发展史，在纸币设计和印制过程中，能工巧匠更是将神化了的各种龙纹图案有机地融入方寸之间，以纸币主景图的方式将其威严庄重的艺术特征淋漓尽致地表现出来。

众所周知，钱币是中国传统文化的重要组成部分，历史悠久，博大精深。尤其是纸币，品种丰富，题材多样，主景图表现元素众多，一直以来都承载着丰富的文化内涵和象征意义。其中，各种龙纹在历代纸币设计制作中得到了广泛应用，并展现出了华丽多姿的神奇魅力。纸币上的龙纹图案很丰富，有“飞龙在天”“二龙戏珠”等，而出现最多的图案就是“二龙戏珠”（也叫双龙戏珠、二龙夺珠），因为其精湛的表现手法、独特的审美价值和吉祥的美好寓意，以其为题材纹饰的纸币更是备受瞩目。

“二龙戏珠”是我国传统装饰纹样，展现的是二龙戏要（或抢夺）一颗龙珠（也称火珠、宝珠）的造型，基本图案是二龙呈对置式，龙头相对，中间有一龙珠，二龙张口作欲衔龙珠状，或举起前爪欲抓取龙珠。据考证，“二龙戏珠”这一典故最早见于《庄子》，“夫千金之珠，必在九重之渊，而骊龙颔下”。意思是价值千金的龙珠，一定是在九重深渊中的骊龙下巴下面。从汉代开始，“二龙戏珠”纹饰就成为一种吉祥喜庆的装饰图案，寓意富贵幸福，后迅速流行起来，成为我国最具影响力的装饰图案之一，大量用于各种器物、壁画、刺绣、碑碣、家具、雕塑和建筑装饰等上面。此外，关于龙珠的性质也有多种说法，《述异记》中说“凡有龙珠，龙所吐者”，由此推断古人认为龙珠应是龙自身产生的。也有学者主张龙珠是指太阳，因为在大部分图案中，龙珠上面都有条条火焰。亦有观点认为龙珠系指佛教中的宝珠——摩尼珠，也称作如意珠。在民间，百姓们认为“二龙戏珠”纹饰中，宝珠代表财富，二龙的形象是为保护宝珠，寓意保佑家庭、事业和社会安康，同时寄托对未来财富的美好向往。

纸币上的“二龙戏珠”纹饰皆为对置式，可分为横形展现、竖形展现，以及横形与竖形组合展现3种，无论哪一种表现形式，龙珠都在两条龙口部的中间或偏上位置，显示出肃穆的气势。“二龙戏珠”纹饰在不同时期、不同地区流通的纸币上表现风格各异。龙爪，又有三爪、四爪、五爪之分。今日所见无论是银票，还是钱票，抑或是铜元票，“二龙戏珠”纹饰往往搭配以海水江崖纹饰。海水江崖是中国的一种传统纹样，由“海水纹”和“山崖纹”两个部分构成，也称“江崖海水”。它主要是借用大海的特性来寄托美好的寓意，象征绵延不断、福山寿海、一统山河、万世升平、江山永固等。此外，因为传说龙可以腾云驾雾，龙呼出的气体可以变成云，故“二龙戏珠”纹饰还大量辅以云纹。

横形纹样

横形“二龙戏珠”纹样，是指二龙左右呈横形对置，并戏耍中间一颗龙珠的造型。此种纹样又可细分为两种，一种是二龙在一条直线上，龙身完全呈横式；另一种是二龙龙头相对，大部分龙身在一条直线上，但龙尾呈下垂状。第一种横形纹饰在官方发行的钞票上最早见于清朝“大清宝钞”。“大清宝钞”又称钱票、钱钞，始印于咸丰三年（1853年），以制钱作比价，面值多种，初期曾印制二百五十文、五百文、一千文、一千五百文和两千文几种。后来通货膨胀严重，清廷又增发五千文、十千文、五十千文和百千文几种面

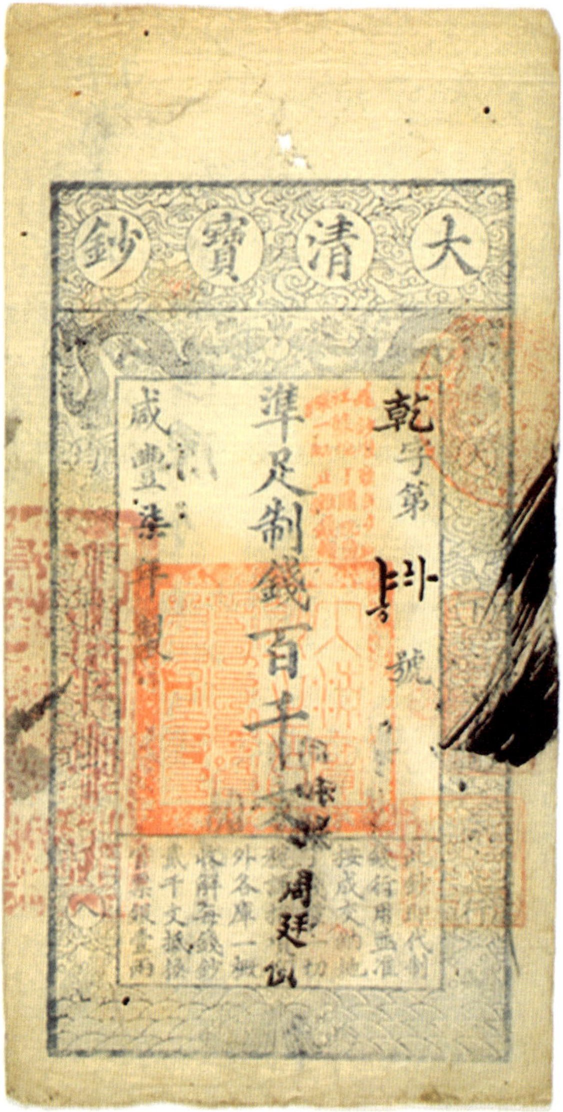

"大清宝钞"（百千文）

大清宝钞上的二龙戏珠纹饰

值，咸丰三年到九年均有发行。“大清宝钞”是靛蓝色印制，原料为白色山西双抄毛头纸，票面上端有“大清宝钞”四字，下端装饰有横形“二龙戏珠”。龙珠四周散发火焰，二龙的龙头和一前爪面对龙珠，龙的形象描绘得非常逼真，气宇轩昂，大有龙行天下、气势磅礴之体态，呈现出皇家的气势和威严。作为清政府发行的一种纸币，“大清宝钞”是目前纸钞收藏中的一大热门。

横形纹饰还见于广东官银钱局银元票。光绪三十年（1904年），广东官银钱局成立，同时发行银元票，流通市面。第一版银元票由天津北洋官报总局印制，钞票采用横式，但因为印刷不精、易于伪造而没有发行。光绪三十一年（1905年）委托日本印刷局印制第二版银元票，面额有壹元、伍元、拾元3种。光绪三十四年（1908年）九月，又向日本定制第三版银元票，形制与第二版基本相同。广东官银钱局银元票的发行采用现兑政策，“须银到交票，不得预借”，故银元票在市面流通顺畅，佛山、陈村、西南、大良、石龙等各地商民均乐意使用，甚至连澳门地区的商民也乐于接受。在银元票上，二龙龙

广东官银钱局拾元银元票

头偏大，发梢飞扬，身体似蛇形做弯曲状，一爪前伸，龙须弯曲向上，龙身周围布满祥云，有龙腾云海之势。龙珠高高悬在二龙头顶中间，上部有火焰四射。

第二种横形纹饰以湖南官钱局丙午年伍两银两票为代表。光绪二十七年（1901 年）八月，湖南巡抚俞廉三筹设湖南官钱局，次年元月开业。截至 1912 年，该局共发行银两票 200 余万两，银元票 37 万元，铜元票 880 万余串。票币印刷精致，信誉较好，长沙俗称“台票”（藩台衙门发行的票币）。光绪三十二年（1906 年），湖南官钱局印发丙午年伍两银票，票面上方印有传统的“二龙戏珠”纹样，下方为海水图案。二龙做上升状，龙头刻画深刻，呈侧面像，龙口大开，仿佛正对着前方咆哮。龙身雄壮，龙眼突起，毛发飘逸，龙爪前伸，孔武有力，似在抓龙珠，龙须弯曲，栩栩如生。龙尾缠绕祥云，下垂直至票面下端，与海浪衔接。海水纹饰线条流畅，极富画趣。中间的龙珠上端有数道火焰，下方为滔滔海浪，仿佛龙珠冉冉升起于大海，摇曳晃动，光芒耀眼。

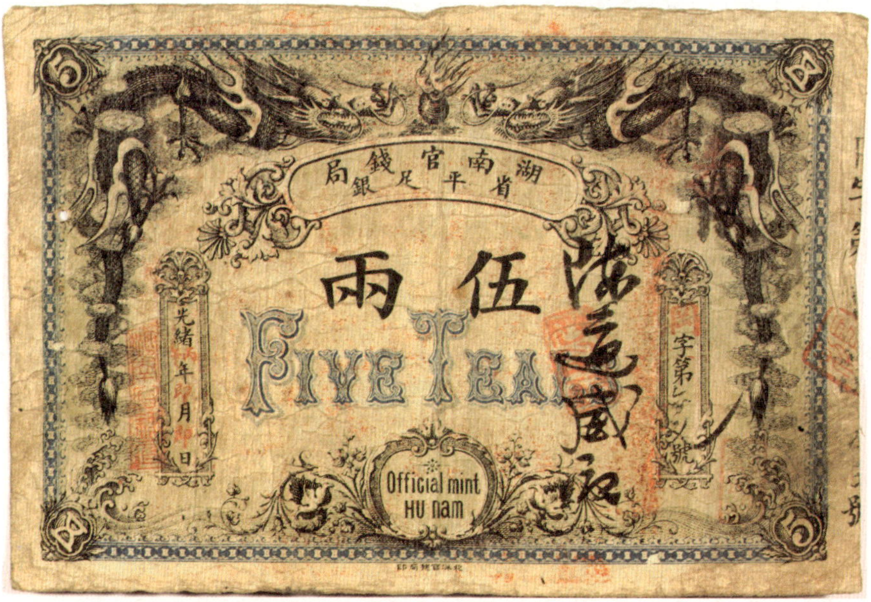

光绪三十二年湖南官钱局伍两银票

此外，“二龙戏珠”横形纹饰中还有一个比较有意思的种类，在龙珠下面镌刻一巨大聚宝盆图。例如，宣统元年（1909年）上海四明银行纸币券就是这种表现方式。四明银行名称来源于宁波境内著名的四明山。光绪三十四年（1908年）8月，经度支部和农工商部批准，由宁波商帮全资筹集的四明银行在上海成立，主要目的是为在上海的宁波工商业者提供金融服务，方便彼此的业务往来。四明银行拥有发钞权，经营方式完全仿效钱庄的做法，经营存款、放款、贴现、汇兑等业务。四明银行于宣统元年（1909年）正式发行第一版银元票，面额为一圆、二圆、五圆、拾圆4种，委托上海华商集成公司印制。“二龙戏珠”纹饰位于票面上部居中，二龙相对，龙头上昂，颈部弯曲有力，形态逼真，体态矫健，龙爪刚健有力。龙口中间是聚宝盆图，龙珠位于聚宝盆上部，高高在上。“二龙戏珠”和聚宝盆二者组合在一起的造型是财运和富贵财气的象征，寓意招财纳福，代表了人们对幸福、财富的向往和追求。

在横形纹饰中，还有两组“二龙戏珠”纹饰同时出现在同一张票面上，如光绪三十二年（1906年）江苏裕苏官银钱局发行的通用钞票壹圆就是如此。

上海四明银行拾圆银元票

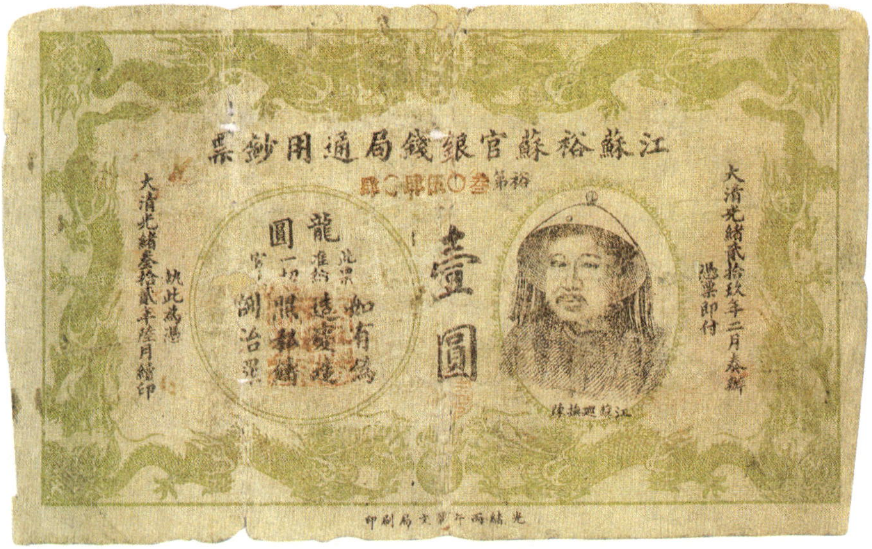

光绪三十二年江苏裕苏官银钱局通用钞票壹圆

光绪二十九（1903 年）五月，江南裕苏官银钱局在苏州开业，发行有制钱票。后更名为江苏裕苏官钱局，发行银元票。光绪三十二年江苏裕苏官银钱局通用钞票壹圆券正面右侧印有时任江苏巡抚陈夔龙头像，四周共印有六条龙纹，整体布局疏密有致，龙的姿态威猛庄严，每个细节都刻画得十分细致，显示出一种震慑的气势。其中二组对置式“二龙戏珠”纹样，另外票面左右各有一条，头朝下。两组“二龙戏珠”纹样分别在票面中间的上端和下端，表现方式一样，均为横式龙身，四条龙尾分别与票面四角面值相连。龙头上昂，龙口大开。龙珠位于二龙龙头之间，上端有道道火焰。

竖形纹样

竖形“二龙戏珠”纹样，是指二龙龙身左右垂直，龙头相对，中间为一颗龙珠造型。大概是为保证纹样与整幅票券协调一致，力求布局得当，今所见竖形“二龙戏珠”纹样的纸币以竖式形制居多。

江西官钱局发行的银两票上面的“二龙戏珠”纹样就是竖式印制，票面左右两侧各印一条龙，龙头相向在票面上端。光绪二十八年（1902年），因为市面制钱匮乏，流通周转不便，江西巡抚柯逢时下令设立江西官钱局，总部设于南昌，在九江、景德镇、义宁州（今修水）、吉安、赣州、抚州、上高、河口等地成立分号。江西官钱局设立未久，又另设江西官银号，与江西官钱局并存。光绪二十九年（1903年），江西官银号归于江西官钱局，改称江西官银钱总号。按照当地习惯，使用九五折数为制钱本位，印制“九五制钱票”，以满足市场之需。“九五制钱票”初版仍沿用江西官钱局的名称和江西官钱局的图章，以后即以江西官银钱总号名称发行纸币，流通于江西地区的各府、州、县，可随时兑现，商民称便。光绪三十三年（1907年），江西地区商业日渐兴盛，“九五制钱票”又推行顺利，信用颇佳，该号又发行银两票和银元票。其中，银两票票面见有“二龙戏珠”，辅以云纹、海水江崖纹饰。二龙皆带三爪，趾爪粗壮有力，鬃毛随风飘逸，龙须卷曲，双目圆睁有神，细密的鳞片随着龙身的摆动呈现出节奏的变化和疏密的对比，给人以庄重之感。与龙纹图案相互映衬的云纹寓意吉祥如意，海水江崖纹象征福山寿海。双龙的整个躯体与朵朵祥云纹巧妙地相互穿插，共同营造出起伏的动势与缥缈的意境，整幅图案生趣盎然。

安徽裕皖官钱局发行的壹千文铜元票上面的竖式“二龙戏珠”纹样也很有特点。光绪三十二年（1906年）初，安徽巡抚诚勋会同两江总督周馥共同上奏要求成立安徽裕皖官钱局，十月正式成立。官钱局初议由省政府招商入股，官督商办，后实为官办，由牙厘局和筹议公所各拨银5万两作为资本金。其主要业务是发行地方纸币、经营存放款和银钱兑换。官钱局成立后，当即发行铜元票30万串，票面印“凭票发铜元足钱壹仟文”。第二年，官钱局又发行银元票，共计40万元，铜元票和银元票都是可以兑换的地方信用货币，广受商民欢迎。壹千文铜元票为竖式印刷，中间的龙珠被两朵祥云托起，上端火焰四射。二龙生动威猛，各伸出一只龙爪，呈抓举状，龙嘴大张。龙爪为五个，龙纹规格以五爪正龙为最，象征天子九五之尊，寓意皇权至高无上。龙爪有骨有肉、骨节清楚，龙鳞繁缛、细腻、华丽，构图严谨抑敛。

纸币上的竖形“二龙戏珠”纹样还有一种比较特殊的品种，就是整幅图案位于票面中间上端位置。例如，光绪二十四年中国通商银行京平足银拾两

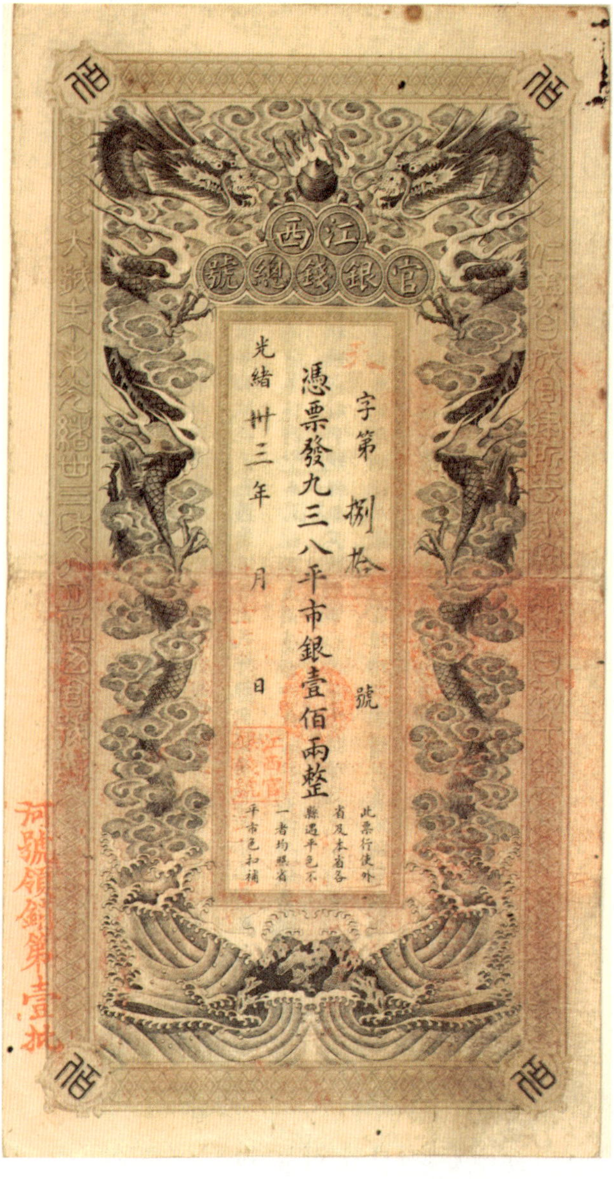

光绪三十三年江西官银钱总号壹佰两银两票

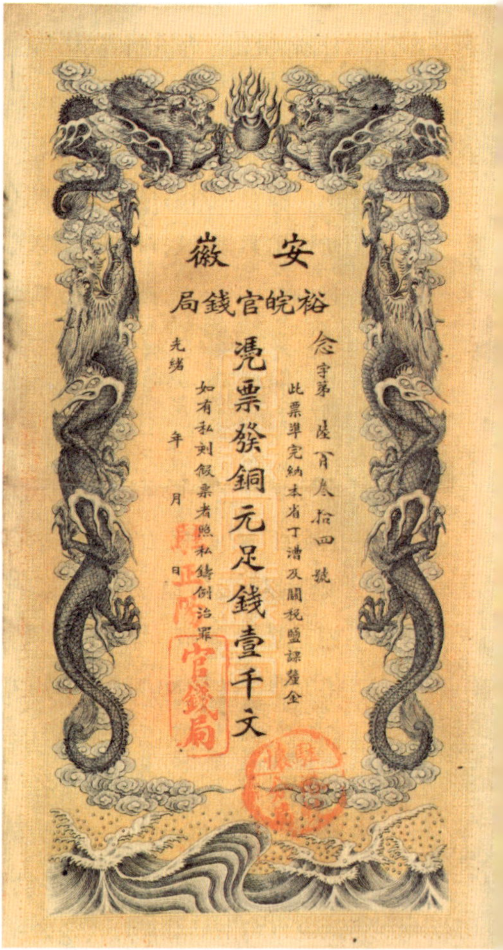

光绪安徽裕皖官钱局壹千文铜元票

银两票。（中国通商银行是中国历史上第一家官办的、真正意义上的银行，由晚清重臣盛宣怀创办。）两条龙龙身较小，相对而立，身体弯曲，似呈上升盘旋状。中间位置上端有一巨大龙珠，内镌刻“中国通商银行”6个字，上端还有一个小龙珠造型。二龙龙身较小，但体态矫健，龙爪雄劲，似奔腾在云雾波涛之中，整个身躯都表达出一种强烈的动感之神韵。

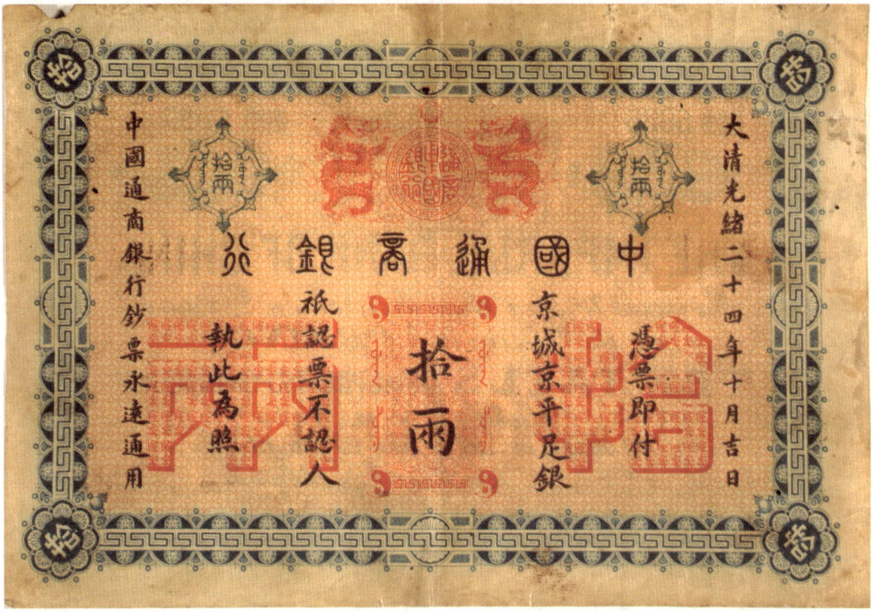

中国通商银行拾两银两票（京城）

在所有的“二龙戏珠”竖形纹样中，唯光绪三十三年江南裕宁官银钱局银元钞票的表现方式最为奇特，造型别出心裁，自由奔放。二龙在票面中间面值左右两侧，右侧龙头朝上，左侧龙头朝下，互为相反方向。关于龙头朝向，民间认为朝上寓意步步高升，可以带来好运和吉祥；朝下则寓意可以辟邪，起到保护作用。二龙首尾会合处各有一颗龙珠，可谓二龙戏双珠。

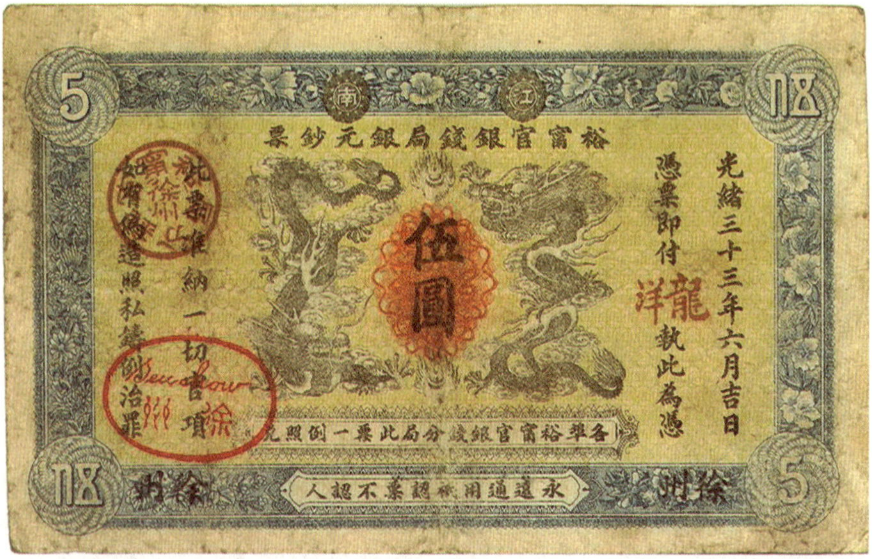

光绪三十三年江南裕宁官银钱局银元钞票伍圆

横形与竖形组合纹样

这种横形与竖形组合的纹样在纸币上不多见，仅见光绪三十一年江南裕宁官银钱局银元票。光绪二十九年（1903年）五月，江南裕宁官银钱局在江宁（今南京）开业，隶属江宁布政司，由江宁布政司藩库拨银15万两作为资本，后又将金陵官银号并入，其库款项20万两作追加资本。银钱局的主要业务是发行钱票和经营兑换业务，印制有铜元票和制钱票，还发行有银元票。在光绪三十一年江南裕宁官银钱局银元票上均印有六条龙，其中上端有横形“二龙戏珠”纹样，中间是竖形“二龙戏珠”纹样，票面左右两侧各有一条龙，龙头朝下，呈下降状。横形和竖形二龙戏珠造型大致相同，龙身均有祥云环绕，唯横形二龙龙尾为云纹托举，竖形二龙龙尾为海浪托举。因为票面四角面值位置也是云纹造型，故整幅画面呈现出庄严伟岸之势。

通过以上不同纸币上面造型各异、变化多样的“二龙戏珠”纹样分析和品鉴，我们不难发现，作为传统吉祥纹样，“二龙戏珠”之所以受到中国人喜爱、崇尚，是有很深的文化内涵和美好寓意在其中的。纸币是宣传中华龙文

光绪三十一年江南裕宁官银钱局银元钞票壹圆

化的重要载体，在其上面的“二龙戏珠”图案被广泛地运用和传承，并不断得到发展，展现出其独特的艺术形式和风格特点。

总体来讲，“二龙戏珠”在纸币上的表现方式虽多种多样，但大都符合中国传统美学，二龙对称，龙身弯长，龙珠滚圆，在构图上具有一种美感。作为与人们日常生活密切相关的物品，作为商品买卖的交换媒介，在方寸之间，镌刻寓意吉祥幸福的“二龙戏珠”纹样，深刻表现了古人的智慧和民族文化的底蕴，既能显示出钞票的尊严，又能显示出钞票作为货币的符号，是财富的象征。纸币上的“二龙戏珠”纹样，虽然不同时期、不同地区各不相同，略有差异，但表现出的主题却是鲜明一致的。同时，“二龙戏珠”是纸币装饰上富有意味又有品位的题材，对鉴赏和研究纸币有着十分重要的意义。

（王纪洁）

孙中山先生领导的辛亥革命，推翻了清王朝的腐朽统治，结束了中国延续两千多年的封建帝制，创立了资产阶级共和国。在整个过程中，经费是开展革命活动的重要物质支柱和保障。

为支持辛亥革命，革命党人积极筹集活动经费，发行了多种筹饷券和钞票，统称为军用票。这些军用票主要有孙中山先生在海外倡导发行的“中华民国金币”券，中华民国南京临时政府陆军部发行的陆军部军事用票。此外，还有各省响应武昌首义，宣布独立，成立军政府，发行的各种钞票。这些票券的风格和设计特点极具历史时代意义，带有明显的辛亥革命标志，代表了新生政权的建立和钞票发行的性质。这些军用票为推翻清政府，建立资产阶级共和国，发挥了巨大作用，同时也是这一革命运动的产物和见证者。

第七章

辛亥革命时期，军用票发挥大作用

“中华民国金币”券：
美洲洪门与孙中山海外筹款的见证

辛亥革命是近代中国民族资产阶级为摆脱政治压迫和经济束缚而发动的一场民主革命运动，它推翻了清王朝的腐朽统治，结束了在中国延续2000多年的封建专制制度，在中国近代史上写下了光辉的篇章。

在整个辛亥革命运动中，经费是开展革命活动的重要物质支柱和保障。为积聚革命力量，孙中山先生积极筹集活动经费，在国外发行了多种筹饷券；各省宣布独立后，发行了带有辛亥革命标志的钞票；南京临时政府为应付军政急需，发行了军事用票和军用钞票。这些钞票为推翻清朝统治，建立资产阶级共和国，发挥了巨大作用。这些纸币是辛亥革命货币的典型代表，它们是资产阶级开展革命、维护政权稳定的历史见证。由于发行时间短，存世量少，这些票券现已成为辛亥革命货币收藏的珍稀品种。

孙中山

清朝末年，内忧外患，中华民族已到生死存亡之际。以孙中山为首的革命党人决心推翻清政府，建立共和体制。为保障革命成功，自1894年到1911年武昌起义爆发前，孙中山在欧美、日本和东南亚等地做了大量宣传、组织和发动工作，亲自领导印制了各种筹饷票券。这些筹饷票券为革命团体开展各项活动，特别是组织武装起义提供了经济帮助。

“中华民国金币”券是孙中山为筹集革命经费，发起成立美洲洪门筹饷局所发行的革命债券，图案由孙中山亲自参与设计，充分体现了孙中山的金融思想和文化理念，是孙中山在海外发行的最为著名的筹饷票券，也是致公党的前身海外洪门组织在辛亥革命中鼎力相助的见证。

洪门是我国清代初期出现的以“反清复明”为宗旨的民间秘密组织。从18世纪起，洪门组织逐渐发展到海外。作为一个群众团体，它极力帮助侨胞解决在异国生活和工作中遇到的困难。美洲洪门致公堂是其中规模较大、力量雄厚的海外洪门组织，当时美洲约有华侨25万人，参加洪门致公堂的就不下20万人。辛亥革命时期，美洲洪门致公堂与孙中山及同盟会关系密切，1895年，孙中山在香港成立兴中会总部，广大洪门人士积极配合，予以帮助。1904年，孙中山加入美洲洪门组织，被封为“双花洪棍”，并着力对致公堂进行了改革整顿。1905年2月，孙中山与旧金山洪门致公总堂盟长黄三德着手改组致公堂，将其纳入革命阵营，成为孙中山发动民主革命的一支重要力量。1911年6月，美洲同盟会会员集体加入致公堂。辛亥革命时期，美洲致公堂

旧金山致公堂旧址

积极筹款支持革命，尤其是在 1909 年以后其所筹款项基本上成为国内起义经费的主要来源。

1911 年 1 月，广州新军起义失败，孙中山呼吁海外华人筹款，以救济革命志士。1911 年 2 月，孙中山在加拿大温哥华设立“洪门筹饷局”。因为武装起义时间紧迫，急需购买军械物资，为迅速筹集军饷，冯自由、司徒美堂等致公堂人士提议将致公堂大楼抵押给银行。多伦多、温哥华、维多利亚三地致公堂将四所大楼典押以筹款支援革命。其他各地致公堂的爱国人士也纷纷发起一系列募捐筹款活动。

1911 年 7 月，孙中山与黄三德、李公侠等人在美国旧金山成立美洲洪门筹饷局（又称作中华革命军筹饷局，对外称作国民救济局），专门负责为国内武装起义筹备军饷。同时颁布了《洪门筹饷局缘起章程》和《革命军筹饷约章》两个文件，重申了革命宗旨，规定了组织机构、捐款措施及对捐款者的奖励办法等。如规定：其捐数五元以上者，发给双倍“中华民国金币”券为执，民国成立之日，作为国宝通用，缴纳课税，兑换实银；捐助十元的，可列为优先国民，他日革命成功，概免军政府条约之约束，而入国籍；捐资百元者，每一百元记功一次；捐资千元者，记大功一次，民国成立之日，照为

孙中山在旧金山与中华革命军筹饷局成员合影

国立功之条例，与军士一体论功行赏；捐资千元者还拥有向民国政府请领一切实业优先利权等。

筹饷局的组织机构由致公堂和同盟会联合选举出来的代表组成，黄三德、李公侠等人负责。此外，为宣传筹款，筹饷局任命黄芸苏、张霭蕴和赵煜三人为演说员。由于广泛宣传，措施得力，广大海外华侨积极支持孙中山开展革命活动，踊跃认购“中华民国金币”券。据资料记载：“筹饷局于区区数月之间，展开筹募，于年底结束以前，竟筹得美金四十余万元，可见皆当时民气之盛，而主因还是由于致公堂与同盟会，和衷共济，通力合作有以致之。”孙中山盛赞华侨为革命捐款是“一团热诚，只为救国”，“不图丝粟之利，不慕尺寸之位”。虽然筹饷局发行了债券，但其筹集的款项绝大部分都属义捐，并不需要兑换，一些华侨还将债券付之一炬，以示对革命事业的坚定支持。

“中华民国金币”券壹拾圆

今所见“中华民国金币”券共有壹拾圆、壹百圆、壹仟圆三种面值，印刷精美，票券颜色正面均为墨绿色，背面为黄褐色。其中壹拾圆券长 195 毫米、宽 80 毫米；壹百圆券长 205 毫米、宽 95 毫米；壹仟圆券长 225 毫米、宽 105 毫米。这三种“中华民国金币”券除面额、尺寸大小不同外，颜色、文字、图案、花纹均一致。券正面皆为中文，背面除券名和面值为中文外，其余均为英文。纵观“中华民国金币”券，它的设计风格借鉴了美钞式样，采用狭长票型，新颖独特。

以壹拾圆券为例，详细介绍一下“中华民国金币”券的设计风格和版式

“中华民国金币”券壹百圆

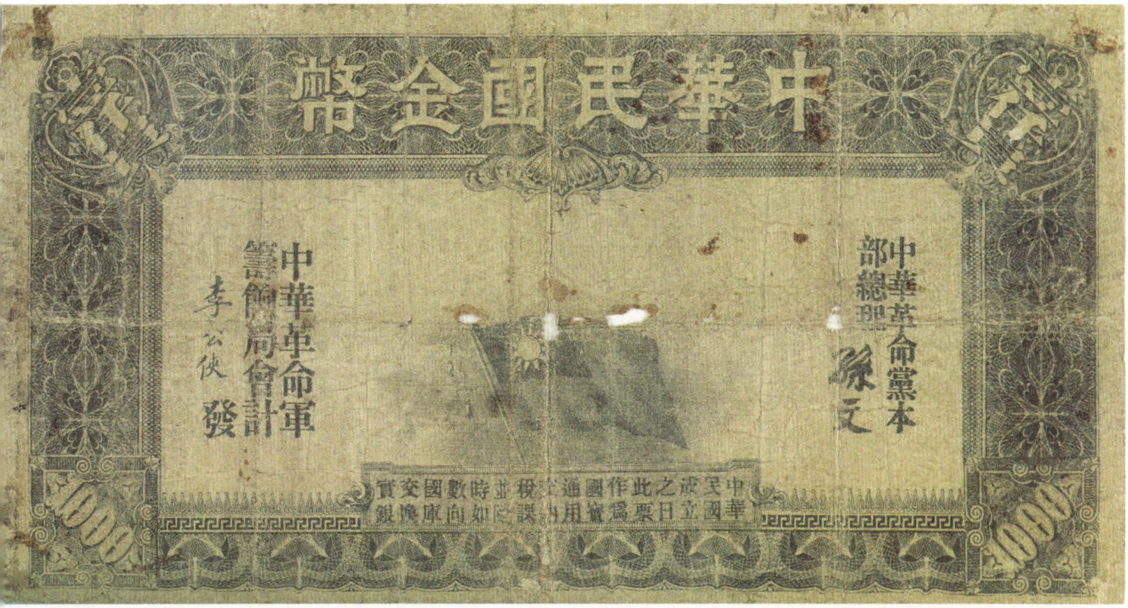

“中华民国金币”券壹仟圆

特征。其正面为青灰色，四周是花草图案组成的四框。上端中间书写有“中华民国金币”6个字，从右向左读，隶书书体。左右上二角斜书“壹拾员”3个字，左右下二角斜书阿拉伯数字“10”。中间主图案为一面青天白日满地红旗帜，该旗是在青天白日旗基础上发展而来，体现自由、平等和光明的精神。主图案右侧印“中华革命党本部总理孙文”，左侧印“中华革命军筹饷局会计李公侠发”，其中“孙文”及“李公侠”均系二人亲笔手写体。孙文即孙中山，李公侠即李是男。“中华革命党”是孙中山于1902—1903年间在美国夏威夷创立的。“中华革命军”是孙中山于1904年在美国夏威夷成立的，以纪念邹容的《革命军》。1910年春，改组为同盟会檀香山分会，后孙中山在旧金山发起成立美洲洪门筹饷局，亦称中华革命军筹饷局。

券面正中下端印有金币券今后的使用办法，“中华民国成立之日，此票作为国宝通用，交纳税课，并随时如数向国库交换实银”字样。这里的“中华民国”，源自同盟会的十六字政治纲领：“驱除鞑虏，恢复中华，建立民国，平均地权。”

“中华民国金币”券背面为橘红色，四周是花草图案组成的四框。上端中间书写有“中华民国金币”6个字，从右向左读，隶书书体。左右上二角斜书阿拉伯数字“10”。左右两侧边框中间各竖书“壹十圆”3个字，标准宋体字。中间主图案为一面青天白日旗帜。该旗由“为革命牺牲第一人”的陆皓东在1893年秋天设计。两年后，孙中山在香港组织召开兴中会的首次干部会议，通过了将其定为革命军旗的决定。此后，革命党人多次起义，皆以此旗为标帜号召。旗帜上端印有英文“THE CHUNG HWA REPUBLIC”（即中华民国）。旗帜左右各印有阿拉伯数字“10”。“10”下端右左两侧，印有“孙文”及“李公侠”二人英文手写体签名。旗子下端分别印有“TEN DOLLARS”“GOLD”“ON ITS FORMATION AT THE STATE TREASURY OR ITS AGENTS ABROAD”。左外侧骑缝处有手工填写的金币券印制编码，以及圆形的“总理”和方形的“中华革命党筹饷局”红色印章等。此外，在骑缝根处有墨书的代号及编码，其中壹拾圆券代号为“中”、壹百圆券代号为“华”（也有部分代号为“中”的）、壹仟圆券代号为“民”，独缺“国”字代号。

在有的票券上，还盖有“革命债券委员会”的登记章。当时发行时承诺建立中华民国后，可以向国民政府如数兑换白银。中华民国成立后，孙中山任临时大总统时，“中华民国金币”券大多如数兑换银元。1934 年 5 月，国民政府成立“革命债务调查委员会”，对尚未兑换的少数“中华民国金币”券，亦在 1935 年至 1937 年，由“中华债券调查委员会”验明加盖登记章后兑银收回。

金币券上的“李公侠”，即李是男（1881—1937 年），广东台山人，在美国旧金山出生，后回到家乡。1905 年，以反对清政府腐朽统治、反对美国政府欺辱华侨为宗旨，在台山发起组织成立“励志社”，第二年加入“同盟会”。1908 年，李公侠回到旧金山，积极维护海外华侨的合法权益，创办《美洲少年周刊》，进行革命舆论宣传。1910 年春季，孙中山到美国，李公侠成为他的助手，并主持成立旧金山中国同盟会分会，担任会长，《美洲少年周刊》改为《少年中国晨报》，成为美洲同盟会的机关报。中华革命军筹饷局成立后，李公侠任局长兼会计。此外，为进一步筹措经费，李公侠还组织粤剧团，自己编写剧本并参加演出。中华民国成立后，孙中山力邀李公侠出任政府要职，但被其婉拒。1921 年，李公侠回到广州，担任孙中山总统府秘书。1937 年 5 月，在广州病逝。

据统计，洪门筹饷局在短短 5 个月内共募集到 144130.41 美元。在其成立的一年时间里，总计筹得 40 余万美元，这些筹款可以说是当时革命党人发动起义的主要经费来源。可见，海外华侨始终是辛亥革命事业的坚定支持者。除捐款、筹款之外，他们还积极宣传革命思想，甚至投身到黄花岗起义、武昌起义等武装起义活动中，为推翻封建专制、创建中华民国作出了巨大贡献。故，孙中山由衷地赞叹道：“华侨为革命之母。”

李公侠

中华民国成立后，孙中山践行

承诺，兑付了大部分“中华民国金币”券。发行“中华民国金币”券时，革命党人既未掌握政权，又无设置银行，然而却能为广大华侨所接受，这在近代史上是前所未有的奇迹，是孙中山先生在辛亥革命早期财政金融上的一大业绩。

“中华民国金币”券是众多海外华侨支持辛亥革命的有力物证，凝聚了海外赤子爱国报国的拳拳之心。诚如《洪门筹饷局缘起章程》表述，“……切望各埠手足，竭力向前，踊跃捐资，以助成革命大业，则洪门幸甚！中国幸甚！”1925 年 10 月 10 日，旧金山五洲洪门致公堂总堂“改堂为党”，海外第一个“华侨政党”——中国致公党诞生。

（王纪洁）

陆军部军事用票：

黄兴筹集军费的方式

南京临时政府陆军部军事用票，是中华民国南京临时政府成立后，以黄兴为总长的陆军部为应对经济困难，筹划全国军需而印制的军事用票，属于战时货币性质。黄兴（1874—1916年），湖南省长沙府善化县高塘乡（今长沙县黄兴镇凉塘）人，中国近代民主革命家，中华民国的创建者之一，杰出的资产阶级革命家和军事家。黄兴一生致力于领导和指挥中国资产阶级武装起义，为筹集革命经费可谓殚精竭虑。

1911年10月10日武昌起义之后，各地纷纷响应。一个月，湘、秦、晋、滇、赣、黔、苏、浙、桂、皖、粤、闽各省先后独立，成立军政府。因无联合统领机关，各省各自为政，内政外交深感不便，革命形势的发展要求迅速建立一个统一的中央政府。1911年12月2日，江浙联军攻克南京，建立江苏都督府，南京的光复，使全国革命重心由武汉转移到南京。1911年12月4日，各省都督府代表会决定将临时中央政府设于南京。接着，各省都督府代表会选举孙中山为临时大总统。1912年1月1日，中华民国南京临时政府成立。1912年1月3日，孙中山

黄兴

任命各部部长，向各省都督府代表会议提议黄兴任陆军总长，旋即又委任黄兴为参谋总长、大本营兵站总监等重要职务，位列各部总长之首，“虽无内阁之名，实各部之领袖”。黄兴的职责就是总理全国军事，筹募军饷、军械等事宜，实际上主持临时政府的军政事务，协助孙中山开展民国建设。

1912 年 1 月 9 日，南京临时政府陆军部正式成立，职能是管理陆军，经理军事教育、卫生、警察、司法及编制军队事务，监督所辖军人军队。黄兴十分重视军队建设，主持制定了一批条例、规章和制度。此时的陆军部机构庞大，支出也甚大。当时的南京临时政府正在筹备北伐，招募新兵，军费开支骤然增大。南京临时政府成立后，苟延残喘的大清皇室依然不放弃最后一丝的求生希望，任袁世凯为内阁总理大臣，负责镇压南方的革命军力量。袁世凯主张维持君主立宪，反对共和，发布“全军整备再战”的命令。而且，袁世凯公然提出同时解散清政府和南京临时政府，由他在北方重新成立临时政府接管全国政权。他的这一主张遭到孙中山、黄兴的坚决反对。同年 1 月 11 日，南京临时政府宣布北伐，孙中山任北伐军总指挥，黄兴任北伐军陆军参谋长。

为准备北伐，南京临时政府还设置了军事机构——南京大本营，其总兵站设于南京下关，由黄兴兼任兵站总监。发军饷、购买军火都需要钱，但是此时的南京临时政府家底空空，根本无力支付。南京临时政府成立时就对外发表公告，称“中国前此与各国缔结之条约皆继续有效”，于是帝国主义列强以担保债务为由，将各地关税全部截留。这样，南京临时政府就没有了任何财政收入。南京临时政府建立在江苏，该省原本税收盈余，面对持续的战争与各种用款，很快出现了财政危机。担任实业部部长的实业家张謇曾说：“除去可能得到的收入，新政府每年至少短缺八千万两。”一方面财政收入为零，另一方面临时政府各方面的财政开支却极其巨大，尤其是军费开支为最大项目，占据了临时政府财政总支出的绝大部分。为了北伐所需，南京城内外驻扎了各路军队。城内有浙军、沪军、光复军、铁血军、卫戍军等，共计 10 万余人。还有江苏境内及各地陆续开来的援军，共计 20 万人左右。数量如此庞大的士兵队伍，不光要吃饭穿衣，还要发饷、申领武器弹药装备等，这些无时无刻不需要钱。每天前来陆军部伸手要钱的革命军几乎挤破了头，“每日到陆军部取饷者数十起……前敌之士，犹时有哗溃之势”。没有钱，革命军中普遍拖饷缺饷；没有钱，就调不动军队，更不可能上前线作战！为了筹集军饷，作为陆军部总长的黄兴只得疲于应付，到处奔走求助，往返于南京、上海等地之间，焦头烂额，废寝忘食，甚至累到口吐鲜血。他尽量减少各种军费的支出，力主节流。但光节流没有用，还得开源。为扩大财政收入，稳定军心，南京临时政府决定通过发行公债、军用钞票等方式，开拓经费来源。1912 年 1 月 8 日，临时政府发行 1 亿元军需公债，募得 500 万元，结果并不理想，其中有不少是来自美洲及东南亚华侨的支持。而后，黄兴委托上海商务印书馆，以陆军部名义，采用证券纸以平板橡皮印刷军事用票，对社会公开发行。

军事用票有壹圆、伍圆两种，其中壹圆券长 114 毫米、宽 70 毫米，票面青绿色、背蓝色；伍圆券长 119 毫米、宽 70 毫米，票面蓝色、背深褐色。二者除面值、颜色不同外，其余文字、图案均一致。票券正面四周有传统的花纹边框，四角斜书有阿拉伯数字和大写汉字的面额。票面上端隶书“军事用

商务印书馆车间

陆军部军事用票壹圆

陆军部军事用票伍圆

票”4个字，中央有交叉的十八星革命军旗和五色旗，旗下为竖书有面额，亦是隶书书体。右侧印有“中华民国元年元月　日”，楷书书体。左侧印有“陆军部发行”，也是楷书书体，下面加盖有“陆军部总长印”篆书红色方章。票面底部左右各有该票的印制编号，红色。

票券背面四周有花框，四角也斜书有阿拉伯数字和大写汉字的面额。上下端印有英文钞票名称和面额。票中间位置印有一圈花框，花框右、左两侧各印有中、英两种文字的陆军部告示：“陆军部令：此券准其凭额完纳租税，购买物品，凡各省官用公用及一切商业均得流通，暂时不兑现银，俟军事一律平定，六个月后，由国家银行兑换。如有无知商民，藉端阻滞，均应按律治罪，伪造者以私铸论。此令。中华民国元年元月　日。”陆军部军事用票设计得简单大方，在众多的辛亥革命货币中最能体现辛亥革命的诸多特点和要素，也是最符合1906年孙中山、黄兴、章太炎等人在《中国同盟会革命方略》一书中提出的关于军事用票的设计风格和思路。

通过分析陆军部告示内容，我们可以看出，陆军部军事用票既不限地区，也不限军用，各省官用、公用、一切商业都可以流通，六个月，再由国家银行收兑。其发放的主要方式是以军饷为名目发至军中，再流入南京市面，参与货物流通。该票名为“军事用票”，表明了其特殊的用途和性质。军用票，是一种在非常时期由军政府统一发行并强制流通的有价证券，但发行军用票是权宜之计，只能在短期内起到流通作用。因为陆军部军事用票是为巩固南京临时政府统治、筹集北伐军需而特意印制发行的，所以决定了其发行流通时间短、区域性强的特点。

在陆军部军事用票上印十八星革命军旗和五色旗图案有很深的含义。十八星革命军旗，又称铁血十八星

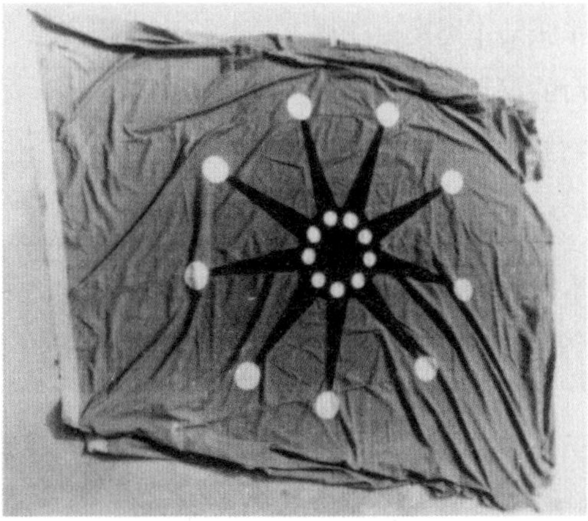

十八星革命军旗

旗、九角十八星旗、首义之旗，长宽比例为 8：5，是武昌起义的革命战旗，也是武昌起义胜利的标志。图案由红底、黑九轮角和十八颗金黄色的小圆点组成，十八颗小圆点，是汉地 18 个行省，以此代表全国。黑色代表铁，红色代表血，即誓以赤血黑铁光复关内十八省。据说此旗是由共进会领导人刘公邀请赵师梅、陈磊、赵学诗等人，依据当年同盟会员刘仲文从东京带回的青白旗式样绘制而成，其含义是必须使用革命武力，以热血驱除鞑虏，恢复中华。

五色旗上有红、黄、蓝、白、黑五根横条，代表汉满蒙回藏，寓意“五族共和”。此旗是江苏都督程德全邀革命党人共同创制的，其寓意乃中国文化“五行相生”的习惯，以五族结合为大共和国。武昌起义次日，中华民国军政府鄂军都督发布《安民布告》规定国旗为五色旗。苏浙民军攻克南京，庆祝南方独立，以及欢迎孙中山回国就任临时大总统时，上海街头都悬挂五色旗。

陆军部军事用票从 1 月发行，到黄兴 6 月 14 日离职，共流通了 5 个多月，但因为史料的缺乏，发行数量至今已无法考证。据记载，自 1911 年 10 月至 1912 年 8 月，中国银行上海分行收回包括陆军部军事用票在内南京临时政府发放的钞票共计 500 万元。

黄兴非常重视财政问题，并将其与内阁建设相提并论，他的财政思想主要包括稳定财源、拓宽收入、节省开支等方面，这些思想对民国初期的财政建设有一定的影响。

知史以明鉴，查古以知今。今天再仔细审视这些代表辛亥革命成功的一张张陆军部军事用票，虽然轻小但历史意义非常厚重。它们承载了对辛亥革命的记录，保存了对这段历史的记忆，永远是中华民族伟大复兴征程上的实物见证！

（王纪洁）

中华银行军用钞票：陈其美弥补财政开支的手段

中华银行是武昌起义后不久，沪军都督府为筹措军需而设立的一家金融机构，其发行的军用钞票很受上海民众欢迎，当时沪军都督府的财政收入大部分来源于此。虽然中华银行和中华民国军用钞票没有从根本上扭转沪军都督府财政匮乏的局面，但对维持上海城市商业活动的正常运转和巩固新生革命政权起到了一定的支持作用。孙中山先生对中华银行评价很高，称其为“我名誉夙著的开国第一银行”。

武昌起义后，上海革命党人立即响应。1911 年 11 月 4 日上午，上海宣告光复。1911 年 11 月 6 日，沪军都督府（也称“上海军政府”）成立，陈其美任都督。陈其美（1878—1916 年），浙江湖州吴兴人，字英士，中国同盟会元老，在辛亥革命中成功领导上海起义，建立全国第一个以革命党人为主体的地方政权，积极推动筹建全国临时政府，孙中山称赞陈其美在上海是“一木之支者”。

陈其美

经济建设是一个政权发展进程中不可或缺的重要组成部分，是巩固新生政权的重要支撑。一个新生政权的统治是否稳定，社会是否安定，经济

沪军都督府

环境很重要。而且，经济实力是军事力量的基础，决定了一个新生政权能否在残酷的斗争中生存下来。搞好经济建设，背后需要充足的财政支撑。可是，因财政状况恶劣，陈其美领导的沪军都督府自成立之日起，就面临着非常严重的财政匮乏局面。

首先，财政收入锐减。辛亥革命前，清政府上海道库公款存于各钱庄。上海光复后，上海道台刘燕翼将350多万两的库款存折交给英国领事，后者却拒绝交还沪军都督府。而各钱庄也以无存折为由，不准沪军都督府提用。此外，上海海关的日常关税以及原大清银行的巨额银两均被强行截扣在英美租界，沪军都督府亦无法追缴征用。

上海光复后，为稳定民心，保持和维护社会安定，沪军都督府发布《上海军政分府宣言书》，宣布豁免江浙皖闽四省的钱粮和杂捐。这些措施虽然为新生政权的巩固提供了保障，但如此大幅度地减免税收，外加道库公款、关税等无法征用，势必造成沪军都督府的财政收入锐减。

其次，财政压力加大。沪军都督府为巩固辛亥革命的胜利成果，支持孙中山筹建南京临时政府以及长江沿线各省的光复，并筹备北伐，大肆招募新兵，造成军费开支大增。当时聚集在上海的革命军有数万人，沪军都督府每月支出大多在百万元以上。此外，沪军都督府还要维持自身运转，在此背景下，其财政支出压力可谓巨大。

最后，金融秩序混乱。武昌起义后，各地相继独立的政治局面导致纸币信誉急速下跌，各地纸币不能通用，商家纷纷改用银两交易，上海金融业陷入一种严重混乱的状态。在此情况下，钞票迅速贬值，银价飞涨。市民闻讯后纷纷跑到银行兑换纸币，提取现银。这种现象引起银根紧缩，市面恐慌，不少银行、钱庄因为挤兑而陷入了破产边缘，丝厂等实业也因此被连带而无法开工，工人工资大幅下降。武昌起义半个月内，上海金融混乱的态势已经波及城市生活的方方面面，造成社会经济萧条。

虽然开展了规模庞大的筹措经费活动，然而募集经费有限，甚至连都督陈其美这样铁腕精明的人物也曾被经费逼到一筹莫展的境地。面对无钱可用的财政局面，为了筹集钱款、稳定金融市场，沪军都督府采取了一系列措施来化解危机，创办中华银行即是应急措施之一。

时任都督府财政总长的沈缦云向陈其美提议，应当在积极“振兴实业、广拓财源”的同时，设法聚合民间资金，创办一家“由军政府担保并委派监理”的股份制华商银行，以发行短期军用钞票的方式，达到“流通泉货，酌剂盈虚，既裕饷需，兼并商团”的目标。陈其美接受了沈缦云的建议，决定创办中华银行，作为新政府的金融机构，发行纸币及债券应付开支，并委派沈缦云具体负责创办。沈缦云是江苏吴县（今苏州）人，近代实业家，民国政要。沈缦云精明能干，参与创办了上海信成商业储蓄银行，1909 年加入同盟会，依托信成银行，筹措了大量经费，支持孙中山和同盟会的革命活动。上海光复后，沪军都督府成立，沈缦云出任财政总长。

1911 年 11 月 4 日，沪军都督府明确提出创办中华银行，发行军用票，目的“在于流转金融，并非把持货利”。中华银行总行设立在上海市沿浦吉祥弄口，分行设立在北市。股本分为 100 万股，官商合办，官股、商股各持半数。经营范围除一般信贷业务外，还监管军用钞票和国家收入的一切赋税饷款。1911 年 11 月 21 日，中华银行在上海南市隆重开业。据当时报道，中华银行开业之时，“来宾甚多，士绅商学济济一堂，无不欢欣鼓舞”。因为中华银行的主要职责是奉令经理中华民国军用钞票，所以自成立之日起，其发行的名为“中华民国军用钞票”的纸币也立即面世，参与流通。

在革命危机之时，军用票发行的作用关乎新生政权的生死存亡，能否通过发行军用票筹集到巨额款项，直接关系到沪军都督府政权能否巩固，以及能否攻克南京、筹建南京临时政府等问题。为了尽快筹得所需巨款，在军用票发行过程中，沪军都督府采取了两项重要措施。第一，鼓励巨商踊跃认购。沪军都督府鼓励工商界人士采取积极姿态，参与军用钞票的兑付活动。在军用钞票对社会发行前，沪南商务分会就集会提请商务总会邀请各业领袖，到活动现场踊跃兑付。兑付场面十分热烈，巨商积极兑付军用钞票，不惜花费巨资争先兑付第一号。其中，董事郭竹樵以500元兑得拾元钞票的第一号，黄少严以105元兑得伍元钞票的第一号，朱少屏以50元兑得伍角钞票的第一号，杨谱笙以60元兑得拾元钞票的第二号，方樵苓以50元兑得伍元钞票的第二号。陈其美、沈缦云、俞寰澄、周葆元、王一亭、虞洽卿等人，均以高于票额的代价兑得各面额钞票的第三、四号。而王奋独以一枚价值昂贵的钻戒兑得壹元钞票的第一号，态度积极、义勇百倍。面对如此火热的场景，当时报纸形容“观此足知人心之所趋，如水赴壑，亦中华新纪元灿烂之纪念”。第二，全力维护军用票的信用。一种钞票之所以能够稳固流通并延续长久，依靠的是信用。为稳定民心，加快资金周转，军政府以刊发告示的形式明确中华银行的工作程序，规范军用票发行，竭尽全力维护军用钞票的信用。

都督陈其美也在报纸刊出晓谕：“所发各种钞票，务须一律通用，流行无滞，庶于金融机构有所裨益；并须深明此义，不得有故意克扣压抑情事。吾沪商民素明事理，且能信仰军政府一切施设，是为本都督所欣慰。惟恐无知之辈，妄起猜疑，贪利之徒，漫思剥削，因特重行生命，一体行用。金融灵通，即军饷充裕，是则本都督与商民同受其益也。”作为上海的最高军事长官，陈其美的晓谕为军用钞票的顺利发行起到了保证作用。

由于措施得当，军用钞票进入市场流通后，信用较好，连兑换银洋的烟纸店也自愿效劳，不取“贴水”，一些商店甚至专门悬挂出“专收军用票”的牌子，从而维持了军用票的信用，促进了流通，达到了沪军都督府最初制定的目标。

军用钞票发行初期极为顺利。但 1912 年春天，上海市面出现了 20 多万元的假钞，并且使用范围迅速蔓延到浙江地区。此种情况势必引起市民恐慌，为避免损失、维护军用票的声誉，财政部积极采取补救措施，督促各华商银行“整顿军钞使用”，对流回银行的零散假钞一律加盖“伪票”印戳并予以销废，严禁再次入市。但因假钞数量巨大，社会上“人心扰动，纷纷兑现，而伪票仍未绝迹”。为彻底断绝假钞给社会造成的危害，军政府最后只好全部收兑军用钞票，停止流通。

1912 年 6 月 11 日，《申报》《时报》《新闻报》《民立报》等都刊发了都督陈其美签署的回收公告，明确指出人们可将持有的军用钞票到中华银行兑换成银元。由于都督府出面维护，军用钞票的回收进展得极为顺畅。至此，中华民国军用钞票结束了它的历史使命。

1912 年 7 月，沪军都督府被撤销，中华银行实行改组，重新制订章程，改为商办。1913 年 2 月，经股东大会决议，中华银行更名为中华商业储蓄银行。

中华民国军用钞票因为信誉良好，可以在上海所有华商银行间自由兑付，钞票的币值与银元挂钩，可见当时军政府采取的是银本位通货管理制。军用钞票存世虽然只有数月，但很受百姓欢迎，作用巨大。它的发行一方面稳定了上海和周围地区市面的物价，维持了正常的市场运转；另一方面及时有效地解决了政府军用及各项公共支出，当时沪军都督府的财政收入全赖于此。此外，其消除了当时广大市民普遍存在的顾虑心理，在稳定人心、减缓金融恐慌等方面发挥了巨大作用。

中华银行的创立，对于光复不久的上海经济恢复和建设起到了积极的推动作用。随着清王朝的土崩瓦解，各地纷纷独立，导致了货币信用的危机。此时，在新旧政权交替之际，革命党人重要的工作之一就是筹措军饷、化解金融矛盾、掌控货币的发行权并以此稳定社会经济。沪军都督府审时度势，及时创办了中华银行，发行公债和军用钞票，迅速解决了棘手的经济问题。凭借自身强大的资金组织和运作能力，中华银行在很短的时间内就以较少的股本基础向沪军都督府提供了 65 万余两的大额借款。得此资金援助，沪苏浙联军在 1911 年 12 月 2 日攻下南京，使南京得以成为中华民国开国之首都，意义甚为重大。

中华民国军用钞票，共有伍角、壹元、伍元、拾元4种面额。其中，伍角券正面为海蓝色、背面为黄褐色，长121毫米、宽72毫米。壹元券正面为赤褐色，背面为蓝色，长133毫米、宽80毫米。伍元券正面为橙黄色，背面为浅绿色，长154毫米、宽99毫米。拾元券正面为深绿色，背面为浅褐色，长168毫米、宽104毫米。

这四种钞票除了面额、票幅、颜色不同，其他图案均一致。钞票正面四周由花框围绕，四角花草中心处斜式书写面额汉字。正面主体图案为中国传

中华银行中华民国军用钞票伍元

中华银行中华民国军用钞票拾元

统的花草图。框式花栏内，上端横书“中华民国”“军用钞票”8个字，两行排列。在中间的金额两旁印有“上海通用银圆”，说明此种票是银元票。此外还印有“只认票不认人”“凭票即付”“执此为照”等寓意防伪识别的字样。右边印有“黄帝纪元四千六百零九年九月吉日”，此票采用黄帝纪年，表明了革命党人与清政府势不两立。左边印有“中华银行经理”，并盖有“沪军都督”“财政总长”两颗篆字红印。下面左右两侧各印有钞票的印制号码（No.+6 位数字）。票右边还盖有篆字“军用钞票”骑缝章。

钞票背面四周亦由花框围绕，四角花草中心处印有面额数字。正面主体图案为中国传统的花草图。框式花栏内，上端横书“THE REPUBLICAN CHINA”“MILITARY BANK-NOTE”英文，两行排列。中间印有英文面额“TEN DOLLARS LOGAL GURRENCY”。此外，还有红色英文“上海”字样及财政总长沈缦云的英文签名，以及英文承诺见票即付字样。

据考证，有一种拾元军用钞票券面盖有一长方形印章，名“革命债务调查委员会”“廿五廿三月廿一日”“已登记”字样，证明此券已向革命债务调查债务委员会登记兑现，更可证明此券在“二次革命”时也曾使用。

中华民国军用钞票的票面风格和设计特点极具历史意义，带有辛亥革命的时代标志。“中华民国”“沪军都督”“军用钞票”这些词语代表了新生政权的建立和钞票发行的性质、作用。采用黄帝纪元，是当时辛亥革命钞票的一个显著特点。因为各地起义者多以推翻清王朝、继承黄帝之业为己任，辛亥革命时期采用黄帝降生年（一说黄帝主政年）为纪元蔚为风气。当时中国同盟会的《民报》采用黄帝纪元；武昌起义后，湖北军政府也采用黄帝纪元，各省政府亦跟着使用，所以中华民国军用钞票也采用黄帝纪年，印有“黄帝纪元四千六百零九年”的字样。

有学者据票面特征考证，军用钞票是委托上海集成公司采用证券纸，用石印机印刷的。辛亥革命前后，上海地区的印刷业非常发达，其中上海商务印书馆和上海集成公司承印的辛亥革命纸币种类最多，贡献最大。中华银行印制、发行军用钞票后，影响广泛，其他各省也纷纷来沪订印钞票。

通过钱币回望历史，这一张张中华民国军用钞票亲历了那段风起云涌的历史，它们是上海资产阶级开展革命，维护沪军政权稳定的历史见证。由于发行时间短，存世量少，现已成为辛亥革命时期货币收藏的一个珍稀品种。

（王纪洁）

五彩龙银票：

陕西军政府财政开源之路

武昌起义爆发后，陕西是全国很早起来响应的省份之一。陕西起义的成功，沉重地打击了清政府的统治，对北方各省的陆续起义起到了积极的促进作用，有力地支持了刚刚建立起来的南方各革命政权。陕西的革命起义在全国辛亥革命运动中占有重要地位，陕西也是清政府控制下的北方第一个宣布独立的省份。

武昌起义的消息传到陕西后，给陕西革命党人极大的鼓舞，西安同盟会和哥老会领导人井勿幕、钱鼎、张钫、张凤翙、张云山、万炳南等人于1911年10月22日发动起义，攻占西安。借武昌起义军名“湘鄂豫复汉军”之意，陕西起义军称作“秦陇复汉军”。1911年10月24日在西安建立秦陇复汉军总司令部，推举张凤翙为大统领，万炳南、钱鼎任副统领，统管全省军政大权。1911年11月26日，成立陕西军政府，改大统领为都督、副统领为副都督，并设立民政部、财政部、教育部、实业部、交通部等机关。西安起义成功的消息传出后，全省各地纷纷响应，数日之间，关中40余县先后树起义旗，宣布光复，陕西宣告独立。

财政是一个政权治理的基础和重要支撑，没有雄厚的财政支持，政权尤其是新生政权很难巩固统治，发展壮大。而刚刚成立的陕西军政府却没有任何收入，在财政上举步维艰。西安光复后，各县粮赋厘税征收陷于停顿，无款解交省库，如此经过一两个月的运转，陕西军政府已感觉财政捉襟见肘。俗话说，军队所需，粮饷并重。陕西军政府最初在军粮供应方面还可以维系，在军饷上却陷入绝境。据记载，当时的兵士月饷，头目五两二钱，兵士四两

响应武昌起义的延安哥老会武装

二钱，排长 18 两，司务长 12 两。各哥老会首领任意扩军，由一协发展到十协以上，军费开支增大。而且，军政府本身的办公开支十分巨大，所需款项也无处支付。当时西安金融领域混乱不堪，一方面，市面流通的银元和铜元很少，银元成色又极其复杂；另一方面，大清银行被抢，商办的钱局以及票号、钱庄等都停止营业，使得市面极其萧条，交易停滞。外加物资大多掌握在少数地主和商铺手中，军政府徒有虚名，只有一个空大架子，不能有效地实行经济统一。面临如此巨大的财政压力，军政府必须出台相应的管理措施，才可以调剂金融，进而稳定社会治安。

为了维持金融秩序，取信于民，军政府采取了三项政策，一是开仓平粜粮食，尽量收回旧银钱票；二是劝捐助饷与发行公债；三是成立“秦丰银行”，发行钱票和银两票，禁止原大清官银钱号发行的所有银票、钱票流通使用。

秦丰银行是在原陕西官钱局基础上改组而成的。光绪二十年（1894 年）9 月，陕西巡抚陆传霖奏旨获准出资本金银 1 万两，设立秦丰官银钱号，发行钱票。陕西官银钱号，又名秦丰官银钱号、秦丰官银钱铺。宣统二年（1910 年）改名为秦丰官钱局，资本 6 万两。秦丰银行性质为官商合办，开办资本共计 100 万两，其中军政府拨银 50 万两，招募商股 50 万两，设立的目的就是维护市面币值稳定，筹措革命军饷。秦丰银行总行设于西安，另在三原、凤翔、汉中等地设立分行。秦丰银行除经营存款、贷放款、汇兑等一般银行业务外，还发行了银两票。秦丰银行是陕西建立的第一家正式的地方银行，行使着地方银行职能。

秦丰银行发行的银两票分为旧式银两票和新式银两票两种。旧式银两票是利用原陕西官银钱局（即“秦丰字号”）库存的银两票加盖“秦丰银行”戳记而后再发行；新式银两票为陕西秦丰银行兑换券，则是在1913年1月15日发行，由京都京华印书馆承印。此时，还发行了“秦陇复汉军”军用钞票100万两，军民亦不乐用，发行不到50万两即行停止。

秦丰银行银锭

因为当时时间紧迫，立即印制秦丰银行票券的条件不具备，所以军政府决定将原空白的陕西官银钱号银两票加盖“秦丰银行”戳记，投放市场参与流通，陆续发出200万两。因银两票上印有色彩艳丽的龙纹图案，故被称为“陕西五彩龙银票”。

陕西官银钱号银两票为五色套彩石印而成，双龙威武粗犷端庄，总体构图新颖，色彩鲜艳，精美绝伦。

加盖“秦丰银行”戳记后的银两票上面有多处印记。在正面面额处，盖有“秦丰银行”一方篆书红色印章，印章呈菱形，“秦丰银行”四字对读，中间为太极图造型，象征活力不断、生生不息。

在字号处加盖“守约”二字红色戳记，意为遵守约定。

“秦陇复汉军”军用钞票贰两

陕西秦丰银行兑换券壹两

银两票背面上端印有面额，红色戳记。左下角加盖“秦丰银行”4个字，竖书、楷书书体。左上角加盖“文明银票各界通行，埋字印记一概不准”字样的红色戳记，竖读，两列。表明银两票的性质，可以随时随地流通，禁止在票面上进行涂改。右侧骑缝处加盖“陕西秦丰银行”红色印章，篆书。晓谕文中，加盖有修正的黑体字。

陕西官银钱号（加盖“秦丰银行”戳记）银两票因为年份不同，有“辛亥”“壬子”两种版别。其中辛亥版发行于1911年，主要是在票券正面左侧表示时间的“光绪”二字处加盖“辛亥”红体字；背面晓谕前的恩寿官衔名称处改为“秦陇复汉军大统领张”；晓谕文字“本部院莅任”改为“统领起义”；“秦丰官钱铺”改为“秦丰官银行”；原票之年份“光绪三十四年”改为“黄帝纪元四千六百零九”年。

壬子版发行于 1912 年，主要是在票券正面左侧表示时间“光绪”二字处加盖“壬子”红体字；背面晓谕前的恩寿官衔名称处改为“中华民国秦军分政府大都督张”，晓谕文字“本部院莅任”改为“都督起义”，“秦丰官钱铺”改为“秦丰官银行”；原票之年份“光绪三十四年”改为“黄帝纪元四千六百十

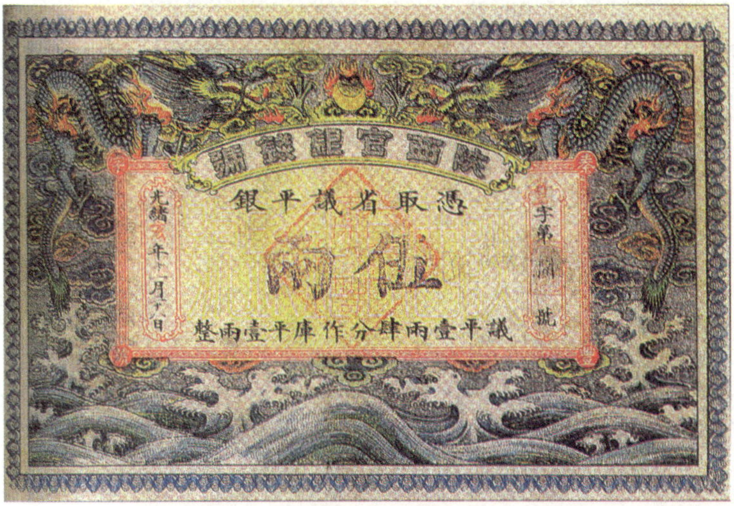

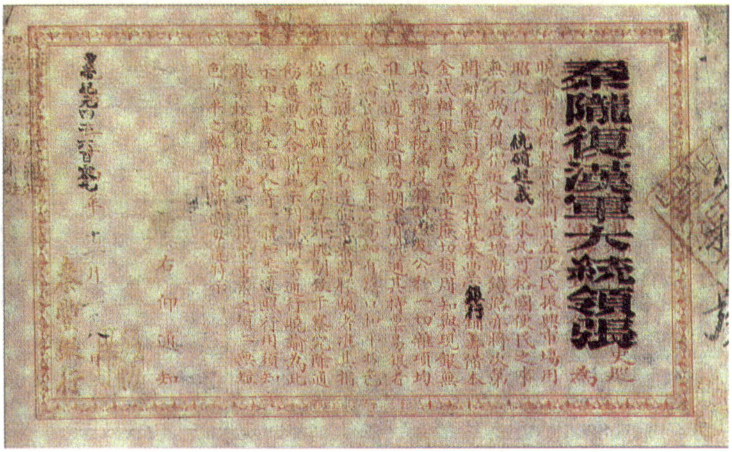

“陕西五彩龙银票”伍两（辛亥）

年”。南京临时政府成立后，将原陕西军政府改为“中华民国秦军分政府”，张凤翙继续担任都督。

这两版银两票背面加注的“秦陇复汉军大统领张”“中华民国秦军分政府大都督张”中的“张”，即辛亥革命陕西首任都督张凤翙。张凤翙（1881—1958 年）出生于西安，曾留学日本，学习军事，1906 年加入同盟会。他为人大度，能应变，有胆识，在西安光复中，成功地领导陕西新军起义，摧毁了

陕西五彩龙银票叁两（壬子）

清政府的统治秩序，为创建民主共和作出了贡献，被誉为“辛亥革命打响西安第一枪”的人。张凤翙在任陕西都督期间，致力于地方社会秩序的恢复，注重发展生产，搞好经济建设。他非常重视教育和人才培养，创办了西北第一所大学——西北大学，为陕西的发展做了很多工作。新中国成立后，张凤翙陆续担任了陕西省人民政府副主席以及陕西省副省长等职务，为巩固新生人民政权作出了自己的贡献。

秦陇复汉军大统领张凤翙

由于市场上重视现钱而轻视纸币，纸币与现钱交易，差价太远，银行经常发生挤兑纠纷。军政府虽然及时出台保证兑换的命令，甚至派兵镇压，但还是不能平息。为保证纸币流通，维护币值稳定，军政府决定无论还债、买卖均以现钱与纸币各半通行。因为“陕西五彩龙银票”发行之际，陕西政治大局未定，社会秩序还不稳定，故广大市民对钞票的使用多持怀疑观望态度，收效不大。

据北洋政府财政部档案《检查征收机关委员会检送关于陕西币制情形函致泉币司》记载：“陕西五彩龙银票”共分壹两、贰两、叁两、伍两、拾两、伍拾两、壹佰两 7 种面额。自辛亥年 10 月 1 日起至 1913 年 12 月 13 日止，共发行旧式银票 95.4 万两。目前所见的陕西官银钱号（加盖“秦丰银行”戳记）银两票面值有壹两、贰两、叁两、伍两、拾两 5 种，其他面值未见有实物。

受当时特殊的社会条件和时代背景的影响，“陕西五彩龙银票”融清朝纸钞和辛亥革命军票为一体，历史意义极为特殊，在众多辛亥革命货币中风格迥异，虽已过百年但颜色仍艳丽无比，代表了当时印制技术的最高水平，一直受到钱币研究者和收藏家的喜爱。

（王纪洁）

民国时期，战争频繁，社会动荡，货币制度管理混乱，纸币种类繁多，中央政府、地方政权、私人以及外商发行的各类纸币同时流通。这些纸币票幅大小尺寸不一，图案内容多样，名称、面额复杂，有银元券、制钱票及铜元票等。

中国银行和交通银行两家在北洋政府时期(1912—1928 年) 发行了各类兑换券。之后，不少普通商业银行经政府批准，也取得了发行钞票的特权。这些银行发行的钞票，在抵制外钞、发展国民经济中起到了一定的作用。因当时军阀林立、互相争斗，为满足军费开支，各军阀大都发行有不同的军用票。与此同时，各省地方金融机构也纷纷发行钞票，这些纸币主要以横版居多。国民政府因为财政和战争的需要，发行了种类多样的纸币，主要包括法币以及中央银行发行的关金券、金圆券、银元券和东北九省流通券等。

第八章

民国票券，折射社会的动荡

中华国民银行券：
第二次护法运动的见证

在中国近代历史上，孙中山先生毕生致力于革命事业，为实现国家与民族的独立、自主、富强和进步不懈奋斗，鞠躬尽瘁，死而后已。为了纪念这位中国民主革命的先驱，民国时期纸币上的主图案大多是孙中山先生头像。而最早将孙中山头像作为纸币主图案的是中华国民银行印制的流通券。该银行于 1921 年在广州成立，发行壹毫、贰毫、伍毫、壹圆、伍圆、拾圆 6 种面额的纸币券。中华国民银行券也是轰轰烈烈的第二次护法运动的实物见证，发行时间只有半年，存世罕见，是民国时期官办银行发行众多纸币的一个珍稀品种。

现以壹圆券为例，详细地介绍一下中华国民银行纸币的设计风格和版式特征。

横式，票面尺寸为 138 毫米 ×78 毫米。正面颜色为青绿 / 黑灰，四周边框由中国传统图案组成，四角斜书有“壹”字。中间上端自右至左印有行名，“中华国民银行”6 个字，楷书。“国立”二字加盖在行名两侧（也有加盖在最上面边缘处），红色，宋体字。行名下端左右两侧印有该券的印制编码，红色，阿拉伯数字。

票券中间花托内印有孙中山先生肖像，微侧，双目有神，注视前方，着中山装，神情之中透露出一股威严，看上去正气凛然。下面印有“孙大总统肖像”6 个字，自右至左，楷书。整个花托做成西方镜框效果，呈现出华丽的装饰样式。孙像左右两侧，各印有南方典型的热带植物——棕榈树，一大棵、两小棵。棕榈树的树枝又高又直，枝叶舒展，终年保持绿色常青，寓意

中华国民银行壹圆，顾明收藏

着胜利、和平、生命、永恒和祝福，象征着好运与希望。棕榈树右侧印有行长“梁长海”黑色手写体签名，粗犷豪放，下面是一方红色印章。左侧加盖“中华国民银行”竖形方章，红色，篆书。票券中间最下端印有“中华民国十年印”字样，即1921年。

背面颜色为紫棕色，四周边框亦是由中国传统图案组成，四角斜书有“1”字。中间上端印有英文行名“THE NATIONAL BANK OF CHINA”，下面印有“中华国民银行”6个字，隶书，呈弧形。票券中间花托内是展现四人，其中中间近景两人，左右两端远景各一人，分别代表工农商学形象，左右两侧印有“壹圆”二字，竖式排列。下端印有英文面值“ONE DOLLAR”。

伍圆券颜色与壹圆券相同；拾圆券没有正式发行，正面颜色为红 / 黑灰 / 土黄，背面颜色为蓝黑 / 粉。

20 世纪 20 年代，在广州成立中华国民银行有着深刻的社会背景，与孙中山开展第二次护法运动关系紧密。

中华国民银行伍圆，顾明收藏

中华国民银行拾圆，顾明收藏

第二次护法运动是孙中山再次发起的以恢复《中华民国临时约法》和国会为目的的资产阶级民主运动。1918 年 5 月，孙中山受到南方军政府中的桂系军阀排挤，离开广东赴上海，他领导的第一次护法运动失败。第一次护法运动的失败，使得孙先生认识到要想实现民主革命，靠军阀是万万不能的。第二年五四运动的爆发，更加使孙中山认识到，一定要大力宣传民主革命思想。1919 年 10 月，孙中山将中华革命党改组为中国国民党。

1920年8月爆发粤桂战争，驻闽南的粤军陈炯明部回粤讨伐窃据广东的桂系军队。10月下旬，陈炯明率军队克复广州，驱逐桂系军阀，孙中山以中国国民党总理名义任命其为广东省省长兼粤军总司令，广东省局势平定，重新成为孙中山领导下的一个革命根据地。

1920年11月间，孙中山与伍廷芳、唐绍仪一道，从上海回到广州，受到广州市民的热烈欢迎。此时的孙中山认识到，护法不过是矫正北洋政府的非法行为，断不能解决中华民国的根本问题，因南北和议无望，为对抗北洋政府，必须另立政权，将军政府改组为正式政府。1921年4月，非常国会在广州召开参众两院联合会议，依据《中华民国政府组织大纲案》所产出的新政府仿行南京临时政府的行政体制，以确保革命党人对新政府的掌控。在总统选举会上，孙中山当选为中华民国大总统。5月5日，孙中山在广州就任中华民国大总统。

随即成立“正式政府”，委任陈炯明为护法军政府陆军部总长、内务部总长，继续推动护法运动，誓师北伐。接着出师广西，消灭了桂系军阀陆荣廷的势力，准备以两广为根据地北伐。广州“正式政府”是孙中山等革命党人继南京临时政府之后组建的第二个资产阶级民主革命政权，它的成立标志着资产阶级民主革命运动与前一阶段相比有了明显的突破。

广州“正式政府”组建后，颁布了一系列有利于国计民生的政策和措施。民国初期连年内战，使得广东地区财政匮乏。孙中山成立军政府后，无论是维持政府运转，还是组织军队北伐，都需要大量的经费支持。所以，为解决财政紧张的问题，商界的梁长海、伍于簪等人向孙中山建议设立“中华国民银行”以利财政。这个建议非常符合孙中山的金融思想，银行名称代表了他所倡导的三民主义民主革命纲领，“国民”二字也预示着其普惠金融的策略。

早在1912年12月3日，孙中山就发表了《倡议钱币革命对抗沙俄侵略通电》(简称“钱币革命论”)，主张“行钱币革命，以解决财政之困难”。他力主发行纸币，明确指出钱币革命的背景是，“今日我之不能言战者，无过于财政困难，自南北统一后，则谋借外债，以救我金融之恐慌……不徒借债无成，而俄祸又起，不能不出非常之策以应之也”，将“钱币革命”论作为解决财政困难的非常之策。所以，梁长海、伍于簪二人设立银行、发行纸币、以利财政的主张得到孙中山的高度肯定。1922年1月7日，孙中山以陆海军大元帅令，任命陈少白为中华国民银行监督，梁长海、伍于簪为正副行长，黄隆生为统计科主任。

陈少白（1869—1934年），出生于江门市郊外海镇南华里一个基督教牧师家庭。他是中国民主革命的先驱之一，与孙中山、尤烈、杨鹤龄三人倡导革命，反对帝制，被清廷称为“四大寇”。辛亥革命广东宣布独立，陈少白父担任省外交司司长。中华民国成立后，陈少白致力发展交通事业。1921年，孙中山就任非常大总统，陈少白被聘为总统府顾问，参与国事，年底任大本营参议。之后，他辞职回归故里，致力家乡建设。他的遗作有《兴中会革命史要》《兴中会革命史要别录》等文献。

梁长海（1881—1941年），广东新会人，早年在越南海防市经营米业。1900年，孙中山到越南宣扬民主革命，号召华侨支持参与，梁长海由此走上资产阶级革命道路。1911年10月初，梁长海到汉口，随即参加了武昌起义。梁长海是位经济长才，主张以经济救国，以管好金融、创办实业来实现民生主义。伍于簪是梁长海的大同乡，二人既是非常好的生意伙伴，也是儿女亲家。梁长海与伍于簪二人，追随孙中山革命多年，以华侨身份支持并参加了辛亥革命前后的许多核心活动，是国民革命元老。

黄隆生（1870—1936年），广东台山斗山镇人，少年时到越南河内谋生，是越南第一位兴中会会员，积极为孙中山发动的武装起义印制宣传品、筹款、购运武器、救济伤痛、抚恤先烈亲属，是钦州、镇南关起义的积极参与者。民国初建，他奉孙中山之命裁制新式服装，孙中山试穿后非常满意，“中山装”成为“国服”。1921年，任中华国民银行统计科主任，1923年出任孙中山大元帅府会计司司长，次年出任广州中央银行副行长，1928年担任国民政府中央银行行长。

为迅速筹措军费、支持孙中山护法运动的开展，梁长海在广州南关设立印钞厂，印制和发行1921年版中华国民银行纸币。这套纸币流通地域有限，仅限在广东、广西两省使用。银行名称为“中华国民银行”，但是在所有票券上均另行加盖“国立”二字。“国立”就是国家创立的意思，有三方面的含义：一是表达了孙中山领导的军政府希望早日统一全国，钞票可以在各地广

黄隆生

泛流通的决心；二是为了突出中华国民银行的性质，表明是由中央政府所设立，彰显孙中山在广州成立的“正式政府”的法统地位；三是为了提高银行券的信誉，保证流通顺畅，让百姓易于接受，并乐于使用。

1921年6月，广东军政府发动粤桂战争，打败桂系，统一广西。1922年6月，陈炯明叛变革命，孙中山从前线返回广州时，陈炯明炮轰总统府。孙中山避入永丰舰（后改称中山舰），随后被迫离开广州前往上海，第二次护法运动失败。同时，这也标志着中国资产阶级革命派领导的旧民主主义革命的失败。随着第二次护法运动的失败，中华国民银行随之停止运营，钞票也停止流通。

保留至今的中华国民银行券，除在钱币收藏领域具有很高的艺术价值外，还具有更高的历史和学术价值。它见证了孙中山领导的第二次护法运动的挫败、民主革命的策源，再现了百年前那段跌宕起伏的社会历史和个人命运。同时，它也为我们开展对第二次护法运动的研究，尤其是财政经费的深入探讨提供了实物资料。

（王纪洁）

国色天香：
民国纸钞上唯一的“五女图”

钱币上铸造或印制人物肖像最早始于西方，主要是执政者、宗教领袖、神话人物、科学家、艺术家、文化学者等。清末，洋务运动兴起，我国开始放弃两千年的孔钱圆钱体系，进而转向西方货币体系。近代银行开始兴起，品种繁多、异彩纷呈的各类银行券遂粉墨登场。从这时开始，钞票上的主景图案开始大量出现人头像，李鸿章、张之洞等历史风云人物都曾出现在清末钞票上。

但凡研究和收藏纸钞的人都知道，民国时期各家银行机构印发的钞票人物图案大多以我国传统人物（如孔子、关公）、名人（如孙中山、蒋介石）等为主，可是唯独有一家银行印发的钞票上有女性头像，而且还是将不同民族的五名女性头像印在同一张钞票上，非常罕见，这就是非常有名的“五女图”钞票。

提起“五女图”钞票，首先要介绍它的印发机构——中南银行。这家银行，我们今天听起来十分陌生，但是一百年前，它在金融领域颇负盛名，与盐业银行、大陆银行及金城银行合称“北四行”。它是一家股份制银行，设有股东会，董事会及监察人。

中南银行于 1921 年 7 月在上海开办，主要创办人是黄奕住。黄奕住，福建南安人，年少时到南洋谋生，因善于经营，成为印度尼西亚“四大糖王”之一，1919 年回国后，为把自己的生意版图从货物贸易转向金融投资，黄奕住计划在上海开办银行，邀请交通银行北京分行经理胡笔江担任银行总经理。

胡笔江，民国时期著名金融家，今江苏省扬州市广陵区沙头镇人，受过

中南银行首任总经理胡笔江

良好的私塾教育，因有钱庄和银号从业经历，积累了一定的金融业经验。作为中南银行首任总经理，胡笔江在主理中南银行的过程中，处处显示出先人一步、高人一筹的创新思维，如利用侨资银行的背景，争取到令同行艳羡的发钞权。可以说，胡笔江为中南银行的发展与壮大付出了巨大的艰辛和努力。

1921 年 6 月 5 日，中南银行召开创立会，103 名股东到会。黄奕住、胡笔江、史量才等 7 人被推举为董事会成员，其中黄奕住为董事长，胡笔江为总经理。7 月 5 日，中南银行在上海汉口路 110 号正式对外开业。关于银行名称，黄奕住认为："中南之者，示南洋侨民不忘中国也"，"华侨资本家良多于祖国国家社会各事业抱具执忱者"，"以为今后为南洋华侨资本家社会各事业发生关系起见"。黄奕住将创办的银行取名为"中南"，不仅表达了他满腔的爱国热情，也饱含了他号召侨商回国投资的期望。

中南银行是当时全国最大的侨资银行。《申报》曾报道："查侨商组织银行，此为首例，而资本之雄厚，实为商业银行所仅见。加之主持者皆为社会著名人物，前途发达，正无量也。"

中南银行在上海总行设立业务部，主要经营存放款业务，继而开办储蓄部，吸收储蓄存款提供给业务部放款。以后又成立信托部，代客户保管贵重物品及买卖有价证券。此外，还从事贸易、保险、信托、工业管理等领域业务。同时，中南银行首先在天津设立分行，而后相继在北京、厦门、汉口、广州、南京、杭州、苏州、无锡、重庆、香港等城市增设了分、支行。

1922 年，中南银行向北洋政府呈请立案注册时，即呈请发行银行兑换券，财政部给予优惠政策，经政府特许享有发行权。为了让发行的钞票更有公信力，黄奕住和胡笔江效仿美国联邦储备制度，成立了一个由盐业银行、金城银行、大陆银行和中南银行共同发起的“准备库”。四行订立《四行准备库规约》《四行准备库发行章程》，联合发行中南银行钞票，做好十足现金准备，增加发钞的信用保证，一起承担责任。这四家银行也因为在“准备库”上面的合作而被称为“北四行”。

中南银行最初成立时，资本金为500万元。1924年，经股东会决议增资250万元，合计资本达750万元。因为中南银行钞票的发行准备金十分充足，四行联保，专库管理，故百姓乐于使用，在社会上大多能及时兑现，社会信誉非常好。截至1927年，中南银行钞票发行量达1700万元，占当时全国发钞量的十分之一。国民政府法币改革前，中南银行纸币发行量总额达到10300万元，且未发生挤兑现象，堪称中国近代金融史上的奇迹。1949年后，中南银行参加公私合营，被收归国有。

中南银行钞票自1922年始，至1935年止，共发行了6版13种钞票，面额从壹圆到壹佰圆不等。中南银行所发钞票，其券面主体图案绝大部分为“日晷”，唯1927年发行的第四版钞票主体图案比较特殊。

第四版钞票为英国华德路公司承印，主体图案为汉族、满族、蒙古族、回族、藏族五族女性头像，象征“五族共和”。这时期的回族泛指穆斯林民族，包括新疆维吾尔族等。“五族共和”源自清末立宪运动的“五族大同”。第四版钞票有壹圆和拾圆两种面额，壹圆为竖式，拾圆为横式，分别加盖地名上海、天津、汉口和厦门，俗称“五女图”纸钞。这版中南钞票图案生动，设计精美，色彩艳丽，美观大方，在众多钞票中风格可谓独树一帜。

壹圆券，竖式，长124毫米、宽66毫米，正背面均为深褐色。上端印“中南银行”四字行名，楷书书写，自右至左。下面为三个妇女头像，自右至左分别是满族、汉族、蒙古族。中间印有1914年袁大头像银币背面嘉禾图案。下面印有“凭票即付中华民国国币壹圆”12个字。最下端是该张纸币的印制编码和印制日期“中华民国十六年印”。边框四角分别印中文币值“壹元”“一元”字样。

背面上端印英文行名，下面为左回族、右藏族两个妇女头像。中间印有1914年袁世凯像银币正面图案。下面为英文说明与签字。下端有发行城市名称的汉语拼音。边框四角分别印有英文和阿拉伯字的币值。

中南银行『五女图』壹圆（天津）

中南银行『五女图』壹圆（汉口）

中南银行『五女图』壹圆（上海）

拾圆券，横式，长178毫米、宽88毫米，正面为深褐色，背面为浅褐色。正面右侧为汉族妇女头像，左侧为满族妇女头像。钞票四周有花草图案装饰，上端横写“中南银行”4个字。边框四角分别印有面值“拾元”“十元”字样。边框左右两端印有发行城市的名称。

背面右侧为蒙古族妇女头像，中间为回族妇女头像，左侧为藏族妇女头像。钞票上端印有英文行名。回族妇女头像下面印有英文说明文字。钞票底部两侧各印有签名，下端印有发行城市名称的英文，均为黑体。四角有英文和阿拉伯文面值。最下端印有时间“1927”。

关于钞票上这五族妇女到底是仿自何人，一直没有定论。但可以肯定的是她们代表了汉族、满族、蒙古族、回族、藏族5个民族，是当时“五族共和”的一种象征。

这5个民族，代表了当时中国的多元文化和民族复杂性。孙中山先生认为，中国是一个多民族的国家，各个民族都是中华民族的一员，都有平等的

中南银行“五女图”拾圆（上海）

权利和义务。1912 年，中华民国宣告成立，孙中山在《中华民国临时大总统宣言书》中郑重宣告：“国家之本，在于人民。合汉、满、蒙、回、藏诸地为一国，即合汉、满、蒙、回、藏诸族为一人——是曰民族之统一。”他希望通过“五族共和”的理念，消除各民族之间的隔阂和敌意，增进各民族之间的友谊和合作，形成一个统一和谐的国家。从此，“五族共和”成为传诵一时的口号，旨在实现中华民族的大团结和民主共和，增加海内外中华儿女公认的稳定的民族认同感。中南银行因为是侨资背景，所以在纸钞上的设计更注重表现传统文化和民族意志。

壹圆“五女图”纸钞正面中间位置印有1914年袁世凯像银币图案，探究原因大概有两点：一是1914年袁世凯银币由民国政府铸造，制造精良，成色足，形制标准，质量精良，是民国时期的重要货币之一。由于当时币制混乱，折算烦琐，1914年袁世凯银币作为主要流通货币，方便易用。将1914年袁世凯银币图案印在纸币上，从一个侧面提高了中南银行货币发行的信用，提高了货币使用的影响力。二是袁世凯于1912年4月22日《大总统袁世凯命令》中强调：“现在五族共和，凡蒙、藏、回疆各地方同为我中华民国领土，则蒙、藏、回疆各民族，即同为我中华民国国民……蒙、藏、回疆与内地各省平等，将来各该地方一切政治，俱属内务行政范围。”将1914年袁世凯银币图案印在纸币上，与“五女图”互相呼应，寓意继续弘扬孙中山倡导的“五族共和”的政治理念。

关于钞票上面五名妇女的原型，因为话题很有意思，人们有很多考证。有人根据美国女画家凯瑟琳·卡尔于1904年绘制的油画《大清国慈禧皇太后》进行考证，指出其中那个戴满族妇女头饰的女子是慈禧太后。还有人结合存世的《容妃戎装像》指出，钞票上那个戴回族头饰装扮的妇女是乾隆皇帝最

1914年袁世凯像银币

大清国慈禧皇太后

中南银行“五女图”拾圆券（上海，局部，满族妇女头像）

容妃戎装像

中南银行“五女图”拾圆券（上海，局部，回族妇女头像）

宠爱的妃子容妃，即我们俗称的“香妃”。

时至今日，我们很难考证这五个妇女头像到底姓甚名谁，但这已不影响我们对其的关注和欣赏。1927 年发行的中南银行第四版“五女图”纸钞，因设计精美，题材独特，立意新颖，深受广大钱币收藏爱好者的喜爱，是纸币收藏领域引人注目的一个焦点，也是广大钱币收藏爱好者欣赏、品鉴的重要品种。

中南银行秉承“投资实业”的宗旨，始终把投资实业放在重要位置，为民族工业的发展提供了物质基础，作出了重大贡献。

（王纪洁）

实业救国：
张謇与淮海实业银行兑换券

“农工商业之能否发展，视乎资金之能否通融。”这是我国近代著名实业家张謇1913年出任北洋政府工商总长兼农林总长（后为农商总长）时，发表在《实业政见宣言书》里的观点。正是因为张謇超前的金融理念，在他的倡议下，1920年1月淮海实业银行在南通正式成立，并发行银行兑换券。这家银行是一家地方民营金融机构，发行有壹圆、伍圆、拾圆3种面额的兑换券。而且最有意思的是，为了显示张氏家族的实力和影响力，张謇就把自己的儿子——张孝若头像印在了钞票上，作为银行兑换券的主图案。

张謇（1853—1926年）是清末民国著名的实业家，被称为“实业之父”，是近代中国由传统士大夫转化为早期企业家的代表人物。张謇，江苏海门常乐镇人，光绪十一年（1885年）在顺天府乡试中考中举人。光绪二十年（1894年）考中状元，授翰林院修撰。1895年开始陆续创办包括南通大生纱厂在内的多家企业。1902年起，兴办各种文教事业。1904年，清政府授予他三品官衔。1912年起草清宣统皇帝退位诏书，南京临时政府成立后，任实业总长。北洋政府时期，任农商总长兼全国水利总长、全国水利局总裁。后因目睹列强入侵，国是日非，毅然弃官回归乡里，走上了实业教育救国之路。张謇在南通创立的一系列现代工业企业，开中国早期工业现代化的先河；他在教育上所作出的重大贡献，奠定了南通教育享誉全国的基础。

在兴办实业过程中，张謇深刻地认识到，银行在现行的实业中具有融通资金的巨大作用，对一个企业来讲非常重要。因为兴办实业初期，资金问题就不断地困扰着张謇。光绪二十一年（1895年），两江总督张之洞委任张謇总理南通、上海一带的商务事宜，授意他创办纱厂。为此，张謇经常在南通、上海二地奔走，到处求人筹措资金，贫困时连往返的车费都无法凑出。故而，兴办银行、融通资金的想法一直在他脑中闪现，使他将金融视为发展实业之基石。

著名实业家张謇

1910年，张謇就曾有过建立南通劝业银行的设想，他认为，“是今日为实业计，必先银行，为银行计，必先营销储蓄而兼普通商业。以储蓄资普通商业之本，以普通商业资储蓄之息，一行兼之，尤为灵通而稳固”。但因为当时条件尚不具备，其设想并未实现。要想做成事，必须有做事的人！为了培养懂银行业务的专门人才，1909年，张謇在通海五属中学（南通中学前身）内附设初等商业学校和银行专修科，学制为预科一年、本科三年，他亲自题写校训：“忠信持之以诚，勤俭行之以恕”。1912年初等商业学校改为乙种商业学校，1914年新建校舍，称南通私立甲种商业学校，为企业和银行培养、输送了大批专业人才。

1918年初，上海金融界人士计划在南通设立银行。张謇得到消息后，向南通工商界发出呼吁，认为银行应该由本地人开办，否则会受制于人，遂而提出可以采取合资、借款、代办等形式，设立合资、合作银行。1919年5月，大生纺织公司股东会召开，决定创办股份制银行，名为“淮海实业银行”。上报财政部、农商部批核后，淮海实业银行于1919年秋开始试营业，1920年1月正式开业，主要经营存款、放款、贴现、有价证券抵押、代理南通地方公债、代保管金银物品、兑换外币、买卖金银、管理大生系统的股款股息等业务。张謇的三哥张詧任淮海实业银行董事长，张謇的儿子张孝若任总经理，总行设于江苏南通市区濠阳路，分行遍设上海、苏州、扬州、镇江、海门等地。银行职员基本上是张謇创办的银行专修科和甲种商业学校的毕业生。

因为通海地区（南通和海门）的实业，以棉纺织和盐垦为核心，均为资金密集型企业，对金融业的依存度很高。“淮海银行设立之宗旨，本为通海各实业金融活动之计。”张謇设立银行的目的是服务于通海地区的经济发展。

银行取名“淮海实业”意义深远。南通位于长江口的北岸，地理上属于淮海地区（即淮河以北地区）。淮海之名最早见于《尚书·禹贡》，地理概念主要是指以徐州为中心的淮河以北及海州（今连云港）一带的地区。20世纪初，张謇极力宣扬实业救国论，认为：“救国为目前之急……譬之树然，教育犹花，海陆军犹果也，而其根本则在实业。”张謇也成为中国近代实业救国论的最有影响的代表人物。

淮海实业银行获得政府批准之际，就获得货币发行权。1920年印发淮海实业银行兑换券100万元，有壹圆、伍圆、拾圆3种面额。其中，壹圆、伍圆券在市场上有少部分流通使用，拾圆券未发现流通使用。

三种面额的兑换券均为横式，设计风格和版式特征大致相同。壹圆券票幅尺寸为158毫米 ×83毫米，灰/蓝色印刷；伍圆券票幅尺寸为175毫米 ×87毫米，紫/青色印刷；拾圆券票幅尺寸为163毫米 ×90毫米，青/红色印刷。兑换券上没印制年份，也没有标明印制单位。

券正面，上方印有“淮海实业银行汇兑券”9个字，楷书。钞票名称左右两侧有该张钞票的印制编码，红色、由No.+大写英文字母+6位阿拉伯数字组成。中间以淮海实业银行总经理张孝若半身像作为主景图案。图案左侧花托印有面额壹圆（或伍圆、拾圆）字样，竖书。图案右侧三列竖书，分别是“凭票汇付、国币壹元（或伍圆、拾圆）、淮海实业银行照付”字样。图案右下方，盖有一方“淮海实业银行”红色印章，篆书书体。

券背面，均为英文，包括行名、面额等信息。券面上方左右两侧印有6位阿拉伯数字的印制编码。壹圆券和拾圆券中间图案是南通著名的狼山风景，伍圆券中间图案是位于南通市区的淮海实业银行总行大楼。

淮海实业银行兑换券壹圆

淮海实业银行兑换券伍圆

淮海实业银行兑换券拾圆

这三种券设计巧妙，防伪技术高超。例如，壹圆和拾圆券，正面沿着四周边框分别印有一圈篆书“壹”和“拾”字样。伍圆券沿着边框逆时针印有篆书“伍”“元”字样

这三种券正面都以张謇之子张孝若半身像作为主景图案，背面图案则分别是狼山风景和总行大楼。这些设计元素都充分体现了张謇家族在银行的主导地位和南通地方民营银行的特色。

张孝若（1898—1935 年），早年留学美国，后归国协助张謇处理各项事

业，先后任大生纱厂董事长、大达轮船公司总经理、淮南盐垦公司常务董事长。张謇去世后，张孝若主持南通各项事业，并秉承父辈慈善精神，引入西方人道理念，倡导创办了中国红十字会南通分会（今南通市红十字会），并担任首任会长。民国初年，京津沪上层社会人士将袁世凯之子袁克文、末代皇帝溥仪之族兄溥侗、张謇之子张孝若、张镇芳之子张伯驹，称为“民国四公子”。这四位豪门子弟颇具传奇色彩，口碑很好，多有文采博学的文化与内涵，却无贵族公子哥的横行与跋扈，颇得世人的赞誉。

兑换券上的张孝若像

淮海实业银行董事长张詧是张謇的三哥，他二人从小关系就非常好。张詧对张謇帮助非常大，为了让张謇上学，张詧主动放弃学业，协助父亲种田和做小生意，将读书机会让给了张謇。张謇对哥哥也很是敬重，他曾说：“退庵（指张詧）无弟，则创之势薄；啬庵（指张謇自己）无兄，则助之力单。”“謇无詧无以至其深，詧无謇无以至其大。”

狼山风景区位于江苏省南通市崇川区，是一个集自然风光、人文景观、佛教文化于一体的著名风景名胜区，由狼山、军山、剑山、马鞍山、黄泥山五座山组成，峻拔挺秀、雄伟壮观。因山上有多处历史文化遗址和寺庙等建筑，故狼山被称为中国佛教八小名山之首。又因是长江由海入江的第一名山，故有“江海第一山”之美誉。狼山自然风光优美，在山上可以俯瞰南通市的全景，远处的长江和南通港尽收眼底。民国时期发行的各种纸币，为

兑换券上的狼山风景

兑换券上的淮海实业银行大楼

了突出地方特色，多数以当地名胜古迹作为主图案，淮海实业银行兑换券的设计也遵循了这一惯例。

淮海实业银行总行大楼坐北朝南，一层为半地下，为银行金库。二层是营业大厅，三层是接待室。大楼设计风格独树一帜，是南通地区典型的中西合璧的建筑。

1920 年至 1921 年，淮海实业银行年营业总额达四五百万元，1921 年全年纯利 16 万余元。后随着帝国主义在华大量开设纺织厂，争购原料，倾销纱布，造成大生纱厂大面积亏损。1922 年，淮海实业银行的经营日渐困难，贷款很难收回来，甚至利息也不能结清。1923年，当年仅盈余3万余元。因经营困难，难以维系，淮海实业银行陆续关闭各地分号。1927 年，淮海实业银行正式停业，随后经历了漫长的清理过程。1958 年，淮海实业银行将剩余资产注入南通通燧火柴厂，至此，淮海实业银行正式撤销。

淮海实业银行虽然营业时间不长，但在南通的近代金融发展史上占有重要的地位，其发行的纸币对南通社会的经济发展起到了一定的促进作用。

聆听历史的遥远回响，翻开恢宏的金融史册。保存至今的淮海实业银行兑换券见证了南通地区近代民营金融机构的兴衰历程，是实业家张謇金融思想的集中体现。同时，兑换券设计美观大方，印刷精美，也具有较高的研究和艺术价值。

（王纪洁）

南三行：

夹缝中求生的民国私营银行

在浙江省杭州市中山中路有一座近代银行建筑，整座建筑坐西朝东，主体为钢混结构，呈现仿西洋古典式建筑风格，具有西方古典主义特征。建筑的外墙材料和处理方式富有变化，充分体现了当时的设计理念和工艺水平，内部营业大厅宽敞气派、装修考究。这座由近代著名建筑师沈理源设计，建造于1923年的原浙江兴业银行总行大楼，历经百年沧桑，承载了作为民国商办银行中“南三行”之一的浙江兴业银行的兴衰和发展历程。

浙江兴业银行旧址

浙江兴业银行成立于1907年，它成立的初衷是保管和运用浙江铁路公司大量的股款和修路资本。1905年，为了对抗外国资本的入侵，浙江乡绅在上海开会，决定成立浙江铁路公司，以在省内兴办铁路。由于商人的踊跃参与，浙江铁路公司很快就筹集到了大量款项，据记载：“集款至四百九十四万圆有奇，存放之责，重于泰山……浙省向来银款出纳，大者票号，次者钱庄，路股关系公司命脉，存放稍未稳妥，路政商市两受催伤，不得不另设银行，以资转运。”在这种情况下，于是：“今春二月，由董事会发起……定名浙江兴业银行，取振兴实业之意。”自成立后，浙江兴业银行在叶揆初和蒋抑卮的带领下，营业成绩节节攀升。1907 年在杭州开业后，1908 年就相继在汉口和上海开设了分行，将其金融业务延伸到了当时两个最重要的金融中心。

汉口拥有“九省通衢”的交通便利，是近代浙江商人最活跃的地区之一。浙江兴业银行汉口分行开业后，以稳健经营为主要风格，在它的营业报告中多次声明：“本行兢兢业业，仍持稳健主义，以积铢累寸之渐桓。”在清朝末期，由于汉口钱庄势力较强，所以汉口分行在开展业务时与钱庄多有合作。1912 年后，汉口分行逐渐加强了与在汉口的中国银行、交通银行等其他银行的联系，经常组织聚会、沟通信息。1917 年 4 月，汉口分行经理史致容参与发起了金融研究会，随后又与中国银行、交通银行、盐业银行等，将金融研究会改组为银行公会。银行公会成立后，在汉口同业合作中发挥了重要作用，提高了同业抵御金融风险的能力，并且还为银行培养了金融人才。

1914 年，浙江铁路公司被北洋政府强制收归国有。1915 年，浙江兴业银行完全商办，新成立的股东大会决定在上海成立统一的董事会，修改章程，并对浙江兴业银行进行彻底改革。改革后，上海分行改为总行，杭州、汉口、天津、北京为支行；董事会实行总办事处制，并举三人为办事董事；三人中再举一人为董事长，负责对外，并掌握全行重大事务的裁决权；总办事处设书记长一人。通过改革，浙江兴业银行将权利完全集中在董事会，在董事会下设总办事处，作为董事会决策的执行机构。自此开始，浙江兴业银行进入了发展的黄金时期。

作为一家商业银行，发放贷款、赚取利息是浙江兴业银行的主要盈利手段。在开展业务时，它一方面强调稳妥，尽量避免风险；另一方面又采取主动、灵活的策略。在放款时，浙江兴业银行十分强调抵押品的重要性，在《营业规程》中对抵押品有多项明确的规定，如：珠饰或不动产及不能经久之物品不得作抵押品；押柜单、议单、他银行存单存折及其余无价值之单据合同，不得作抵押品；物品中不能及时变卖及其价值时涨时落高下悬殊者，一概不得作为抵押品。在向企业放款后，浙江商业银行会向放款企业派驻人员参与放款企业的经营管理，从而加强对企业运营的监督。根据浙江兴业银行的规定：“驻厂管理押品人员责任，不但是管理押品，凡厂家内部时起争执，即须一面禀报总办事处，一面暂守谨严……查到旧账报告与账簿不符，明细与总清不符，月报与总报不符，等等，则干脆与该厂订立合同追索欠款，力保商本。”

在发展过程中，浙江兴业银行与外资银行既有竞争，又有合作。从浙江兴业银行的档案来看，自1918年开始，其与外国银行的拆款就从未间断过，而且拆款联系面越来越广，如正金银行、汇丰银行、华比银行、朝鲜银行、友华银行、东方汇理银行等先后加入接受浙江兴业银行拆款的外国银行之列，拆款数额也相当巨大。例如1923年，其对汇丰银行的一次拆款额就有30万两之多，而且期限长达6个月。除业务联系外，浙江兴业银行为使自己发行的银

浙江兴业银行兑换券壹圆

浙江兴业银行兑换券伍圆

浙江兴业银行兑换券拾圆

行券能够被英、美主要银行接受，会在英、美主要银行存入二三万两的定期存款以资保证。

自1907年由清政府度支部核准发行钞票，到1935年国民政府法币改革前，浙江兴业银行共发行了5组钞票，前4组存世量较少，第5组数量相对较多。第5组钞票于1923年向美国钞票公司订制，1925年发行，面额有壹圆、伍圆、拾圆3种。该组钞票正面上书“浙江兴业银行兑换券”，下书“凭券即兑国币壹圆（伍圆、拾圆）”，中间为人物像与面额；背面有英文面额与雄鸡图案。

除浙江兴业银行外，所谓民国时期的“南三行”还包括浙江实业银行和上海商业储蓄银行。

浙江实业银行的前身是1908年开办的浙江官钱局，1909—1910年，浙江官钱局改组为官商合办的股份有限公司浙江银行。1912年后，浙江银行改组为中华民国浙江银行。1914年春，中国银行在杭州设立分行，北洋政府财政部命令浙江省政府将金库交给中国银行管理，浙江银行乃于1915年6月更名为浙江地方实业银行。1923年，官方和商方达成协议，决定将浙江境内的杭州、海门、兰溪三行划为官股，定名为浙江地方银行；上海、汉口两行划归商股，定名为浙江实业银行。同年4月，浙江实业银行正式在上海挂牌，由此完成了官商合办到商资独办的演变。自独立经营后，浙江实业银行的业务平稳发展，资产负债总额和存放款总额每年均有数百万元的大幅提升，1930年底的资产负债总额更比1929年底增加了1010万余元。此时，浙江实业银行的实力已经居于民国时期上海乃至全国华资银行的前列，其主要领导人李馥荪也成为上海乃至全国金融界的领袖人物。

浙江实业银行的前身浙江官钱局和浙江银行都能够发行钞票。辛亥革命后，中华民国浙江银行也发行过面额为壹圆、伍圆、拾圆的3种钞票。钞票正面上端印有两头狮子，狮尾高高翘起，下印“浙江银行”，正中印有面额；钞票背面除“中华民国浙江银行”的行名以及地名、币值为中文外，其余都为英文。

上海商业储蓄银行，成立于1915年。时任总经理的陈光甫在《申报》上发文表明银行创建的目的：“一国工商业之发展，全恃金融机关为之枢纽，我国百业凋敝，其故由于金融机关之阻滞不灵，此次欧战已得极好之教训，凡一国之民，苟无远识大志，即无可以立足之地，我国实业今在幼稚时代，欲培植之启发之，必当先有完善之金融机关。”在建立之初，由于上海商业储蓄银行的额定资本仅10万元，实有资本更是仅有区区7万元，被人称为“小小银行”。总经理陈光甫，兼营业、拉存款、跑工厂、搞放款，晚上回行还亲自为青年行员开班教书。由于陈光甫的经营有方，到1926年，上海商业储蓄银行的资本已经增为250万元，资产总额超过4700万元。在国民党统治时期，该行的规模和业务又有长足进展。到20世纪30年代初，上海总行已设有储蓄、信托、外汇、证券、农业、盐业、仓库等专项业务部，并在全国重要城镇设立100多个分支机构，职工2775人，存款总额近2亿元，均居私营银行首位。

此三家银行，都由江浙籍银行家投资创办和主持管理，并且都以上海为基地，在经营上相互扶持，相互声援，虽然没有联营，但人员却互兼董事。比如浙江兴业银行、上海商业储蓄银行两行中均有浙江实业银行的人担任董事；浙江实业银行的董事会中，也有上海商业储蓄银行、浙江兴业银行两行的人担任；浙江兴业银行的人还担任浙江实业银行的监察。1937年7月，全民族抗战爆发后，国民政府对金融业实施了严厉的管控，中国金融业蜕变为各利益集团的敛财工具。1949年前后，国民党统治区的经济全面崩溃，曾经创造过辉煌的各私营银行也难以为继。新中国成立以后，三家银行先后实现了公私合营，1952年参加了金融业全行业公私合营，与其他银行、钱庄共同组成统一的公私合营银行。

（孟祥伟）

虎虎生威：
民国银票上的“猛虎下山”图

银票是指清朝、民国时期私人银号印制和发行的钞票，主要由商人使用，多用于往来交易，起着配合纹银、发挥支付手段的作用。银号和钱庄、票号行业一样，都是中国本土产生的传统的地方性金融机构，功能接近于现代银行。银号的产生对中国近现代经济、社会发展起到了重要的促进作用，在金融史、经济史乃至中国现代化转型过程中都占有重要的地位。

作为地方性的金融机构，银号的业务主要是兑换银钱和印发银票，一般因地区贸易需要而发行，具有相对稳定性，起着配合制钱和纹银、发挥支付手段的作用。银票上的图案大多比较复杂，一般委托专门的印制作坊（厂、局）进行印制，为防止造假，银票上的图案往往有一定的特殊寓意，以风景名胜、古代建筑、吉祥瑞兽、花卉蔓草、动物图案为主。

老虎是森林之王，代表着威严、权力和荣耀。中国人自古就非常喜欢老虎，喜欢的程度不亚于龙、凤等祥瑞之物。人们认为老虎可以带来吉祥，可以帮助人们驱赶霉运，带来安康，被神化了的老虎，寄托着先人祈福辟邪的美好愿望。虎是传统的“四神”之一，人们相信它的出现代表着天下的太平昌盛，是一种祥瑞之兆，故老虎被称为“瑞兽”。所以，老虎虽凶猛威严却招人喜爱，作为“百兽之王”，常常被人们赋予力量与速度的象征。我国历史上有关老虎的文物有很多，金银器、丝织品、铜镜、玉器、壁画等文物中往往都有老虎的形象，钱币也不例外，或铸在民俗钱上，或印在纸币上，目的是借助老虎的形象，来展现本金融机构发行钞票的权威、信誉。如双德亨银号发行的贰角、叁角银票上就有老虎威猛的身影，而且还是一头“下山虎”。

我们先看一下发票机构——双德亨银号，名字取得很有寓意。“双德”一词最初出现在《周易》中，意为“双重的德行”。“亨”字代表生意亨通。清末、民国时期私人钱铺、银号、票号等金融机构的命名很有含义，其源自特定的文化，与所处的历史时代、业务范围、民间习俗以及特定历史阶段的价值观等都密切相关。今天所见的那些命名都表达了多个方面的美好诉求，可以说对吉祥语的偏好，是我国传统文化和社会心理在商业文化中的具体反映。双德亨银号，位于河北曲阳灵山镇，在民国初年曾发行有小面值的银角票，今天我们能见到有壹角、贰角和叁角票3种券别，皆为横式。其中，贰角和叁角票券别的设计风格和版式特征如下：

贰角票。票面尺寸为124毫米 ×72毫米，票正面为蓝/绿色油墨印刷，四周印有由中国传统花草图案组成的边框，边框四角斜式印有“壹”“角”字样。票面上端中间印有“曲阳灵山双德亨”，自右至左横书、楷体，标明银票的发行机构。票面中间是一个层层装饰构成的花托，花托内印有“壹角”二字，空心体，竖书，标明银票的面值。

面值右侧是一个椭圆形花框，框内印有一幅“猛虎下山”图。画中老虎呈稳步行走状，骨骼细致，肢体伸展自然，鬃髻微炸，虎目圆睁，硕大有神，尾巴微微扬起，身上一道道花纹清晰可见。老虎嘴中叼着一动物，动物四肢垂落，似呈挣扎状，更加体现出老虎万夫难挡的凶狠姿态。

整幅画面形态风格写实，颇有势不可当、威霸四方的气势。远处山峦高低起伏，近处有巨石，更加衬托出“下山虎”的身姿，虎威雄风展现无遗，构图很有生气，极具动感。

面值左侧椭圆形花框内印有一古塔图，六级，底部是很高的基座，各层叠涩出檐，结构挺拔。票面两端右左分别印有“维持金融”“流通市面”字样，表明发行银票的用途，目的是促进曲阳地区金融领域的正常运转，本银票可以在市面广泛通行。

票面下端两侧印有“每拾角换”“大洋壹圆”字样，“大洋”即壹圆面值的银元，表明和银元的换算比例。10张壹角银元券可以兑换银币壹圆。“洋”是“洋钱”的简称，也就是洋人使用的钱。19世纪中期，大量外国银元流入中国，因为银元系机器制造而成，相对普通的散碎银两更加标准，并且便于携带、加减计数，所以老百姓更愿意接受、使用银元。标准的银元直径为 39 毫米，重量约为 26.7 克，采用九银一铜（90% 银，10% 铜）比例铸造，含纯银量为 24 克。民国时期，市面主要流行墨西哥银币（俗称“鹰洋”）、袁世凯像银币（俗称“袁大头”）、孙中山像银币（俗称“孙小头”）等，但“袁大头”是这一时期众多大洋中的主流品种。辛亥革命之后，北洋政府为了解决币制混乱，所以决定重新铸造银元。大总统袁世凯为了提高自己的统治地位，决定将自己的七分侧脸头像铸于币面，故百姓称此类银元为“袁大头”。“袁大头”出现后，逐渐取代其他种类的旧有银元，在全中国流通。因为发行量巨大，流通范围很广，所以社会民众对“袁大头”的认可度极高。

银票的印制编号（× 字 × 号）和时间（民国 × 年 × 月 × 日），在两侧空白处，使用时再填写上。这种方式也是加强防伪技术的体现。票面最下端印有“曲阳城内义兴石印局”字样，说明是在曲阳城里当地印刷，采用石印

曲阳灵山双德亨银票贰角（正面）

曲阳灵山双德亨银票贰角（背面）

曲阳灵山双德亨银票贰角正面（局部，老虎图）

技术。石印，顾名思义，就是采用石头印刷。石印技术在清朝道光初年（19 世纪 30 年代）随西方传教士传入东南沿海地区，最初主要是传教士用来印刷传教用的书籍。后石印技术得到广泛推广，大量运用于古籍图书、报纸报刊等的出版。

票背面为赭石色油墨印刷，边框四角斜式印有阿拉伯数字“2”。票面上端有一长条弧形框，框内印有“失票不管概不挂号”字样。这 8 个字表明如持有人丢失银票，本银号概不负责，同时也变相地提醒持有人要妥善地保管银票。票面中间的主体图案是三层城楼，左右各有一只站立雄狮。下端两侧印有“贰”“角”字样。票面四角印有“留”“神”“细”“看”字样，提醒使用者和本银号伙计或收兑者要细心查看，防止上当受骗，收到假票。

叁角票。票面尺寸为 128 毫米 ×77 毫米，票正面设计风格和版式特征与贰角票正面一致，主体图案也是“猛虎下山”图，唯有颜色、面值不一样，票面为蓝 / 橘色油墨印刷。

票背面为墨绿色油墨印刷，四周印有由中国传统花草图案组成的边框，边框四角斜式印有阿拉伯数字“3”。票面中间主体图案是一列正在行驶的火车，车头向左，下面车轮滚滚，上面浓烟腾腾。火车在当时是一种新型的交通工具，代表出行快捷方便、可靠，将火车图案印在银票上，一方面可以增加银票的辨识度和认识度；另一方面还可以表明本银号实力雄厚，资金周转速度快，银票信誉高。左右两侧各印有“叁”“角”字样。票面两端分印有“正面不准批写”“只认票不认人”字样，说明银票正面严禁涂抹，银票是本银号唯一认可的凭证，口头等方式不被认可。

曲阳灵山双德亨银票采用石印技术，请专业印务局代印，因印刷条件落后，画面较粗糙，色彩多晕散。但总体设计风格和理念却展现了很传统的一面，集艺术装饰、人文教化和防止伪造三种作用于一身，构成了中国民间银票的强烈民族特色。

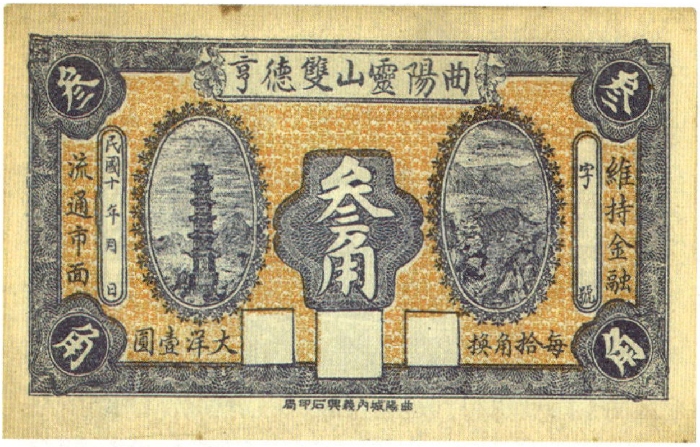

曲阳灵山双德亨银票叁角（正面）

曲阳灵山双德亨银票叁角（背面）

银票的设计传承着银号的经商之道和文化理念，其装饰图案传递了当时人们的思想、行为和期许。在我国“下山虎”有着很多层寓意，民间一般认为“下山虎”是饿虎，为觅食才下山，所以它才凶猛无比，可以震慑邪祟，有辟邪的作用。

以“猛虎下山”作为主体图案，主要寓意本银号的信用和权威性；银票上印有“只认票不认人”，说明本银号遵守行业规范，维护银票的声誉；用花草图案做装饰，线条细腻，图纹繁缛，雕刻精细，具有较强的防伪性能，目的是防止他人假冒。

纵观双德亨银票，无论是票面设计还是主题内涵，都充满了浓厚的乡土文化和世俗气息，是中国礼教文化及民俗文化的真实写照。

曲阳，地处京畿之地，交通较为便利，资源丰富，物华天宝，石雕业异常发达，明清时期，便有了天下咸称的“曲阳石雕”盛名。清末艺人的雕刻“仙鹤”“干枝梅”一举在巴拿马国际艺术博览会上荣获第二名，更使曲阳石雕声名鹊起。以石雕为主的产业链，带动了相关行业，促进了当地及周边地区经济的发展，近代以后表现得尤为突出。社会经济的发展，推动了商业的繁荣，曲阳地区的金融业也得到迅速发展，在清朝乾隆时期，银号就已产生，民国初年达到高峰。因为石雕产品贸易发达，商人对资金的需求非常迫切，就使得货币使用率非常高，推动着银号的放款和存款业务的发展。民国时期，一些规模较大的石雕厂还在上海、天津、北京等地开办分厂，有的石雕产品还销往海外。为了迎合市场的需求，满足商人的异地汇兑需要，这些银号的业务还努力向现代银行靠拢。

20 世纪二三十年代，曲阳大小银号先后发行了各种银票，从县城发展到农村集镇，多为伍分、壹角、贰角、伍角等小面值票，主要用于银币与铜钱的兑换业务，流通领域仅限于本地区规定范围。私人开办的众多银号，一度控制着曲阳的金融业。

民国时期私人银号印制的银票多种多样，历经近一个世纪的风雨洗礼，类似曲阳灵山双德亨银票这些地方流通券仍能完好地保存下来，实属不易。这些地方流通券为我们研究民国曲阳地方货币的发行和流通情况提供了强有力的实物佐证。此外，双德亨银票的设计风格和图案装饰等，对我们开展民国时期银票版面设计特征的研究也有一定的参考价值。

（王纪洁）

招财符号：
民间钱票上的“聚宝盆”

为活跃地方金融，清中晚期到民国，一些从事民间金融业的钱庄、银号、当铺、工商铺号或地方商会等机构或个人都不同程度地印制发行了多种性质的票帖，计算单位包括制钱、铜元、银元，我们将这些票帖笼统地称为“钱票”。这些钱票可以在一定的地区和范围内流通，是一种可兑换的纸质民间信用货币。

可以说，钱票是中国土生土长的一种货币形式，号称“纸黄金”，承载着丰厚而绚丽的钱币文化色彩，极具中国特色。它是中国近代货币体系的重要组成部分，也是中国近代社会经济和人文生活不可忽视的一个侧面。

研究中国近代经济史、中国近代货币制度史，钱票是一个极为重要的领域和对象。因为从清道光以后的100多年中，钱票作为地方货币，和百姓生活紧密相关，符合货币购买力的需求，兑换方便灵活，深受百姓欢迎，在中国大部分地区广泛流通。名目繁多、种类多样的钱票，其发行量有时甚至可以超过地方政府或官办金融机构发行的货币总量。

钱票上的装饰图案、文字是由各出票店号自己设计，而且大多是临时雇请专业人员纯手工雕刻而成的。钱票上面的图案纹饰以吉祥物居多，隐含着深厚的文化意蕴，寄托着人们追求美好生活的向往，表达出人们祈盼富贵吉祥、如意顺遂、欢乐喜庆的价值情感。其中，象征日进斗金、财源滚滚的聚宝盆纹饰就是钱票上比较常见的一种装饰。

聚宝盆是中国古代民间传说中的一件宝物，其一直是我国传统的吉祥纹饰，象征招财进宝、财运畅通，摆放在家里，可以兴旺家宅风水；摆放在商号店铺，可以聚气生财。聚宝盆的基本造型为凹形，如碗如盆，或似大鼎，表面纹饰简单，里面一般盛满金钱、元宝、珍珠、珊瑚等贵重珍稀之物。

聚宝盆最初是一种名为“瓦盆”“宝碗”“宝盆”“青瓷碗”的容器，后来固定称作“聚宝盆”，专指可以使放置其中的物品越变越多的神奇宝物。据古籍记载，聚宝盆的传说最早出现在宋初吴淑撰写的《秘阁闲谈》，“巴东下岩院主僧水际得一青瓷碗，携归，折花置佛像前，明日花满其中。更置少米，经宿米亦满碗，以钱及金银，亦然。自是，院中富贵”。

聚宝盆的传说在明代开始具备社会化、世俗化的特征，整个故事附会于一位名叫沈万三的人身上，同时也与明太祖朱元璋、修建金陵城联系起来。传说沈万三致富的原因是家里有个聚宝盆。这个聚宝盆有神奇的功效，放进一枚金戒指，就会出现无数枚金戒指。因为有了这样一个充满神奇力量的宝物，沈万三最后才富甲天下，被誉为“江南首富”。这个民间传说以清代褚人获《坚瓠集》卷二引周人龙《挑灯集异》描述得最为详细，书中写道：

> 明初，沈万三贫时，夜梦青衣者百余人祈命，及旦，见渔翁持青蛙百余，将其刲剀，万山感悟，以镪买之，纵于池中。嗣后喧鸣达旦，聒耳不能眠，晨往欧，见俱环聚一瓦盆。异之，持之盆归，以为盥手具，初不知其为宝也。万山妻于盆中灌濯，遗一银记于其中，已而见盆中银记盈满，不可数计。以金银试之，亦如是。由是财雄天下。高皇初定鼎，欲以事杀之，赖圣母谏，始免其死，流窜岭南，抄没家资，得其盆，以示识古者，曰：“此聚宝盆也”。后筑金陵城不就，命埋其盆于城下，因名其门为“聚宝”。

从此以后，聚宝盆的故事更加广为流传。为觅宝求财，人们根据这个传说，绘制出聚宝盆的造型和图案，完美地将心中理想和创作物品有机地结合并统一起来。这种朴素自然的艺术形式代表着中国社会传统的民风民俗，从而受到人们的欢迎，代代相传。

聚宝盆图案作为钱票的装饰图案，早在清代就已出现。例如，宣统三年（1911 年）建昌东升广“凭帖取东钱贰拾吊整”钱票，石版印制而成，票正面纹饰为八仙、人物故事，背面中间印有一个聚宝盆纹饰。聚宝盆平底，采用大鼓肚造型，稳重古朴，大器能藏，契合“聚宝”之意，口沿呈花瓣侈口。里面摆放有珊瑚、元宝、铜钱等宝物。腹壁镌刻“防伪造”3个字，底部为四足圆形状。

民国钱票是我国民间钱票发展的集大成者，装饰纹样极其丰富，其中聚宝盆图案继续在钱票上大量使用。这些钱票大多采用石版印制技术，庄钱票底部或者边框外多有印刷机构名称。颜色一般以单色为主，双面印刷。例如，民国年间临淄万祥成“元钱叁吊”钱票，正面主要纹饰为双狮戏彩球，背面中间图案为福禄寿纹饰，上端印有一个聚宝盆图案，器型厚重，形制端正，古意盎然，腹壁镌刻号名“万祥成”3个字。

民国年间青州义盛永“铜元足钱叁吊文”钱票，正面为双狮纹饰，背面上端印有一个聚宝盆纹饰，腹壁镌刻“聚宝盆”3个字。

民国年间青州益兴源“元钱壹吊”钱票，正面为双狮纹饰、人物故事、古物纹饰，背面上端印有一个聚宝盆纹饰，腹壁镌刻“聚宝盆”3个字。

1943年青州裕宝银楼“凭票付元钱壹吊整”钱票，正面为双狮纹饰、人物故事，背面上端印有一个聚宝盆纹饰，腹壁镌刻“聚宝盆”3个字。

民国年间青州万源号“铜元钱叁吊”钱票，正面纹饰为双狮、人物故事，背面上端印有一个聚宝盆纹饰，腹壁镌刻号名“万源号”3个字。

1938年临朐恒兴泰“通用洋壹圆整”钱票，正面纹饰为花草、人物故事，背面上端印有一个聚宝盆纹饰，盆身镌刻“聚宝盆”3个字。

民国年间青州永合益“元钱贰吊”钱票，正面纹饰为花草、人物故事，背面上端印有一个聚宝盆纹饰，盆身镌刻“聚宝盆”3个字。

1917年河间城东五家务福祥永“京钱贰吊”钱票，正面上端纹饰为聚宝盆、人物故事，四周边框印有唐代诗人王勃的“滕王阁序”诗句。背面上端印高大恢宏的“五家务”牌坊，中间印有一聚宝盆，盆身镌刻“福祥永”3个字。

通过仔细分析上述几张钱票上的聚宝盆纹饰，我们不难发现它们有几个特点：一是聚宝盆大多呈花篮状，里面盛的元宝、铜钱、珊瑚等宝贝似火焰喷薄逸出，仿佛金光闪烁，充满喜气。二是底部大多为四足圆形状，这是清

宣统三年建昌东升广“凭帖取东钱贰拾吊整”钱票（局部，聚宝盆）

宣统三年建昌东升广“凭帖取东钱贰拾吊整”钱票

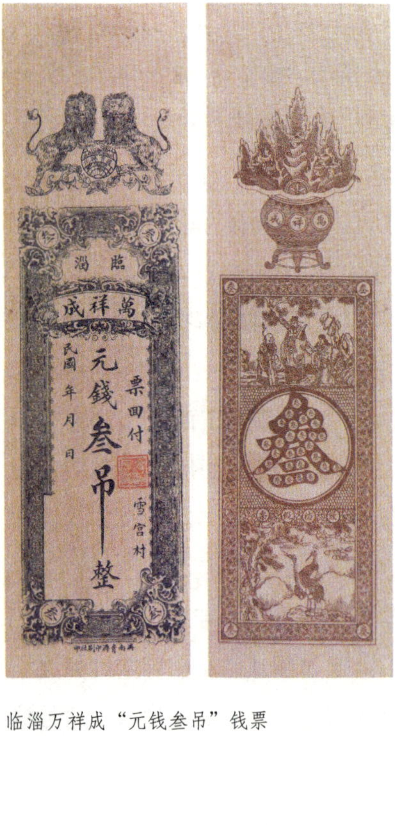

临淄万祥成“元钱叁吊”钱票

青州义盛永“铜元足钱叁吊文”钱票

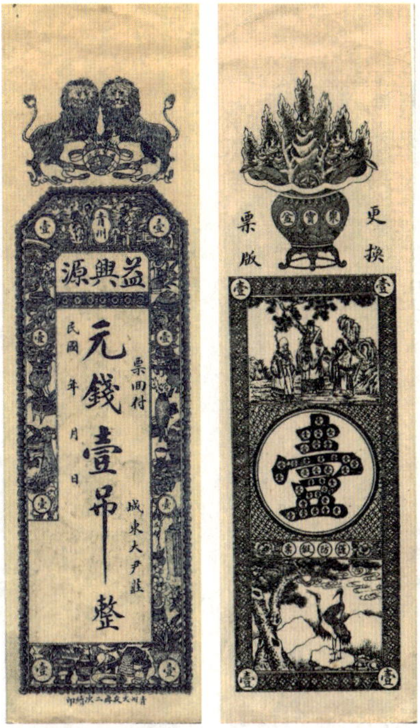

青州益兴源“元钱壹吊”钱票

青州裕宝银楼“凭票付元钱壹吊整”钱票

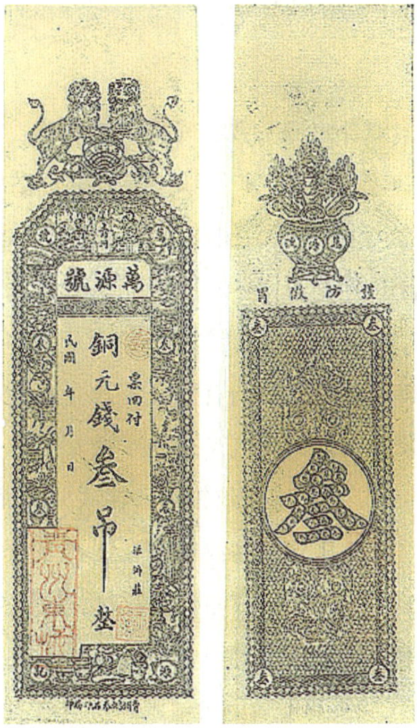

青州万源号“铜元钱叁吊”钱票

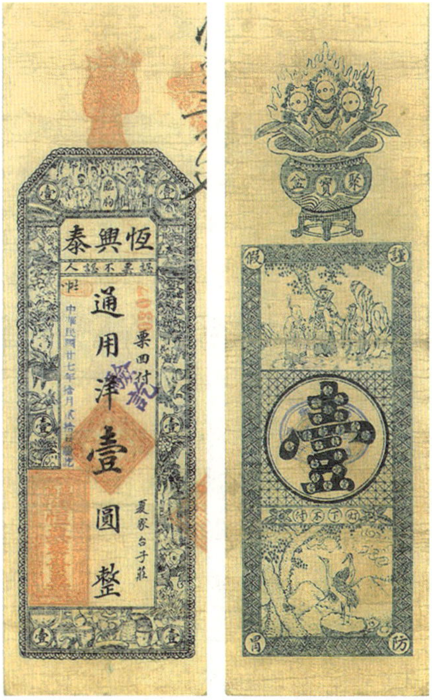

临朐恒兴泰“通用洋壹圆整”钱票

青州永合益“元钱贰吊”钱票

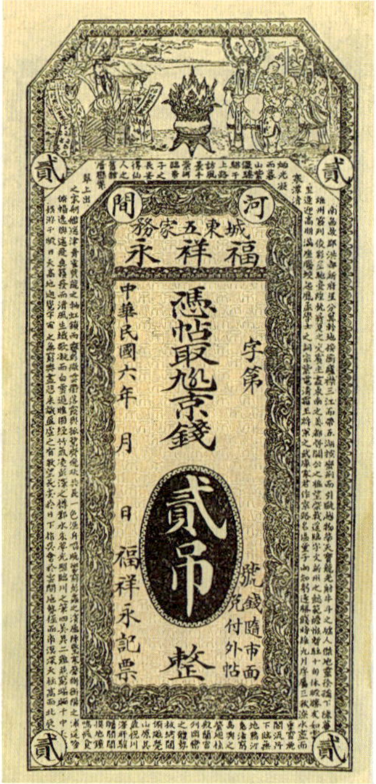

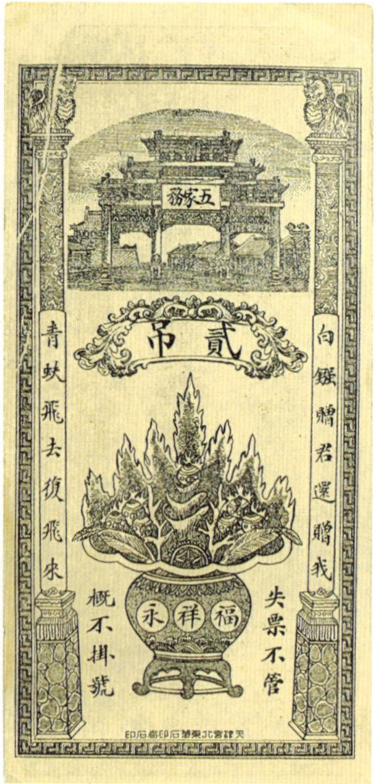

河间福祥永“京钱贰吊”钱票

代十分常见的器物座，与聚宝盆器身整体契合协调一致、气质古典优雅。三是腹壁都镌刻铭文，或书写“聚宝盆”，或书写店铺名号，或写有“防伪造”3个字，或写有“失票不管”4个字，字体楷书，端庄大方，中规中矩。“防伪造”3个字醒目突出，借以警示人们识别假票，防止上当受骗。“失票不管”4个字，提示钱票持有人需妥善保管，若遗失则出票方概不负责。四是聚宝盆线条和谐，工笔匀整，纹饰精美，布局合理，凹凸有致，简约美观，饶有韵味。五是聚宝盆总体呈现出欣欣向荣的富贵繁茂之态，也凝聚着吉祥如意的美好寓意。六是采用石印技术印制的钱票，聚宝盆纹饰皆印在钱票背面，作为背面的主体图案，大多在钱票上端。七是将聚宝盆纹饰印在钱票上，主要目的有两个，首先是作为出票方的防伪特征出现，目的是增加伪造难度，防止造假，其次是向世人昭告本钱庄（铺、号）资本雄厚，保证兑付。八是通过聚宝盆纹饰的应用，展现出民国时期民族工商业者的价值观和价值取向。

荣邑裕昌号“票回付市钱壹仟文”钱票

此外，在有的民国时期钱票上还有一种象征聚宝盆图案的表现方式。例如，荣邑裕昌号“票回付市钱壹仟文”钱票，正面为人物故事纹饰，背面为一形似聚宝盆造型纹饰，上端镌刻“裕昌号”3个字。

聚宝盆顾名思义，就是聚宝，聚集取之不尽的财宝。这其中反映出民间祈求生活富足的一种朴素的民风民俗。经过梳理聚宝盆的传说故事以及钱票的聚宝盆纹饰，我们认为聚宝盆的文化内涵包括以下几个方面：一是作为一个财神宝物，它可以钱生钱，可以招财聚财。二是作为镇宅之宝物。三是寄予了古代人们富贵繁荣、财源滚滚的情感寄托。四是象征着财力、权力、人力和物力。古代社会，百姓日出而作，日落而息，全家的祈盼就是殷实富足，而聚宝盆的文化内涵非常符合农耕时代人们憧憬生活衣食无忧的心理活动。

尤其是典当、钱铺、票号、银楼等机构，它们的主要业务范围是银钱兑换、存款、放款以及印制发行钱票。从事这个领域，利润颇丰，但是风险也较大。所以，经营者更是希望自己的生意能财源广进，财富生生不息，不断扩张资本规模。因为聚宝盆有善于聚财的寓意，故，票面多喜欢印上这类图案。此外，因为资金的问题，在经营中，一些钱铺、银号时常发生挤兑风潮，所以聚宝盆还象征本店号资金充足，昭示信用良好，让百姓大胆放心使用其发行的钱票。

清末民国时期，吉祥图案设计的主要特点是着重从心理上寄托平安吉祥的愿望，做到“图必有意”，聚宝盆纹饰就是其中的代表，其形象贯穿于中国传统文化各个方面，在陶瓷、笔筒、屏风等器物上皆有展现，并成为许多故事传奇与怪诞小说中的重要道具。

钱票具有一般货币的功能，如价值尺度、流通手段，是当时民间较为重要、普遍的交换媒介，在百姓经济生活中起着重要作用。所以，钱票的设计和印制非常讲究，既要美观大方，又要防止造假，一方面必须是百姓可以接受的喜闻乐见的艺术形式，另一方面还必须考虑到突出本店号特点和信用。所以，吉祥寓意丰富的聚宝盆纹饰就成为一种不错的选择。民国时期钱票上的聚宝盆纹饰，向世人铺陈出民间金融业发展的兴衰轨迹。同时，这些图案的设计者和制作者，其高超的技艺、精妙的构思，也让这些钱票独领一时风骚，在当时为维护地方金融安全和繁荣市场等方面作出了一定的历史贡献。

从传说故事，到具有一定的抽象寓意，再发展到今天寻常百姓家的一般摆件，钱票上的聚宝盆纹饰，在当今还得到广泛的应用，追求“聚少成多”“招财纳宝”的心理已经演变成大众民俗和生活中的一个文化符号。

（王纪洁）

金圆券：

民国政府最后的催命符

1945年抗战胜利后，国民党当局不顾千疮百孔的经济形势，于1946年6月悍然发动内战，致使国统区的经济和民生几近崩溃。随着战争的持续推进，法币的发行额不断上涨，截至1948年8月已达到了604万亿元，比日本投降时增长了1085倍，比全民族抗战前夕增加了30余万倍。面对法币的极度膨胀，国民党当局终于感受到了恐慌。时任行政院院长的宋子文采取抛售黄金的方式来稳定币值，但收效甚微。为了挽救行将崩溃的经济，国民政府发行了金圆券。金圆券的发行，帮助国民党在短短的10个月内搜刮了大量的民脂民膏，使人民陷入了水深火热之中，严重摧毁了解放战争后期国统区的经济，也摧毁了人民对国民党最后的信任。同时，国民党当局也创造了我国货币史上贬值速度最快、流通时间最短的货币之一。

金圆券的发行，始于1948年8月19日，蒋介石以总统的名义颁布了《财政经济紧急处分令》，命令取消法币流通，发行金圆券。该法令主要内容有四点：一是自即日起，以金圆为本位币，十足准备发行金圆券，限期收兑已发行之法币及东北流通券。二是限期收兑人民所有黄金、白银、银币及外国币券，逾期任何人不得持有。三是限期登记管理本国人民存放国外之外汇资产，违者予以制裁。四是整理财政，并加强管制经济，以稳定物价、平衡国家总预算及国际收支。当天，行政院等相关部门即公布了《金圆券发行办法》，该办法主要有以下几点：一、金圆券的面额：金圆券的面额分为壹圆、伍圆、拾圆、伍拾圆、壹佰元5种。二、发行准备：金圆券的发行采取十足准备制度，其中必须有40%的黄金、白银及外汇作为准备。剩余的部分则用有价证券及政府指定的国有事业资产来抵充。三、法定含金量：金圆券的法定含金量为0.22217公分（公分即克）。四、与法币的关系：金圆券1元可以折合法币300万元，而东北流通券30万元可以换取金圆券1元。五、与其他货币的关系：美金汇率为金圆券4元合美金1元。六、发行总量限制：金圆券的发行总额定为20亿元。七、私人持有的限制：私人不得持有黄金和外汇，限期收兑这些资产。八、登记管理：全国范围内的物价及劳务价格冻结在8月19日的水准，并要求限期登记管理本国人民（包括法人）存放在国外的外汇资产。九、物价冻结：全国物价及劳务价冻结在8月19日水平。

在金圆券发行伊始，作为国民党喉舌的《中央日报》即开足马力进行持续的正面报道。1948年8月21日，《中央日报》发表了标题为《改革币制第一日　全国人民咸表拥护　一般物价均告回跌》的文章，报道称："今日为政府改革币制宣布发行金圆券第一天。沪市一般反应即为平静良好。数百万升斗市民，对政府此一重要经济措施，均以兴奋之心情寄予极大之希望。"8月25日，《中央日报》又发表了题为《人民支持政府　兑换踊跃　市场平静》的文章，报道称："市民本日持黄金、美钞及银元前往国行兑换金圆券者，甚为踊跃……其中有一大户，单独投出数目在三十条至四十条之间。"

在经历了早期的平静后，金圆券的发行很快如同脱缰的野马不受控制了。在金圆券发行的第十五天，汉口物价就已上涨了21%，重庆上涨了40%，广州上涨了83%；发行两个月后，北京的物价涨了3倍。作为当时中国经济中心和工业化最高的城市，上海受金圆券的影响尤其明显。在金圆券发行两个月后，由于贬值严重，上海的公用事业单位如自来水厂、供电厂都要求涨价，否则就要关门大吉。到了10月底，上海所有的工业活动和商业活动都已经瘫痪。11月，上海的经济已经穷途末路。当时有老人说："我活了这么多年，身经不少变故，却没有见过这样的怪现象——有城无市，有街无店，有店无货。"

截至1948年11月9日，金圆券的发行已经超过了19亿余元，很快就要达到20亿元的限定总额了。但由于当时正在东北进行决战，为了筹集军费，南京国民党当局通过了《修正金圆券发行办法》，将发行总额改为"另以命令定之"。至此，金圆券的发行彻底失去了控制。据统计，至1949年6月底，金圆券的发行总额已达130.3046万亿元，各地物价上涨到了令人发指的程度。当时民间流传有不少歌谣，比如："大街过三道，物价跳三跳，工资像团雪，放会儿就化掉。"有人曾把一张50元的金圆券拟人化，写了一组《金圆券的日记》，生动形象、淋漓尽致地刻画了金圆券的可悲命运。这张50元金圆券刚面世时，可抵法币1.5亿元、黄金二钱四分、银币25元，能买两担半白米，可谓身价高贵，风光一时，以致"大家像宝贝一样把我藏起来"。但好景不长，仅仅两个多月时间，"大家到手马上用出去，好像和我有不共戴天之仇那样"。

金圆券给全国老百姓带来了巨大的灾难，但蒋家王朝却通过金圆券搜刮了数以亿万的财富。据统计，仅在上海一地就搜刮了黄金110多万两，美钞3400多万元以及大量的白银、港币和银元。在金圆券的发行过程中，国民党当局依靠政治强力来维持极端的金融管制，结果导致金融机构运转失灵，全国货币体系失控，商民失业。在金圆券走向破产的过程中，中央银行又把收兑的大量金银外币运出中国大陆。据中央银行档案记载，自1948年11月至1949年4月，运往美国的共计49329042美元，运往香港的共计76694088.55港元。金圆券的最终崩溃，彻底瓦解了广大民众对国民党当局的信任和支持，也加速了整个国民党政权在大陆的灭亡。

自1948年8月正式流通到1949年7月废止，金圆券在短短的10个多月里，实际共计发行了50个券种。其中主币券为47种，辅币券为3种。另有已经印制但未进入流通的主币券8种，辅币券1种，未印制之试样票7种。其面值有"壹角""贰角""伍角""壹圆""伍圆""拾圆""贰拾圆""伍拾圆""壹佰圆""伍佰圆""壹仟圆""伍仟圆""壹萬圆""伍萬圆""拾萬圆""伍拾萬圆""壹佰萬圆""伍佰萬圆"，共18种。

金圆券在历经10个月的流通后，已经形同废纸。1949年7月，解放战争即将全面胜利之际，逃往广州的国民党当局又进行了最后的一次挣扎，企图通过发行银元券再一次收割当时国统区内的民众。7月2日，时任行政院院长的阎锡山公布《改革币制令》，决定施行银本位，发行银元兑换券，并发布了《银元及银元兑换券发行办法》。该发行办法规定：国币以银元为单位，银元1元重26.6971公分（克），成色为88%，含纯银23.493448公分（克）；发行

中央銀行
金圓券
GD415417
GD415417
壹萬圓
壹萬
壹萬
壹萬
壹萬
中央印製廠

THE CENTRAL BANK OF CHINA
10000
TEN THOUSAND GOLD YUAN
10000
10000
10000
10000
GENERAL MANAGER
GOVERNOR
1949

金圓券壹萬圓

中央銀行
拾萬
029393
029393
金圓券
拾萬圓

THE CENTRAL BANK OF CHINA
100000
100000
100000
100000
100000
100000
GENERAL MANAGER
GOVERNOR
ONE HUNDRED THOUSAND GOLD YUAN
1949
CHUNG HWA BOOK CO.LTD.

金圆券拾萬圆

银元券壹圆

银元券伍圆

可兑银元的银元券，面额有壹圆、伍圆、拾圆、伍拾圆、壹佰圆5种，辅币券有伍分、壹角、贰角、伍角4种；银元兑换券之兑换地点，经财政部核定后，由中央银行公布；银元券与金圆券的比价是1元银元券折5亿元金圆券。银元券的发行，本就是国民党当局使用的救命稻草，发行的根本动机并不是改善经济，仍然是掠夺人民的财富，所以在发行之初就一路狂跌。以广州为例，银元券在1949年7月27日上午头盘还是347，中午就跌到了340，下午又降到了240。在广西，由于中央银行运往广西的银元券有200万元，而只有30万银元可供兑换，所以省政府命令在广西停用银元券，银元券在广西顿时成为废纸。面对国民党当局的又一次货币阴谋，新华社很快发表评论，宣布中国共产党对银元券及国民党地方政府发行的纸币不负兑换责任，号召即将解放的同胞坚决拒绝收受银元券，凡是已经收受者，应“迅速向伪中央银行要求兑换”。这一宣布，给了刚出台不久的银元券当头一棒，使许多人民避免了再一次遭受损失。

从银元券的发行实物来看，其中无地名的有伍分、壹角、贰角、伍角、壹圆、伍圆、拾圆、伍拾圆、壹佰圆 9 种，有广州地名的有壹圆、伍圆、拾圆 3 种，有重庆地名的有壹圆、伍圆、拾圆 3 种。这些银元券，无论币值大小，正面全是孙中山先生像，主币的背面图案全是帆船银元图案，辅币的背面图案全是北京天坛风景图。

国民党在统治后期进行的币制改革，是以掠夺人民财富为根本目的的，并不是为了挽救经济。无论是金圆券还是银元券，其本质都是一样的。这场荒唐的币制改革最终加快了国民党政权的灭亡。

（孟祥伟）

革命政权纸币是指1949年之前中国共产党领导下的革命政权在各个时期、各根据地印制和发行的各种纸币。革命政权纸币也称红色货币，以纸币为主，它是中国新民主主义革命运动中的特有货币现象，并伴随着新民主主义革命的发展而产生、发展、壮大和成熟。

这些纸币在打破敌人经济封锁，发展经济，改善民生，保障革命战争从胜利走向更大胜利中发挥了非常重要的作用。革命根据地纸币大多数印制技术不高，票面图案主要反映红色政权、工农业生产建设或风景、建筑的图案，如长城、火车、浇灌、耕地、收割、古塔等。有的票面印有革命领袖人头像，主要有列宁、马克思等。红色政权纸币尽管存在时间不长，但它们却为人民政权货币体系的建立提供了宝贵的经验。

第九章

革命政权纸币，传承红色血脉基因

第一张苏维埃纸币：
耒阳工农兵苏维埃政府劳动券

耒阳工农兵苏维埃政府劳动券（以下简称“劳动券”），是土地革命战争时期共产党发行的早期货币。1928 年 2 月，由耒阳工农兵苏维埃政府发行，流通于耒阳革命根据地。这是土地革命战争时期第一张苏维埃纸币。

劳动券，横式，长 141 毫米、宽 92 毫米，为蓝色油墨单面印刷。四周边框由简单的纹饰组成，边框四角分别斜式印有“壹”“圆”字样。券面上端，从右至左印有“耒阳工农兵苏维埃政府劳动券”13 个字，表明发行机构和票券名称。下面是面额“壹圆”二字，横书，右读。面额下面自右至左，依次印有“刘泰”“徐鹤”“李树一”手写体签名，竖式三列。券面右侧印有马克思头像，左侧印有列宁头像。最下面边框中间印有该券的印制时间“中华苏维埃元年印”八字。

券背面为空白，没有任何图案和文字，只在中间加盖一圆形大印章，直径约 92 毫米，篆书书体，三列，名为“耒阳县工农兵苏维埃政府之印”。印章中间位置用墨笔书写该张券的印制编码。

该券名为“劳动券”，这个名称来源于《资本论》，马克思提出在社会主义社会以劳动券作为在劳动者之间分配个人消费品凭证的设想。耒阳县工农兵苏维埃政府将钞票取名为“劳动券”，旗帜鲜明地表明了苏维埃政府为人民利益着想的理念，执行“按劳分配”的经济政策原则，体现了马克思主义政党的立场和共产主义的信仰，同时也充分体现了中国共产党的初心使命，始终代表中国最广大人民的根本利益。

将马克思、列宁头像印在劳动券上，表明了耒阳工农兵苏维埃政权以马

耒阳工农兵苏维埃政府劳动券

克思列宁主义为指南，这是我国第一张印有马克思、列宁头像的纸币。在纸币上印无产阶级革命领袖，既代表中国共产党的信仰，也是向工农民众的宣传需要，对早期马克思列宁主义在中国的宣传起到了巨大的推动作用。

该券的印制时间是“中华苏维埃元年”，可以说是独树一帜。这张劳动券没有采用中华民国的国号和纪年，而是以耒阳县苏维埃政府成立的时间为纪年，称“中华苏维埃元年”，表达了苏维埃政府将革命进行到底和誓死捍卫苏维埃政权的信心与决心。

劳动券面额“壹圆”，说明可十足兑换壹圆银币（即光洋）。劳动券为石印版印刷，由耒阳县苏维埃石印局负责印制。石印局当时设立在耒阳县东江山湾庙岭上梁氏家族的厅屋中。

劳动券发行与当时的历史背景关系密切。1928 年 1 月，朱德、陈毅率领南昌起义保留下来的部队辗转来到湖南，他二人和中共湘南特委发动群众，共同领导了湘南起义。首先智取宜章县城，部队改编为工农革命军第一师，师长朱德，党代表陈毅。而后起义军陆续击溃了许克祥的反动军队，乘胜北上郴县、耒阳。2 月 10 日，朱德率工农革命军第一师主力离开郴州，向耒阳挺进，陈毅留守郴州。2 月 12 日，朱德率工农革命军第一师在耒阳公平鲁塘村与湘桂两路敌军发生遭遇战后，拉开了创建革命政权耒阳工农兵苏维埃政府的序幕。三天之后，工农革命军进入耒阳公平墟。2 月 16 日占领了耒阳县城。

2 月 19 日，召开全县第一次工农兵代表大会，选举产生了耒阳工农兵苏

耒阳工农兵苏维埃政府劳动券（正面，局部，马克思像）

耒阳工农兵苏维埃政府劳动券（正面，局部，列宁像）

维埃政府，刘泰任主席，徐鹤、李树一任副主席，秘书长为钟森云。苏维埃政府下设军事委员会、财经委员会、土地委员会、肃反委员会、青年委员会5个委员会。其中，财经委员会主席由李树一兼任，委员会下设经济处，为具体办事机构，由谭楚才任处长，办公地点设在水东江三顺祠，任务是保管、处理和分配打土豪所获取的物资。

为保护新生的苏维埃政权，维护政权稳定，苏维埃政府积极开展了轰轰烈烈的土地革命运动，在全县范围内实施了“插标分田”，让农民有了实实在在的获得感，获得了广泛的群众基础，使党和苏维埃政府获得了广大农民群众的衷心拥护。此外，苏维埃政府还在水东江三顺祠成立兵工厂，制造了大量武器，支援革命战争。

因为当时耒阳县市场物价昂贵，货币种类复杂多样，为适应政治斗争和经济斗争的需要，打击国民党当局统治的金融市场，筹集经费，苏维埃政府决定统一货币，建立新的金融秩序，借以迅速恢复生产，保障供给，支持革命。因为当时未建立银行，就直接以耒阳县工农兵苏维埃政府名义，并由经济处具体负责发放了劳动券，发行量约为1万元，面额壹圆，即1万张。这对于维护劳动人民的经济利益，解决政府的财经困难，都起了一定的作用。劳动券持续流通一个多月后，工农革命军主力转移到井冈山革命根据地，耒阳变为游击区，耒阳工农兵苏维埃政府撤销，劳动券随之停止发行流通。

为提高劳动券的信誉，取信于民，同时也是为了防止不法分子伪造，避免给广大群众造成财产损失，经济处加强劳动券的防伪技术，将耒阳工农兵苏维埃政府主席刘泰，副主席徐鹤、李树一 3 人的手写体签名印在了券面上。

刘泰（1903—1928 年），耒阳人，1922 年初加入中国共产党。1925 年 2 月，湖南省第一个县委——中共耒阳县地方委员会成立，刘泰任首任书记。1927 年 8 月 1 日，参加南昌起义，任起义部队总联络官。在湘南起义中，刘泰等人率领耒阳农民武装积极接应，配合朱德率领的工农革命军攻克了耒阳县城。1928 年 2 月，任耒阳县工农兵苏维埃政府主席，领导工农群众开展土地革命。1928 年 4 月，刘泰等率耒阳农军和政府工作人员随主力部队转移到井冈山。5 月底，刘泰在组织突围时，壮烈牺牲。

徐鹤（1902—1929 年），耒阳余庆龙陂人，1924 年秋加入中国共产党。1926 年春，在龙陂徐家创办耒阳县第一所农民夜校，建立第一个农村党支部。1928 年 2 月，任耒阳县工农兵苏维埃政府副主席。1929 年 1 月，井冈山革命根据地第三次反“会剿”失利后，徐鹤随红五军撤离时遭敌军伏击牺牲。

李树一（1891—1928 年），耒阳白沙人，1921 年大学毕业，1924 年加入中国共产党。北伐时，担任国民党耒阳县临时党部常务委员。1926 年 11 月，任耒阳县总工会执行委员。12 月被公推为“公法团联席会议”主席。1928 年春，参加湘南起义，任耒阳县苏维埃政府副主席兼财经委员会委员长。1928 年 11 月，在南乡被捕，英勇牺牲。

劳动券区别于以往旧式货币，是一种全新的货币。为确保券值的稳定，耒阳工农兵苏维埃政府以收缴地主的浮财按一定比例上缴苏维埃政府，作为劳动券的实物担保，在流通领域与光洋等价使用，可以随时保证兑换，因此信誉非常好，百姓乐于使用。劳动券流通于耒阳全县，集市买卖、商品交易都可以使用。此外，劳动券还用于发放工农革命军军饷，支付政府财政开支等。

1928 年 3 月，湘粤军阀开始调兵遣将，集中 9 个师和 1 个军官教导团对湘南地区进行“会剿”，企图南北夹击。此时，敌我力量对比极其悬殊。为保存南昌起义的革命火种和湘南起义的力量，朱德坚决主张避敌锋芒，提出主动转移，率领工农革命军第一师和农军主动撤离湘南，向井冈山靠拢。4 月 28 日，朱德领导的湘南起义部队与毛泽东领导的秋收起义部队胜利会师，成立工农革命军第四军，共产党领导下的第一个农村根据地——井冈山革命根据地正式建立。

开国上将萧克在回忆评价湘南起义时说：“历史已经证明，有了湘南起义，才有井冈山会师，才有光辉的井冈山时代。”湘南起义创造了用正规武装支持和推动广大农民暴动，把武装起义、建立政权与土地革命结合起来的初步经验，进行了土地革命的最初尝试。它对井冈山革命根据地的发展，对探索“农村包围城市”的革命道路，具有深远意义。受当时印刷条件的影响，耒阳工农兵苏维埃政府劳动券虽然印制简单，不够精美，但却是朱德领导湘南起义的文物见证，凝聚着 3 万多名耒阳革命先烈的热血。

该券由苏维埃政府发行，以“劳动券”为名，印有马克思、列宁的头像，加盖苏维埃政府印章，这些设计思想表达了当时无产阶级革命者和广大人民群众对共产主义的向往，具有鲜明的时代性，也彰显出耒阳人民对苏维埃政府的无比信任。

劳动券虽然流通只有短短的一个多月，发行量仅仅 1 万张，但其在中国领导的红色金融史和印钞史上有着重要地位，影响深远，具有重要的史料价值。作为土地革命战争时期的第一张苏维埃纸币，它向广大世人宣告了耒阳人民敢为人先的首创精神，以及共产党人为民服务的执政理念。

（王纪洁）

红色战旗漫卷：

湘鄂西苏区鄂西农民银行纸币券

鄂西农民银行是土地革命战争时期湘鄂西革命根据地成立的一家银行，曾印制和发行有1930年版、1931年版壹角、贰角、伍角和壹圆的信用券，以及1931年版贰角的信用条。但1930年版壹角、贰角和1931年版伍角信用券尚未有实物发现。这些纸币流通于鄂西地区，对巩固革命根据地、支援战争起到了重要作用。

各种面额的鄂西农民银行纸币券的设计风格和版式特征如下：

1930年版伍角信用券。票幅尺寸为116毫米 ×76毫米。券正面为红色油墨印刷，主体图案是今俄罗斯莫斯科克里姆林宫，上面有一个中间为镰刀斧子造型的五角星。下端印有“一律通用　随时照兑”字样，表明该券的使用性质，可以随时兑换伍角银洋。

券背面为黑色油墨印刷，四角分别印有“农”“民”“银”“行”字样。券面左右两旁印有宣传口号，分别是“武装保护苏联，打倒帝国主义”“扫除封建势力，消灭军阀混战”。

中间印有鄂西农民银行信用券条例：一、本行为冲破敌人的经济封锁，活动赤区金融，发展工农商业，特发行信用券。二、本券分壹角、贰角、伍角、壹圆四种。三、本券以政府税收、富农持捐及累进税为担保品。四、本券与现洋有同等之价值，凡属政府机关民众团体及赤区的人民一概通用。五、本行办理汇兑事业。六、本行办理低利借贷。七、本券可完纳富农及特捐及累进税。八、本行在各县设有分行，各区设有兑换所，持有本券者可随时随地前往兑现。九、白色区域如愿意使用本券，尤所欢迎，来赤区兑现，各级政府当负护送责任。

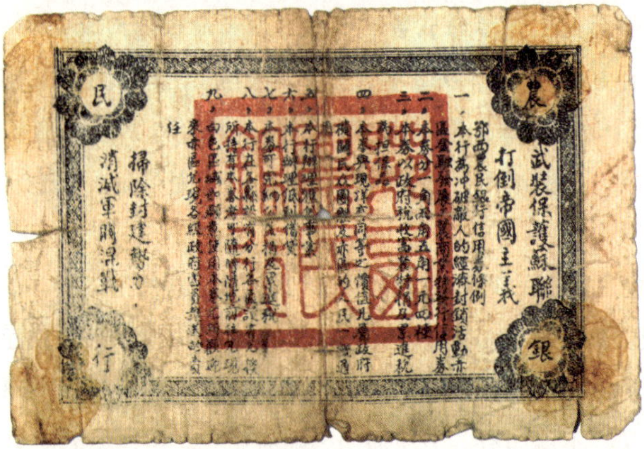

1930 年版鄂西农民银行伍角券正背面

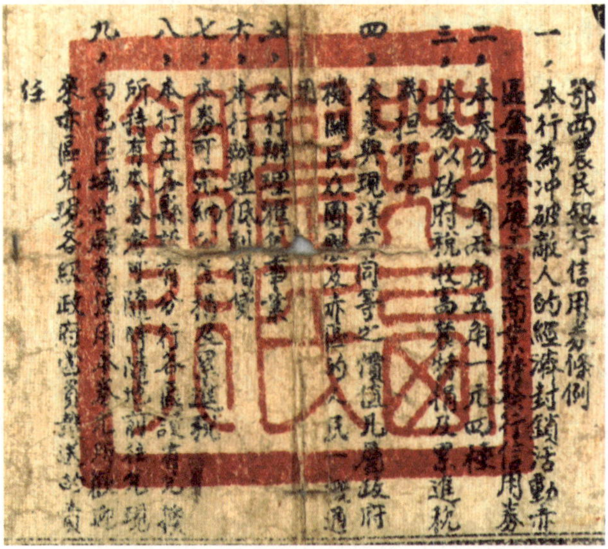

1930 年版鄂西农民银行伍角券（背面局部，发行条例）

1930年版壹圆信用券。票幅尺寸为140毫米 ×87毫米。这一面额的信用券共有三种版式，背面图案均一致，蓝色油墨印刷，印有鄂西农民银行信用券条例，唯有正面内容不一样。其一，褐色，主体图案是花托。其二，红色，主体图案是天坛，面值两旁均印有“武”字，有篆书和楷书两种书体。其三，红色，主体图案是楼阁、泛舟。

1930年版鄂西农民银行壹圆券（正面，褐色，花托）

1930年版鄂西农民银行壹圆券（正面，天坛，“武”字，篆书）

1930 年版鄂西农民银行壹圆券（正面，天坛，“武”字，楷书）

1930 年版鄂西农民银行壹圆券（正面，楼阁、泛舟图）

1930 年版鄂西农民银行壹圆券（背面）

1931 年版壹角信用券。票幅尺寸为 86 毫米 ×48 毫米。券面为红色油墨印刷，主图案是中间为镰刀斧子造型的五角星。下端印有“合成一元随时兑现”字样。左右两侧分别印有“鄂西银行”“行长之印”方形印章。券背为蓝色油墨印刷，中间花框内印有“活动赤区金融完成地方暴动”字样。

1931 年版鄂西农民银行壹角信用券正背面

1931 年版贰角信用券。票幅尺寸为 96 毫米 ×59 毫米。券面为红色油墨印刷，主图案是楼阁建筑。左右两侧分别印有“鄂西银行”“行长之印”方形印章。背面为蓝色油墨印刷，中间是“农民银行”四字组成的圆形花框。上端印有“活动赤区金融完成地方暴动”，下端印有“合成一元随时兑现”字样。

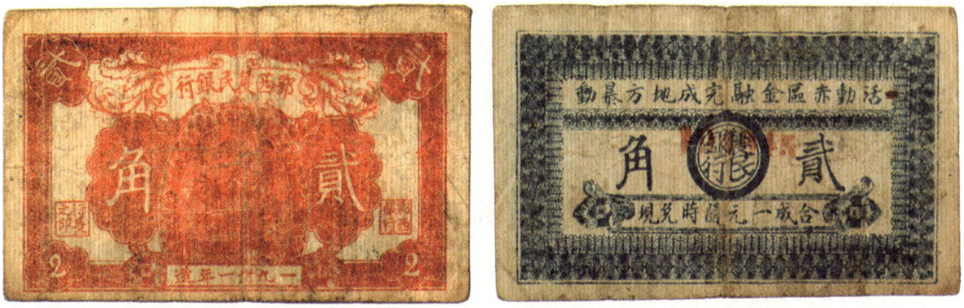

1931 年版鄂西农民银行贰角信用券正背面

1931 年版壹圆信用券。票幅尺寸为 154 毫米 ×80 毫米。券面为红色油墨印刷，主图案是天坛，右端印有一“装”字，楷书。券面下端印有“鄂西银行”“行长之印”方形印章，以及“一律通用　随时兑现”字样。背面为棕褐色油墨印刷，主体图案是日晷，上端印有“全世界无产阶级联合起来”字样。

1931 年版贰角信用条。竖式，票幅尺寸为 58 毫米 ×96 毫米。蓝色油墨，

1931年版鄂西农民银行壹圆信用券正背面

单面印刷，设计简单。上端横式印有行名，中间竖式印有“信用条贰角”，其上加盖“鄂西农民银行发行”红色印章。左侧印刷时间下端加盖“行长之印”红色印章。

鄂西农民银行的成立，与洪湖革命根据地的建立紧密相关。在土地革命战争期间，以洪湖为中心的湘鄂西革命根据地为中国新民主主义革命作出了重大贡献，对革命进程产生了巨大影响。

大革命失败后，根据“八七会议”精神，中共湖北省特委组织成立了中共鄂中区特委和中共鄂西区特委，领导洪湖地区的秋收暴动。1927年9月10日，洪湖西岸的监利剅口和西北岸的沔阳戴家场同时举行秋收武装暴动，揭开了洪湖地区土地革命的序幕。在武装暴动的基础上，创建了洪湖地区的第一支工农革命武装——“中国工农革命军第五军”。1928年初，在贺龙、周逸群指挥下，在荆江两岸组织“年关暴动”，开展游击战争。

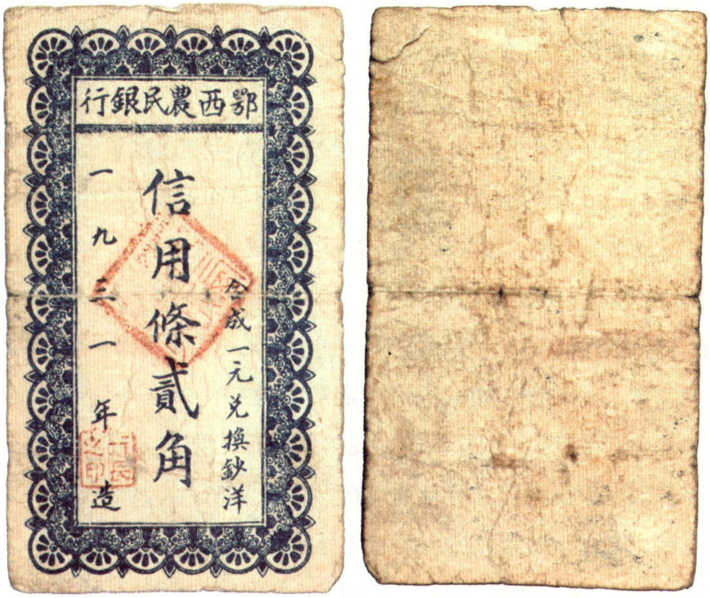

1931年版鄂西农民银行贰角信用条正背面

1929年初至1930年初，湘鄂边鹤峰、桑植和洪湖地区沔阳、潜江、石首、临利、江陵等县先后建立县苏维埃政府。1930年4月，为统一和加强对鄂西各根据地的领导，鄂西特委在石首调弦口召开包括江陵、石首、监利、沔阳和潜江在内的鄂西工农兵贫民代表大会，宣告鄂西苏维埃五县联县政府成立，从此，鄂西地区有了统一的革命政权机关，洪湖苏区正式形成。

鄂西苏维埃五县联县政府所辖范围有江陵、石首、监利、潜江、沔阳及华容的大部分地区，拥有石首、潜江两座县城。联县政府内设土地、财经等委员会，进入了根据地建设的新阶段。随着苏区的形成、稳固和扩大，以及红军队伍的迅速增长，财政开支也日益增大，发展生产，保障财政收入，是当时联县政府需要解决的首要问题。

1930年10月上旬，中共湘鄂西特委在监利县城召开第一次紧急会议，对当时苏区经济情况作出了较为深刻的总结，“过去苏维埃对于经济完全没有计划，收入全靠打土豪、打洋船、飞条子。正当的公益费收入未曾开始征收，支出更是没有系统，故致苏区经济紊乱非常，枯竭万状”。针对此种情况，中共鄂西特委及时调整经济政策，作出《关于苏维埃经济政策决议案》，在建立银行方面规定：“由联县政府建立农民银行、发行纸币、调剂苏区经济、办理农民储蓄借贷事业等，但禁止各县滥用纸币。各县已发出各种纸币、信用券应设法收回，统用‘鄂西银行’纸币”。

在随后召开的湘鄂西第二次工农兵贫民代表大会上通过了《关于苏维埃经济政策决议案》，鄂西农民银行旋即成立。目的是冲破敌人的经济封锁，统一币制。以活动赤区金融，发展工商业为目的，发行统一的信用券和信用条，同时收回各县已发行的各种纸币券。

在鄂西农民银行组织体系建设方面，中共湘鄂西特委要求："在联县政府监督与保护之下，银行建立单独系统，湘鄂西设总行，总行在各县设分行，在各区设支行或汇兑所，下级银行绝对受上级银行支配。"故鄂西农民银行设总分行制度，鄂西农民银行总行行址设在石首的调关，在其他各县均设有分行，区、乡则设有支行或汇兑所。戴补天任鄂西农民银行总行行长。戴补天（1901—1932年），湖北公安县人，1926年加入中国共产党，曾任中共公安县委委员、县委书记，鄂西农民银行行长，红二军团经济部经济处处长，湘鄂西联县政府执行委员会委员和主席团成员，湘鄂西省财政部部长等职。鄂西农民银行成立后，做的第一件事就是马上印制钞票。戴补天在石首冯家潭子创办了印币厂，购置石印机开始印刷钞票。当年，就印制完成壹角、贰角、伍角和壹圆的4种币值信用券。

鄂西农民银行信用券具备同时期民国金融机构印制纸币的特征，设计大方，布局合理。信用券背后的条例和政治主张，宣传了苏维埃红色银行的金融理念。

通过信用券后面印制的"鄂西农民银行信用券条例"，我们知道为了提高币值信用，该行主要采取了两种措施：一是统一苏区货币。将货币发行权集中于鄂西农民银行总行，红军及各县苏维埃政府一律停止印发信用券。原有的红军部队、各区县苏维埃政府已发行的各种信用券，由鄂西农民银行负责收回、销毁。二是建立银行基本金。基本金以政府税收、富农特捐及累进税为担保。此外，鄂西农民银行规定，信用券可以直接兑换银元，比例为1∶1，从而大大提高了信用券在老百姓心中的信誉。

1931年6月之后，鄂西农民银行升格改称为"湘鄂西联县农民银行总行"，戴补天继续担任行长，仍以"鄂西农民银行"名义统一发行货币，流通于以洪湖革命根据地为中心的24个县。

鄂西农民银行信用券最初在几个县通用，后扩大到整个湘鄂西地区。面世之初，币值稳定，信誉极佳。1930 年 10 月 19 日，邓中夏在写给长江局并转中央的《关于红二、六军的报告——我军向湘鄂西进军及整顿概况、地方工作的开展情形、请中央及长江局注意湘鄂西的干部问题等》一文中充分肯定了鄂西农民银行的信用和社会影响，他写道：

> （鄂西）农民银行之建立，亦为一大成功，原先红军发有纸币，滥极了，其纸币亦极不堪，用毛边纸成一小条，而且草书油印，以致用不到数日便破碎了，所谓兑现，亦属空谈。现联县政府成立农民银行，全鄂西只有此银行发行纸币，红军及各县政府一律停止发行纸币，并由此银行将红军及各县政府纸币收回销毁，以后只此一家纸币流行。联县政府并决定于各县及各重要市镇，设立分行，并准备相当基金，实行兑现，又决定以后政府征收公益费（即累进税）只收纸币不收现金（而以现金去银行换纸币来完税），以增加纸币信用，的确现时人民乐于使用银行纸币了。如果办理得好，红军向外发展现金，再添基金，其前途实未可限量。

关于鄂西农民银行纸币受百姓欢迎的情况，在 1931 年 3 月 29 日的《共青团湘鄂西特委给团中央的报告》中也有提及，报告写道：

> 苏维埃下面的群众对这个纸票都非常信仰，无论到什么地方都可使用，在银行里也可兑换现金。

因为信用好、币值稳定，鄂西农民银行信用券和信用条的发行为湘鄂西苏区金融工作打下了良好的基础，为苏区打破敌人的经济封锁、发展经济提供了财政保障。

仔细观察，我们不难发现 1930 年褐色版壹圆券，与石首农业银行壹圆券的设计风格、主图案完全一致。石首农业银行壹圆券票幅尺寸为 136 毫米 ×82 毫米，鄂西券票幅尺寸为 140 毫米 ×87 毫米，比石首券稍微大一些。

石首县农业银行壹圆券正背面

据考证，石首农业银行成立于 1930 年 3 月，石印厂设在绣林镇外街杨同义药店内，发行的纸币券流通于石首县境内，鄂西农民银行成立后，石首券被收回，停止流通。因为 1930 年版鄂西褐色版壹圆券，与石首农业银行壹圆券类似，所以我们有理由相信前者借鉴了后者的版式风格。而且，我们有理由相信，鄂西农民银行石印厂接收了石首农业银行石印厂的设备、技术和人员。

1931 年 7 月，湘鄂西苏维埃联县政府改称为湘鄂西省苏维埃政府，鄂西农民银行于 11 月更名为中华苏维埃共和国国家银行湘鄂西特区分行，印制分行纸币。湘鄂西地区统一使用中华苏维埃共和国国家银行湘鄂西特区分行货币，鄂西农民银行信用券和信用条停止发行。

（王纪洁）

共和国央行的雏形：
中华苏维埃共和国国家银行银币券

1931年11月，中华苏维埃第一次全国代表大会在瑞金叶坪召开，成立了中华苏维埃共和国临时中央政府，开启了中国共产党治国理政的伟大预演，探索建立了与革命和建设相适应的国家制度和国家机构。为适应革命根据地经济发展的需要，会议决定成立中华苏维埃共和国国家银行，实行苏区统一币制，为苏区经济发展提供保障，巩固苏维埃国家政权。选谁当行长好呢？因为毛泽民在萍乡、安源、上海等地从事过党的理财工作，积累了丰富的金融管理经验，并且他爱动脑筋，肯钻研，活动能力很强，是最合适的人选。经过认真讨论，党中央决定委任毛泽民为行长，负责筹建国家银行。

当时，没有人懂得如何开办银行，对于银行业务如何办理、人员怎么构成，毛泽民只能“摸着石头过河”，把缴获的战利品中有关经济的书籍、账册、表格一律收集起来，给银行工作人员临时举办培训班。经过两个多月紧锣密鼓的筹备，1932年2月1日，中华苏维埃共和国国家银行在瑞金叶坪村宣告成立，同年3月正式营业。除行长毛泽民外，国家银行还有4名工作人员，办公条件异常艰苦。中华苏维埃共和国国家银行是新生红色政权下第一个具有中央银行职能的银行，不仅承担起了统一货币、吸收存款和发放贷款的职能，还肩负着税收征缴、财政收支的特殊使命。正是这个世界上最小的中央银行，为巩固中央苏区经济、发展生产、支援革命战争作出了巨大的贡献。

国家银行成立之初，面临的最大问题是启动资金严重缺乏。按照《中华苏维埃共和国国家银行章程》规定，临时中央政府财政应拨款100万元建立国

中华苏维埃共和国国家银行在瑞金叶坪成立时的旧址

家银行，但财经委员会实际拨付的启动基金只有 20 万元。没有启动资金，一切银行业务就无从谈起。为了筹集银行开办基金，国家银行组织了“没收征集委员会”，每逢红军有重大作战行动，“没收征集委员会”就随部队到前方开展筹款活动。1932 年 4 月，红一军团和红五军团组成的东路军，以排山倒海之势攻克了漳州城，毛泽民亲自率领“没收征集委员会”来到漳州，迅速筹集到了 100 万元现洋，这成为国家银行的第一笔大额启动资金。

印刷国家银行银币券的石印机

国家银行成立之初即着手设计印制纸币，但由于敌人封锁，印制设备和印刷材料非常匮乏。国家银行的纸币，是在国民党军队对革命根据地实行严密经济封锁的艰难环境下印刷出来的。当时找不到印刷钞票的道林纸，就采用麻片、毛竹、树皮等为原料进行土法造纸，并在纸张中加入羊毛进行防伪，由中央印刷厂采用石印技术印制而成。

经过多方努力，1932 年 7 月国家银行开始发行纸币，印制了面额为伍分、壹角、贰角、壹圆的 4 种银币券，当年印制了 656175 元，其中伍分券 48375 元、壹角券 129800 元、贰角券 103000 元、壹圆券 375000 元。1932 年 11 月 7 日，《财政人民委员部一年来工作报告》指出，纸币正在发行，银币也已开铸，纸币在群众中已有相当信用。

国家银行发行银币券后，为了提高纸币信用，集中开展了收缴劣币、禁用杂币、打击假币，由新币替代旧币的活动，苏区金融市场焕然一新。国家银行实行银本位制，纸币与银元等值兑换，即 1 : 1。1933 年，为有效地支援革命战争，又增印了伍角面值纸币。纸币图案由黄亚光设计，具有浓厚的政治色彩，象征苏维埃政权先进的革命性。为防止伪造，提高防伪技术，纸币上印有外文签字，作为一种暗记，起到防伪作用。

今天所见中华苏维埃共和国国家银行银币券共有 1932 年版伍分、壹角、贰角、壹圆 4 种；1933 年版伍角、壹圆 2 种；1934 年版贰角、壹圆 2 种。累计发行量约 800 万元，流通范围从赣南扩大到赣东、闽北地区。各种面额的中华苏维埃共和国国家银行银币券的设计风格和版式特征如下：

伍分券是最小面额，长 84 毫米、宽 50 毫米，正面颜色为黄绿色，背面为紫褐色。券正面长方形花纹框上面二角印有“伍”字，下面二角印有“分”字。上端正中横印“中华苏维埃共和国国家银行”12 个字。中间主体图案是红军战士集会。主体图案两侧各有一圆形花框，框内分别为“伍”字和“分”字，下端左右两侧为外文签名，下缘横印“凭票廿张兑换银币壹元”字样。

背面为椭圆形花纹框，上缘印有“中华苏维埃共和国国家银行”12 个字，

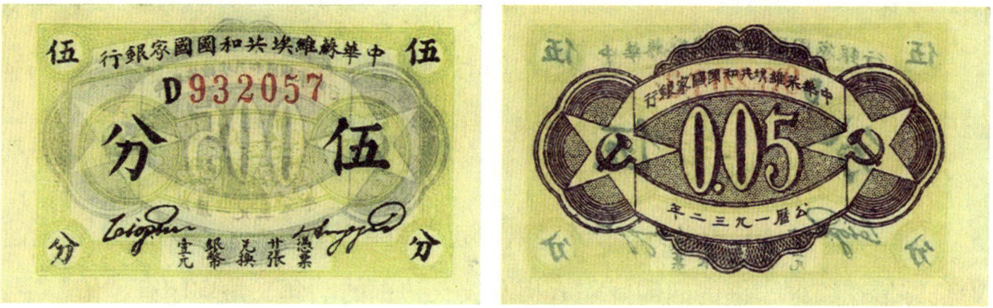

中华苏维埃共和国国家银行伍分券正背面

两侧各印有一空心五角星，星内有象征工农联盟革命的镰刀、斧头图案。中间印有巨大的“0.05”数字。下缘印有印制时间。

壹角券，长 95 毫米、宽 58 毫米，正面和背面均为红褐色。券正面长方形花纹框上面二角均印有“壹”字，下面二角均印有“角”字。上缘正中横印“中华苏维埃共和国国家银行”12 个字。中间为椭圆形花框，框内印有“壹角”二字。花框下端左右两侧为外文签名。下缘横印“凭票十张兑换银币壹圆”字样。

券背面印有一长方形花纹框，框内四角均印有阿拉伯数字“0.1”。中间印有镰刀、斧头图案。下缘印有印制时间。

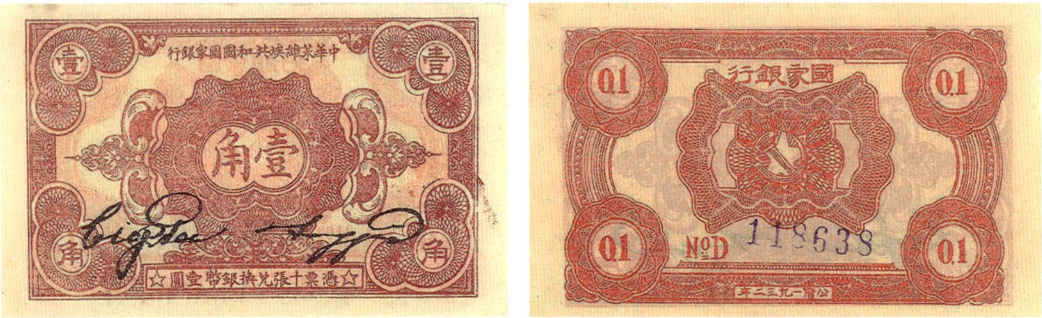

中华苏维埃共和国国家银行壹角券正背面

贰角券，长 98 毫米、宽 67 毫米，正面为蓝色，背面为紫褐色。贰角只在 1932 年和 1934 年发行。券正面上端印有行名，中间主体图案是列宁头像，头像右左两侧书有“贰”字和“角”字。下端正中印有“凭票伍张兑换银币壹圆”字样。

券背面长方形花纹框上面二角均印有“贰”，下面二角均印有“角”字。正中间图案为中华苏维埃共和国国徽，下方印有印制时间。国徽两侧各有一空心五角星，内有“0.2”字样。

伍角券，长 102 毫米、宽 70 毫米，正面为紫蓝色，背面为褐色。券正面为长方形花纹框，框的四周间隔有梅花纹，边框的上面二角均印有“伍”字，下面二角均印有“角”字。上缘正中横印行名。中间为葵花纹图案，图案右

中华苏维埃共和国国家银行贰角券正背面

左两侧印有“伍”字和“角”字。面额下端两侧为外文签字。下边框中间位置横印“凭票贰张兑换银币壹圆”字样。

背面为长方形花纹框，框的上面二角均斜式印有“伍”字，下面二角均斜式印有“角”字。上缘中间位置横印“国家银行”4 个字，中间为椭圆形葵花纹图案，下缘印有印制时间。

壹圆券，长 118 毫米、宽 66 毫米，正面为深褐色，背面为青绿色。券正面为长方形花纹边框，边框的四角均斜式印有“壹”字。上端印有行名。中间主体图案是列宁头像，头像两侧分别印有“壹”“圆”。底部边框上面左右

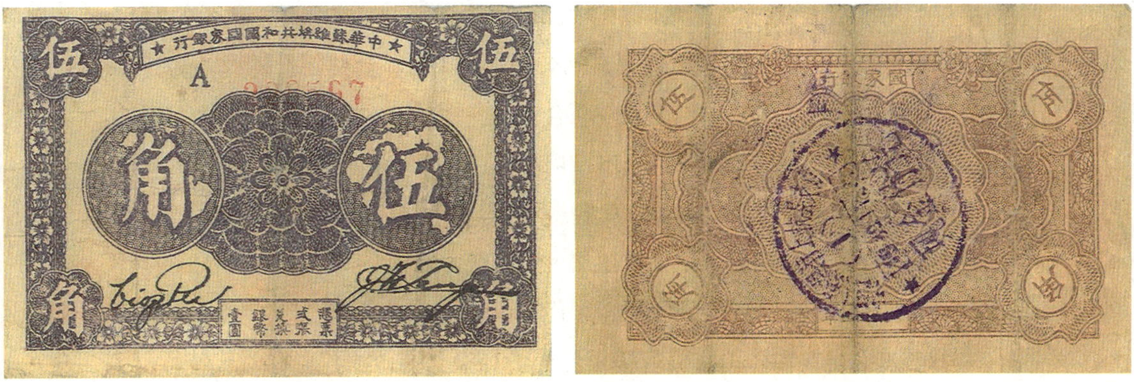

中华苏维埃共和国国家银行伍角券正背面

中华苏维埃共和国国家银行壹圆券正背面

两侧印有外文签名，中间印有“凭票即付银币壹元”字样。

背面四周印花纹图案，图案中央为大写的英文“ONE”，左右两侧为阿拉伯数字“1”。上端写有“国家银行”4 个字。下端为印制时间。

由于当时是用土法生产，工人大多缺少印刷经验，操作不熟练，因此纸币上的文字、印制编码、外文签字乃至纸质、票幅、颜色的差距很大。国家银行银币券面额丰富，充分满足了苏区百姓日常使用之需。由于国家银行的货币可以充足兑换现洋，故信用很好，币值一直保持稳定，一经面世，便受到人民群众的广泛欢迎。而且，国家银行还深入开展储蓄存款和发放贷款业务，有力地推动了苏区经济社会发展和广大工农群众生活改善。

1934 年 1 月，第二次全国苏维埃代表大会通过的《关于苏维埃经济建设的决议》明确指出：“苏维埃政府对于纸币的发行应该极端的审慎。纸币的发行如超过市场所需要的定额之外，必然会使纸币跌价、会使物价腾贵，使工农生活恶化起来，以致影响到工农的联合。”这些方针、举措使得原流通于苏区市场的各种杂钞被逐步回收或退出市场流通，实现了中央苏区的货币统一，起到了维护货币流通体系、建立健康金融秩序、保证物资有效流通、保障群众正常生活的作用。美国著名记者埃德加·斯诺曾评价：“苏币似乎因为人民信任政府和在市场上有实际购买力而站稳了脚跟。”

中华苏维埃共和国国家银行银币券的设计极具有政治色彩和时代特征，由于受苏俄“十月革命”的影响，票面图案有列宁头像，镰刀、斧头、麦穗等，每张银币券上面都打上了深深的红色烙印。

除印制和发行银币券外，国家银行还受临时中央政府委托承担了三次公债的发行、推销任务，办理经售公债票及还本付息业务。1932 年 6 月，发行第一期革命战争短期公债 60 万元；1932 年 11 月，发行第二期革命战争短期公债 120 万元。公债券面额为伍角、壹圆、伍圆 3 种。1933 年发行经济建设公债 300 万元，公债券面额为伍角、壹圆、贰圆、叁圆、伍圆 5 种。这些公债的发行为临时中央政府筹集到了革命战争经费和经济建设经费，为冲破敌人的

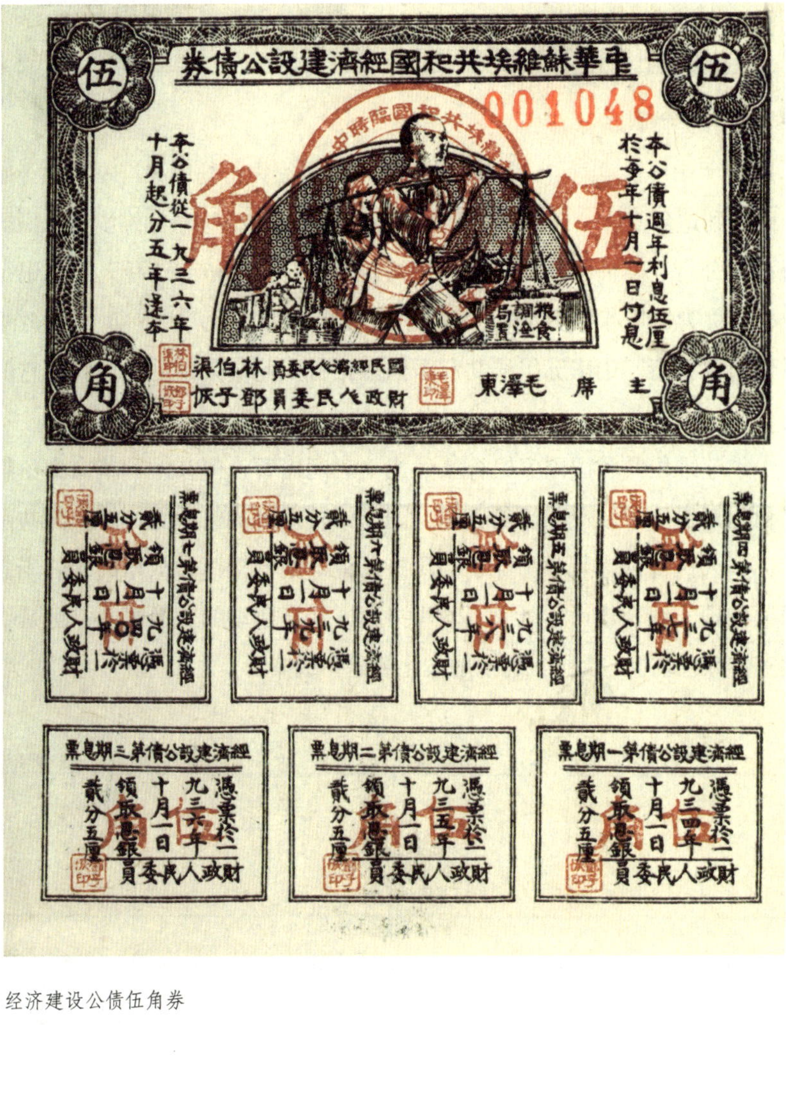

经济建设公债伍角券

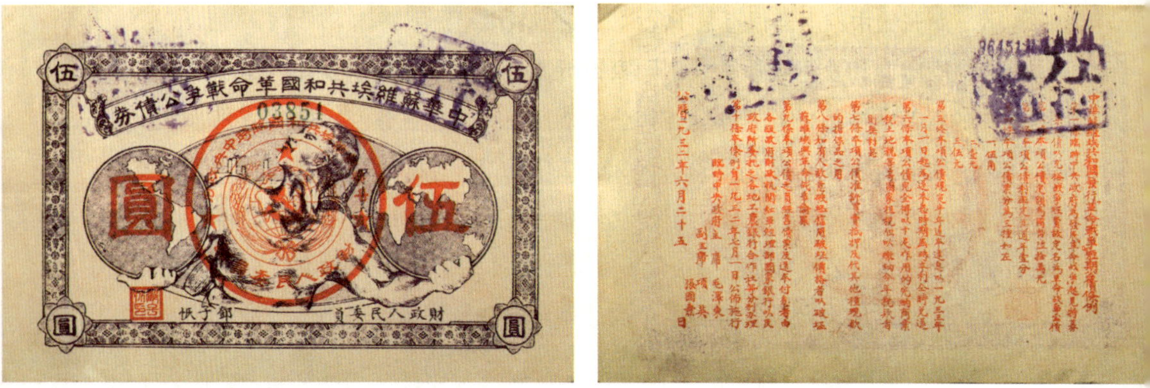

革命战争公债伍圆券正背面

经济封锁解了燃眉之急。

1934 年 10 月，第五次反“围剿”失败，国家银行随中央红军主力开始长征。胜利到达延安后，1935 年 11 月，国家银行改称为中华苏维埃共和国国家银行西北分行，林伯渠任行长，曹菊如任副行长。1936 年 7 月，国家银行西北分行改称为中华苏维埃人民共和国国家银行西北分行，1937 年 10 月改组为陕甘宁边区银行。中华苏维埃共和国国家银行至此结束，胜利完成了它的历史使命。

中华苏维埃共和国国家银行虽然成立时间短暂，但在中国革命史、货币发展史上却留下了浓墨重彩的一笔。国家银行发行的银币券，是中国共产党领导苏区人民群众进行革命斗争的历史见证，是支援革命战争的钱袋子。各种面额的国家银行银币券既是当时中央苏区经济活动的交换媒介，也是当今我们宣传红色政权、弘扬红色金融文化的重要载体。

（王纪洁）

一次成功的币制改革：陕甘宁边区贸易公司商业流通券

陕甘宁边区贸易公司商业流通券于1944年开始发行，1948年12月停止流通，使用区域为陕甘宁边区，为维护其流通信用，边区政府规定，凡纳税、交易、还债等，一律通用。1945年6月1日起，开始作为陕甘宁边区的本位币。发行商业流通券，是边区政府进行的一次币制改革，在货币金融领域采取的一项新举措，巩固了边区银行“边币”的币值，扩大了“边币”的流通范围，融通了金融资金。

1941年2月，陕甘宁边区政府发布《关于发行边币的布告》，自此，边区银行的“边币”成为边区流通的唯一本位货币。“边币”投入市场后，虽然一再禁止法币在边区市场流通，但禁而不止，法币一直与“边币”争夺市场。此外，国民党顽固派对边区进行严重的经济封锁，凡运往边区的各种物资，不是国民党当局批准的，一律以“通匪”论罪。因为物资流入锐减，致使边区物资奇缺，引起物价迅速上涨，进而引发了金融风波，绥德、关中、陇东、三边等地均出现拒绝使用“边币”的情况。而此时的法币，由于在边区不得使用，市面流通减少，但因可以在国统区套购物资反而迅速升值，造成“边币”与法币的比价狂跌，由最初1∶1跌至2.49∶1。“边币”币值的暴跌，使得法币乘虚而入，大肆进入边区市场，扰乱了边区金融秩序。面对边区的财政经营状况，实质性进行货币改革可谓势在必行。

1944年3月，党中央任命陈云兼任西北财经办事处副主任，事实上主持西北财办工作。为了从根本上扭转金融领域的混乱局面，陈云以他特有的智慧，剖析了“边币”和法币的关系。经过调查，陈云认真总结了几年来金融工作中的经验教训，深入思考和分析，认为要想提高“边币”的信用，稳定物价，必须要正确处理“边币”与国民党当局的法币的关系，整顿“边币”，使其重新占领货币市场。陈云认为，既要“边币”与法币的比价达到1：1，又要使市面金融不停顿。但由于通货膨胀，“边币”的信用受损，如果发行新票币，政治上势必会产生一些不好的影响。若公开发行“边币”和法币同时流通，由于法币腿长，还会继续出现法币挤压“边币”的现象。因此，他建议：可以考虑由盐业公司发一种流通券，其定价与法币1：1，而与“边币”1：9，使之在边区内流通，逐渐收回“边币”；达到预期程度时，再以新“边币”收回盐业公司流通券，这样既可使“边币”与法币的比价提高到1：1，驱逐法币，又不至于扰乱市面金融。这种发行新币、替换旧币的解决办法，陈云称之为“偷梁换柱”。这种新币就是后来的“陕甘宁贸易公司商业流通券”。

1944年5月23日，西北财经办事处召开第五次会议，陈云出席。会议采纳陈云的建议，决定发行新币。当日，西北财经办事处作出“关于发行商业流通券的决议”。决议指出：“发行贸易公司商业流通券，其目的为打击法币，整理金融，活动市面。做到以流通券代替‘边币’在市面流通，而将‘边币’逐渐收回至一定程度后，再以新‘边币’收回流通券，今后须用全力支持流通券和‘边币’的信用，无论何人不得搞乱金融，使‘边币’跌价。”

决议提出发行流通券的具体办法如下：一是流通券名称定为“陕甘宁边区贸易公司商业流通券”，名义上为贸易公司，实际上仍由边区银行发行，由贸易公司呈请边区政府批准，对社会发布布告，要求全边区完粮纳税、商业交易可一律通用。二是票面额暂定为伍拾圆和拾圆两种，每元规定当“边币”拾伍圆（注：流通券发行后的实际比价为每元当“边币”贰拾圆。），与“边币”比价固定不变。三是开始发行时，暂定流通券壹圆当法币贰圆，“边币”牌价则提至柒圆伍角比法币壹圆。在流通券未发行前第一步可提至捌圆伍角。以后依照法币跌价的比例，来提高流通券和“边币”与法币的比价，使物价相当稳定。四是开始一个时期，货物价格，银行挂牌，均以“边币”为本位，流通券只1当15折合计算。五是以流通券和“边币”的总发行额25%为准备金，在准备金中可以有一部分物资，准备金全部存银行，其他机关不得动用。六是由黄亚光、贾拓夫负责迅速筹备制版印刷事宜，纸张由军工局负责制造，在流通券未发行前，将按需要先发一部分“边币”。

商业流通券发行以后，能否站住脚？能否应对各种复杂、突发情况？如何稳定其币值、维护“边币”信用是一个重要的问题。1944 年至 1945 年，边区政府多次发表布告、通令、通知等文件推行流通券。1944 年 7 月 29 日，中共西北局常委会发出《关于发行商业流通券致各地委电》，指出，“一切党政军机关的供给部门：公营商店、合作社、贸易公司以及一切财经税收机关均须用全力来支持流通券，并帮助其建立信用。”“对法币、白洋，必须在稳定与推广‘边币’及流通券基础上继续采取打击政策”，“凡我财经部门及公营商店均一律以‘边币’计价，拒用法币、白洋，一切出口货均收‘边币’、流通券，只有在外商找不到‘边币’、流通券情况下才折收法币。在群众中也通过适当方式，宣传政府法令，禁止使用法币、白洋，使法币、白洋市场缩小。我们为了不让法币、白洋占我边区市场，宁可使法币、白洋流入银行，再由我们有计划地抛出边区境外”。

商业流通券初发行时，就阐明用流通券“将‘边币’逐渐收回至一定程度后，再以新‘边币’收回流通券”。由此看来，流通券原定为“过渡性”货币，所以流通券发行后，并未否定“边币”的本位货币名义，经过近一年之久，流通券逐步占领了市场，收回了大量“边币”。这一时期，由于两种不同价值的货币流通市面，给计算带来诸多不便，因而，西北财经办事处于 1945 年 5 月 1 日作出统一货币单位的决定：1. 自 6 月 1 日起，实行贸易公司商业流通券为陕甘宁边区本位币，并责成银行尽可能迅速地收回“边币”。但所有未收回的“边币”，仍照“边币”贰拾圆等于流通券壹圆比价，一律通用。2. 凡财政厅、建设厅及其所属机关、工厂、银行总分支行、贸易公司所属企业等，一律改用流通券为记账本位币。3. 各公营工商业在交易中的挂牌、定价、契约、单据以及口头讲价等，均一律改用流通券为本位。4. 一切税收及预决算，均改用流通券计算。5. 各货币交换所取消“边币”挂牌，单用流通券挂牌，即“流通券每元换法币几元”。如以“边币”兑换时，须折成流通券计算。6. 责成各地贸易公司和银行共同召集当地商人座谈，说明改变本位币的原因，劝说他们也改用流通券本位来计价和记账。主要依靠财政税收机关和公营企业首先坚决执行来影响商人，使他们感到不改不便利而不能不改。7. 财政厅、建设

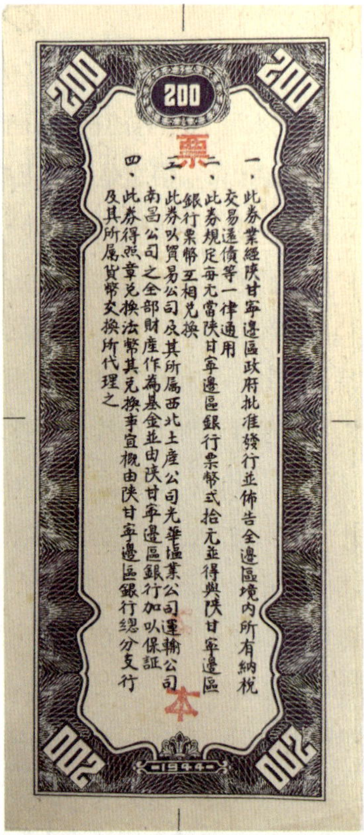

1944年贸易公司商业流通券贰百圆（票本）正背面

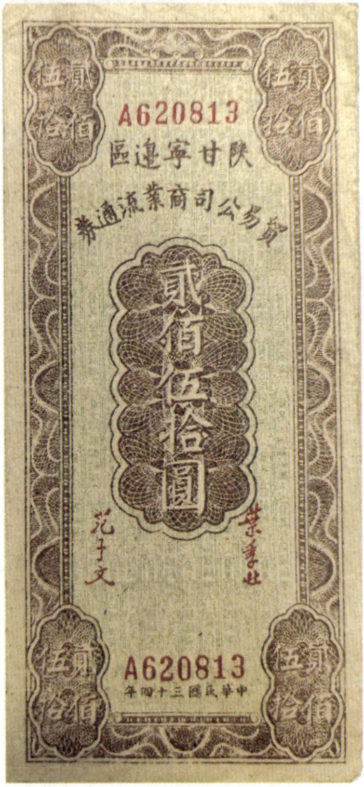

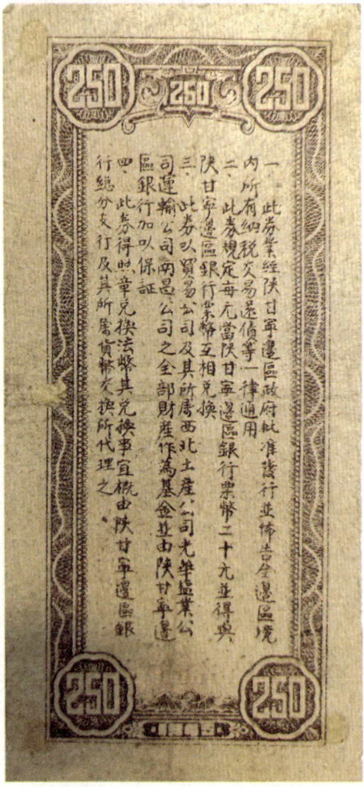

1945年贸易公司商业流通券贰佰伍拾圆正背面

厅、贸易公司、银行及各该所属机关，对于本决定，必须坚决执行。

为防止流通市场秩序混乱，保证百姓利益不受到损害，在第 1 条中特别指出，实行新旧币替换时要给出充足的时间，以保证社会经济平稳运行。这从一个侧面也体现了共产党人不忘初心，勇于担当，始终将人民群众放在首位。

陕甘宁边区贸易公司商业流通券于 1944 年开始发行，至 1948 年 1 月停止，共有伍圆、拾圆、贰拾圆、伍拾圆、壹百圆、贰百圆、贰佰伍拾圆、伍百圆、壹仟圆、贰仟圆、伍仟圆 11 种面值、17 种券别。

众所周知，货币面值指的是货币代表的实际价值量，面值大小不一，是由其商品流通的客观需求所决定的。从边区商业贸易实际出发，商业流通券的面值设计非常合理。最小的伍圆，最大的伍仟圆，一方面顾及当地的货币购买力，保证了百姓使用方便；另一方面也满足了国有单位大额采购的需要。

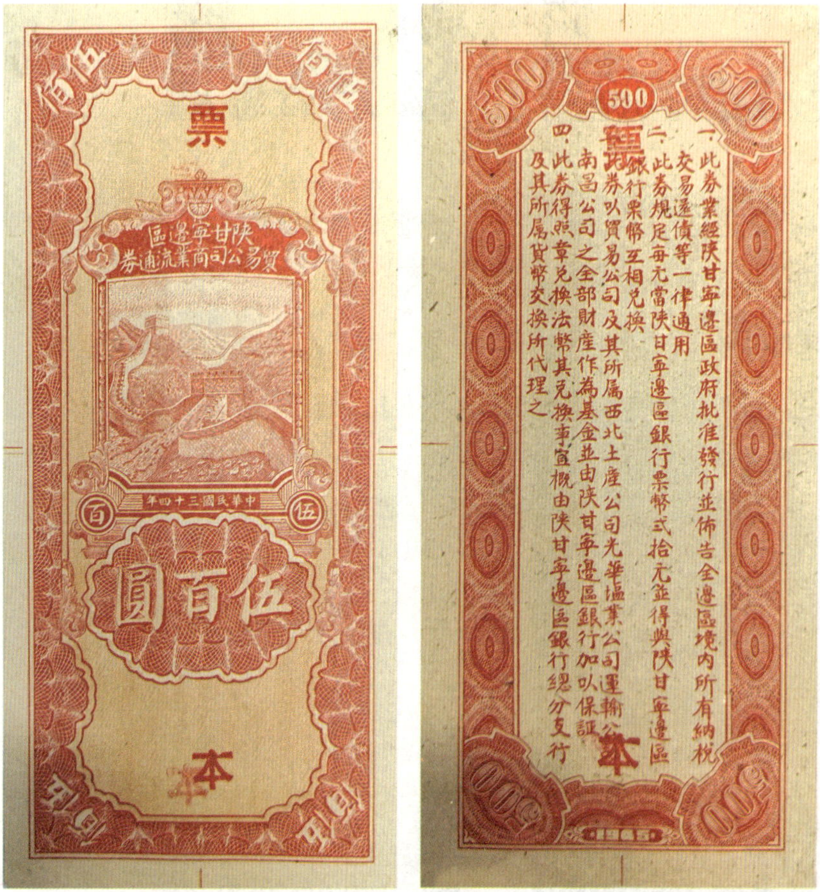

1945 年贸易公司商业流通券伍百圆（票本）

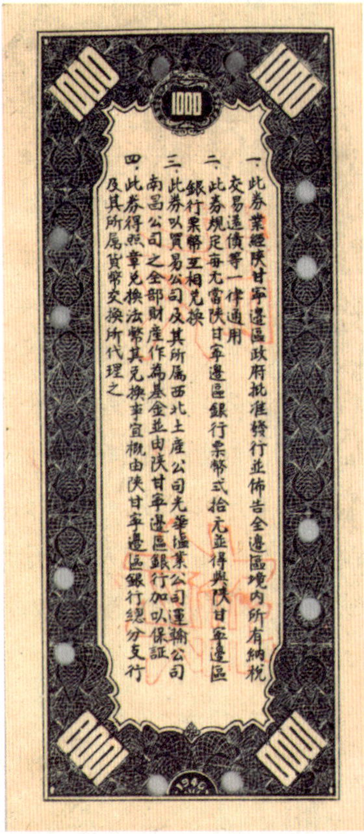

1946年贸易公司商业流通券壹仟圆（票样）正背面

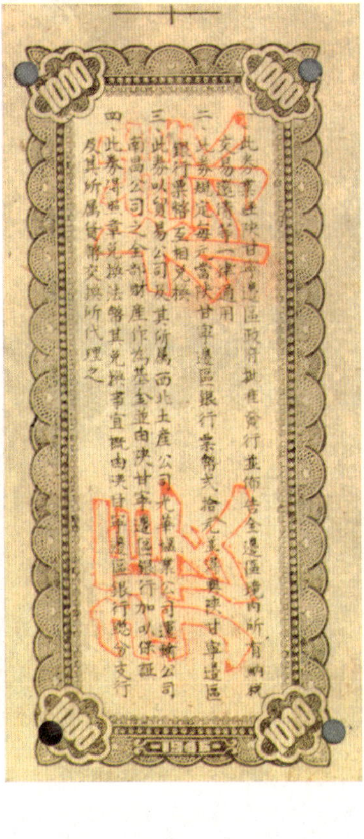

1946年贸易公司商业流通券壹仟圆（样张）正背面

1947年贸易公司商业流通券贰仟圆（票样）正背面

1947年贸易公司商业流通券伍仟圆（票样）正背面

商业流通券的设计主要包括防伪性、流通性和艺术性等。流通券设计成红色、绿色和蓝色等不同颜色，就是为了在流通中让百姓能很快地识别面值。而且，主景图案以百姓熟悉的花纹、风景、建筑、劳动场面为主，目的也是增加辨识度。

流通券除伍仟圆券背面为建筑图案外，其他券别背面均印有发行告示，内容为：1. 此券经陕甘宁边区政府批准发行，并布告全边区境内所有纳税、交易、还债等一律通用。2. 此券规定每元当陕甘宁边区银行票币 20 元，并得与陕甘宁边区银行票币互相兑换。3. 此券以贸易公司及其所属西北土产公司、光华盐业公司、运输公司、南昌公司之全部财产作为基金，并由陕甘宁边区银行加以保证。4. 此券得照章兑换法币，其兑换率事宜概由陕甘宁边区银行总分支行及其所属货币交换所代理之。

此套贸易公司商业流通券票面版式一改边区银行"边币"的横式，皆为竖式，以示与"边币"的区别。而设计风格也遵循了当时中共中央提出的换一种新货币的理念。材质为厚绵纸质，双面彩印，四周镶以几何图案花框。与"边币"一样，票面上都标以"中华民国"纪年。大部分流通券正面下端左右两侧分别加印有贸易公司正、副经理叶季壮、范子文的手写体签名，颜色各异。商业流通券印手写体签名的目的有两个，一是增加流通券的信誉，二是作为一个防伪标识，起到增加仿制难度的功能。

叶季壮

叶季壮（1893—1967 年），广东新兴人，1925 年加入中国共产党。1942 年 6 月起任中共中央西北局财经委员会成员，10 月起任西北局财政经济办事处成员，同年底任陕甘宁边区政府物资局局长。1944 年任陕甘宁边区贸易公司经理，开发盐湖，兴办兵器、纺织、被服、制药、造纸等工厂，发展进出口贸易。通过开展统战工作，开辟了从国民党统治区运输物资钱粮的通道，粉碎了国民党顽固派对边区的经济封锁，解决了我军的后勤供应问题。

范子文（1909—1975年），陕西省绥德县人，1928年加入中国共产党。1943年任边区物资局副局长，1945年任边区贸易公司经理，1946年任边区政府财政厅代厅长等职。他积极协助西北局和边区政府领导人实现了陕甘宁边区贸易出超、金融稳定、财政收支基本平衡的目标。同时，他深入调查研究，整理出各项工作漏洞和困难接点，整顿财政，合并商贸，统一管理，为发展陕甘宁边区的经济作出了显著成绩。

1944年8月，时任陕甘宁边区银行委员会顾问组成员的丁冬放在《边币与法币比价问题》一文中指出："流通券的主要作用有两点。一是减低票面额，减少画圈子，比如新币一元等于'边币'二十元，那么目前几十万万的（原）'边币'，经这一变就变成了几万万元。因为（原）每百元的'边币'改为伍圆的新票。二是这一改变，也就是新票与法币之比，即由法币一元比'边币'八元，变为（新）'边币'一元比法币二元五角。如此，在政治上有好处。"尽管陕甘宁边区贸易公司商业流通券的发行只是原"边币"的替换品，但其印制和发行在当时是一项重大的币制改革，最终平抑和抵御了边区通货膨胀与金融动荡的局面。

商业流通券最初的定位是过渡性质，原计划发行一年后发行新币再把流通券收回。因为将出口货物推销出去，解决了外汇问题，外加1943年物价涨幅过猛，流通券发行一个月后，虽然发行额超过以前几个月的数量，但物价并未波动。1944年6月以后，"边币"和法币的比价基本上稳定在8.5：1左右。12月以后，流通券作为边区银行的特别放款，投放用于收购盐和土产，支持对外贸易。这既没有提高"边币"牌价，也没有增发"边币"，没有引起任何波动，直到抗战胜利，流通券与法币的比价一直保持在8.5：1左右。陈云运用聪明才智，扭转了陕甘宁边区财政金融的困局，创造了红色金融的奇迹。

从1945年1月至全民族抗日战争胜利的8月，共发行流通券43899万元，月平均发行递增率为12.6%，比上年初发行时略有增长，这主要是随着抗日战争大好形势的日益发展，支持扩大贸易的货币需要。截至1945年8月底共发行商业流通券72470.25万元，实际流通额为59821.8197万元。由于有足够的发行准备金，并辅以相当数量的重要物资，商业流通券发行后稳定了金融，从根本上扭转了1943年物价飞涨和金融波动的局面，经过陈云及边区财政金融工作者的共同努力，完全消灭了边区财政赤字。1945年全民族抗日战争胜利之际，陕甘宁边区已为西北人民留下“大体够一年用的家当”。

1944年7月到1945年8月，边区的金融物价再没有发生大的波动。实践证明，陈云的货币发行思想和“偷梁换柱”的决定是正确的。直至1948年12月1日，第一套人民币发行后，商业流通券才被以1∶2000的比价兑换收回，停止流通。

在陈云的直接领导下，陕甘宁边区银行探索了一套货币发行新理论，即根据社会状况和经济需要发行。陕甘宁贸易公司商业流通券的印制和投放，较好地稳定了与法币的比价，将发行指数控制在物价上涨指数之下，基本保持了金融的稳定，打破了国民党顽固派对边区的经济封锁，摆脱了法币对边区经济命脉的控制。

（王纪洁）

土琵琶伴奏歌飞扬：

北海银行及其纸币

在中国共产党领导下创建并发展壮大的山东抗日根据地是全国抗战的主战场之一，在抗击日本侵略者的战争中发挥了重要作用。作为联系华北和华中的战略枢纽，山东抗日根据地有力支持了其他地区的抗战。兵马未动，粮草先行！经济建设是武装军民、打击敌人的基础和前提，山东抗日根据地的经济建设取得了重大成就，其中，北海银行货币的成功发行功不可没。

北海银行是全民族抗日战争时期中国共产党领导下的抗日根据地创建的主要银行之一，1938 年在山东掖县创立，经历了抗日战争与解放战争时期，前后存在达 11 年，最终与华北银行、西北农民银行合并组建了中国人民银行。其发行的“北海币”流通时间长，币种多样，影响大，为国内其他根据地货币发行所罕见，是红色政权货币中非常有影响力的一个收藏和研究品种。

货币是一个国家（政权）和民族经济的血脉，生产依之发展，商品借之流通，民众赖之生活。掖县位于胶东半岛，农村经济和集市贸易比较发达，而集市贸易急需货币作为筹码进行交易。当时，胶东地区币制混乱，市场上充斥着各大小银行发行的货币和充当货币流通使用的商行商券。1938 年 3 月，中共掖县县委举行玉皇顶抗日武装起义成功后，成立了胶东地区第一个抗日民主政权——掖县抗日民主政府。面对当时货币泛滥、物价飞涨的混乱经济形势，为从根本上扭转经济特别是军需供应上的被动局面，抗日民主政权决定筹办银行，发行货币。“为了进行地方建设，安定市面，也为了疏通抗日的经费，客观上需要有自己的银行。”

1938 年 4 月，掖县抗日民主政府开始筹建银行，当时最紧需的是金融人才，遂聘请原青岛中鲁银行经理张玉田为负责人。票纸从天津采办，钞版到青岛购买。由于掖县地处胶东半岛北部，北临大海，故银行取名为“北海”，这是掖县地理位置的象征。北海银行以股份有限公司的形式招股集资，设立董事会。“发展工农生产，繁荣农村经济”，这是北海银行开业典礼时创作的一副对联。

北海银行成立伊始就发行了掖县版的北海银行币。壹角、贰角券以掖县火神阁为主景，伍角券以掖县鼓楼为主景，壹圆券以掖县抗日民主政府大院为主景。掖县版北海银行币在青岛光华制版社制版后，再秘密地带回掖县，由掖县同裕堂印刷局用道林纸，采用石印技术印制而成。这是最早的一批北海银行币，因其发行量少、流通范围小及流通时间短，得以流传至今的实物极少，因此所有加盖“掖县”的北海银行币均较为珍罕。

北海银行无年份掖县版贰角券正背面

北海银行无年份掖县版贰角券（正面，局部，火神庙）

1938年8月下旬，中共胶东特委指示掖县北海银行改为北海专署的银行，总行设在掖县，黄县、蓬莱设分行（办事处），12月1日，对外正式营业，总行经理为张玉田，陈文其为总行副经理兼黄县办事处主任。用原来票版印制发行了不再加盖“掖县”地名的壹角券、伍角券和壹圆券，共计9.5万元，在掖县、黄县、蓬莱及邻近的平度、招远等县流通，与法币等价流通，随时兑换。对私商印发的杂钞限期取缔收兑。同时，严禁使用伪钞，违者没收。此时，“北海币”是作为法币的辅币形式出现的，故面额比较小。后来，日伪武装大举进攻掖县，1939年1月16日，掖县失陷，职员疏散，北海银行暂时停业，各种业务活动告一段落。

1939年5月，中共中央发出《关于胶东工作的指示》，提出了创建胶东抗日根据地及发展地方武装的有关方针与政策。根据指示，胶东区党委克服了重重困难，于1939年8月在胶东区莱阳、招远交界处的张格庄（今山东莱西市）恢复北海银行，并印制货币、开展各种业务活动。

1940年8月，山东战时工作推行委员会（简称山东战工会）成立，这是山东抗日根据地最高行政机构。山东战工会在临沂成立“山东北海银行总行”，由山东战工会财政处处长艾楚南兼任行长，并相继在省内各区和省界边区设立分行。此时，北海银行发展进入了新的历史阶段，原胶东北海银行改称为“山东北海银行胶东分行”，先后设立了东海、西海、北海等支行，同时设立荣成、牟平、文登、海阳、牟海等多个办事处和贷款所，银行职员发展到数百人的规模。

发行货币是银行系统最基本、最主要的职能之一。临沂北海银行总行成立后，也立即将发行货币作为其重要任务、工作重点，建立印钞厂和制版厂，印刷和发行大量的“北海币”。

北海银行纸币种类繁多，有16种面值，包括：伍分、壹角、贰角、贰角伍分、伍角、壹圆、贰圆、伍圆、拾圆、贰拾伍圆、伍拾圆、壹百圆、贰佰圆、伍佰圆、壹仟圆、贰仟圆。临沂北海银行总行成立初期，为维护法币信用，只是发行拾圆以下小面额货币，而后开始陆续发行各种大面额货币，1942年开始发行伍拾圆券，1944年开始发行壹百圆券，1945年开始发行贰佰圆券，1947年开始发行伍佰圆券，1948年发行了壹仟圆券和贰仟圆券。据不完全统计，北海银行共发行100多种不同版别的“北海币”。此外，在抗日战争和解放战争期间，因“北海币”流通市场急剧扩张，在钞票印制不足的情况下，北海银行还发行了在一定区域内可以自由流通和兑换的大额本票。

北海银行货币发行的主要特点就是分区发行、分区流通。山东抗日根据地沿津浦、陇海、胶济三条铁路被分割为大鲁南、胶东、渤海等地区。初期“北海币”券面上不带地区名称，可以在各地区相互流通。1942年，因形势恶化，抗日根据地面积缩小，造成一个地区“北海币”过多，物价上涨。为稳定币值，根据战时情况，采取分区发行的办法，每个地区的“北海币”都印上本区的名称，如胶东区印“胶东”，渤海区印“渤海”，鲁中区印“鲁中”，并发出通告，要求各区之间互不流通。

全民族抗战胜利后，日军撤离的中小城市被我军接管，各个战略区域连成一片，北海银行总行开始发行加盖有“山东”字样的北海银行币，作为根据地的统一货币。当时胶东地区最富，币值最高，比渤海区和大鲁南约高一倍。山东抗日政府命令胶东区增发货币，收购物资支援大鲁南，主动提高物价，使几个地区的“北海币”等价流通。

经山东抗日政府与华北人民政府共同商定，自1948年10月5日起，北海银行发行的“北海币”与冀南银行发行的“冀南币”，晋察冀边区银行发行的“边币”，在华北与山东两地区准许按固定比价相互流通，其固定比价为“北

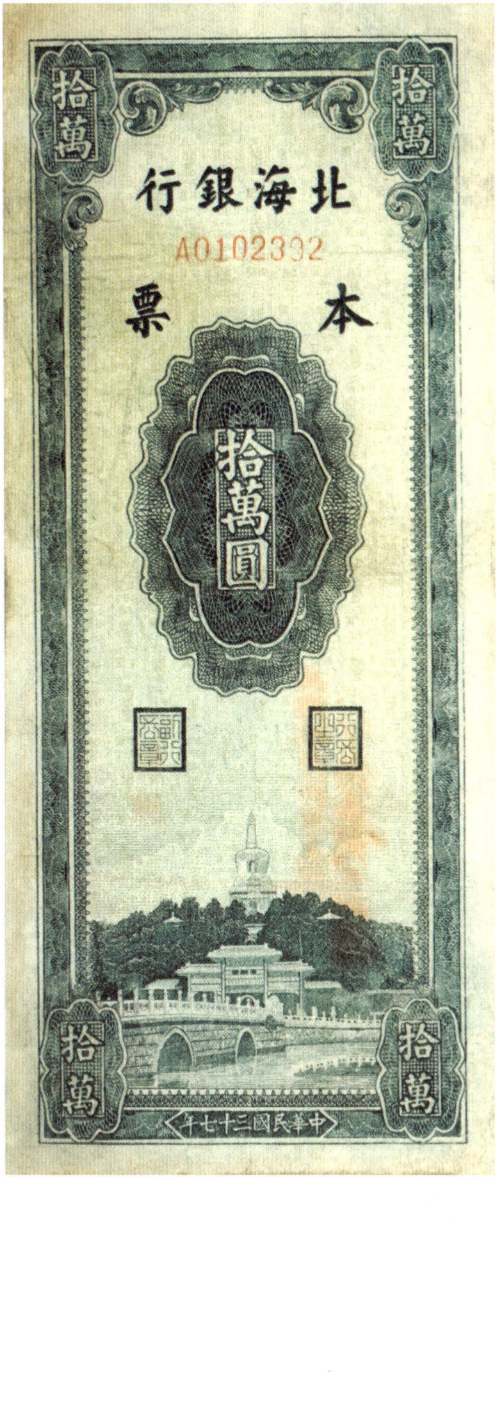

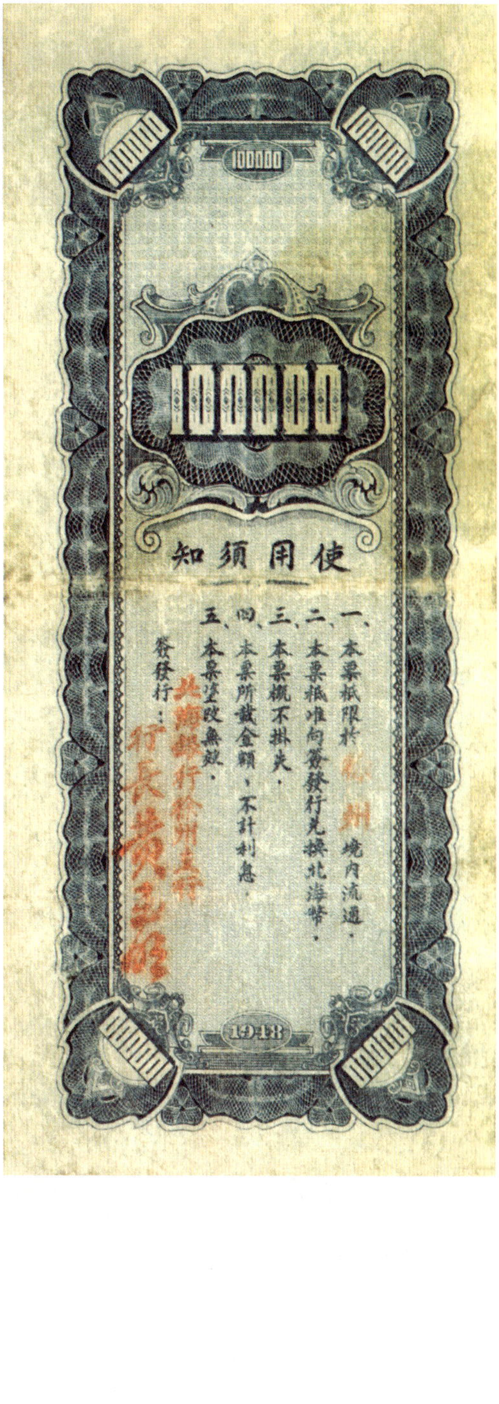

1948 年北海银行本票拾萬圆券

1945 年北海银行胶东版壹百圆券

1944 年北海银行渤海版伍拾圆（票样）券

1945 年北海银行山东版拾圆券

1945 年北海银行山东版伍拾圆券

海币”与“冀南币”1∶1，“北海币”与晋察冀“边币”1∶10。

1948年11月13日，山东北海银行总行颁布《关于山东和华中实施货币统一指示》，规定自即日起，“北海币”在华中各解放区内以1∶1的比值与“华中币”混合流通。15日，华中银行停止发行纸币，并逐渐收回“华中币”，使“北海币”成为山东解放区和华中各解放区的法定货币。

1948年12月1日，华北银行、北海银行、西北农民银行三行合并，成立中国人民银行，并由中国人民银行发行新币（人民币），作为三大解放区的统一货币。人民币发行后，对各个解放区原有的地方币以不同的比价进行收兑，人民币对“北海币”的比价为1∶100，于1949年1月底开始进行回收。

1949年2月，北海银行货币停止发行，11月1日，北海银行改称中国人民银行山东省分行，至此北海银行及其发行的“北海币”完成了它的历史使命。

北海银行印发“北海币”、发放贷款、从事投资，甚至还一度代行国家银行的职能，接管城市官僚资本银行，完成全国货币金融统一，做了许多方面的工作。而它最终取得的成果也是非常显著的，对中国革命事业的发展，尤其是山东革命根据地事业的巩固和发展，作出了巨大的贡献，产生了深远的影响。

北海银行成功迫使伪钞、法币自身膨胀、跌价，最终失去了流通市场，被挤出了根据地，从而保障了根据地的金融经济安全。北海银行采取“物价本位制”的措施，使根据地的“北海币”与物价联系，根据物价水平发行适量的“北海币”，使之成为根据地市场上唯一的本位币，以对抗敌人的经济入侵渗透，最终成功地抵制了日伪货币入侵，稳定了根据地货币金融市场。抗日战争胜利前夕，根据地政府趁机发行大量“北海币”，把突然涨价的伪币从新解放区排挤出去，换回大量物资，从而避免了新解放区人民因伪币贬值而受到经济损失。

北海银行积极利用贷款、投资等经济手段，来拉动根据地经济的恢复和发展。大量的资金在北海银行的运作下，通过贷款、投资等方式不断循环流通，既为根据地的生产、救灾提供了必要的经济保障，又筹措了大量的资金，为战时的民主政权提供了有力的财政支持。为了应对庞大的军事开支，根据地实行烧酒、食盐、花生油专卖，把酒商、盐商、分散出口由敌占区商人等独占的利润转化为政府收入。如 1944 年，从物资高价输出中获得 6000 万元“北海币”，相当于整个根据地税收的 40%。而且，通过统一货币等举措，北海银行在探索中前行，成功地为新中国金融体系的建立培养了大批专业人才，奠定了坚实的基础。

北海银行是新中国金融史上复杂而又波澜壮阔的一段历史，集中反映了红色金融事业的艰辛创建历程和金融前辈伟大的牺牲奉献精神。战争年代，北海银行犹如一座巍峨的丰碑，屹立于齐鲁大地，散发出璀璨的光芒。保留至今的北海银行纸币是传承红色金融优良传统无可替代的教育素材，是弘扬红色金融文化的资源宝库。

（王纪洁）

人民币是我国的法定货币，是国家名片，其设计与印制的水平体现着我国社会经济发展的综合实力，是展现民族文化、深厚人文历史底蕴的重要载体，在我国货币文化历史中占有重要地位。

中华人民共和国成立至今，已经发行了五套人民币，以及不同题材的各种纪念钞，还有曾在中国境内流通、特定场合使用，面额与人民币等值的人民币凭证——外汇券。人民币的主题设计和印制，全面反映了新中国成立以来的国家发展成就，涵盖政治、经济、军事、文化、科技等方面内容，全面展示出新中国成立至今的辉煌历程。随着我国经济实力的增强，人民币流通范围日益扩大，在世界许多国家，都有人民币或流通，或兑换，人民币国际化正在稳慎扎实推进。

第十章

当代人民币，见证辉煌成就

迎接曙光：
成立统一银行、发行统一货币

1948年12月1日，在解放战争的隆隆炮火声中，在胜利曙光即将普照中华大地之际，中国人民银行在河北石家庄正式挂牌成立。从此，这个日子深深地镌刻在每一位金融工作者心中。

七十多年前的12月1日，在千呼万唤、众人翘首祈盼中，第一套人民币首批伍拾圆券、贰拾圆券和拾圆券投放市面，参与流通，我们将这三种面值的券别称为首批人民币。众所周知，印制钞票需要设计、制版、印刷等环节，过程极其烦琐，需要提早准备。那么，首批面世的人民币是谁设计的？在哪里印制的？为什么在那里印制？其中又有哪些曲折动人的故事呢？鲜为人知的是，首批人民币就诞生在革命老区——河北阜平县南峪村。因为人民币的印制，南峪村这个太行山深处普普通通的村落，在红色金融史上留下了浓墨重彩的一笔。

发行统一货币刻不容缓

第一套人民币的发行和解放战争的胜利推进紧密相关。1947年春季，经过一年多的战争，人民解放军取得了一系列重大胜利。随着解放战争的胜利推进，各解放区的不断扩大和巩固，之前的分割状态被打破，各解放区开始连成一片，彼此之间的贸易往来、物资交流日益增多。原来各解放区发行的地方货币已不能适应形势的发展，成立统一的银行、发行统一的货币已迫在眉睫。

而且，人民解放军野战军跨区作战频繁，币制的不统一、货币比价的不固定，也给野战军的跨区作战造成巨大困难，新形势要求各解放区应该尽早统一财政金融。

当时在河北平山主持中央财经工作的董必武，积极推进创建全国统一性的银行和发行统一的钞票工作。早在1947年春天，晋察冀、晋冀鲁豫、陕甘宁和华东等解放区代表就齐聚河北武安县冶陶镇，参加华北财经会议。会议指出，目前财政经济工作的首要任务就是要保障长期战争的军需供给。

华北财经会议场景

1947年4月，中央同意设立华北财经办事处，董必武和南汉宸分别担任正副主任。同年8月，董必武拟定《华北财经办事处组织规程》并上报给中央，其中在第三条华北财办的任务中，第五项就是“筹建中央财政及银行”。不久，该规程即获中央批准。于是，董必武率领华北财经办事处开始酝酿筹建中央银行，并开始考虑新钞票的设计和印制问题。

印制重任花落晋察冀边区印刷局

中共中央对印制人民币非常重视，要求必须提早做好充足的准备工作。华北财经办事处深知新钞票要作为统一货币公开发行，它的质量非常重要。

新钞票在纸张的选择、图案的设计、雕版的印刷方面都须认真考虑。当时各解放区都有印钞厂，选择哪家印钞厂印制比较好呢？华北财经办事处副主任南汉宸通过广泛听取意见，建议指定由晋察冀边区印刷局负责印制完成。因为统观当时各解放区的印刷局，该局的印钞设备是比较好的，它有大量的胶印机，生产规模很大，建立时间较长，印刷和制版经验也丰富，负责印制的晋察冀边区银行“边币”在式样、色彩、质量等方面都很过硬，深受百姓称赞。

晋察冀边区印刷局成立时间较早，在枪林弹雨中发展壮大。1938 年 3 月 20 日，晋察冀边区银行成立并下设有印刷部。6 月，中共中央北方分局与边区政府指示，将银行与印刷部分开，成立“晋察冀边区行政委员会印刷局”，开始发行“边币”。晋察冀边区印刷局的主要任务是印制“边币”和各种有价证券，为壮大和巩固根据地、为抗日战争和解放战争的胜利作出了巨大贡献。

由于当时战火纷飞，环境恶劣，晋察冀边区印刷局辗转河北多个地区。在转移途中，广大干部职工不畏艰险，冒着枪林弹雨，靠肩挑车拉的原始方式运输银行设备，一些指战员、干部职工为保卫公家资产献出了宝贵的生命。1946 年 6 月，全面内战爆发，为保存技术力量，确保生产任务，支援解放战争，自 9 月下旬开始，印刷总局人员分三批从张家口撤离到 800 里外的老根据地冀西阜平。经过三个月的长途跋涉，12 月下旬顺利抵达阜平县城东南 20 余里的南峪村。迁址到南峪村后，为安全和保密之需，印刷局对外称为“新大公司”，王文焕任局长。

因为未来印制人民币在技术、组织、物资供应、交通运输等方面的诸多问题都要提前谋划，及早落实与安排，否则，在一个环节上出现细小纰漏，都会给统一的财政金融，乃至解放战争带来巨大的损失。尽管南汉宸向董必武就晋察冀边区印刷局的详细情况作了汇报，但考虑到事关重大，董必武决定亲自到印刷局实地考察，否则心里不踏实。1947 年 9 月，董必武在南汉宸的陪同下，来到位于阜平南峪村的晋察冀边区印刷局。他们一行首先听取局长王文焕的工作汇报，然后走访每一个角落，详细了解该局的造纸、印刷设备、票版设计、制版技术、生产能力及生产完成情况等，为新币的印制做好充分调研准备。特别是在制版和胶印车间，他们看得非常认真，细心查看车间工人的每一步操作，并且当场向工人提出了各种问题。第二天，召开了由王文焕主持的职工大会，在会上董必武热情洋溢地鼓励印刷局全体干部职工要努力工作，支援解放战争。董必武和南汉宸的这次视察，鼓舞了印刷局职工的斗志，对设计人民币的票版、保质保量完成生产任务，起到了很大的推动作用。通过这次视察，董必武对印制新中国的中央银行货币的统一钞票有了更进一步的设想，对钞票的印制也有了更大的信心。

图案设计，几易其稿

1947 年 10 月 2 日，因印钞需要，董必武致电中央拟定银行的名称为“中国人民银行”，8 日，中共中央回电同意使用“中国人民银行”作为中央银行的名称。遵照党中央指示，董必武主持完成“中国人民银行筹备处”的准备工作，由南汉宸任主任，同时从晋察冀边区银行、山东根据地等征调经验丰富的人员。筹备处的主要工作任务就是酝酿筹建中央银行，收集各解放区货币发行政策、发行指数、物价指数，确定各货币比价，并考虑新货币的票样设计和印制问题。董必武与南汉宸共同商定了新币的几种版面、主要面值及设计图案的准备、制版选样、选定纸张等问题。因为董必武的柳体楷书写得潇洒漂亮，于是南汉宸邀请他题写钞票上的“中国人民银行”六字行名、面值数字，以及“中华民国三十七年”等字样。董必武欣然接受，然后按照中国人的文化传统，沐浴更衣，庄重神圣地完成了文字书写。

晋察冀边区印刷局接到印制人民币的任务后，非常重视。局长王文焕负责组织，经验丰富的票版设计师王益久和沈乃镛负责人民币各种版别的票面设计，其中王益久设计正面，沈乃镛设计背面。两人配合默契，相得益彰，是当年各解放区印制部门艺术水平最高的票版设计师。尤其是王益久，艺术水平非常高超，他 1945 年参加工作，原供职于“蒙疆新闻社”，曾先后参与设计晋察冀边区银行纸币、冀热辽版“边币”、中州农民银行纸币、西北农民银行纸币等。沈乃镛，1946 年参加工作，原在中央印制厂北平厂。新中国成立之后，王益久和沈乃镛作为中国人民银行第一印制局的主要设计师，先后参与了第二套、第三套人民币图案的设计。两位设计师接到任务后，便紧锣密鼓地工作起来，设计工作是在一间农民的土屋里进行，当时设计用的照片

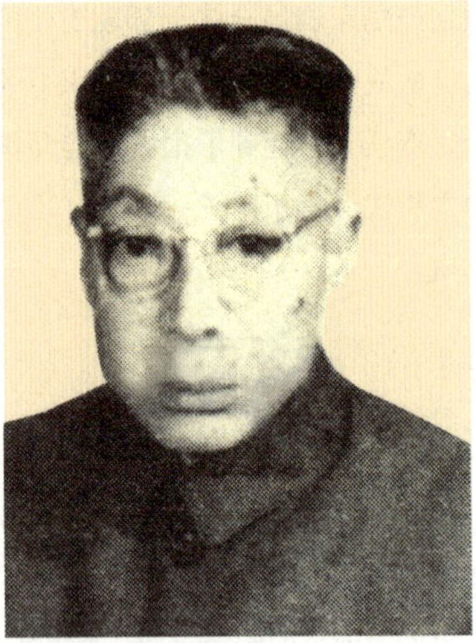

人民币设计师王益久

人民币设计师沈乃镛

是一个同志在板凳上完成的，另一个人负责打样。他们不分昼夜地工作，而且还要随时提高警惕，严防敌人的轰炸，一听到警报声，就赶紧带着工具躲进防空洞，设计工作就这样艰难地推进着，终于设计出票样画稿。

1947年11月，晋察冀边区印刷局将设计出的几种版别的票样画稿送到南汉宸处，并呈董必武审定。董必武立即电报党中央。当时毛泽东正在转战陕北的途中，当得知票样上印有他的头像后，致电董必武，表示不同意这样做。他说，票子是政府发行的，不是党发行的。现在，我是党的主席，而不是政府的主席，因此票子上不能印我的像。综合中央和各方意见，董必武最后指出，既然银行是人民银行，那钞票设计要体现人民性质，票券图景要反映解放区工农业生产的情景，正面和背面，除必要外，一律用中文，不用英文，花边也要朴素大方，现有票券需重新设计。而后，南汉宸派人到印刷局传达中央及董必武的指示，同时，将董必武为中国人民银行题写的行名、面值大写文字及纪年文字一并送来。该字为柳体楷书，文字书写得端庄秀丽，美观大方。

为贯彻落实指示精神，王文焕立即召集设计人员重新开始人民币票券

董必武书写的“中国人民银行”行名

的设计修改工作。王益久和沈乃镛新设计出的拾圆券正面图案为水车灌溉和矿厂；贰拾圆券正面图案为农夫与驮驴和火车站；伍拾圆券正面图案为毛驴水车和矿山工厂，都是反映工农业生产的。同时，晋察冀边区政府财政处也派人准备印钞用纸及油墨等材料，先后在冀中、山东等地征调大批模造纸和道林纸，为人民币的生产准备了丰厚的物质基础。

石家庄解放以后，晋冀鲁豫和晋察冀边区合并，组成华北人民政府，董必武任主席。同时，冀南银行和晋察冀边区银行合并组成华北银行，南汉宸任总经理。1948 年 9 月，董必武主持召开华北财经委员会第一次会议，会议决定：“人民银行券定于明年 1 月 1 日发行。今年三个月为准备阶段。在印刷上力求精美，防止造假。由南（汉宸）起草一个关于发行人民银行券指示，内容着重号召人民予以支持，注意稳定物价金融，避免波动，防止假票，与蒋币斗争等。”

加班加点，赶印新币

1948 年 10 月 3 日，中共中央发出关于印刷新币通知：“决定中国人民银行新币……委托华北、华东印刷十元、五十元、一百元新币，尽可能于年前完成五十亿元，印刷必须力求精细，应由人民银行派员负责检查票版、票纸，切勿粗制滥造，以防假票流行。”此时，晋察冀边区印刷局已改名为华北银行第一印刷局，局长是贺晓初。按照华北银行总经理南汉宸的指示，为保证新币的如期发行和其他印刷分局转印新币工作，第一印刷局的广大干部职工全力以赴地投入赶制印版和印制人民币的工作当中。

印制首批人民币，任务光荣，责任巨大！为圆满完成任务，第一印刷局的工人夜以继日地忘我工作。纸张是派人扛着翻山越岭运到的，煤也是从河对岸涉水背来的，各种材料都是就地取材，此时，又恰巧碰上连阴雨天气，房间积水严重，工人们就赤脚站在水里干活。因为漏雨，局里还专门安排工人打着雨伞遮挡机器和印钞纸。

首批人民币就是在如此艰苦的条件下印制的！因为印刷工序繁多，工人挥汗如雨。由于阴雨潮湿，不分昼夜，不少工人累得病倒，但他们拿出了在战场上拼搏的精神，做到轻伤不下火线，始终以饱满的精神状态工作在一台台印刷机前，以汗水为墨，靠着一双双勤劳的手，印出一张张色彩斑斓的人民币。看到一张张崭新的钞票，闻着一股股油墨的清香，工人们激动万分，百感交集。

对于印刷工人来说，有的时候不仅需要承担本职的印刷任务，还需要担任一份“审核”的角色。他们要仔细检查，以免出现了问题却没能及时发现。否则，一旦出现纰漏，导致票券上有瑕疵，抛去中途耗费的纸张和时间成本不谈，还会对后期的发行流通产生极大的影响。正是因为有了印刷工人的辛苦付出，才有了我们今天在博物馆展厅里看到的这一张张充满故事的人民币；正是因为有了印刷工人的挑灯夜战，才保证了人民币的如期发行和其他印刷分局转印人民币工作的有序推进。

华北银行第一印刷局印制的首批新币券别，有拾圆、贰拾圆、伍拾圆 3 种面值，均为横式。拾圆券，票幅尺寸为 121 毫米 ×63 毫米，正面主色调为浅绿 / 深绿，背面图案为花符，背面主色调为蓝 / 绿，石印四色印刷。贰拾圆券，票幅尺寸为 121 毫米 ×64 毫米，正面主色调为蓝 / 绿 / 咖，背面图案为花符，背面主色调为紫 / 红，胶印四色印刷。伍拾圆券，票幅尺寸为 133 毫米 ×69 毫米，正面主色调为浅蓝 / 红 / 黑，背面图案为花符，背面主色调为黄 / 棕，胶印五色印刷。票券正面下端加盖“总经理章”“副经理章”小形方章，红色，篆书，边长尺寸为 8 毫米。因为是战时货币，年号采用了公元纪年和民国纪年两种方式，正面印有“中华民国三十七年”字样，背面印有“1948”字样。

首批人民币刚刚印出，董必武立即将票样送到党中央驻地——西柏坡，面交毛泽东审阅。这一张张散发出淡淡油墨香气的钞票，是人民政权自己的统一货币，由我们独立设计和印制，看着手中崭新的钞票，两位革命家心中感慨万千！

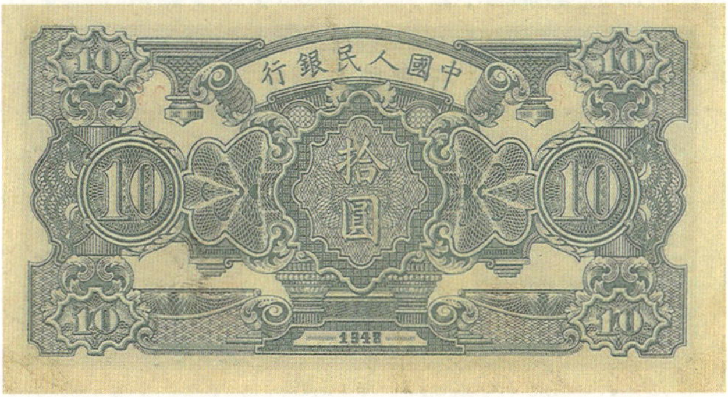

1948年第一套人民币拾圆券正背面

1948年第一套人民币贰拾圆券正背面

1948 年第一套人民币伍拾圆券正背面

首批人民币，正式面世

1948 年 12 月 1 日，历史揭开了富有历史意义的一页。这一天，中国人民银行在石家庄市中华大街正式挂牌成立。同一天，华北人民政府发布“金”字第四号布告，“……于本年 12 月 1 日起，发行中国人民银行钞票，定为华北、华东、西北三区的本位货币，统一流通。所有公私款项收付及一切交易，均以新币为本位币……旧币收回之前，旧币与新币固定比价，照旧流通，不得拒用”。

中国人民银行也于当日在《人民日报》上刊登《中国人民银行通告》（“发”字第一号），对外公布了首批人民币拾圆券、贰拾圆券、伍拾圆券的主题图案、设计风格、尺寸、颜色和版别特征等详细情况。

12月1日上午10时左右，令人激动的时刻终于到来，第一套人民币首批伍拾圆券在河北省平山县正式对外发行。接着，中国人民银行又在石家庄市场投放贰拾圆券、拾圆券两种。当时石家庄市的街头巷尾，人民群众手里拿着印刷精美的人民币，兴高采烈地议论纷纷，“这可快了，全国快解放了”。

为了使这批新币顺利发行，得到百姓的认可，石家庄市的国有商店和贸易公司准备了充足的货物，品种多样，各种商品琳琅满目，便于百姓拣选和购买。当天晚上，中国人民银行总经理南汉宸在石家庄花园饭店设宴庆祝，并发表讲话，他说：“人民政府不但对人民银行新币负责，而且对一切解放区银行过去发行的地方货币负责。将来我们收回地方货币的时候，一定按照现在所规定的比价收兑，兑到最

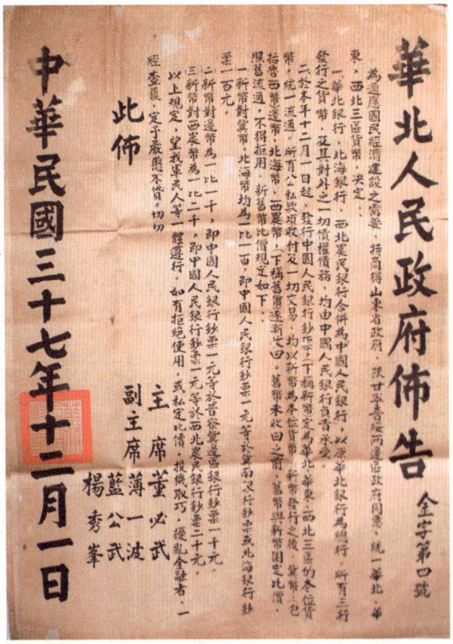

華北人民政府佈告

金字第四號

為適應國民經濟建設之需要，特商得山東省政府，陝甘寧晉綏兩邊區政府同意，統一華北、華東、西北三區貨幣，決定：

一、華北銀行、北海銀行、西北農民銀行合併為中國人民銀行，以原華北銀行為總行，所有三行發行之貨幣，及其對外之一切債權債務，均由中國人民銀行負責承受。

二、於本年十二月一日起，發行中國人民銀行鈔票（下稱新幣），定為華北、華東、西北三區的本位貨幣，統一流通。所有公私款項收付及一切交易，均以新幣為本位貨幣。新幣發行之後，冀幣（包括魯西幣）、邊幣、北海幣、西農幣（下稱舊幣）逐漸收回。舊幣未收回之前，舊幣與新幣固定比價，照舊流通，不得拒用。新舊幣比價規定如下：

（一）新幣對冀幣、北海幣均為一比一百，即中國人民銀行鈔票一元等於冀南銀行鈔票或北海銀行鈔票一百元。

（二）新幣對邊幣為一比一千，即中國人民銀行鈔票一元等於晉察冀邊區銀行鈔票一千元。

（三）新幣對西農幣為一比二千，即中國人民銀行鈔票一元等於西北農民銀行鈔票二千元。

以上規定，望我軍民人等一體遵行。如有拒絕使用，或私定比價，投機取巧，擾亂金融者，一經查獲，定予嚴懲不貸。切切

此佈

主席 董必武

副主席 薄一波 藍公武 楊秀峯

中華民國三十七年十二月一日

华北人民政府发布“金”字第四号布告

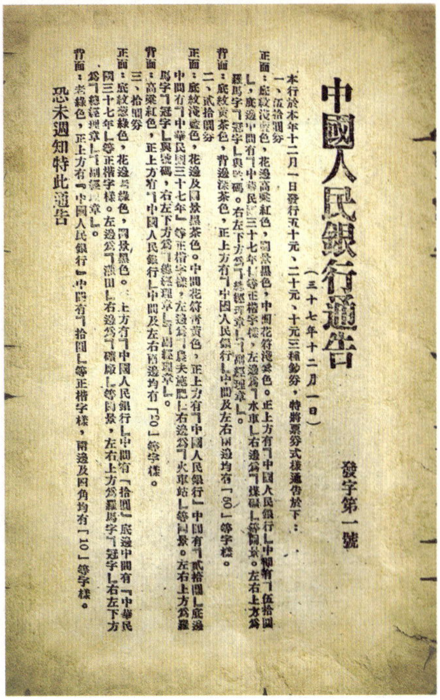

中國人民銀行通告

（三十七年十二月一日）

發字第一號

本行於本年十二月一日發行五十元、二十元、十元三種鈔券，特將票券式樣通告於下：

一、伍拾圓券

正面：底紋淺橙色，花邊高粱紅色，圖景黑色，中間花符淺紫色。正上方有「中國人民銀行」中間有「伍拾圓」，底邊中間有「中華民國三十七年」等正楷字樣，左邊為「水車」右邊為「煤礦」等圖景。左右上方為羅馬字「冠字」與號碼。右左下方為「總經理章」「副經理章」。

背面：底紋黃茶色，背邊深茶色，正上方有「中國人民銀行」中間及左右兩邊均有「50」等字樣。

二、貳拾圓券

正面：底紋淺藍色，花邊及圖景黑茶色。中間花符青黃色，正上方有「中國人民銀行」中間有「貳拾圓」底邊中間有「中華民國三十七年」等正楷字樣，左邊為「農夫施肥」右邊為「火車站」等圖景。左右上方為羅馬字「冠字」與號碼，右左下方為「總經理章」「副經理章」。

背面：高粱紅色，正上方有「中國人民銀行」中間及左右兩邊均有「20」等字樣。

三、拾圓券

正面：底紋淡綠色，花邊墨綠色，圖景黑色。正上方有「中國人民銀行」中間有「拾圓」底邊中間有「中華民國三十七年」等正楷字樣。左邊為「灌田」右邊為「礦廠」等圖景，左右上方為羅馬字「冠字」右左下方為「總經理章」「副經理章」。

背面：老綠色，正上方有「中國人民銀行」中間有「拾圓」等正楷字樣，兩邊及四角均有「10」等字樣。

恐未週知特此通告

《中国人民银行通告》“发”字第一号

后一张为止。”首批人民币面世之后，《人民日报》等报刊分别发表社论，以及相关文章，充分发挥舆论阵地的喉舌作用。

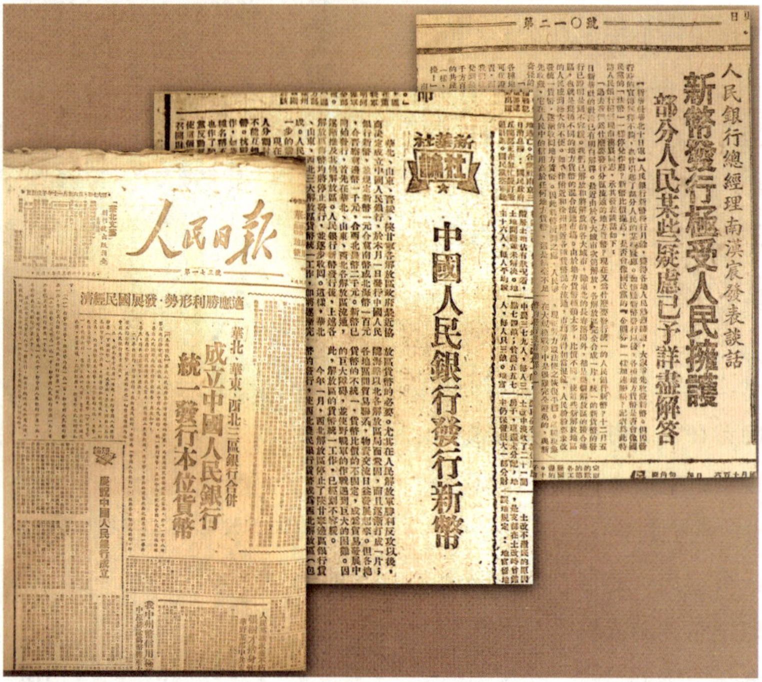

关于新币发行的各类媒体宣传报道

加大人民币发行的宣传力度

为了保证首批人民币顺利投放市场，流通顺畅，巩固信用，中国人民银行做了大量工作。首先，在内部统一思想，提高政治觉悟，积极在各分支机构内部进行教育，让所有人员认识到发行新币的重要性与必要性，提高工作效率，要求出纳人员仔细观摩新币票样，掌握其版式特征。其次，动员组织一切力量，通过开会、黑板报、广播等多种方式，向百姓广泛宣传，说明新币发行的意义，以及各券别的特点，号召人们积极使用人民币、爱护人民币。宣传重点先在城镇，然后再有序地扩展到广大乡村，甚至普及到田间地头。为了加大宣传力度，南汉宸要求各分行都要组建宣传队，并将宣传内容编成快板《大家爱护人民券》，走到街上反复吟唱，“诸位同胞和姐妹，听我谈谈人民券，从前咱们解放区，花的票子好几类……为了群众的便利，为了适应新形势，为了发展新经济，为了好好闹生产，为了市场的交易，共同提出好办法，颁发布告做决议，三个银行合并了，统一发行新货币，12月1日开始花，名叫中国人民券，到处使用没困难……人民票子真宝贵，工人农民和商店，机关学校和部队，生产运输做生意，一切开支和军费，拿上中国人民券，到处好花又随便，这样说来实在好，真是人民的货币。大家爱护新票子，大家爱护人民券”。

为了稳定物价，中国人民银行广大干部职工充分做好准备，向广大公私企业介绍人民币的发行背景，阐明新旧币的比价，准予旧币仍可以流通，并着力反复说明对旧币进行有计划的回收，严防群众因误解而出现拒用新币的现象。为了保证人民币合理发放，要求各分行在发放地区和发放对象上要认真考量，可以在重点地区率先投放，先拨给国营商店和合作社，在方式上新旧币可以搭配发出。此外，中国人民银行总行还要求各分行随时注意收集百姓对新币流通的反馈意见，做好详细记录。并且规定，新币发行后，各行应每半月上报总行一次发行与流通情况，便于总行随时调整发放模式。

新旧币固定比价流通

首批人民币发行后，市面上还同时有冀南银行、北海银行、中州农民银行、晋察冀边区银行、西北农民银行、华中银行等发行的纸币，以及陕甘宁贸易公司流通券等旧币。针对这种情况，华北人民政府规定，旧币在未收回之前，按照新旧币的固定比价互相流通。

例如，中国人民银行钞票1元等于冀钞或“北海币”100元、“边币”1000元、“西农币”或陕甘宁贸易公司流通券2000元。新币发行后，旧币即刻停止发行并逐步收回。在旧币未收回前，仍按照固定比价照旧流通。这种方式，一方面可以消除多种货币混合流通的复杂局面，从而减少货币收付携带运输过程中的烦琐；另一方面易于防止假票，并改变对国民党政权金圆券比值的不利形势。这对于今后发展社会经济、支援解放战争提供了有利的条件。

随着解放战争的胜利推进，在敲锣打鼓的喜庆气氛中，人民币开始在解放区广泛流通。沈阳、天津、北平等大城市相继解放后，人民币的印制工作开始由农村转入城市。中国人民银行接收接管旧金融机构后，迅速利用国民党政权遗留下来的印钞设备大量赶印人民币。据统计，1949 年以前，印制第一套人民币的有东北银行工业处所属佳木斯印刷厂、沈阳造币厂、华北银行第一印刷局、华北银行第二印刷局、华北银行第三印刷局、苏北印钞厂等。1949 年之后，又包括京、津、沪印钞厂，汉口、重庆印钞厂以及上海、北京的委托印刷协作厂等共 21 个印刷厂。

人民币的发行，与之前各解放区的各种货币一样，并不是以金、银为发行基金，而是以粮食、布匹、棉花以及其他生产和生活必需品为发行基金。中国人民银行钞票的发行，使各解放区的货币逐步得到统一，从此各解放区在财政金融上连为一体，加强了对敌经济斗争的力量，加速了国民党政权经济的崩溃和统治的瓦解，为新中国的成立打下了坚实的物质基础。

（王纪洁）

埋头苦干：
第一套人民币上的最美劳动者

众所周知，纸币是一个国家的名片，票面上印刷的图案主要有国家元首、历史名人、文化科技以及风景胜地等几大类。我国第一套到第五套人民币的设计图案反映了不同历史时期的社会经济发展水平与文化现状。

第一套人民币因采取很多地区分散设计、制版、印刷和分地区发行的办法，图案内容极其繁杂。其设计思想是以解放区的农业、工业、畜牧业、交通、运输等行业的典型实例为图样。

第一套人民币上面的图案比较真实地反映了当时中国工农业生产力发展的状况，以及广大人民群众为建设家园努力辛勤耕耘、艰苦奋斗的场景。

辛勤劳动自古以来就是中华民族的传统美德。今天，就让我们一同欣赏一下那些印制在第一套人民币不同面额上的工农业劳动场景。在一张张纸币上寻找当时劳动者的身影，窥见他们的平凡与勤劳，解读他们的创造与智慧，一起讴歌那些默默无闻的新中国最美建设者！

经过细细分类、概况总结，统观第一套人民币表现工农畜牧业生产劳动场景的图案，表现题材大致有四类：

一是表现农业生产的劳动场景。我国是一个传统的农耕社会，一直以种植粮食为中心，同时开展多种经营，这是我国传统农业生产结构的主要形式。农业文化决定着中华民族的生存方式，同时也产生了中华民族的传统文化。农业是满足人们衣食住行的物质基础，历代出土文物中都有反映古代农业生产的各种资料，如各种农事活动画面等。这类题材在第一套人民币上展现得最多。

1949年7月发行的水牛、马车、犁头图伍圆券。票幅尺寸为127毫米×60毫米。正面主色为蓝，背面主色为深棕。正面左侧摆放一农具犁头；中间表现的是农民收割场景，一人驱赶着装满谷物的马车，一人在弯腰收割农作物；右侧是一头水牛，头朝左，似低头吃草状。水牛、马车、犁头表现的是农民最原始的耕作方式，这是我国传统农耕精神的直接体现。

1949年2月发行的耕田、锯木图拾圆券。票幅尺寸为122毫米×65毫米。正面主色为黄/粉，背面主色为茶。正面图案由两幅场景图构成，左侧场景描绘的是稻田旁边，几名木工正在忙着切割木头，还有一些农民则在背后的田地中忙着插秧；右侧场景展现的是一农民赶着一头水牛正在犁田。票面为我们描绘出当时解放区一幅安宁祥和的农村劳作景象。土地改革后，农民的生产积极性迅速提高，翻身农民获得了土地后，以极大的热情投入农业生产，扩大耕地面积、增添牲畜农具，农村经济面貌迅速得到改善，保证了解放战争时期的军事后勤供应。

1949年9月发行的打场图贰拾圆券。票幅尺寸为120毫米×62毫米。正面主色为深蓝/浅蓝，背面主色为深蓝。正面表现的是农民打场景象。图案描绘了秋收后，几位农民正在将收割下来带壳的粮食平摊在场院里，用磙子脱去外壳，表现了农民翻身得解放、当家作主，喜获粮食丰产丰收。

1949年12月发行的施肥、火车站图贰拾圆券。票幅尺寸为121毫米×64毫米。正面主色为深绿/咖啡，背面主色为紫/红。正面图案分别是施肥和火车站。左侧是一名农民，头戴斗笠，左右手各牵引着一匹牲畜（驴），牲畜（驴）驮着盛满农肥的竹篮。

1949年11月发行的运输图壹佰圆券。票幅尺寸为132毫米×68毫米。正面主色为深黄/栗茶/黑，背面主色为蓝/绿。正面图案是驮运，以及农民翻地。驮运队呈竖列，每人各牵引一匹马，马背两侧驮着沉重的物资。票面右侧，有几位农民正在有力地举起镐头，充满干劲地翻地。

1949年10月发行的割稻图贰佰圆券。票幅尺寸为130毫米×70毫米。正面主色为黑/蓝，背面主色为黑/灰。正面图案描绘的是在宽广的天地间，稻谷长势良好，劳动人民正在收割稻子，场景由远及近，远处有7位农民，近处有2位农民正在弯腰割稻。该画面人物线条清晰，姿态逼真，动作到位，

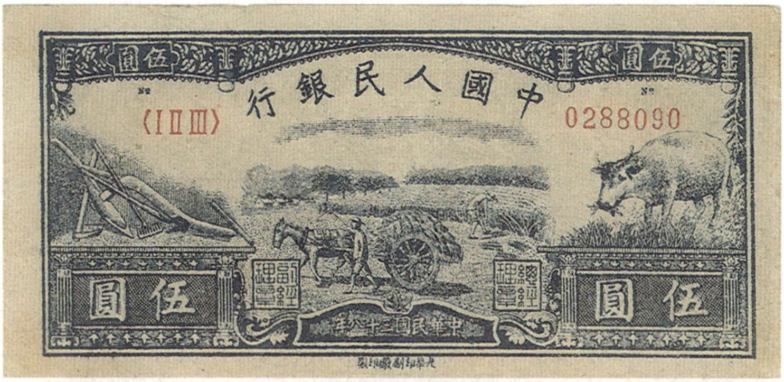

1949年中国人民银行伍圆券（正面，水牛、马车、犁头图）

1949年中国人民银行拾圆券（正面，耕田、锯木图）

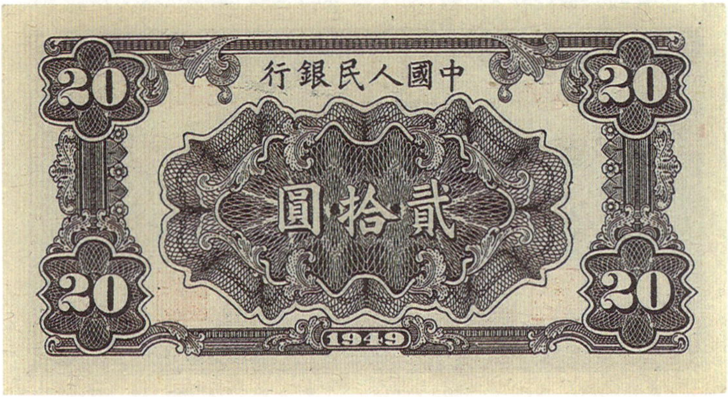

1949年中国人民银行贰拾圆券（正面，打场图）

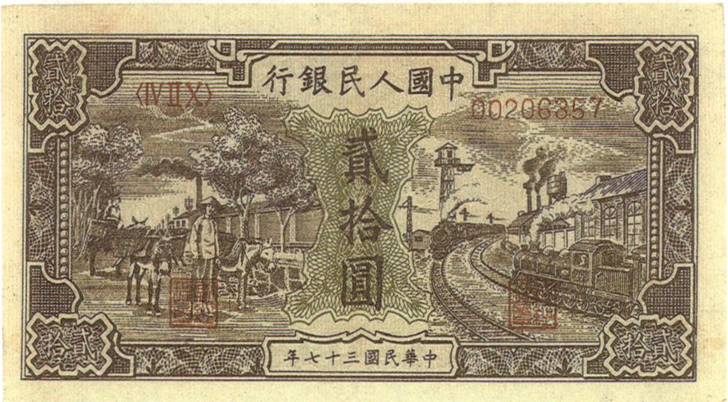

1948年中国人民银行贰拾圆券（正面，施肥、火车站图）

1949年中国人民银行壹佰圆券（正面，运输图）

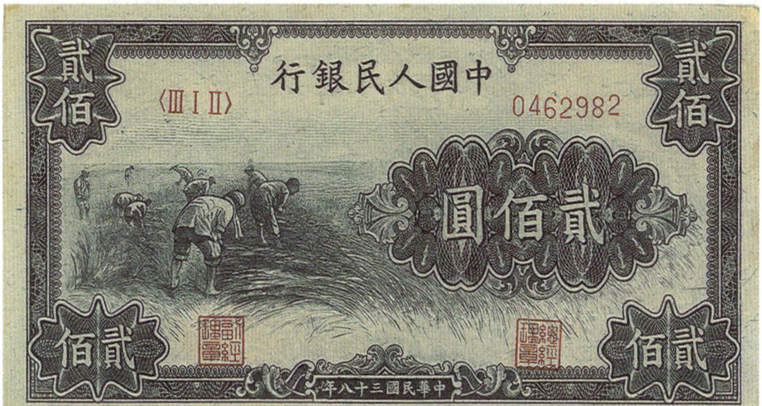

1949年中国人民银行贰佰圆券（正面，割稻图）

为我们描绘出一幅“锄禾日当午，汗滴禾下土”的劳动场面。

1949年9月发行的田野扛锄图伍佰圆券。票幅尺寸为133毫米 ×70毫米。正面主色为深茶，背面主色为蓝/绿。正面左侧图案是一幅农村田野风光画面，夕阳西下，一个农民肩扛锄头，迈着轻松的步伐，走在田埂上。右侧图案是小桥、流水、树木、农舍，画面静美淳朴，表现出辛勤劳作后一派舒适祥和的田园景象。

1951年4月发行的种地图伍佰圆券。票幅尺寸为134毫米 ×69毫米。正面主色为绿/紫/黑/酱红，背面主色为咖啡。正面图案展示的是农民在田地里种地的场景，第一人挽着裤腿，牵着一匹马，第二人在马后，手中扶着农具，第三人牵马紧跟。一盛水的木桶放在田垄上。

1949年10月发行的秋收图壹仟圆券。票幅尺寸为134毫米 ×70毫米。正面主色为浅蓝/浅黄，背面主色为绿。正面图案展现的是秋季，粮食丰收，农民收获粮食的喜悦之情。一农民赶着马车，马车上装载着刚刚收获的农作物，不远处，几个农民还在弯腰收割。远处，农作物生长茂密、长势良好。

1950年1月发行的耕地机图伍仟圆券。票幅尺寸为140毫米 ×75毫米。正面主色为浅蓝/葱绿/黑蓝，背面主色为油绿。正面图案是在广袤的田野上，一台耕地机在行驶，司机端坐，目视前方，远处有高矮不同的树木。

1950年1月发行的双马耕田壹萬圆券。票幅尺寸为140毫米 ×75毫米。正面主色为黄/深棕，背面主色为深棕/棕。正面图案是双马耕地，背面图案为牧童放牛羊。一年之计在于春，“春耕”，对世代以土地为生的农民来讲，是非常重要的。这幅双马耕田图，描绘的是在晴空万里的春日，农民们赶着马，开垦土地和播种。整个画面展示出农民在耕作中不畏艰辛的欢欣喜悦，勤劳勇敢的道德品质。

1953年12月发行的新华门伍萬圆券。票面尺寸为140毫米 ×75毫米。正面主色为蓝黑/红绿，背面主色为深绿。正面图案是雄伟的新华门。背面图案是履带拖拉机，画面上，麦浪由近及远，延伸至远方的工厂和天空，中间拖拉机上的几位驾驶员姿态各异。整个图案展现了新中国成立后人们秋收时喜悦祥和、充满干劲的一幕。

1949年中国人民银行伍佰圆券（正面，田野扛锄图）

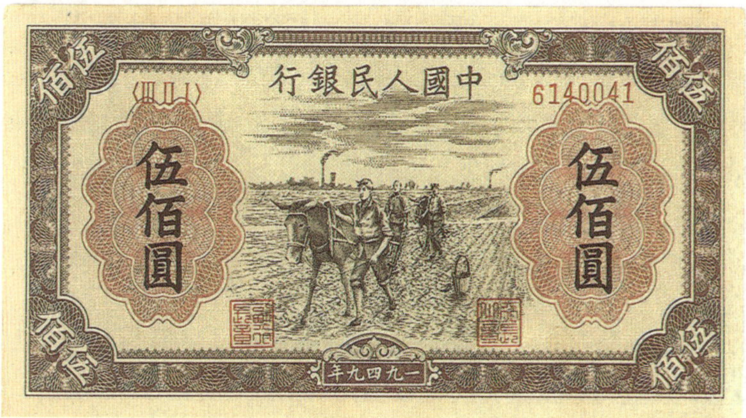

1949年中国人民银行伍佰圆券（正面，种地图）

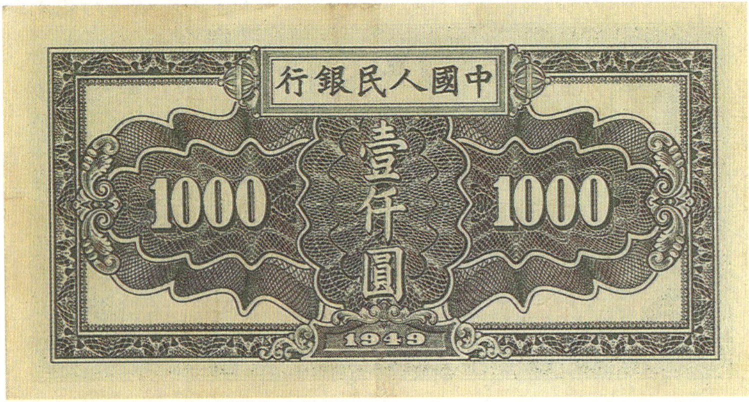

1949年中国人民银行壹仟圆券（正面，秋收图）

1949年中国人民银行伍仟圆券（正面，耕地机图）

1949年中国人民银行壹萬圆券（正面，双马耕田图；背面，牧童放牛羊图）

1950年中国人民银行伍萬圆券（正面，新华门图；背面，履带拖拉机图）

二是表现工业生产劳动的各类名场面。新中国成立初期，在几乎一穷二白的基础上，为尽快实现社会主义工业化，建立起门类齐全的现代工业体系，我国重点发展钢铁工业、纺织业等，这些行业建设得到中央政府的高度重视。这些工业生产场面也成为人民币票面表现的重要内容，这类题材在第一套人民币上占了很大比例。

1949 年 8 月发行的经纱图伍圆券。票幅尺寸为 116 毫米 ×56 毫米。正面主色为黄 / 棕，背面主色为茶。正面图案为两个纺织妇女在车间作业。纺织工业是中国最大的传统产业，担负着实现人民丰衣足食的历史使命。新中国成立后，国家高度重视纺织工业发展，独立自主、自力更生，初步建立起了完整的纺织工业体系。这些来自一线岗位的纺织女工，或是劳动模范，或是操作能手，她们认真、踏实和精益求精，在平凡的工作岗位上做出了不平凡的成绩，赢得了人们由衷的敬意，她们不愧为纺织工人的杰出代表。

1949 年 2 月发行的推车图贰拾圆券。票幅尺寸为 120 毫米 ×64 毫米。正面主色为绿 / 蓝 / 咖啡，背面主色为灰 / 绿。正面图案表现的是推车场景，在矿山厂区，两名工人正在齐心合力地推车，远处有厂房和烟囱。

1949 年 10 月发行的压道机图伍拾圆券。票幅尺寸为 133 毫米 ×70 毫米。正面主色为浅蓝 / 绿灰，背面主色为紫 / 灰。正面左侧边框有手拿铁锤的工人、手拿秧苗的农民。右侧有一台正处于工作状态的压道机，前面端坐着一名驾驶员，手握方向盘，神情非常专注。后面的工人探出身子，仔细观察着前方的道路。远处，是高大的烟囱和林立的厂房，压道机在轰鸣中不断前行，压过的路面一片平坦。压道机是当时比较先进的一个工程机械，人们把能当一名压道机驾驶员看作很了不起的事情，尤其是驾驶压道机参与国家的各项建设，更是一件光荣的事情。这张钞票为我们描绘了一幅新中国如火如荼的建设图景，体现了人们积极建设家园，辛勤劳作的奋斗精神！

1949 年 9 月发行的钢铁厂图贰佰圆券。票幅尺寸为 134 毫米 ×70 毫米。正面主色为黄 / 蓝 / 咖啡，背面主色为橘黄 / 深棕。正面展示两名炼钢工人在炼钢炉前坚守，在高温高压环境下，为完成作业，没有一丝抱怨。

1949 年 10 月发行的起重机伍佰圆券。票幅尺寸为 143 毫米 ×70 毫米。正面主色为浅咖，背面主色为灰 / 黑。正面图案展现的是几名工人在起重机下

1949年中国人民银行伍圆券（正面，经纱图）

1949年中国人民银行贰拾圆券（正面，推车图）

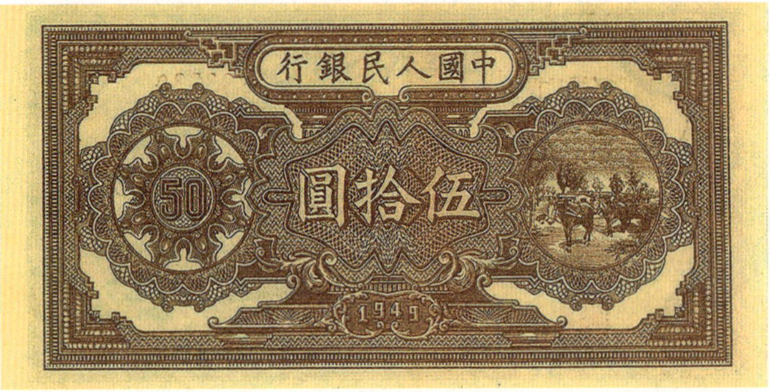

1949年中国人民银行伍拾圆券（正面，压道机图）

1949年中国人民银行贰佰圆券（正面，钢铁厂图）

1949年中国人民银行伍佰圆券（正面，起重机图）

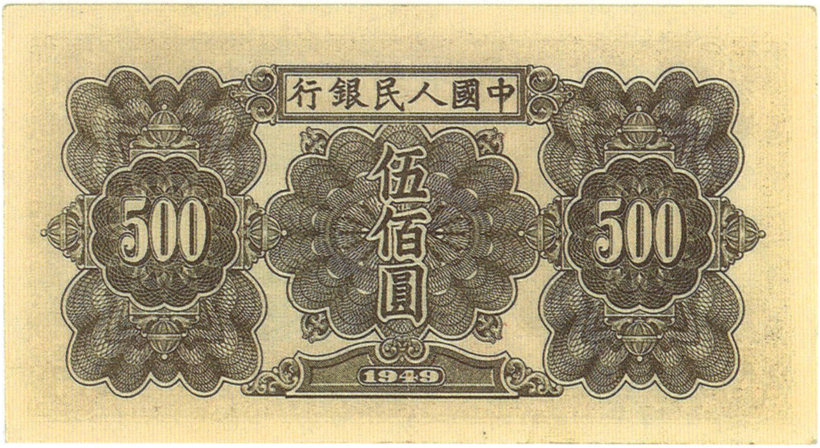

作业的场景。

三是农业生产和工业生产情景在同一票面上联合展示。

1949年10月前后，各级人民政府领导人民大力恢复和发展生产，引导农民互助合作，合作共赢。在城市、工矿企业进行了民主改革和生产改革，对恢复和发展生产起了重要作用。这类表现工农业生产建设的场景在第一套人民币上也有不少。

1949年1月发行的工人和农民图壹圆券。票幅尺寸为113毫米 ×54毫米。正面主色为蓝/粉，背面主色为浅咖啡。正面主景为工人和农民。在空旷的大地上，一名工人肩扛铁锤在前面大步行进，一肩扛锄头的农民紧随其后，远处有低矮的厂房和正喷出滚滚浓烟的大烟囱。二人面露喜悦之情，神采奕奕。

1948 年 12 月发行的灌田矿井图拾圆券。票幅尺寸为 121 毫米 ×63 毫米。正面主色为浅绿 / 深绿，背面主色为蓝 / 绿。正面图案为灌田矿山。其中左侧为两位农民正在灌田的场景，一人弯腰正在从井中抽水灌田，另一人直立注视。

1949 年 8 月发行的工人和农民像拾圆券。票幅尺寸为 121×64 毫米。正面主色为浅绿 / 深绿，背面主色为蓝 / 黑。正面图案为工人和农民，两人并排而立，农民在右侧，头戴斗笠，肩扛锄头；工人在左侧，头戴典型的工作帽，身着背带工装，肩扛铁锤。在 1950 年发行的伍拾圆券中，这幅工人和农民像再次出现，只是采用不同的颜色与装饰图案以示区别。

1949 年 1 月发行的耙地、工厂图壹佰圆券。票幅尺寸为 132 毫米 ×69 毫米。正面主色为蓝 / 黄 / 红 / 黑，背面主色为浅赭。正面左侧图案是耙地场景，右侧图案是工厂厂区。耙地图案表现的是在田野上，一位农民在前面牵着肥硕的耕牛，另一位农民在后面扶着犁耙。二人正在疏松土地，借以提高播种的土地质量。

1949 年 12 月发行的推车图壹仟圆券。票幅尺寸为 135 毫米 ×70 毫米。正面主色为浅蓝 / 紫，背面主色为浅蓝。正面左侧展现的是一幅矿区工人奋力推车的场景；右侧是一位农民手持犁耙在耕地。

1950 年 1 月发行的拖拉机和工厂图伍仟圆券。票幅尺寸为 140 毫米 ×75 毫米。正面主色为深茶，背面主色为黄 / 茶绿。正面左侧图案是三台依次行驶的拖拉机，三位拖拉机手分别坐在上面，正在农田里辛勤地劳作。右侧图案是工厂，浓烟从高耸的烟囱里滚滚而出。

1953 年发行的收割机图伍萬圆券。票幅尺寸为 140 毫米 ×75 毫米。正面主色为红 / 紫 / 绿；背面主色为深棕。正面图案为收割机。蓝天白云下，在广阔的麦田中，一台收割机正在辛劳作业，司机严肃驾驶，一人站在收割机左侧，紧盯着收割。画面构图很好地处理了空间关系，近处的麦田，远处的地平线，以及富有层次感的天空，渲染出收割机的轰鸣。背面图案为古法酿酒场景，画面具有非常强烈的时代感，有层次地表现远、中、近不同的工匠热火朝天的生产景象，在酒坊的烟雾弥漫中，塑造了一组敦实的酿酒工匠群像。

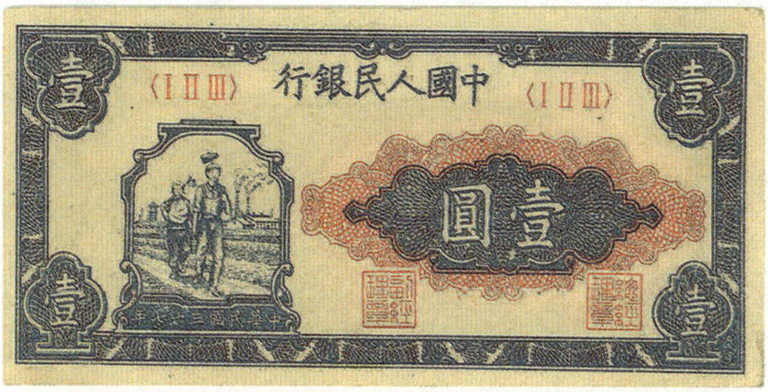

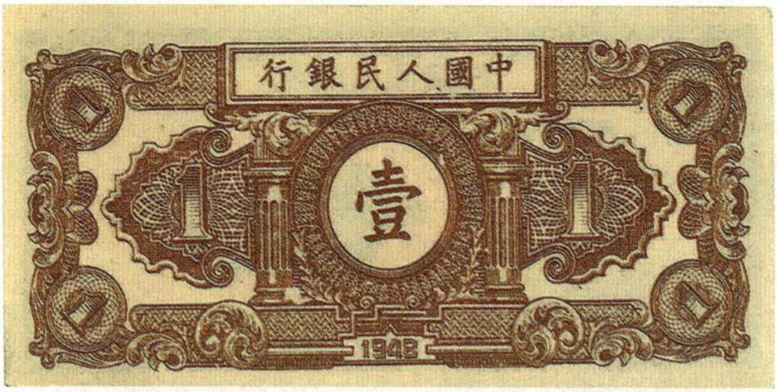

1948 年中国人民银行壹圆券（正面，工人和农民图）

1948 年中国人民银行拾圆券（正面，灌田矿井图）

1949年中国人民银行拾圆券（正面，工人和农民像）

1949年中国人民银行伍拾圆券（正面，工人和农民像）

1948 年中国人民银行壹佰圆券（正面，耙地、工厂图）

1949 年中国人民银行壹仟圆券（正面，推车图）

1949年中国人民银行伍仟圆券（正面，拖拉机和工厂图）

1950年中国人民银行伍萬圆券（正面，收割机图）

四是表现新中国成立初期我国畜牧业经济的建立与发展。畜牧业在我国有着悠久的历史，是广大牧民赖以生存和发展的主体经济。新中国成立后，实行民族区域自治政策，调解草场纠纷，调整畜产品价格，畜牧业生产得到了良好健康的发展。这类题材在第一套人民币上也有展示。

1951 年 5 月发行的牧马图壹萬圆券。票幅尺寸为 140 毫米 ×75 毫米。正面主色为浅紫 / 红茶，背面主色为浅蓝 / 茶。正面展现的是在辽阔的草原上，一牧民挥舞着手中的马杆在放牧。构图丰满，人物衣纹清晰可见，线条纤细遒劲，寥寥几笔勾出马匹体型的健壮。这张票券因为存世稀少，收藏价值巨大，被称为“票王”。

1951 年 10 月发行的牧羊图伍仟圆券。票幅尺寸为 140 毫米 ×71 毫米。

1951 年中国人民银行壹萬圆券（正面，牧马图）

1951 年中国人民银行伍仟圆券（正面，牧羊图）

正面主色为浅绿 / 深茶，背面主色为浅绿 / 深绿。正面主景展示的是在郁郁葱葱的高原上，一牧民正在放牧羊群。远处有起伏的山峦，高耸的树木。

通过上述分析考证，我们不难看出，第一套人民币上面的图案极其质朴、生动，传递了时代特征，彰显出广大中华儿女励精图治、奋发图强的奋斗精神。

第一套人民币虽然在纸张质量、印刷技术上比较简单和粗糙，但却展现出新中国成立前后社会状况和发展变化，可以让人们领略到全国人民艰苦奋斗、自力更生建设新中国、新家园的历史，让人重温那段令人激情燃烧的岁月。

（王纪洁）

风格独特：
人民币不断丰富设计主题

纸币是由一个国家（或地区）发行，具有法定地位的货币，并在社会经济活动中扮演着重要角色。作为国家名片，纸币代表着国家信誉与经济主权，券面上的图案反映了一个国家政治、经济和文化等诸多信息。我国迄今为止共发行了五套人民币，每套人民币的图案主题设计都与当时的国家政治经济有着密不可分的关系，且纸币主景图案设计越来越注重反映中华民族的文化和历史，通过纸币的设计来弘扬和传承传统文化。

1948 年 12 月 1 日，中国人民银行成立，同时开始陆续发行人民币。从开始发行到 1955 年 5 月 10 日停止流通使用，这套人民币被称为第一套人民币。“中国人民银行”和“人民币”的“人民”两个字紧扣人民性主题。第一套人民币是人民政权自己的统一货币，也是我国独立设计印制的货币。第一套人民币面世之初，属于战时货币，它的发行结束了国民党统治下几十年通货膨胀和中国近百年外币、金银在市场上一起流通与买卖的历史，促进了解放区的经济建设，为解放战争取得最后胜利作出了重大贡献。1949 年之后发行的第一套人民币各种券别，在新中国成立初期对国民经济的恢复发挥了重要作用。

第一套人民共有 12 种面额，券别种类繁多，共计有 62 种。由于当时各解放区的环境和全国解放初期条件的限制，第一套人民币的设计思想还不够统一，图案既有反映工农业生产的劳动场面的，也有反映交通运输的场景的，还有反映北京、浙江等地大好河山、名胜古迹的，总之内容繁杂，主题思想不突出、不明确。

1949年第一套人民币伍拾圆券正背面

1951年第一套人民币壹仟圆券正背面（票样）

1955年3月1日，中国人民银行陆续发行的第二套人民币共11种面额，计有1分、2分、5分、1角、2角、5角、1元、2元、3元、5元和10元。同时，为了便于流通，国务院发布命令，自1957年12月1日起发行1分、2分、5分三种硬币，与纸制分币等值流通，由此主辅币制度正式建立。“中国人民银行”行名的书写由从右向左改为从左向右，票幅尺寸也依次按照面额大小档次递增，票面式样打破了之前固有的四边框形式，改为左右对称花纹形式的新规格。第二套人民币各个券别的图案、花边、花纹线条鲜艳、精巧精密、美观活泼，具有典型的民族风格。

第二套人民币是在第一套人民币统一全国货币的基础上发行的，当时正处在新中国成立后通货膨胀基本得到遏制、国民经济迅速好转的时期。其在设计和印制过程中，得到了周恩来、陈云等中央领导人的极大关注和高度重视。第二套人民币设计主题明确，印制技术先进，主辅币结构合理，图案颜色新颖。第二套人民币纸币的主题图案体现了新中国社会主义建设的新风貌，

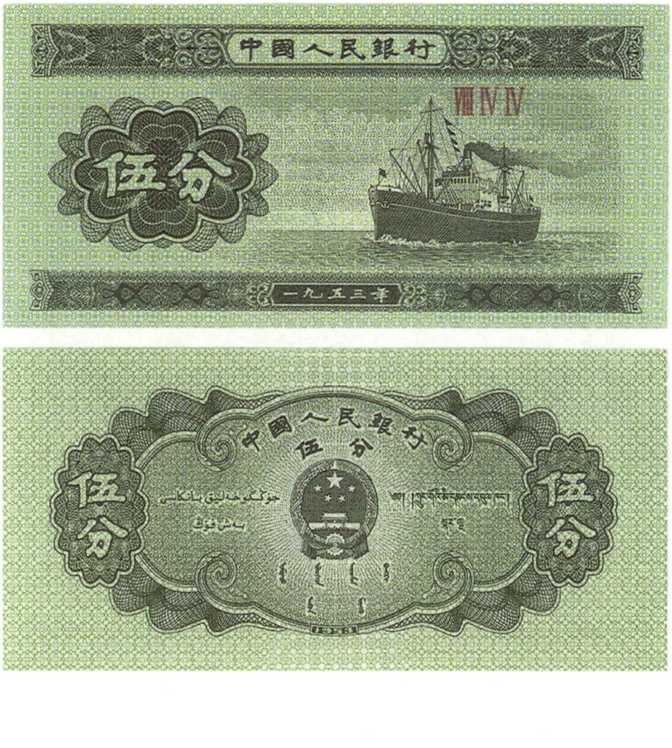

第二套人民币伍分券正背面

第二套人民币壹圆券正背面

第二套人民币伍圆券正背面

展现了工业、农业、交通等经济建设场景，展示了延安宝塔山、井冈山龙源口石桥、北京天安门等地标性建筑，蕴含着中国共产党领导新民主主义革命，建立新中国的奋斗历程。票面采用了蒙古族、藏族、维吾尔族等少数民族文字，尤其是5元券的主题图案表现的是各族人民在天安门广场欢呼游行的场景，集中体现了我国各族人民大团结的主题思想。

为了促进工农业生产发展和商品流通，方便群众使用，1962年4月20日，中国人民银行开始陆续发行第三套人民币，共有7种面额和13种版别。第三套人民币是依靠我国自主研制的印钞技术印制的，我国摆脱了依靠外国印钞技术的历史，从此中国印钞技术一直保持世界先进水平。

第三套人民币是我国目前发行、流通时间最长的一套人民币。第三套人民币继承和发扬了第二套人民币的传统风格，票版设计采用机器和传统手工相结合的方式，图案和花纹线条更加精细，色彩明快，票幅尺寸较小，券面上的图案美观大方。当时正值新中国迎来社会主义建设新高潮，票面设计的主题图案比较集中地反映了我国社会主义计划经济时代以农业为基础，以工

第三套人民币壹角券正背面

第三套人民币壹圆券正背面

第三套人民币贰圆券正背面

第三套人民币伍圆券正背面（票样）

业为主导，农业、轻工业与重工业并举的发展方针，展现了教育与生产劳动相结合以及女拖拉机手、机床工人和炼钢工人等主题。尤其是第三套人民币的5元券，设计主题鲜明，正面图案是“炼钢工人”，人物生动灵活；背面图案是“露天采矿”，劳动场景纤毫毕现，正背面图案前后呼应，相得益彰。由于其印制精美、动静结合，堪称纸币图案设计中的典范，有着“纸币精品”的美誉。

为了适应经济发展的需要，进一步健全我国的货币制度，方便流通使用和交易核算，1987年4月27日，第四套人民币开始陆续发行。这套人民币的发行正处于中国改革开放时期，党的十一届三中全会以后，党和国家的工作重心转移到经济建设上来，确定了实行改革开放的伟大决策，国民经济从计划经济向市场经济转变。随着经济迅速发展，为了提高社会工作效率，需要加大钞票供应量和大面额钞票的支持，于是增加了50元、100元大面额券种，故第四套人民币的主辅币共有9种面额。

第四套人民币在设计思想、风格上有一定的创新，目的是体现在中国共产党的领导下，全国各族人民意气风发，团结一致，建设有中国特色社会主义国家的主题思想。为了弘扬这一主题，钞票上的主景图案全部采用大幅人物头像。以毛泽东、周恩来、刘少奇和朱德等老一辈无产阶级革命家的侧面浮雕像作为100元券正面的主景图案，背面主景图案则是井冈山主峰。50元券正面采用了工人、农民和知识分子人物头像，背面展现的是黄河壶口瀑布磅礴的场景。10元券的正面主景图案采用的是汉族、蒙古族人物头像，背面展现的是高耸入云的珠穆朗玛峰。5元券的正面主景图案采用的是藏族、回族人物头像，背面展现的是壮美的长江巫峡。2元券的正面主景图案采用的是维吾尔族、彝族人物头像，背面是南海“南天一柱”场景。1元券的正面主景图案采用的是瑶族、侗族人物头像，背面展现的是巍峨的长城。5角券的正面主景图案采用的是苗族、壮族人物头像，背面是国徽和民族图案。2角券的正面主

第四套人民币贰角券正背面（票样）

第四套人民币贰圆券正背面（票样）

第四套人民币伍圆券正背面（票样）

第四套人民币壹佰圆券正背面（票样）

景图案采用的是布依族、朝鲜族人物头像，背面是国徽和民族图案。1 角券的正面主景图案采用的是高山族、满族人物头像，背面是国徽和民族图案。第四套人民币所有券别票面的纹饰全部采用富有我国民族特色的传统图案，包括凤凰牡丹、仙鹤松树、绶带鸟翠竹、燕子桃花等。在一张张纸币上，主景图案与花卉纹饰有机地结合在一起，民族风格浓郁。第四套人民币印钞工艺技术水平和钞票防伪能力比较之前有了很大的提升，盲文也第一次出现在人民币中。

改革开放以来，我国国民经济得到了前所未有的发展，综合国力显著增强。为稳定社会金融秩序，全面提高人民币印制质量和综合防伪水平，1999 年 10 月 1 日，中国人民银行在中华人民共和国成立 50 周年之际开始陆续发行第五套人民币。为适应市场流通需要，取消了 2 元面额，增加了 20 元

第五套人民币贰拾圆券正背面（样币）

面额，共有 6 种面额。

从票面构图上来看，第五套人民币具有明显的中国特色。因为伟大领袖、开国元勋毛泽东不仅中国人民人人皆知，在世界上也有很高的知名度。故该套人民币正面主景图案均是毛泽东在新中国成立初期的头像。背面图案选用了中国的人文景观和大好河山。例如，100 元券、50 元券的背面主景图案分别采用我国著名建筑人民大会堂、布达拉宫；20 元券、10 元券、5 元券、1 元券分别采用我国著名风景桂林山水、长江三峡、泰山、西湖。票券正面采用中国名花装饰图案、民族装饰纹样等，票面简洁，色彩艳丽，既表现了极强的中国文化特色，又具有鲜明的时代特征。

第五套人民币伍拾圆券正背面（样币）

第五套人民币壹佰圆券正背面（样币）

“中国人民银行”字样分别用汉族、蒙古族、藏族、维吾尔族、壮族 5 个民族的文字显示。第五套人民币在发扬中国传统印制技术的同时，借鉴了国外印钞技术，取消了以花边、花球为框的设计形式，票面呈现开放式结构，扩大了防伪设计空间，顺应了国家钞票设计的发展趋势，极具时代感。同时，这种设计风格也寓意着中国的改革开放深入人心。

众所周知，货币上的图案展现了一个国家的历史文化特色和社会发展成就，具有独特的外观特征。钞票的图案设计既要考虑到其易识别性和防伪功能，又要将传统艺术和当代艺术相结合，还要展示出一国的科技水平。

人民币是我国的国家名片，是展现我国综合国力的重要载体之一，其设计的主题思想是我国社会主义现代化建设、科学文化发展的体现。我国在不同时期发行的纸币，其主题图案设计、版式和文字等内容虽然不尽相同，但是都集中反映了我国政治经济发展历程和浓厚的民族文化底蕴，具有鲜明的时代特征。人民币的设计，在方寸之间展现了中国面向世界、走向未来的民族自信，更体现了不断强大的国家力量和不断进步的科技文化水平。

（王纪洁）

科技兴国：
人民币上的航天探索

浩瀚无际的宇宙，意味着神秘与未知，人类对它的探索，推动着人类文明和社会向前发展。探索浩瀚宇宙，发展航天事业，建设航天强国，是我们不懈追求的航天梦。新中国成立以来，我国的航天事业发展不断刷新纪录，取得骄人的成绩，“北斗”指路、“鹊桥”通信、“嫦娥”探月、“天问”探火、“羲和”逐日、“神舟”往返、“天宫”建成……这些重大航天科技成果都见证了我们探索太空的步伐永不停息。

海东青，乃“万鹰之神”，代表着睿智勇敢、强大正直、开拓进取……关于它的种种传说，以及它所体现的英勇无畏的精神，已经成为中华民族传统文化的重要组成部分。这种精神又完美契合了中国航天事业的价值取向，因此，一只振翅翱翔的海东青便出现在中国航天纪念钞的图案中。

2015 年 11 月 26 日，中国人民银行发行了中国航天纪念钞，以纪念数十年来中国航天创造的伟大时刻。

1970 年，我国第一颗人造地球卫星发射升空，《东方红》乐曲响彻寰宇。自此，中国航天事业载着中国人的“飞天梦”一飞冲天。

中国第一颗月球探测器“嫦娥一号”、中国第一辆月面巡视器“玉兔号”月球车、“天宫一号”空间站对接成功……一系列瞩目的成就让世人叹为观止。

1999 年，“神舟一号”无人飞船启航，拉开中国载人航天的大幕。从 2003 年“神舟五号”到 2023 年“神舟十六号”，中国航天员十一度问天。

纪念钞作为一种特殊的货币形式，具有很高的收藏价值和文化意义。这枚以蓝色为主色调的中国航天纪念钞，面额 100 元，规格为 155 毫米 ×77 毫

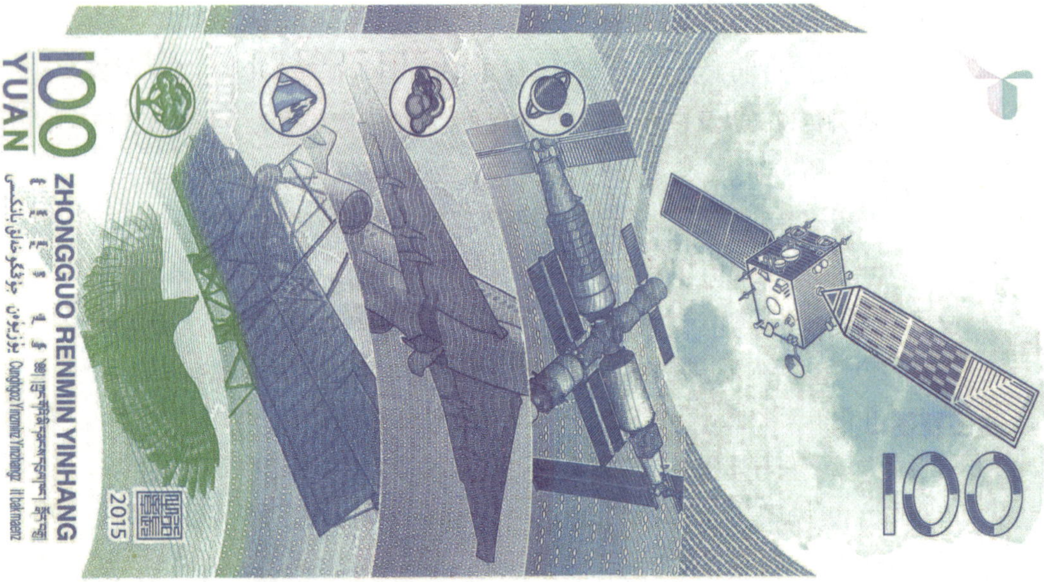

中国航天纪念钞壹佰圆正背面，个人收藏

米，发行数量为3亿张。正面主景图案为“神舟九号”飞船与“天宫一号”交会对接场景。左上方为国徽图案、“中国人民银行”行名，其下方为“东方红一号”卫星图案。主景图案右侧为“嫦娥一号”卫星图案。背面主景图案由右至左依次为“嫦娥一号”卫星、2020年中国空间站“天宫”、喷气式客机、“冯如二号”双翼螺旋桨飞机、飞禽海东青图案。票面左上角为风筝局部图案，右上角为面额数字“100”。

航天纪念钞上面的每幅图案都具有划时代的意义。1910年7月，我国最早的飞机设计师和飞行员冯如根据寇蒂斯“金箭”和莱特兄弟的“飞行者一号”，制作了第二架飞机，定名为“冯如二号”，这是中国首架双翼飞机。时隔60年后，1970年4月24日令世界瞩目，这一天，我国第一枚运载火箭“长征一号”在酒泉卫星发射中心将第一颗人造地球卫星“东方红一号”成功送入了太空，从此中国成为继苏、美、法、日之后全球第五个用自制火箭发射卫星的国家。2007年10月24日，“嫦娥一号”探月卫星成功发射。“嫦娥奔月”这个在中国流传千古的神话传说，终于变成现实。2011年9月29日，中国首个目标飞行器“天宫一号”在酒泉卫星发射中心成功发射升空，这是中国载人航天工程发射的第一个目标飞行器，也是中国第一个空间实验室。100多年的中国航天发展路程，彰显了中华民族卓越的智慧和超强的创新性。

正是因为有着非凡的意义，所以航天纪念钞自发行后备受关注，其中的一些特殊品种尤其受到收藏爱好者的追捧。2016年，在杭州西泠拍卖会上，航天钞“双胞胎”经过20多轮的竞拍后，最终以16.1万元的高价成交。这对“双胞胎”航天钞是一组特殊号码的纪念钞，即一组两张同种面值，除冠号之外所有的号码都一样，属于可遇而不可求的品种。

除了价值的认可，航天纪念钞的意义更在于其所蕴含的航天精神。2016年，是中国航天事业创建60周年。同年4月24日，首个“中国航天日”的主题便是“中国梦　航天梦”。60多年来，中国航天事业从无到有，从小到大，从弱到强，在不懈探索创新中完成了“中国式跨越”。航天纪念钞上的图案充分展示了近年来我国在航天领域不断取得的最新成就，航天事业一步一步地迅猛发展，向世界展示着航天科技创新的“中国贡献”。

从纸钞的印制水平角度研究，我们会发现航天纪念钞运用了许多高超的印制技术，集多项先进的防伪技术于一身。例如，票面正面左侧位置的“东方红一号”卫星，系使用光变油墨印制，是光彩光变图案。垂直于票面观察时，图案呈墨色，倾斜观察时则呈海蓝色。随着观察角度的不断改变，光彩光变图案的颜色在墨绿色和海蓝色之间交替变化，十分美丽。又如，迎着光线仔细观察，在票面正面右侧的空白处，可以看见“东方红一号”卫星图案水印，其正下方为“100”数字面额白水印。再如，在票面正面中间偏右处，穿插有光变镂空开窗安全线，宽度为4毫米，垂直观察时为金黄色，倾斜观察时则变为绿色。此外，航天纪念钞还有多种高超的印制防伪技术。这些技术的成功运用，说明了我国的印钞技术已充分具备了高防伪标准、卓越的质量和精湛的工艺。这一张张精美绝伦的航天纪念钞，都是我国印钞技术的展示和创新精神的缩影。

还是那只海东青，它从历史时空穿梭而来，载着中国人古老的飞天梦，一路飞向更高空。尧舜二帝的飞行传说、牛郎织女与嫦娥奔月的唯美故事、古诗词中有关飞行的描述等，都是古人飞天梦的证明。为了实现这个梦想，飞车、穆鸟、风筝、孔明灯、竹蜻蜓等多种飞行器被发明创造出来。如今，“嫦娥四号”实现人类探测器首次月球背面软着陆，“嫦娥六号”在月球背面采样后成功返回；“天问一号”使中国成为第二个成功登陆火星的国家，中国空间站成为航天员长期在轨驻留的“天宫”……更多神话将被浓墨重彩地书写成真，中国人的飞天梦也终于变为现实。

（方　晓）

体育兴国：
人民币上的奥运精神

大家一定还记得，2008 年，国家体育场——鸟巢的那一夜。北京夏季奥运会开幕式上，雄壮、震撼的无数个瞬间，惊艳了世界，铸就了经典。14 年过去，2022 年，奥林匹克之火再度在鸟巢点燃，北京冬季奥运会又书写了新的历史。由此，千年古都北京成为奥运史上第一个既举办过夏奥会，又举办过冬奥会的“双奥之城”。

拿什么来铭记这些光辉的时刻？当耳畔回响起《北京欢迎你》《一起向未来》的旋律，眼前浮现的是当年万人追捧的奥运会纪念钞。纵使时光荏苒，但收藏却能定格历史、见证历史、记录历史。所以，薄薄的奥运会纪念钞，其实分量并不轻。

世界首创的奥运钞

连夜排队，一票难求，高价求购……2008 年北京奥运会纪念钞是那几年当之无愧的“流量王”。

2008 年 7 月 8 日，中国人民银行发行了第 29 届奥林匹克运动会纪念钞，全套仅一种，以蓝绿色为主调，面额 10 元，规格为 148.5 毫米 ×72 毫米，发行量 600 万张。该纪念钞与现行流通的人民币具有相同职能，与同面额人民币等值流通。正面主景图案为 2008 年北京奥运会主会场——国家体育场，并有“中国人民银行”行名、中国印和国徽等图案。鸟巢下方用放大镜能看清胶印的微缩文字：“同一个世界，同一个梦想”。背面主景图案为古希腊雕塑“掷

第 29 届奥林匹克运动会纪念钞拾圆正背面（样币）

铁饼者”、运动员群像及“2008”字样。“绿色奥运、人文奥运、科技奥运”是2008 年北京奥运会的三大主题。应该说，这枚纪念钞完美地诠释了这三项主题内涵。

紧随其后，中国银行（香港）有限公司与中国银行澳门分行也在 7 月分别发行了“第 29 届奥林匹克运动会纪念钞”，面额为 20 元港币和 20 元澳门币，发行量均为 400 万张。

事实上，发行纪念币是往届奥运会的一大惯例，但只限于贵金属纪念币。所以，我国发行的这款奥运纪念钞算得上世界首例，因此在钱币收藏爱好者中大受欢迎，“疯抢”盛况至今历历在目。10 元面额的纪念钞，价格一年飙升 150 倍，三年间更是猛涨 600 多倍，最高时达到 7000 元一张，其炙手可热的程度非同一般。究其原因，发行量少是关键。

当时，我国仅发行过 3 种纪念钞，除了 2008 年北京奥运会纪念钞，其他两种分别是 1999 年的“中华人民共和国成立 50 周年纪念钞”，面额 50 元，共发行 6000 万张；以及 2000 年的“迎接新世纪纪念钞”，面额 100 元，发行 1000 万张。相比之下，发行量仅为 600 万张，又具备纪念价值的 2008 年北京奥运会纪念钞，便成为同类藏品中的价格标杆。

意义深远的塑料钞

2022 年 2 月，全世界的目光都投向了北京，这里举办的第 24 届冬季奥林匹克运动会，既展现了冬季运动的活力与激情，更传递出中国文化的独特魅力。而在奥运会开幕前，北京冬奥会纪念钞的发行就已经在收藏界掀起了一股热潮。

2021 年 12 月 21 日，中国人民银行发行第 24 届冬季奥林匹克运动会纪念钞一套，包括冰上运动项目纪念钞和雪上运动项目纪念钞各 1 种，面额均为 20 元，规格为 145 毫米 ×70 毫米，发行量 2 亿套。该纪念钞与现行流通的人民币职能相同，与同面额人民币等值流通。冰上运动纪念钞正面主景为花样滑冰运动员图案，背面主景为竞赛场馆“冰立方”图案；雪上运动纪念钞正面主景为自由式滑雪运动员图案，背面主景为竞赛场馆“雪如意”图案。两种纪念钞都有中华人民共和国国徽、“中国人民银行”行名、第 24 届冬季奥林匹克运动会会徽等。

同样地，中国银行（香港）有限公司与中国银行澳门分行也分别发行了“第 24 届冬季奥林匹克运动会纪念钞”，面额为 20 元港币和 20 元澳门币，发行量均为 200 万张。

在这套奥运钞中，引起收藏爱好者广泛关注的是，雪上运动项目纪念钞为纸钞，冰上运动项目纪念钞则为塑料钞，这是奥运会历史上第一枚塑料纪念钞。该塑料钞以 BOPP 为主要材料制成。BOPP 是“双向拉伸聚丙烯薄膜”的英文缩写，这是聚丙烯塑料的一种主要产品形式。

把塑料引入造钞业是高分子聚合物向社会各方面渗透的一个成功案例，

第 24 届冬季奥林匹克运动会·冰上运动项目纪念钞贰拾圆正背面，个人收藏

并显示了其作为流通货币在许多方面的优越性。它更难伪造和仿制，至今还没有发生塑料钞造假的案件；它的制造成本虽然比纸币高，但寿命却比纸币长；它不易沾染细菌，却易去污、易消毒、易回收，所以又被称为“绿色钞票”；另外，它有足够的韧劲，不易撕裂或破损。

BOPP 基材具有很高的技术含量，此前其制备技术一直被澳大利亚和英国所垄断。中国内地及港澳台地区曾发行过 3 枚塑料钞，比如龙头品种——“迎接新世纪”纪念钞就是其中之一，但它们的基材全部来自澳大利亚。此番用

第 24 届冬季奥林匹克运动会·雪上运动项目纪念钞贰拾圆正背面，个人收藏

国产塑料钞基材生产的北京冬奥会冰上运动纪念钞，其意义十分深远。

体育精神的传承者

一届奥运会，让世界认识一座城市；一届奥运会，让世界人民了解一个国家的人民。奥运会是体育的盛会，也是人民的盛会。当盛会落幕，我们依然能够从奥运收藏中感受那一刻的辉煌与成就。所以，奥运会纪念品的收藏不只停留于物的收集，更是体育精神的延续。尤其是作为官方发行的纪念钞，其纪念意义不言而喻。

2008 年北京奥运会上，中国代表团以 51 枚金牌、21 枚银牌、28 枚铜牌，成为奥运历史上首个登上金牌榜榜首的亚洲国家；2022 年北京冬奥会上，中国体育健儿勇夺 9 枚金牌、4 枚银牌、2 枚铜牌，首次登上金牌榜第三名，创造了我国参加冬奥会历史上的最好成绩，也开启了冰雪运动的新时代。

两届奥运会的成功举办，不仅提升了中国的软实力，而且还生发了一种精神，那就是北京奥运精神。如果说爱国主义是北京奥运精神的思想引领，那么顽强拼搏就是北京奥运精神的最大底色。自 1932 年中国人第一次参加奥运会，到 2008 年北京成功举办奥运会，再到 2022 年冬奥会的盛大举行，中国体育向奥运前进的每一步都凝聚着爱国热情。

这种热情，这股精神，都被奥运纪念钞表达于方寸之间。小小一枚奥运纪念钞，却可以连接大大的世界。它将中华体育精神与奥林匹克精神融于一身，将“更快、更高、更强、更团结”的奥林匹克精神代代流传。

（方　晓）

外汇兑换券：
四十年前的“香饽饽”

20 世纪 80 年代，还是一个凭“票”供应的年代。粮票、布票、糖票、烟票、酒票、煤油票、火柴票、肥皂票……在资源短缺的那些年，票证格外抢手。

1980 年 4 月 3 日，《北京日报》刊发的一则消息，让老百姓又知道了一个关于票证的新名词——外汇兑换券。消息称：“四月一日起，‘外汇兑换券’——FOREIGN EXCHANGE CERTIFICATE（简称外汇券），在本市发行。”一时间，能够攥着外汇券逛北京友谊商店，购买紧俏稀缺的商品，一度是很多人身份的象征。

随着改革开放的深入，1995 年 1 月 1 日，外汇券停止使用。十五载一起一落间，作为特定时期的特殊票证，外汇券的发行和流通促进了经济往来和对外交流，见证了中国经济的发展，烙印了深刻的时代足迹。

出入“友谊” 特有面子

改革开放初期，中国逐渐向世界敞开大门，来华访问或探亲的外国人、海外华侨等境外人士日益增多。为了满足他们消费支付的需要，同时加强外汇管理，维护社会主义金融秩序，国务院于 1980 年 4 月 1 日授权中国银行发行外汇兑换券。

外汇兑换券共有 100 元、50 元、10 元、5 元、1 元、5 角和 1 角 7 种面额，在我国境内与人民币等值流通。正面图案为中国的风景名胜和“中国银行外汇兑换券”中文字样及金额；背面为“BANK OF CHINA FOREIGN EXCHANGE CERTIFICATE”英文字样，以及中英文字“本券的元与人民币元等值。本券只限在中国境内指定的范围使用。不得挂失。”

这里所说的“指定范围”，从当年《北京日报》刊发的消息中即可获知一二。“为了方便外宾、侨胞进行兑换，全市除中国银行北京分行及设在首都国际机场和友谊商店内的兑换所外，还确定友谊宾馆、民族饭店、工艺美术服务部、故宫外宾服务部等处的二十五个外币代兑点，也办理兑付外汇券的业务。”当时，很多外国人都管外汇兑换券叫“旅游货币”，除了可以在特殊场地消费，还可以兑换成美元，这些都是人民币所没有的功能。

北京友谊商店无疑是最热门的外汇兑换券“打卡地”。店里卖的有黄油、奶酪、洋烟、洋酒、巧克力、瑞士手表等进口商品，还有茅台白酒、梅林罐头、苏杭丝绸、名人字画等用于创汇的国优名品。当时“友谊”的口号是：“市面上有的商品，我们这里要最好；市场上缺的商品，我们必须有；外国时兴的，我们也得有！”所以，能出入友谊商店，哪怕只是逛一圈，都被视作特有面子的事情。

在外汇兑换券诞生之前，只能凭护照、华侨证或者外籍工作证进入的友谊商店，老百姓只有驻足张望的份儿。外汇兑换券发行后，一些从海外亲戚那里获得“通行证”的国内居民也可以出入了。而且，来华开办外企公司的老板，以及部分在外企工作的中国雇员的工资，有的也是以外汇兑换券的形式支付的。渐渐地，拥有外汇兑换券就不再只是外国人的专利了。

然而，对国内居民持外汇兑换券到指定必须收取外汇兑换券的单位购买商品，也是有规定的。《外汇兑换券暂行管理办法》规定，若要购买商品，必须先出示中国银行开出的外汇“兑换证明”，并提交其所在单位的证明信件。售货单位应认真进行验对，将证明信留查，并在“兑换证明”上注明已购商品的数量、金额。没有这两项“证明”，不仅不能售给商品，还要查问外汇兑换券来源。由此可见，外汇兑换券的使用管理还是非常严格的。

不过，对于外汇兑换券和美元的强烈需求也催生了一代倒汇者，俗称“黄牛”。虽然官方规定，外汇兑换券与人民币的比价是 1：1，但是在“黑市”，100 元外汇兑换券需要 130 元以上的人民币才能换到。

1985年4月7日，《北京日报》刊发《一批倒卖外汇券的不法分子被查获》的消息。根据内容可知，在王府井、东华门等繁华处所和一些大饭店，一批不法分子从外国人手中换得大量外汇兑换券，高价卖出后牟利，扰乱了金融市场。直到1998年，中国开始逐渐放开个人购汇，这种情况才开始有所改变。当年，国家外汇局规定个人因私出境一次可购汇2000美元。到了2007年2月1日，这个标准提高到5万美元。当人们的购汇需求得到满足，“黄牛”也因此销声匿迹了。

大好河山　世界名片

绵延不绝的万里长城，绮丽俊秀的长江巫峡，千变万化的黄山风光，秀美独特的桂林象鼻山，景色清幽的西湖三潭印月，气势磅礴的北京天坛，雄浑壮丽的贵州黄果树瀑布……作为一张面向世界的名片，外汇兑换券的设计图案极尽“中国风”。

从中国钱币博物馆收藏的票样来看，外汇券一套共9张，1979年初版有7种不同的版面。其中，50元、100元先后用完，1988年又发行了不同图案的新版继续使用。

在1979年版外汇兑换券中，100元券的规格为170毫米×70毫米，以黑蓝、绿、紫红色为主色调，世界八大奇迹之一的万里长城当之无愧地居于主图之中，彰显着中华民族的悠久历史与劳动人民的勤劳智慧；以紫红、枣红为主色调的50元券的规格为170毫米×70毫米，配以桂林城市的象征——象鼻山，让画面增添了些许浪漫的气息；10元券的规格为164毫米×66毫米，以深蓝绿色为主色调，雄奇险峻、瑰丽多姿的长江巫峡令人想起“曾经沧海难为水，除却巫山不是云”的赞叹；5元券的规格为158毫米×62毫米，以深、浅棕红为主色调，主图中的黄山迎客松呼之欲出，使人有身临其境之感；1元券的规格为152毫米×58毫米，以墨绿色为主色调，西湖三潭印月的秀美风光尽收眼底；5角券的规格为134毫米×52毫米，以蓝紫色为主色调，北京天坛的神圣庄严与自然和谐完美融合；1角券的规格为128毫米×48毫米，以红棕色为主色调，黄果树瀑布奔腾不息，蔚为壮观。

1979 年壹佰圆外汇兑换券，正面图案为万里长城（票样）

1988 年壹佰圆外汇兑换券，正面图案为万里长城（票样）

1979年伍拾圆外汇兑换券，正面图案为桂林象鼻山（票样）

1988年伍拾圆外兑换汇券，正面图案为漓江山水（票样）

1979年拾圆外汇兑换券，正面图案为长江巫峡（票样）

1979年伍圆外汇兑换券，正面图案为黄山风光以及迎客松（票样）

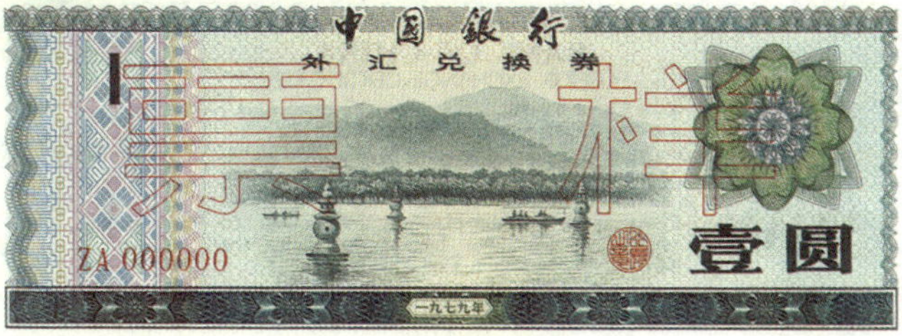

1979 年壹圆外汇兑换券，正面图案为西湖三潭印月（票样）

1979 年伍角外汇兑换券，正面图案为北京天坛（票样）

1979 年壹角外汇兑换券，正面图案为黄果树瀑布（票样）

在 1988 年版外汇兑换券中，100 元券和 50 元券的规格不变，还是 170 毫米 ×70 毫米。100 元券的主色调整为墨绿色，并仍以万里长城为主图。而 50 元券调整较大，首先是颜色调整为红棕、黑、深绿色；其次是图案变化，不再是象鼻山，而是漓江山水。舟行碧波上，人在画中游，漓江风景美如画。

应该说，外汇兑换券的设计可谓用心良苦，既展现了大好河山的风光之美，也体现了独具特色的艺术价值。改革开放初期，中国正处于奋勇前行的时代。1978 年，国内生产总值还是 3645 亿元，而上升到 1986 年的 1 万亿元只用了 8 年时间。这期间，深圳蛇口工业区打出了“时间就是金钱，效率就是生命”的标语牌。1983 年 3 月，第一个在中国办时装秀的外国人——法国人皮尔·卡丹走在北京街头。虽然经历着外汇资源的短缺，但中国与世界的经济往来和对外交流变得日渐频繁。在这种大环境下，外汇兑换券以它的特殊性、功能性和艺术性，打开了一扇让世界认识中国、了解中国、读懂中国的窗口。

退出历史　价值延续

历史的车轮转到1995年。这一年的1月1日，流通了15年的外汇兑换券，在中国市场上停止流通。在此之前，商品供应已能满足消费需求，我国外汇储备正逐年增加，外币兑换也变得十分便捷，外汇兑换券失去了存在的意义，退出历史舞台成为必然。而它的终止使用，也宣告了中国物资短缺历史的完结。

在终止流通前，外汇兑换券被大量回收并销毁。外汇券9个版别的总面值为316.6元，当时中国银行的兑换券价格为每套440元，1995年6月30日停止兑换，市场价旋即上涨至900元，次年同期涨至1300元左右。最高时，整套价格涨到一两万元。目前，依据品相、冠字、号码等不同，整套外汇兑换券的价格在3000元至6000元不等。

从水印技术上看，外汇兑换券为五星满版、五星火炬满版、国徽固定水印三种。1角有五星满版水印、五星火炬满版水印两种券别，后者存世稀少。5角、1元、5元、10元均为五星火炬满版，较为常见。两版50元与100元均为国徽固定水印。高面额券种在当年有着较强的购买力，很少会有人留在身边而放弃兑换，所以存世量不多，其中1979年版50元兑换券尤为稀少。从冠字和号码看，两版的罗马冠字均为二字冠，1979年版为6位号码，1988年版为8位号码。

因兼具特殊的时代性、流通的短暂性、设计的独特性和回收的彻底性，外汇兑换券成为人民币收藏领域中十分瞩目的一个门类。如果是全套全品相，更是难得一见。应该说，外汇兑换券的出现，是我国改革开放进程中的一个短暂现象。然而，尽管存在时间短暂，却是一段非凡历史时期的见证，同时也记录了中国银行为中国经济发展所作出的贡献。

（方　晓）

后　记

随着本书最后一页缓缓翻过，我们内心充满着复杂的情感。从最初的选题构思，到资料的收集整理，到一篇篇文章的草成，再到无数次的修改完善，本书终于撰写完成并即将付梓。至此，我们方才如释重负，心中既有完成一项艰巨任务的释然，也有对这段学术旅程深刻记忆的无限感慨。

一千年前，在四川成都，诞生了中国也是世界上第一张纸币——交子，自此，纸币就如同“四大发明”一样，对世界政治、经济、文化的推动产生了巨大影响，它以一种独特的方式促进了人类的文明与进步。交子的诞生，是中华民族的骄傲，更是华夏儿女对世界的伟大贡献之一。弘扬、纪念这一金融创举，展示中华民族的文化自信，是我们每名钱币学者义不容辞的使命与责任。

本书旨在深入探讨纸币诞生的历史背景，一千年来的发展过程，通过系统的理论分析，力求为该领域的研究者提供新的视角和思路。在撰写本书过程中，我们深刻感受到了纸币研究带来的喜悦与乐趣，以及钱币学术研究的严谨与不易。在写作中，我们不仅对纸币知识有了更加全面和深入的了解，也收获了对纸币的热爱和领悟，而且更深刻地体会到了钱币学术研究的魅力所在。

回望整个写作与出版过程，这本书的完成凝聚了我们众多人的心血和付出。在此，我们向所有在本书创作过程中给予帮助和支持的老师们表达最诚挚的感谢。首先，感谢著名钱币专家、中国钱币博物馆首任馆长戴志强研究员，以及著名历史学家、河北师范大学戴建兵教授，他们以其深厚的学术背景和人格魅力，欣然提笔为本书作序，这是对钱币界后辈同人的鼓励和支持。其次，还要感谢给予我们帮助和支持的同事们、朋友们。尤其感谢中国钱币博物馆和中国收藏杂志社领导，为我们提供了良好的研究环境和丰富的学术资源，让我们能够顺利完成本书的撰写。本书所用钱币图片，除特别标示外，均为中国钱币博物馆藏品。最后，感谢中国工人出版社对我们的信任与认可，选择将这样一部纪念纸币诞生一千周年的作品纳入出版计划，并选择由我们负责撰写；感谢本书的两位责任编辑，他们深厚的专业素养、严谨的工作态度给予我们极大的指导，保证了本书的如期出版发行。

“纸上得来终觉浅，绝知此事要躬行。”本书的完成并不意味着钱币研究的终点，而是新的起点。在未来的钱币研究中，我们将继续不断努力、深入探索历代纸币的相关问题，力争取得更加优异的成果。同时，我们也希望本书能够为读者带来一些启示和收获，激发读者对中国历代纸币的收藏兴趣和研究热情。

由于水平有限，本书可能会存在一些不足之处，我们真诚地期待各位读者能够提出宝贵的意见和建议，以便我们在未来的钱币学研究中不断完善和提升。

2024 年 8 月于北京

图书在版编目（CIP）数据

“钞”越千年：1024-2024一部关于中国纸币演变的文明史 / 王纪洁，孟祥伟，方晓著. -- 北京：中国工人出版社，2024. 10. -- ISBN 978-7-5008-8615-0

Ⅰ. F822.9

中国国家版本馆CIP数据核字第2024FN4509号

“钞”越千年：1024-2024一部关于中国纸币演变的文明史

出版人	董　宽
责任编辑	刘广涛　葛忠雨
责任校对	张　彦
责任印制	黄　丽
出版发行	中国工人出版社
地　　址	北京市东城区鼓楼外大街45号　邮编：100120
网　　址	http://www.wp-china.com
电　　话	（010）62005043（总编室）　（010）62005039（印制管理中心） （010）62379038（社科文艺分社）
发行热线	（010）82029051　62383056
经　　销	各地书店
印　　刷	北京利丰雅高长城印刷有限公司
开　　本	710毫米×1000毫米　1/16
印　　张	27.5
字　　数	420千字
版　　次	2024年12月第1版　2024年12月第1次印刷
定　　价	88.00元